Let's code Scratch!

Programmieren lernen nicht nur für Kinder

von

Hauke Fehr

Vierfarben

Liebe Leserin, lieber Leser,

Scratch ist eine Programmiersprache extra für Kinder und Jugendliche, die wirklich leicht zu erlernen ist. Damit gelingt dir der Einstieg in die Welt des Programmierens. Ganz bestimmt! Denn mit diesem Buch hältst du die richtige Unterstützung in den Händen. Von der ersten Installation, dem ersten Überblick über den Scratch-Editor bis zur Gestaltung eigener Figuren und spannender Spieleprojekte – hier erfährst du alles darüber, wie du ein echter Programmierer wirst.

Toll ist, dass du dabei keinerlei Vorwissen benötigst. Hauke Fehr beschreibt dir Schritt für Schritt, wie du mit Scratch eigene Spiele erstellen kannst. Die vielen Ideen kannst du direkt nachprogrammieren: So lässt du einen Ball springen, musst einen kleinen Krebs über eine Straße steuern, einen Käfer durch ein Labyrinth führen und lässt sogar einen Drachen fliegen. Das macht richtig Spaß und du lernst dabei wichtige Grundlagen und kannst am Ende alle Funktionen der Programmiersprache sicher einsetzen.

Du merkst, mit Scratch öffnen sich dir ungeahnte Möglichkeiten. Ich wünsche dir dabei viel Spaß und Erfolg!

Dieses Buch wurde mit größter Sorgfalt geschrieben und hergestellt. Solltest du dennoch einmal Fehler finden, inhaltliche Anregungen oder Fragen haben, dann freue ich mich, wenn du mir schreibst.

Dein Erik Lipperts
Lektorat Vierfarben
erik.lipperts@rheinwerk-verlag.de

Auf einen Blick

Wir hoffen, dass Sie Freude an diesem Buch haben und sich Ihre Erwartungen erfüllen. Ihre Anregungen und Kommentare sind uns jederzeit willkommen. Bitte bewerten Sie doch das Buch auf unserer Website unter **www.rheinwerk-verlag.de/feedback**.

An diesem Buch haben viele mitgewirkt, insbesondere:

Lektorat Almut Poll, Erik Lipperts
Korrektorat Isolde Kommer, Großerlach
Gutachter Philip Kiefer
Herstellung Norbert Englert
Typografie und Layout Vera Brauner
Einbandgestaltung Mai Loan Nguyen Duy
Satz III-Satz, Husby
Druck mediaprint solutions, Paderborn

Dieses Buch wurde gesetzt aus der TheSans (10 pt/14,5 pt) in FrameMaker.
Gedruckt wurde es auf chlorfrei gebleichtem Offsetpapier (90 g/m²).
Hergestellt in Deutschland.

Bibliografische Information der Deutschen Nationalbibliothek:
Die Deutsche Nationalbibliothek verzeichnet diese Publikation in der Deutschen Nationalbibliografie; detaillierte bibliografische Daten sind im Internet über *http://dnb.d-nb.de* abrufbar.

978-3-8421-0323-8

1. Auflage 2020

Vierfarben ist eine Marke des Rheinwerk Verlags. Der Name Vierfarben spielt an auf den Vierfarbdruck, eine Technik zur Erstellung farbiger Bücher. Der Name steht für die Kunst, die Dinge einfach zu machen, um aus dem Einfachen das Ganze lebendig zur Anschauung zu bringen.

Informationen zu unserem Verlag und Kontaktmöglichkeiten finden Sie auf unserer Verlagswebsite **www.rheinwerk-verlag.de**. Dort können Sie sich auch umfassend über unser aktuelles Programm informieren und unsere Bücher und E-Books bestellen.

Inhalt

Materialien zum Buch

Auf der Webseite zu diesem Buch stehen dir alle vorgestellten Programme zum Download bereit. Gehe einfach auf *www.rheinwerk-verlag.de/4496*. Klicke auf den Reiter **Materialien zum Buch**. Nun siehst du die herunterladbare Datei samt einer Kurzbeschreibung des Dateiinhalts. Klicke auf den Button **Herunterladen**, um den Download zu starten. Je nach Größe der Datei (und deiner Internetverbindung) kann es einige Zeit dauern, bis der Download abgeschlossen ist.

Auch Hauke Fehr hat eine Website für dich erstellt: *www.letscode-scratch.de*. Hier stellt er für dich eventuelle Korrekturen, Antworten auf Leseranfragen und auch weiterführende Hinweise und Tipps zusammen. Schau dort einfach mal vorbei!

Kapitel 1
Spielend Programmierer werden – mit Scratch

Möchtest du Programmierer werden? Oder willst du einfach nur wissen, wie du leicht eigene, richtige Spiele bauen kannst? Mit diesem Buch wirst du beides erreichen: Eigene Spiele erstellen macht Spaß – nach und nach lernst du dabei automatisch zu denken wie ein Programmierer. Und am Ende bist du tatsächlich einer!

Herzlichen Glückwunsch! Du hast beschlossen, *Scratch* zu erlernen. Das ist der Anfang eines großen und sehr spannenden Weges.

Den Computer bedienen können viele – und Spiele spielen sowieso. Aber eigene Spiele programmieren ist etwas ganz anderes.

Ist das nicht viel zu schwierig?

Nein, behaupte ich, ist es nicht. Vor allem nicht mit *Scratch*.

Muss man dazu nicht Informatik studieren oder zumindest ein Mathegenie sein?

Nein, das ist nicht nötig. Wirklich nicht.

Was braucht man denn, um Scratch-Spieleprogrammierer zu werden?

Eigentlich vor allem Lust dazu und Spaß daran. Vorkenntnisse sind nicht so wichtig. Wenn du gerne mit dem Computer herumspielst und schon immer gern mal ein Spiel selber gestalten wolltest oder neugierig bist, wie man so etwas macht, dann bringst du schon alles mit, was man braucht, um *Scratcher* zu werden – also ein Spieleprogrammierer mit *Scratch*. Den Rest lernst du Schritt für Schritt in diesem Buch.

Programmieren ist leichter, als du denkst

Viele glauben, dass das Programmieren von Computern im Grunde etwas mit höherer Mathematik zu tun hat. Man müsse dazu sehr komplizierte Zusammenhänge begreifen. Und mit schwieriger Technik: Es gibt Begriffe wie »Prozessoren«, »RAM-Speicher«, »Datenstrukturen«, »Protokolle« ..., dazu eine Menge völlig abstrakter, rätselhafter Befehle, die man lernen und begreifen müsse ... es scheint fast unmöglich.

Diese Vorstellung stammt aus einer Zeit, als die Computer noch jung waren. Damals konnte man nur programmieren, wenn man die gesamte Technik des Computers in- und auswendig beherrschte.

Man programmierte damals in Maschinensprache. Am Anfang waren die Programme in Lochkarten gestanzt, damit man den Computer überhaupt damit füttern konnte. Die Einführung von Tastatur und Bildschirm war schon eine große Erleichterung. Ein ganz simples Programm, das nur die beiden Wörter »Hallo Welt!« auf den Bildschirm schreibt, sieht in (vereinfacht geschriebenem) Maschinencode etwa so aus:

```
segment code

 start:
 mov ax, data
 mov ds, ax

 mov dx, hallo
 mov ah, 09h
 int 21h

 mov al, 0
 mov ah, 4Ch
 int 21h

 segment data
 hallo: db 'Hallo Welt!', 13, 10, '$'
```

Klar, dass programmieren so früher eine echte Herausforderung war.

Zum Glück hat die Technik sich heute erheblich weiterentwickelt. Man könnte zwar noch immer Programme in Maschinencode schreiben, denn die Hardware basiert noch immer darauf – aber das muss heute so gut wie niemand mehr machen.

Was bedeutet denn eigentlich »programmieren«?

Programmieren heißt im Grunde nichts anderes, als *einem Computer zu sagen, was er tun soll*, damit er genau das macht, was man selber möchte.

Früher musste man dazu ganz genau verstehen, wie der Computer im Inneren arbeitet. Man musste ihm genau sagen, wann und wie er Einsen und Nullen durch seinen Speicher zu schieben hatte, damit – nach viel Testen – wirklich das passierte, was man wollte. Heute ist es die Aufgabe des Computers zu verstehen, was wir meinen, wenn wir ihm eine Anweisung geben. Wir sagen dem Computer in leicht verständlicher Sprache, was er tun soll, und der Computer weiß, wie er das in seinem Inneren umsetzen muss.

Scratch macht vor allem Spaß

Und besonders einfach geht das Programmieren mit *Scratch*. *Scratch* ist erst einmal wie ein buntes Spiel, ein Logikbaukasten, der von Anfang an Spaß macht. Und doch wirst du damit beim Herumspielen nach und nach wie von selbst richtig ernsthaftes Programmieren lernen.

Um in *Scratch* zu programmieren, musst du nicht einen einzigen Befehl tippen oder komplizierte Codes lernen. Alles, was du tust, ist, *Figuren* auf deiner *Theaterbühne* Anweisungen zu geben, indem du klar verständliche Anweisungsblöcke aus der Code-Bibliothek in ihr Programmfenster ziehst und sie mit anderen Blöcken verbindest. Und damit machst du am Ende das Gleiche wie ein Programmierer in früheren Zeiten, der Tausende von Zeilen schwierige Befehle eintippte. Nur komplett befreit vom technischen Ballast. Um die Technik kümmert *Scratch* sich selber.

In *Scratch* sieht ein Programm, das »Hallo Welt!« sagt, einfach so aus:

Das ist verständlicher als Maschinensprache, oder?

Was ist Scratch?

Scratch ist eine kostenlos nutzbare Programmiersprache und visuelle Entwicklungsplattform, die von amerikanischen Wissenschaftlern entwickelt wurde und erstmals im Jahr 2007 erschien. Sie ist speziell dafür erstellt worden, Kindern, Jugendlichen und allen Einsteigern eine einfache, aber dennoch leistungsfähige Möglichkeit zu geben, selber Spiele und animierte Programme zu bauen, die ohne kompliziertes Tippen von Befehlen und das

Lernen von Code erstellt werden können. Damit können Anfänger sich perfekt mit den Grundlagen des Programmierens vertraut machen und gleichzeitig motivierende und individuelle grafische Spiele nach ganz eigenen Vorstellungen umsetzen. *Scratch* ist in viele Sprachen übersetzt worden und wird heute an unzähligen Schulen und Universitäten weltweit eingesetzt, um Schüler und Studenten an die Prinzipien der Programmierung heranzuführen. Die neueste Version, *Scratch 3*, erschien im Jahr 2019 und wird stetig weiterentwickelt.

Lernen durch Spielen

Ich verspreche dir: Wenn du diesem Buch von Anfang an Kapitel für Kapitel folgst und die Beispiele selbst ausprobierst, nachbaust und damit herumspielst, wirst du eine Menge Spaß haben, Figuren steuern, laufen und tanzen lassen, witzige Animationen daraus machen und sie auf deine Eingaben reagieren lassen. Du wirst spannende Code-Experimente machen und am Ende nach den ersten einfachen Versuchen schon bald selber richtige, coole Programme und Spiele bauen, die du ganz nach deinen Ideen gestalten und immer weiter ausbauen kannst.

Und dabei lernst du gleichzeitig programmieren, zuerst fast, ohne es zu merken. Richtiges Programmieren – genau dieselben Techniken und Methoden, die Profi-Programmierer tagtäglich verwenden. Nur dass es in *Scratch* von Anfang an Spaß macht.

Du brauchst dafür keine Mathematik (außer vielleicht ab und zu ein bisschen plus und minus), keine Kenntnisse über den Aufbau des Computerspeichers, über Datenformate, den Prozessor oder Sonstiges, du musst kein hochbegabter Nerd sein, auch kein genialer Erfinder. Jeder kann in *Scratch* seine eigenen Ideen umsetzen – auf niedrigem oder hohem Level. Du brauchst nur die Lust daran, eine neue kleine Welt zu entdecken, etwas Eigenes zu bauen und zu gestalten, sowie ein wenig Freude an logischem Denken. Der Rest kommt dann von selbst.

Und hinterher bist du *Scratcher* – ein richtiger Programmierer –, das ist versprochen!

Aber eins nach dem anderen. Erst einmal musst du *Scratch* kennenlernen – deine neue Heimat für die nächste Zeit. Ich bin sicher, du wirst dich schnell darin wohlfühlen.

Kapitel 2
Ganz einfach: so kriegst du Scratch auf deinen Computer

Der Einstieg ist wirklich ganz leicht. Um mit Scratch zu arbeiten, brauchst du eigentlich nur einen Computer oder Laptop – dazu einen Webbrowser, der dort sowieso schon drauf ist. Und los geht's!

Es gibt zwei Wege, *Scratch* auf deinem Computer zu verwenden. Der erste dauert nur ein paar Sekunden, und es kann sofort losgehen. Dafür brauchst du aber eine ständige Verbindung mit dem Internet, die nicht zu langsam ist. Die meisten Computer heutzutage haben das, wenn sie zu Hause stehen.

Die zweite Möglichkeit dauert ein paar Minuten. Aber damit kannst du *Scratch* fest auf dem Computer installieren und überall benutzen – größtenteils auch ohne Internet. Wenn die erste Methode bei dir nicht funktioniert, dann kannst du jederzeit die zweite Methode verwenden, sofern dein Gerät es erlaubt. Auf die eine oder andere Weise wirst du es auf jeden Fall hinbekommen und kannst in kürzester Zeit loslegen!

Erste Methode: Scratch direkt im Webbrowser

Es ist wirklich supereinfach. Egal, ob du einen Mac, einen Windows-PC oder einen Linux-Rechner verwendest, ja, sogar auf einem Tablet oder iPad funktioniert es: Starte einfach den »normalen« Webbrowser auf deinem Gerät. Zum Beispiel den Internet Explorer, den Edge-Browser, Firefox, Safari oder Chrome. Ganz wie du möchtest und was auf deinem System verfügbar ist – nur allzu alt sollte der Browser nicht sein.

Jetzt gibst du in der URL-Zeile des Browsers, also ganz oben, Folgendes ein und drückst die [↵]-Taste:

https://scratch.mit.edu

Das war's eigentlich schon. Anschließend klickst du nur noch im oberen Menü auf **Entwickeln**.

Warte ein paar Sekunden – und schon bist du mittendrin im *Scratch*-Editor. Herzlichen Glückwunsch! Es kann losgehen.

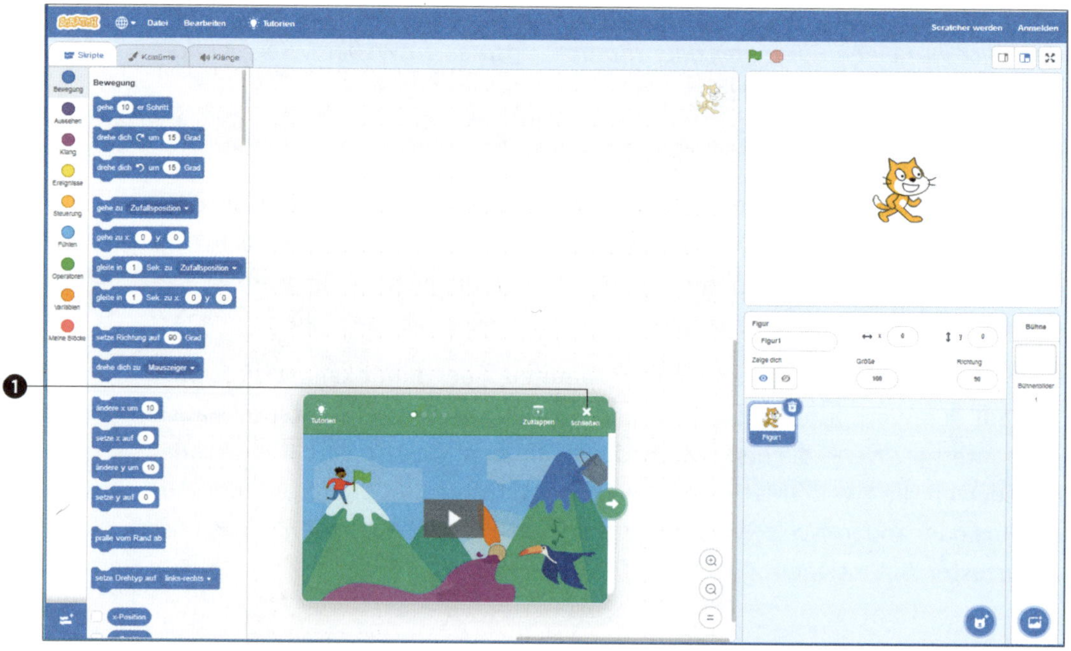

Hier siehst du den Scratch-Editor. Das kleine »Tutorial« kannst du mit Klick auf »Schließen« ❶ beenden.

Du solltest dir am besten gleich ein Lesezeichen (Bookmark) für diese Seite im Browser anlegen. Dann kommst du immer wieder mit einem Klick dorthin.

Jetzt bist du bereit und kannst schon ins dritte Kapitel wechseln.

Zweite Methode: Scratch-Desktop-Editor fest auf dem Computer installieren

Wenn du keinen ständigen Internetzugang hast oder das Programm einfach gerne fest auf deinem Computer installieren möchtest, damit du es jederzeit überall verwenden kannst, dann ist das auch nicht schwer, sofern du einen halbwegs aktuellen Windows-PC oder einen Mac-Computer hast. Scratch steht als kostenloses Desktop-Programm zur festen Installation zur Verfügung.

Hierzu gehst du mit einem beliebigen Webbrowser auf diese Seite:

https://scratch.mit.edu/download

Scratch Desktop kann zur Zeit auf jedem PC installiert werden, der Windows 10 als Betriebssystem hat – sowie auf jedem Mac-Computer, der mindestens mit macOS 10.13 ausgestattet ist. Auf Linux-Computern, Chromebooks oder Android/iOS-Geräten kann derzeit noch keine feste Version von *Scratch* installiert werden – das wird sich allerdings in der Zukunft, nach Erscheinen dieses Buches, wohl noch ändern, denn auch für diese Geräte sind Versionen angekündigt.

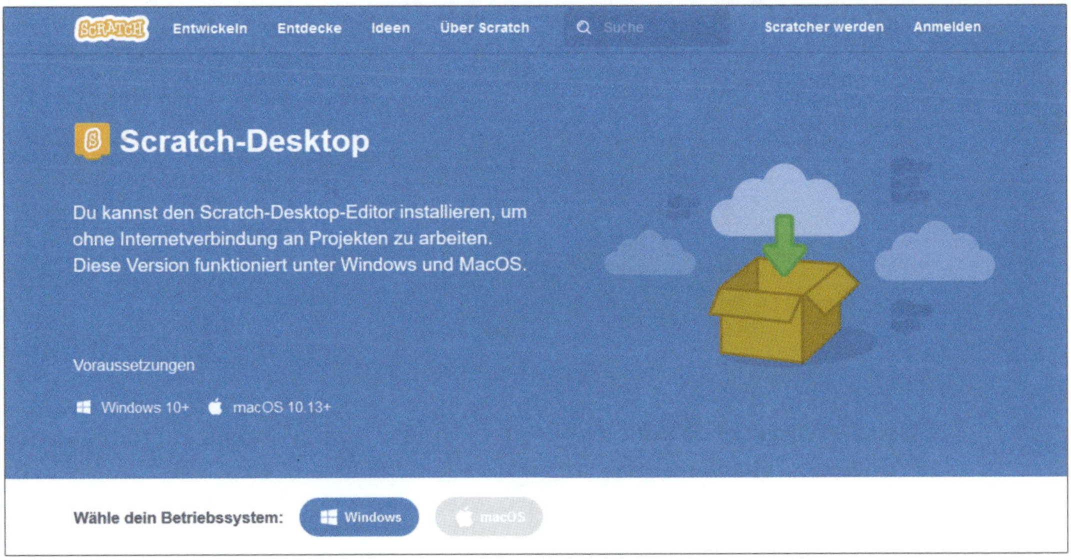

Wähle hier einfach dein Betriebssystem (Windows oder macOS), klicke auf **Herunterladen**, und starte dann die geladene Datei per Doppelklick (Windows), oder ziehe sie in den Ordner *Anwendungen* (Mac).

Anschließend findest du das *Scratch*-Symbol auf deinem Desktop (Windows) bzw. in deinem Anwendungsordner (Mac) und kannst *Scratch* von nun an jederzeit damit starten.

Das war alles. So oder so – es ist ganz einfach!

Kapitel 3

Der Scratch-Editor: dein eigenes Theater mit Bühne, Figuren und Kostümen

Hier erfährst du, dass Scratch so etwas ist wie ein komplettes Theater in deinem Computer. Es gibt die Bühne, auf der sich später dein eigenes Stück abspielt, es gibt Figuren (Spieler/Darsteller), die du beliebig einsetzen kannst, es gibt Kostüme, die das Aussehen der Spieler bestimmen, es gibt Kulissen (Hintergrundbilder), die du selbst wählen oder erstellen kannst. Und vor allem kannst du mit deinen Anweisungen absolut alles nach deinen Vorstellungen steuern – denn du schreibst das Stück, und du bist der Regisseur!

Schauen wir uns erst einmal eins nach dem anderen an. Schritt für Schritt wirst du jetzt erforschen, welche Elemente *Scratch* für dich bereithält und was du damit machen kannst.

Scratch 3 ist noch relativ neu

In diesem Buch lernst du die aktuellste Version von *Scratch* kennen – *Scratch 3*. Scratch 3 kann mehr als die Vorgängerversion *Scratch 2*, die es schon einige Jahre zuvor gegeben hat. Obwohl die offizielle Fassung von Scratch 3 mittlerweile fertig ist und du damit problemlos arbeiten kannst, wird *Scratch* regelmäßig erweitert und aktualisiert. Das heißt, es kann sein, dass sich im Lauf der Zeit Kleinigkeiten wie Farben, Symbole und Beschriftungen noch ein wenig verändern werden und damit nicht mehr ganz genauso aussehen wie in diesem Buch. Die eigentlichen Funktionen, die hier im Buch beschrieben werden, ändern sich aber nicht mehr – also keine Sorge: Selbst wenn einmal etwas leicht verändert aussieht, wird es noch einwandfrei funktionieren wie beschrieben. Hinweise auf Änderungen in Scratch gegenüber dem Buch findest du auch auf der Webseite zum Buch:

www.letscode-scratch.de

Die Bühne – hier spielt sich alles ab

Wie im Theater ist die Bühne in *Scratch* der Ort, wo sich am Ende alles abspielt: Also in diesem Fall dein Spiel, deine Animation oder dein eigenes Programm. Nur auf der Bühne findet es statt. Deine Figuren erscheinen auf der Bühne, sie bewegen sich, sie verändern ihr Aussehen und machen Geräusche, geben Texte aus, sprechen, reagieren auf Maus und Tastatur – alles das passiert nur auf der Bühne. Was nicht auf der Bühne passiert, geschieht sozusagen »hinter den Kulissen« und ist für den Benutzer deines Programms später unsichtbar.

Die Katze, die sich da schon auf der Bühne tummelt, ist das Erkennungstier von Scratch – die Scratch-Katze. Die kann man natürlich auch löschen. Aber lassen wir sie erst einmal da.

So groß ist deine Bühne

Die Bühne in Scratch ist immer 480 Bildpunkte (auch Pixel genannt) breit und 360 Punkte hoch. Das ist wichtig zu wissen, wenn du später Figuren auf bestimmte Positionen setzen willst.

Wenn du die Bühne in groß sehen willst, kannst du sie jederzeit mit dem Symbol ⛶ rechts oben vergrößern. Klicke noch mal drauf, und sie ist wieder klein.

Das Bühnenbild – ein Hintergrund macht eine Welt

Eine weiße Fläche ist ganz schön langweilig. Das ist wie eine Theatervorstellung vor einer weißen Wand. Deshalb gibt es im Theater Bühnenbilder, sodass die Vorstellung zum Beispiel in einer Landschaft spielen kann oder in einem Zimmer. So etwas gibt es in Scratch auch. Du kannst jederzeit ein Bühnenbild festlegen. Dann kann deine Figur sich drinnen, draußen oder sogar auf dem Mond befinden – ganz wie du möchtest. Du kannst ein Bühnenbild wählen, das schon in der Scratch-Bibliothek enthalten ist, oder dir eins selber malen. Du kannst auch ein selbst fotografiertes Bild aus deiner Sammlung oder eine Grafik aus dem Internet verwenden. In Scratch ist das alles nicht schwer.

Mit diesen vier Symbolen kannst du ein Bühnenbild aus der Bibliothek auswählen, ein eigenes Bühnenbild malen oder ein auf dem Computer gespeichertes Bild laden.

Ein Bühnenbild aus der Bibliothek wählen

Klicke auf das unterste Symbol, das wie ein Gemälde aussieht.

Darauf erscheint die Bibliothek für die Bühnenbilder.

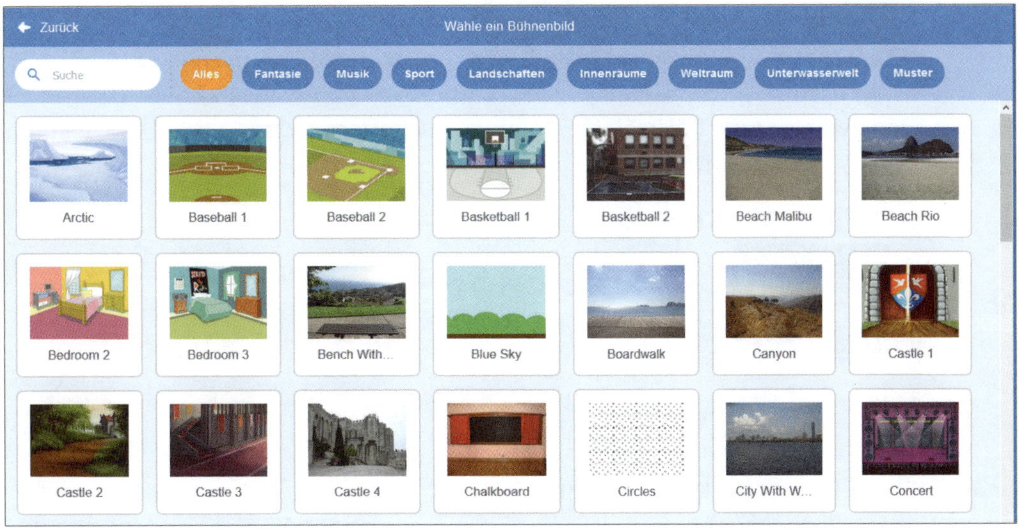

Hier kannst du dir aus zahlreichen Vorgaben ein schönes Bild für deine persönliche Bühne auswählen. Wenn du die Themen oben anklickst, siehst du jeweils alle Bilder, die zu dieser Kategorie gehören. Sobald du ein gutes Bild gefunden hast, klickst du es an. Dann ist das Bild als Hintergrund auf deiner Bühne zu sehen.

Willst du zum Beispiel, dass die Bühne wie eine echte Theaterbühne aussieht? Dann klicke doch mal auf das Bild **Theater 2**:

Und schon steht die Katze auf einer ganz echten Bühne.

Oder wähle zum Beispiel die Mondlandschaft mit dem englischen Namen **Moon**, und klicke drauf.

Cool – jetzt ist die Katze auf dem Mond!

Du kannst natürlich auch noch jederzeit eine Menge anderer Bühnenbilder ausprobieren.

Am Anfang werden wir erst einmal mit den Hintergrundbildern arbeiten, die in der Scratch-Bibliothek enthalten sind. Später kannst du dann jederzeit auch deine ganz eigenen Bilder erstellen. Wie geht das? Das wird in Kapitel 5 erklärt.

Figuren – die Besetzung

Nichts würde im Theater ohne Schauspieler funktionieren. In *Scratch* ist das genauso. Deine Schauspieler in Scratch heißen *Figuren* – nur dass die Figuren, die auf der Bühne auftreten, ein völlig beliebiges Aussehen haben können. Eine Figur kann ein Mensch, ein Tier, ein Ball, eine Banane, ein Raumschiff, ein Baum oder ein Haus sein. Alle Bilder, die du auf die Bühne setzen kannst und die in deinem Projekt mitspielen, egal wie groß sie sind und welche Form sie haben, werden in *Scratch Figuren* genannt, und jede davon kannst du später ganz nach deinen Vorstellungen mit deinem Programm platzieren, steuern und verändern.

Genauso wie bei den Bühnenbildern kannst du auch Figuren aus der vorhandenen Bibliothek auswählen – oder du kannst eine Figur selber zeichnen oder herunterladen.

Die *Scratch*-Katze, die auf der Bühne steht, ist natürlich auch eine Figur – eine, die beim Start von *Scratch* immer schon da ist. Selbstverständlich kannst du sie auch jederzeit löschen. Schließlich braucht wirklich nicht jedes Spiel eine Katze. Aber lass uns jetzt erst mal eine weitere Figur dazuholen.

Eine Figur aus der Bibliothek wählen

Unten rechts findest du ein Symbol, das aussieht wie ein Katzenkopf. Klicke drauf, und du kannst direkt eine neue Figur aus der Bibliothek auswählen.

Hier gibt es unzählige fertige Figuren für alle Bereiche. Sie haben englische Namen – aber du siehst sie auch als Bild in der Vorschau, sodass du weißt, was du auswählst.

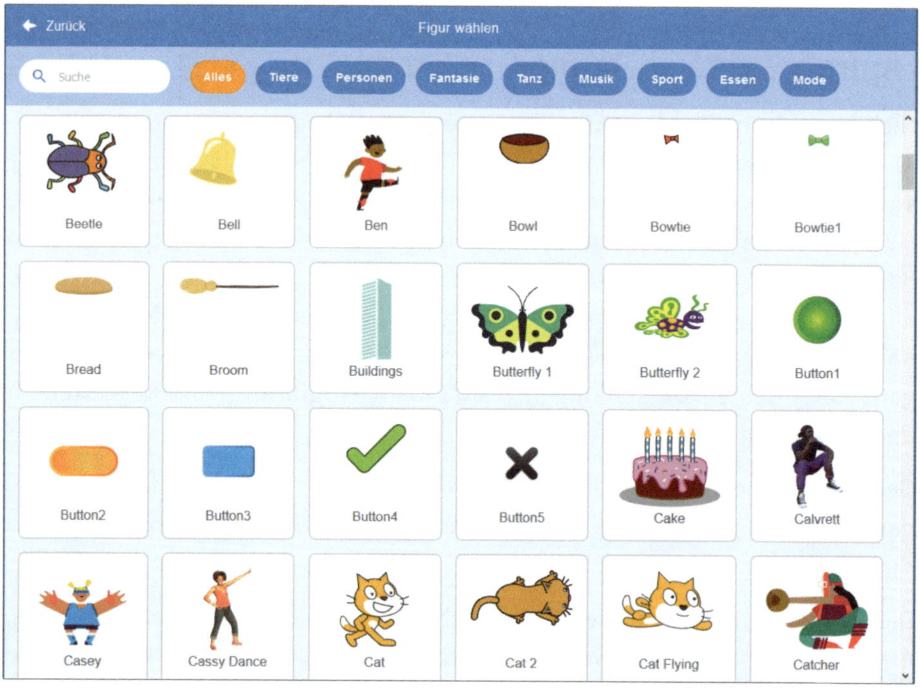

Klicke zum Beispiel auf die Froschfigur (englischer Name: **Frog**). Und schon erscheint der Frosch auf der Bühne.

Mit der Maus kannst du die Figuren auf der Bühne jederzeit greifen und verschieben. Und du kannst auch Eigenschaften von ihnen verändern.

Eigenschaften der Figuren verändern

Schau mal in das Feld unter der Bühne. Dort findest du die Symbole für alle Figuren aufgereiht, die zu deinem Projekt gehören und sich auf der Bühne befinden. Also die Katze mit dem Namen **Figur1** und der Frosch mit dem Namen **Frog**. Im Theater würde man so etwas die »Besetzungsliste« nennen – das heißt, hier sind alle Darsteller aufgelistet, die in deinem Stück mitspielen.

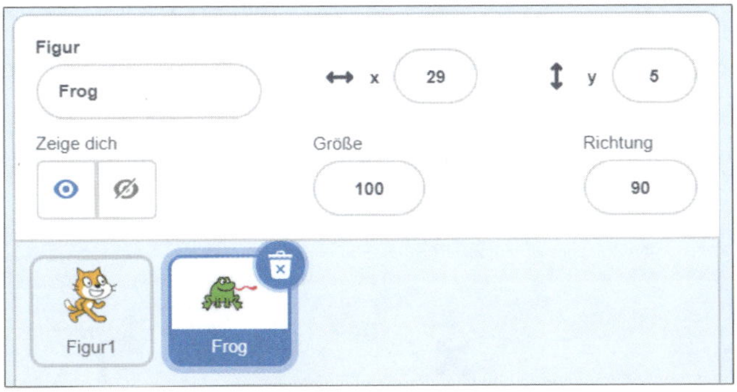

Wenn du mit der Maus hier auf ein Figurensymbol klickst, kannst du jederzeit im weißen Bereich darüber, dem **Figuren-Inspektor**, einige wichtige Einstellungen für die Figur setzen. So kannst du zum Beispiel ihre Größe verändern. Am Anfang steht sie immer auf **100** – das bedeutet 100 % ihrer Normalgröße. Schreibe stattdessen mal »200« hinein, und drücke die [↵]-Taste. Dann wird der Frosch doppelt so groß und ist größer als die Katze.

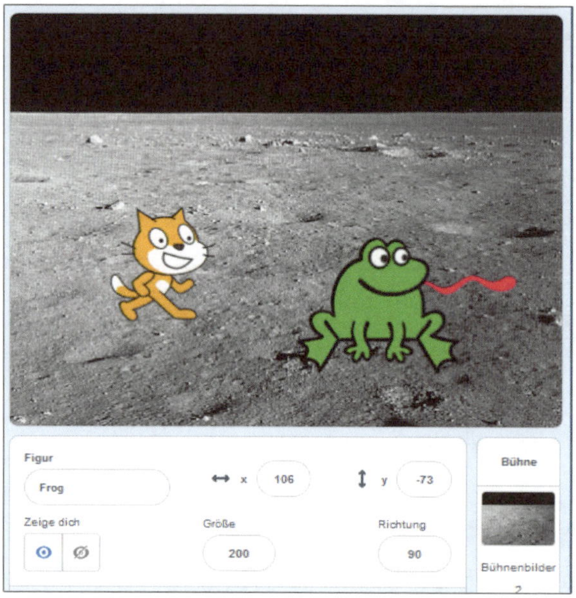

Probiere doch einmal zum Spaß mit unterschiedlichen Größen herum!

Neben der Größe kannst du auch die Position der Figur auf der Bühne festlegen. Damit kriegst du es ganz punktgenau hin – allerdings geht es ja auch direkt durch Ziehen mit der Maus.

Und du kannst die Richtung der Figur ändern. Das ist die Richtung, in die die Figur guckt – angegeben in Grad. 90 Grad heißt: Figur blickt nach rechts. Wenn du draufklickst, siehst du ein hilfreiches Rad, das dir die Richtung und die Gradzahl anzeigt.

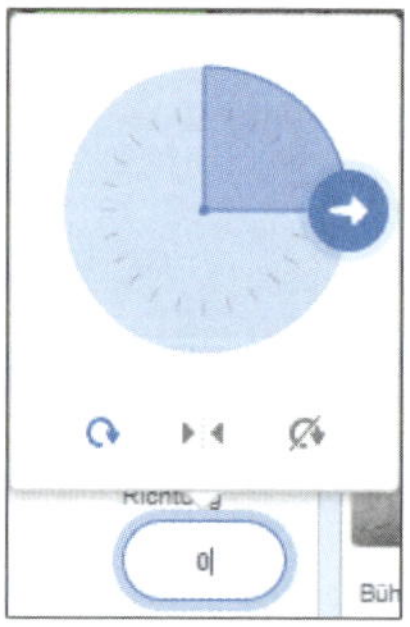

Gib mal »0« ein – dann dreht sich die ganze Figur nach links und blickt nach oben. Mit der Richtungsangabe lässt sich die Figur also drehen.

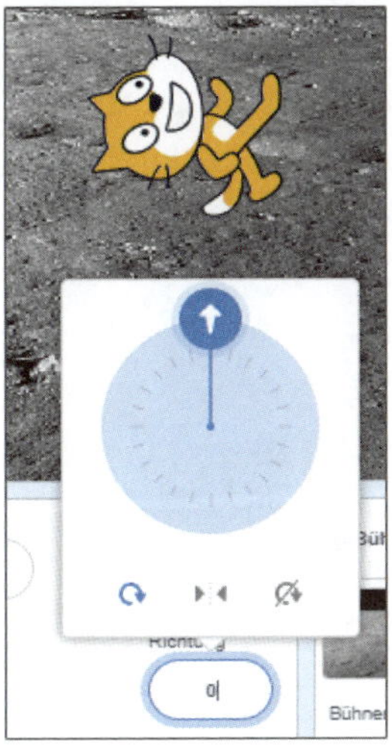

Mit der Option **Zeige dich** im Inspektor kannst du die Figur auf der Bühne sichtbar oder unsichtbar machen. Probiere das mal aus!

Und auch den Namen der Figur kannst du ändern. Warum sollte sie einen englischen Namen haben? Wähle die Figur **Frog** an, schreibe einfach »Frosch« in das weiße Namenfeld oben hinein – drücke die [↵]-Taste, und schon heißt deine Figur **Frosch**.

Ebenso kannst du die Katze, die jetzt nur **Figur1** heißt, umbenennen – zum Beispiel in **Katze**.

Wozu ist der Name wichtig?

Du wirst es sehen. Später, wenn du viele Figuren gleichzeitig verwendest, musst du den Überblick behalten und die Namen der Figuren auch in deinen Programmen benutzen. Da ist es sehr von Vorteil, wenn die Figuren nicht einfach nur **Figur1**, **Figur2** und **Figur3** heißen.

Eine Figur löschen

Wenn du eine Figur wieder aus deinem Projekt löschen möchtest, geht auch das ganz einfach. Markiere das Symbol der Figur in der Liste, und klicke das kleine Papierkorb-Symbol rechts oben in seiner Ecke.

Und weg ist die Figur. Nicht nur unsichtbar, sondern ganz gelöscht. Sie verschwindet dann natürlich auch von der Bühne – denn sie gehört nicht mehr zu deinem Projekt.

Du kannst jetzt:

- ein Bühnenbild für deine Bühne aus der Bibliothek wählen
- beliebig viele Figuren aus der Bibliothek wählen
- die Größen, Richtungen und Namen der Figuren ändern
- die Figuren beliebig auf der Bühne anordnen

Aufgabe
Gestalte eine coole Bühne mit einem interessanten Bühnenbild und mindestens fünf Figuren, die du vergrößerst, verkleinerst und drehst, bis alles so aussieht, wie du es möchtest. Gib den Figuren passende Namen!

Kostüme: Das Aussehen kann sich verändern

Im Theater treten Schauspieler normalerweise immer in einem Kostüm auf, das zu ihrer Rolle gehört. Sie können auch während eines Theaterstücks mal ihr Kostüm wechseln. In *Scratch* geht das auch, und zwar noch viel umfangreicher als im Theater – jede Figur kann mehrere völlig unterschiedliche Kostüme haben, wenn gewünscht.

In *Scratch* ist das Kostüm einer Figur ihr aktuelles Aussehen auf der Bühne. Wenn du eine neue Figur erstellst, trägt sie immer schon ein erstes Kostüm –

nämlich das Aussehen, das du siehst, wenn die Figur erscheint. Aber eine Figur kann auch mehr als ein Kostüm besitzen – du kannst jederzeit das Kostüm ändern, falls sich ihr Aussehen im Laufe deines Programms einmal verändern soll.

Im Theater sind Kostüme nur unterschiedliche Kleider. In Scratch kann ein Kostüm das gleiche Bild in einer anderen Farbe sein, aber es kann auch ein völlig neues Bild sein, das der Figur gegeben wird. Jede Figur kann dadurch völlig verschiedene Aussehen bekommen.

So könnte eine Figur in einem Kostüm eine Katze sein – und sich mit einem anderen Kostüm vielleicht in einen Hund oder einen Ball verwandeln. Trotzdem ist sie noch »die gleiche Figur« in Scratch und behält denselben Namen, dieselbe Position, Richtung, Größe usw. Sie hat nur ein »anderes Kostüm an«. Kostüme in Scratch sind also das »Aussehen« der Figur.

Wozu man Kostüme brauchen kann

Schau dir mal die beiden schon enthaltenen Kostüme der *Scratch*-Katze an. Dazu wählst du die Katze aus der Figurensammlung. Anschließend klickst du ganz oben in *Scratch*, da wo **Skripte**, **Kostüme** und **Klänge** steht, auf den mittleren Reiter **Kostüme**.

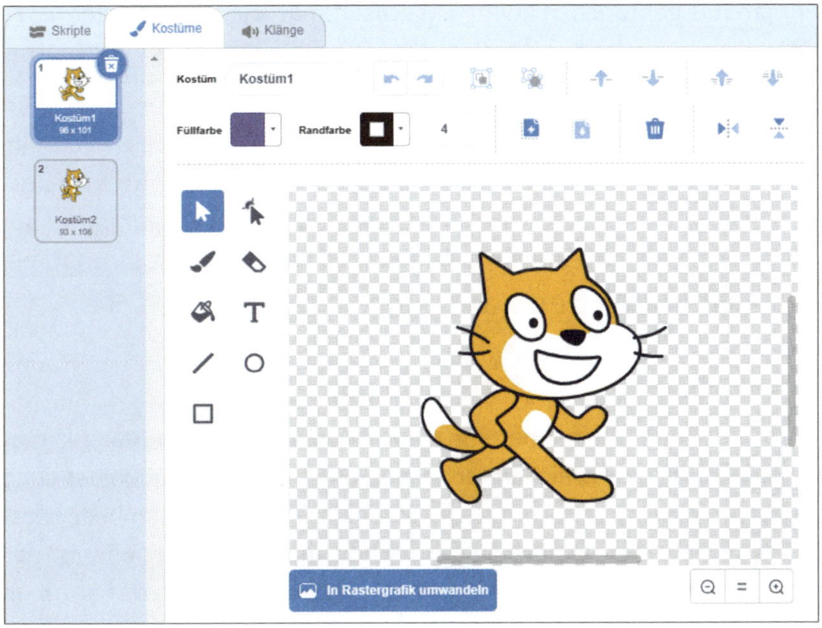

Wow – da öffnet sich gleich der grafische Editor, mit dem du jedes Kostüm der Katze bis ins kleinste Detail bearbeiten kannst. Wie das genau geht, erfährst du später, in Kapitel 5, noch ganz ausführlich.

Auf dem linken Streifen siehst du alle Kostüme, die die Katze im Moment besitzt. Das sind zwei. Das erste ist angewählt und erscheint auch im großen Editorfenster. Das zweite ist darunter zu sehen.

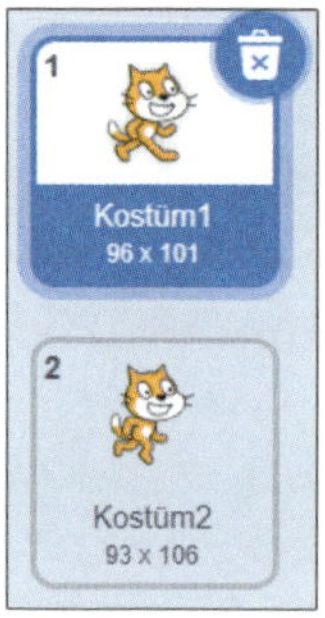

Wie du siehst, unterscheiden sich die beiden Kostüme der Katze gar nicht so stark voneinander. Beim ersten gehen die Beine mehr nach vorne, beim zweiten nach hinten. Wenn du die beiden Kostüme links schnell nacheinander anklickst und dabei auf die Bühne schaust, kannst du dir vielleicht schon vorstellen, wofür man das gebrauchen könnte. Wechselt man die Kostüme der Katze schnell hin und her, sieht es aus, als ob die Katze ihre Beine bewegt und läuft.

Diesen Trick werden wir später beim Programmieren auch verwenden: Indem wir das Kostüm, also das Aussehen der Katze, schnell hin und her wechseln, wirkt es so, als würde die Katze laufen. Das ist nur ein Beispiel, wofür man Kostüme gebrauchen kann. Immer wenn du möchtest, dass deine Figur ihr Aussehen verändert, wechselst du einfach ihr Kostüm. Ab Kapitel 5 wirst du erfahren, wie das genau funktioniert.

Kostüme verwalten

Du kannst im Kostümbereich einer Figur auch Kostüme *löschen* (dazu klickst du auf das kleine Papierkorbzeichen rechts oben im Kostümsymbol) oder auch ein neues Kostüm hinzufügen – mit dem Katzenkopf-Symbol unten in der Kostümleiste. Wenn du willst, kannst du gern schon mal versuchen, ein eigenes Kostüm zu malen. Klicke dazu auf den Pinsel, und probiere einfach herum. In Kapitel 5 erfährst du dann genauer, wie du das perfekt machen kannst.

Klänge: Man kann Figuren auch hören

Jede Figur hat immer mindestens ein Kostüm – klar, sonst könnte man sie ja auch nicht sehen. Aber eine Figur hat noch mehr als ihr Aussehen. Eine Figur kann auch Geräusche machen. Dazu kannst du jeder Figur passende Klänge zuordnen, die diese Figur dann später benutzen und abspielen kann.

Schauen wir einmal nach den Klängen für die Katze. Achte darauf, dass die Katze in der Figurenliste ausgewählt ist und einen blauen Rand hat. Klicke auf den Reiter **Klänge** oben in Scratch.

Damit kommst du in den Klangbereich der Katze.

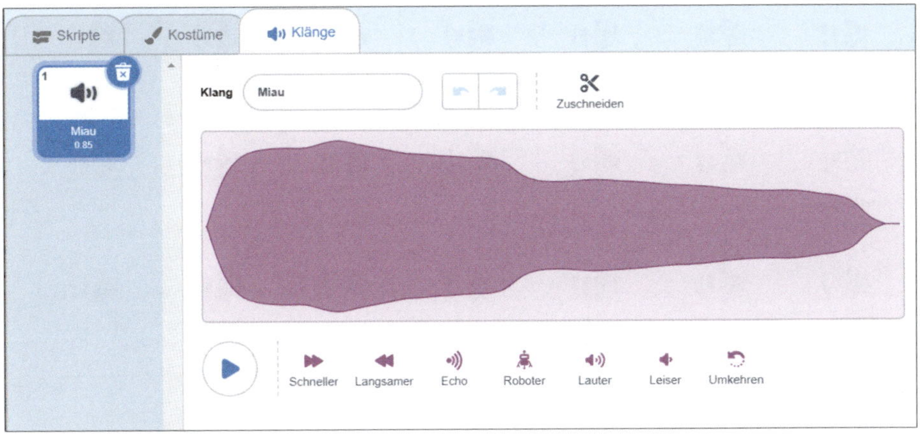

Einen Klang hat die Katze bereits dabei – das Miau! Klar, passt ja auch gut zur Katze.

Mit den Knöpfen unter der Wellenabbildung kannst du den Klang verändern: lauter, leiser, schneller, langsamer, höher, tiefer, rückwärts, mit Echo oder roboterartig. Du hörst dann sofort, wie sich der Klang danach anhört. Mit dem blauen Linkspfeil oben in der Mitte kannst du jede Änderung rückgängig machen.

Nun kannst du der Katze weitere Klänge hinzufügen. Entweder wählst du einen vorhandenen Klang aus der Bibliothek von *Scratch*, da gibt es eine gute Auswahl mitgelieferter Sounds, oder du nimmst einen eigenen Klang auf (sofern du ein Mikrofon an deinem Computer hast) – oder du kannst auch eine vorhandene Klangdatei von deiner Festplatte verwenden (mp3 oder wav).

Einen Klang aus der Bibliothek hinzufügen

Klicke auf das Icon **Neuer Klang** , und wähle aus der Bibliothek einen vorhandenen Klang aus. Wenn du mit der Maus über die Symbole fährst, hörst du automatisch die Klänge.

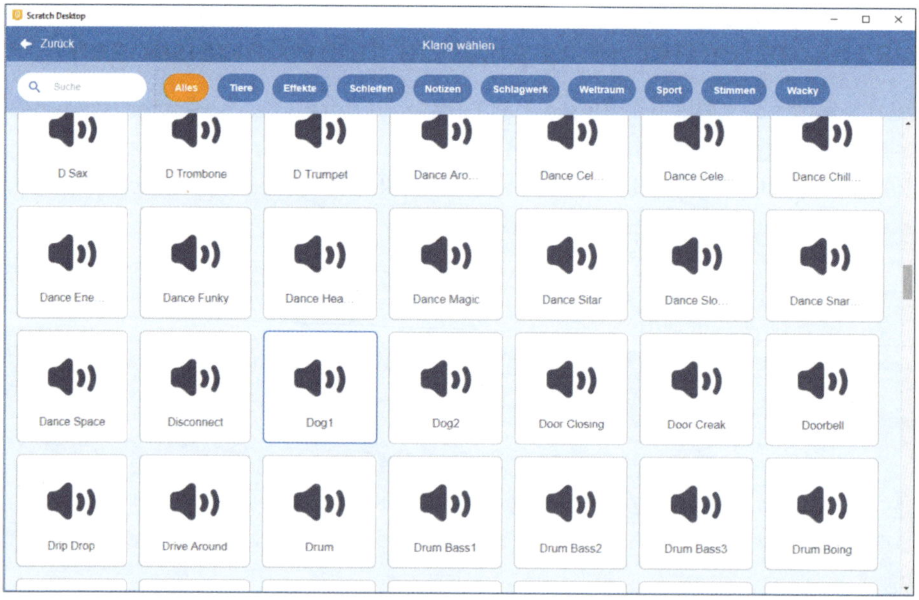

Wähle deinen Klang aus, und klicke ihn mit der Maus an.

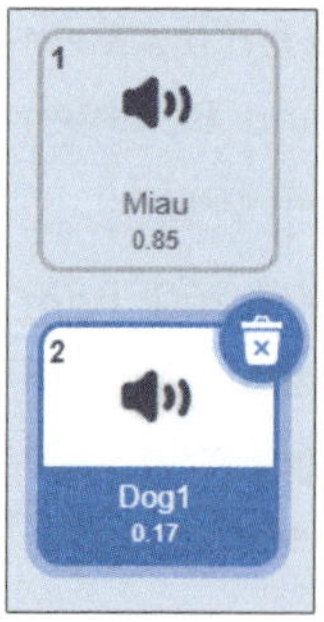

Hier wurde zusätzlich der Klang **Dog1** aus der Bibliothek der Katze hinzugefügt. Warum nicht? Eine Katze darf ruhig auch mal bellen!

Wie spiele ich denn die Klänge ab, die ich der Figur zugeordnet habe?
Du kannst jeden Klang, den du einer Figur zugeordnet hast, mit einem einfachen Befehl abspielen und erklingen lassen – wie das geht, wirst du sehr bald lernen. Im nächsten Kapitel probieren wir das Geräuschemachen gleich aus.

Das Skriptfenster – hier gibst du deine Anweisungen

Jetzt kommt das Allerwichtigste: das Fenster **Skripte**. Dieses Fenster ist immer schon geöffnet, wenn du Scratch startest. Du kannst ansonsten jederzeit zu ihm gelangen, wenn du auf die Schaltfläche **Skripte** ganz oben klickst.

In Scratch hat jede Figur ihr eigenes Skriptfenster. Auch die Bühne hat eines.

Was sind Skripte?

Wenn wir bei unserer Vorstellung vom Theater bleiben, dann wird hier das *Drehbuch*, das Manuskript unseres Stückes, erstellt. Und zwar für jede einzelne Figur.

Hier werden also alle Anweisungen zusammengestellt, die unsere Figur dann ausführen soll. Es wird festgelegt, was mit der Figur auf der Bühne passieren soll, wenn es losgeht. So eine Liste von Anweisungen, ein *Skript*, nennt man auch ein *Programm* – das sinnvolle Zusammensetzen von Anweisungen und Befehlen nennt man *programmieren*. Hier, im Skriptfenster, wird also programmiert!

Jede Anweisung, die du in *Scratch* verwenden kannst, befindet sich in einem farbigen Block. Es gibt sehr viele verschiedene Blöcke in gleichen oder auch in verschiedenen Farben, die zu jeweils verschiedenen Kategorien gehören. Und jede Anweisung bewirkt etwas anderes. Manches erklärt sich von selbst, anderes ist dir jetzt wahrscheinlich noch unverständlich.

Wenn du auf die Kreise ganz links klickst, kannst du am einfachsten durch die verschiedenen Kategorien von Blöcken wechseln. Probiere einfach mal etwas herum! Wenn du auf einen Block klickst, wird der angeklickte Befehl sofort für die gewählte Figur ausgeführt.

Klicke auf den Block 

– und schon bewegt sich die Katze 10 Punkte nach rechts. Klicke noch mal – und sie tut es wieder. Probiere auch die anderen Bewegungsblöcke aus – oder die Blöcke für das Aussehen. Jeder Block bewirkt etwas anderes. Wir werden gleich damit beginnen, unsere ersten Anweisungen gezielt einzusetzen.

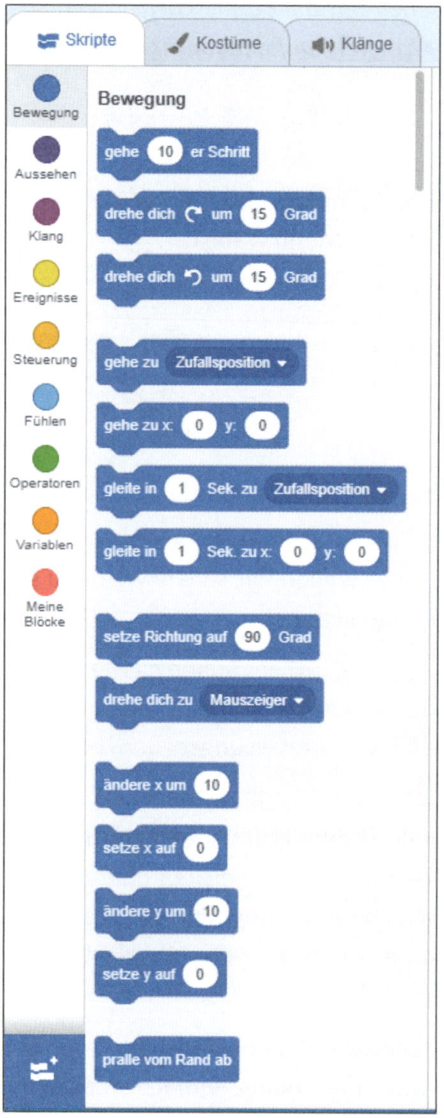

Kapitel 4
Jetzt wirst du zum Regisseur: Die Figuren folgen deinen Anweisungen

Nach der Führung durch die Welt des Scratch-Theaters wird es Zeit, dass Leben auf die Bühne kommt. Du weißt jetzt, wie du die Bühne gestalten kannst und wie du Figuren mit deinem gewünschten Aussehen auf die Bühne kriegst. Jetzt soll auf der Bühne aber auch gespielt werden. Was steht auf dem Spielplan? Das bestimmst du ganz allein!

Los geht's. Starte *Scratch* einmal ganz von vorn, indem du es entweder beendest und neu startest oder **Datei • Neu** im oberen Menü wählst.

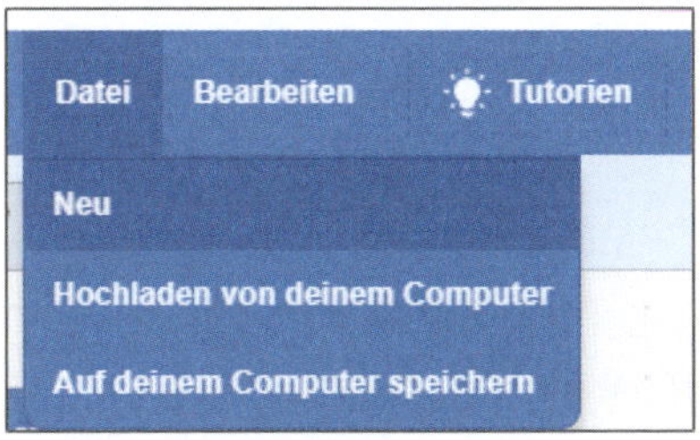

Die Katze erscheint auf der leeren Bühne. Jetzt wollen wir sehen, wozu du sie mit den vielen Anweisungen von Scratch bringen kannst.

Bewegungsbefehle ausprobieren

Du hast in der Einführung bereits die blauen Befehle kennengelernt. Mit ihnen kannst du die Katze bewegen. Zum Beispiel 10 Punkte (Pixel) vorwärts. Dazu brauchst du nur auf diesen Block zu klicken:

Wenn du draufklickst, wandert die Katze ein kleines Stück weiter.

Immer wenn du auf einen Befehl klickst, führt deine aktuelle Figur diesen Befehl sofort aus.

10 Bildpunkte sind nicht viel. Deshalb ist das nur ein kleiner Schritt. Aber du kannst das ändern. Klicke mal auf die Zahl 10 in diesem Befehl. Jetzt ist die 10 blau markiert, und du kannst mit deiner Tastatur eine andere Zahl eingeben.

Jeder Wert, der in Scratch schwarz auf weiß in einem Befehlsblock steht, kann von dir verändert werden, wenn du mit der Maus hineinklickst. Das verändert auch den Befehl und wie er sich auswirkt.

Schreibe statt der 10 eine 50 hinein.

Jetzt hast du einen neuen Befehl erstellt – nämlich den Befehl, einen 50er-Schritt zu machen. Klicke mehrmals auf diesen Codeblock, und beobachte, was passiert. Die Katze macht jetzt größere Schritte.

Zu einer Position gehen

Anstatt nur ein Stückchen vorwärtszugehen, kann die Katze auch direkt an eine Position gesetzt werden. Dafür gibt es den folgenden Befehl:

Wenn du hier draufklickst, wird die Katze sofort genau in die Mitte der Bühne gesetzt. Statt 0 und 0 kannst du natürlich auch andere Koordinaten hineinschreiben.

Wie funktioniert das Koordinatensystem?

Der Punkt 0,0 ist genau im Zentrum der Bühne. Auf diesem Bild steht die Katze auf dem Punkt 100,100. Bei –100,–100 wäre sie im linken unteren Viertel. Die x-Werte (horizontal) gehen von –240 bis +240, die y-Werte (vertikal) gehen von –180 bis +180.

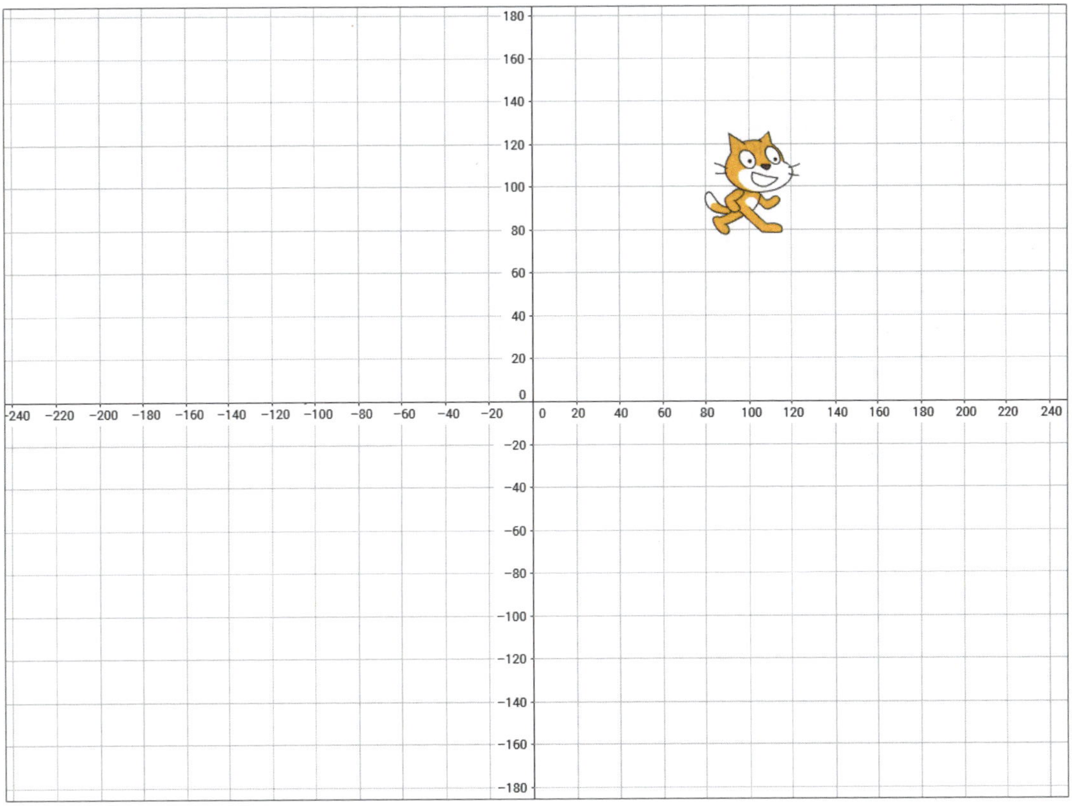

Übrigens kann die Katze nicht nur schlagartig auf eine Position gesetzt werden. Sie kann dort auch langsam hingleiten.

Zu einer Position gleiten

Probiere mal diesen Befehl aus! Jetzt gleitet die Katze ins Viertel unten links – und zwar dauert ihre Bewegung 1 Sekunde lang. So ist es in den Werten eingestellt. Wenn du statt 1 Sekunde 2 Sekunden oder auch 0.5 Sekunden einstellst, ändert sich die Gleitgeschwindigkeit der Katze entsprechend.

Punkt anstatt Komma

Wenn du Kommazahlen in Scratch eingibst, verwende bitte immer die englische Schreibweise mit einem Punkt statt einem Komma – also 0.5 statt 0,5.

Figuren drehen

Mit diesem Befehl wird die Katze gedreht.

So würde sie ihre Richtung auf 45 Grad ändern – also nach rechts oben gucken (und laufen). Wenn du sie danach einen Schritt vorwärts bewegst, läuft sie in ihre neue Blickrichtung.

Jetzt geht's los: Befehle zusammenfügen, das Programmieren beginnt

Was du bisher gemacht hast, war noch kein Programmieren. Du hast der Katze nur einzelne Befehle gegeben. Das kann man wohl am ehesten »Fernsteuern« nennen. Jede Bewegung, die du der Katze befiehlst, wird sofort ausgeführt, aber nur in dem Moment, wo du draufklickst.

Das echte Programmieren beginnt in dem Moment, wo du mehrere Befehle zusammenfügst und der Katze dann mitteilst, dass sie die Befehlsliste ausführen soll. Um Befehle einer Figur zuzuordnen, musst du zuerst die Figur anwählen und ihre Befehle anschließend *in ihr Skriptfenster ziehen.* Der Befehlsblock gehört dann zu dieser Figur.

Blöcke im Skriptfenster kombinieren

Jede Figur hat ihr eigenes Skriptfenster. Hier kannst du beliebig viele Befehlsblöcke hineinziehen – gleiche oder verschiedene – und sie dann zu einem zusammenhängenden *Skript*, also einem *Programm*, aneinanderfügen.

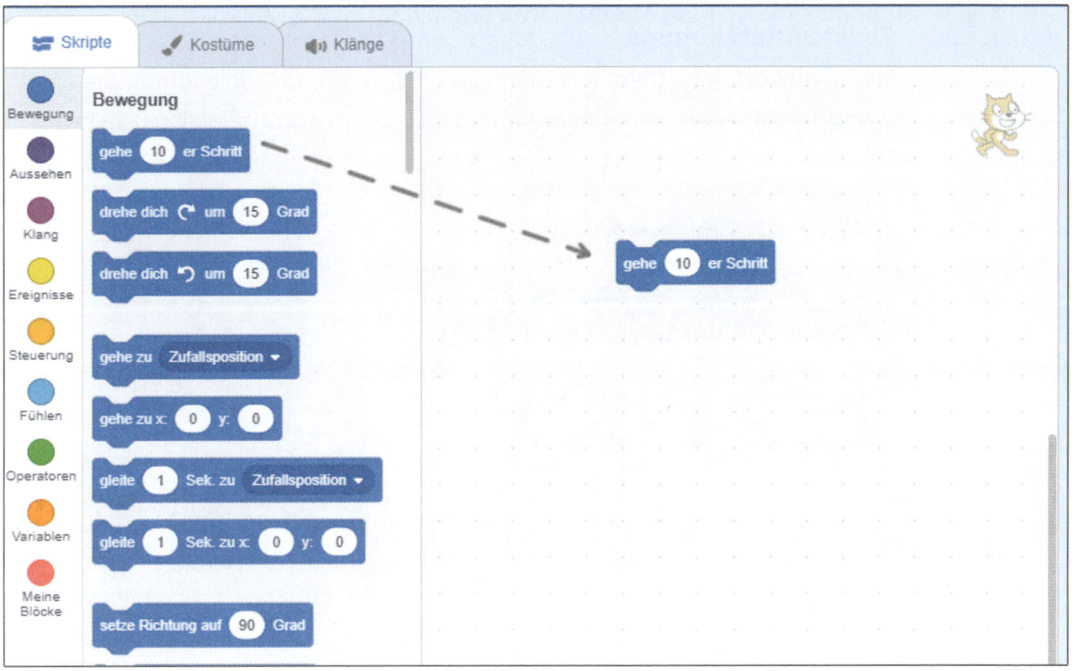

Ziehe einen Befehl aus der Bibliothek ins Skriptfenster der Katze. Wir probieren das sofort aus:

1. Ziehe vier Mal nacheinander den Befehl `gleite 1 Sek. zu x:` ... `y:` ... ins Skriptfenster der Katze.

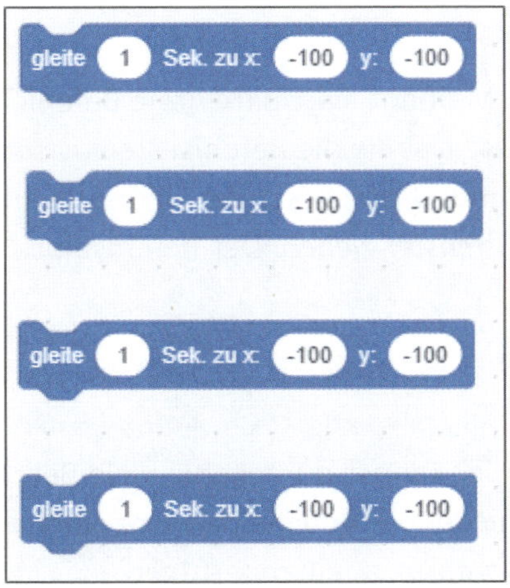

2. Ändere die x- und y-Werte so wie hier (achte auf das Minuszeichen):

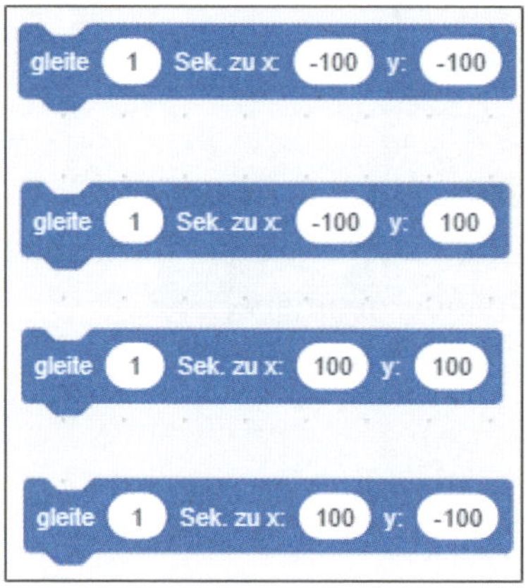

3. Füge nun die vier Blöcke zu einem Programm zusammen. Wenn du einen Block von oben oder unten an einen anderen heranziehst, erscheint ein grauer Verknüpfungsschatten. Lässt du ihn los, klinkt er sich mit dem anderen Block zusammen. Du kannst einen Block auch zwischen mehrere bestehende schieben, dann klinkt er sich in der Mitte ein.

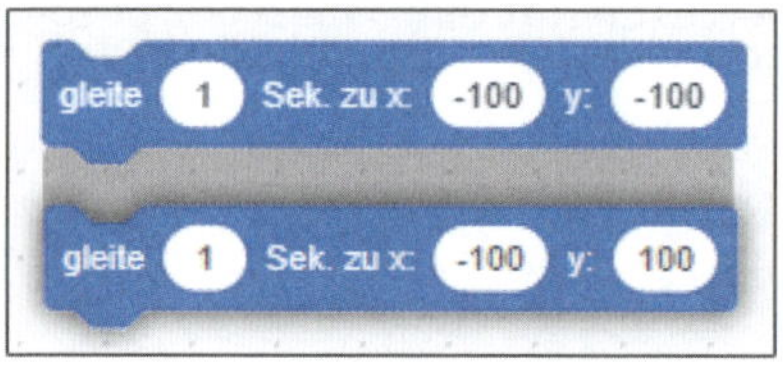

Am Ende sieht der gesamte Befehlsblock so aus:

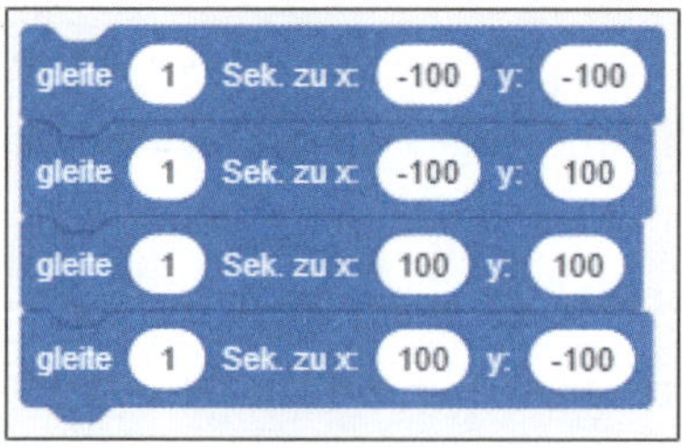

4. Nun kannst du die gesamte Befehlsliste (also das *Programm*) starten, indem du auf den obersten Block klickst.

Und was passiert? Die Katze wandert einmal durch die vier Viertel der Bühne. Nach vier Sekunden ist sie fertig.

Wie nimmt man Blöcke wieder auseinander?

Probiere es aus. Wenn du den obersten Block mit der Maus anklickst und ziehst, verschiebt sich die ganze Liste. Wählst du aber einen der mittleren Blöcke, kannst du die Liste an dieser Stelle auseinandernehmen.

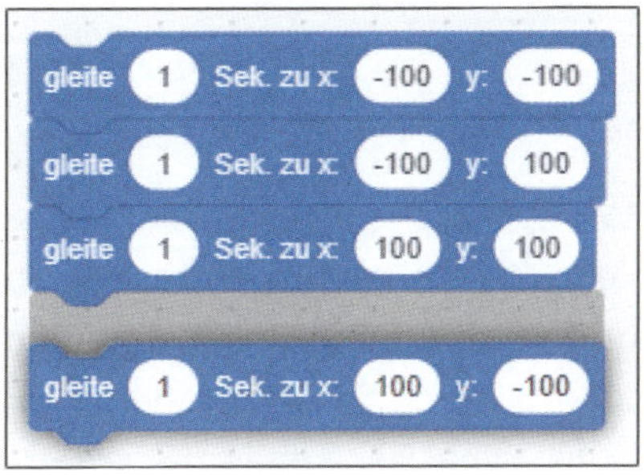

Willst du alle Blöcke wieder voneinander trennen, dann ziehst du jeweils den untersten Block nach unten ab, bis alles wieder auseinander ist. Teste das ruhig mehrmals. Nach kurzer Zeit hast du es im Gefühl, wie man Blöcke zusammenfügt und auseinandernimmt.

Löschen und duplizieren

Einen Block, den du nicht mehr brauchst, kannst du jederzeit auch wieder aus dem Skriptfenster löschen. Am einfachsten geht das, wenn du ihn mit der Maus greifst und *nach links in die Codebibliothek zurückschiebst*. So kannst du auch ganze zusammenhängende Programmblöcke löschen. Wenn du einen einzelnen Befehl löschen willst, kannst du ihn aber auch mit der rechten Maustaste anklicken und **Lösche Block** wählen.

Später wichtig wird das *Duplizieren*. Dazu klickst du einen Block mit der rechten Maustaste an (beim Mac ist dies `Ctrl` + Klick) und wählst **Duplizieren**.

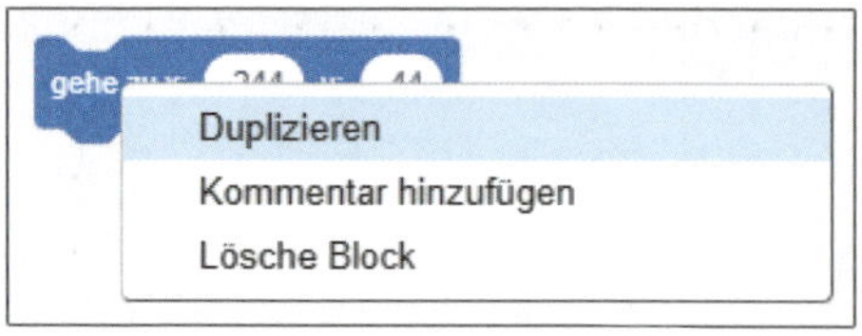

Damit bekommst du einen zweiten Block, der genau gleich ist wie der, auf den du geklickt hast. Hängen mehrere Blöcke zusammen, kannst du sie auch alle zusammen duplizieren, wenn du auf den obersten klickst.

Das Programm wird interessanter

Das Programm funktioniert, und das ist toll. Wir können es jetzt noch ein bisschen verfeinern. So wäre es vielleicht gut, wenn die Katze immer am selben Anfangspunkt beginnt. Dazu setzt du sie am Anfang des Programms einfach auf eine vorgegebene Position.

Wenn die Katze nach links läuft, soll sie auch nach links schauen. Wenn sie dann nach rechts läuft, schaut sie nach rechts. Dazu musst du zwei Richtungswechsel einbauen.

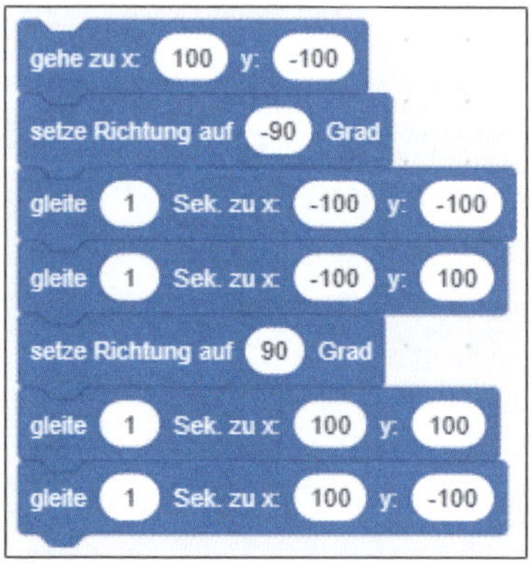

Probiere es aus. Siehst du das Problem?

Die Katze steht nach dem ersten Richtungswechsel auf dem Kopf.

Wie macht man es, dass die Katze nach links schaut, ohne auf dem Kopf zu stehen?

Dazu brauchst du einen speziellen Befehl, der nur einmal am Anfang ausgeführt werden muss:

Das ändert den *Drehtyp* – mit `links-rechts` dreht sich die Katze nicht mehr um ihre eigene Achse, sondern bleibt immer aufrecht und schaut je nach Richtung nur nach links oder rechts. So stellt sie sich nicht mehr auf den Kopf. Unser ganzes Programm sieht jetzt also folgendermaßen aus:

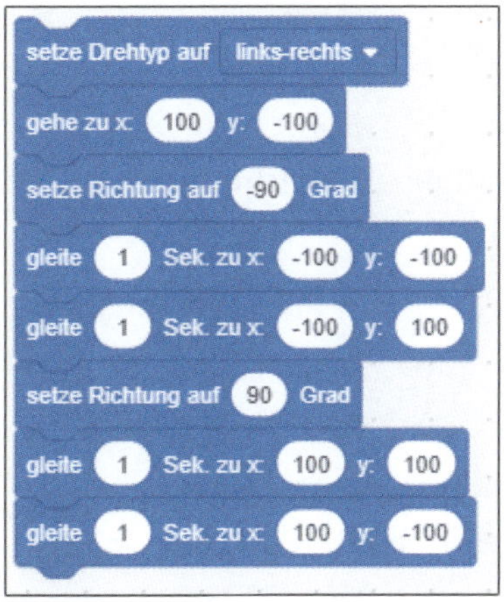

Starte es – und jetzt läuft es wie gewünscht. Die Katze dreht sich beim waagerechten Wandern nach links oder rechts in Laufrichtung.

Geräusche und Sprache

Du hast jetzt schon einmal eine kleine Ahnung bekommen, was man mit *Scratch* machen kann. Aber wir sind noch ganz am Anfang. Es geht gerade erst los. Schauen wir uns einmal ein paar weitere Befehle an. Die Katze soll uns jetzt vielleicht einmal etwas sagen. Dazu gibt es zwei Möglichkeiten.

Sprechen mit Sprechblase

Hierfür brauchen wir einen Block aus der Abteilung **Aussehen** (lila).

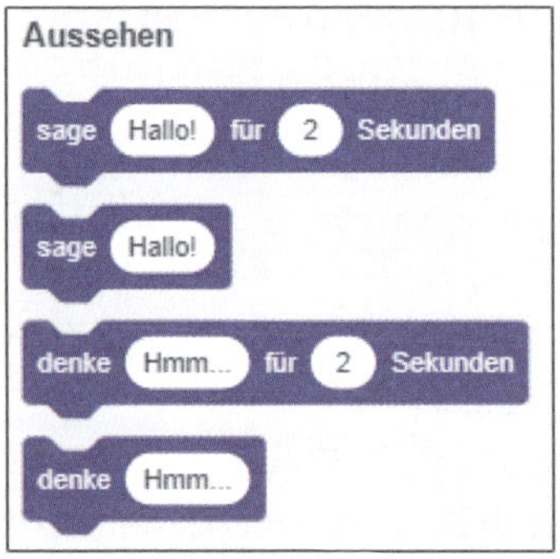

Wähle mal den obersten Block davon, ziehe ihn in das Skriptfenster der Katze, und schreibe einen beliebigen Text rein – zum Beispiel »Wie geht's?«.

Klickst du den Block an, meldet die Katze sich mit einer Sprechblase und sagt zwei Sekunden lang: »Wie geht's?«

Schon mal toll. Aber wie bitte? Die Katze soll auch *richtig sprechen*, sodass man es hört, nicht nur eine Sprechblase anzeigen? Ja, tatsächlich, das kann Scratch auch!

Text zu Sprache

Dafür brauchen wir einen Befehl aus der Abteilung **Text zu Sprache**. Diese Befehle sind sogenannte *Erweiterungen* und noch nicht von Anfang an in *Scratch* eingebunden. Das musst du noch schnell machen. Ist aber ganz einfach.

Klicke auf das blaue Symbol in der Ecke ganz links unten.

Jetzt öffnet sich ein Fenster mit zahlreichen Erweiterungen, die man jederzeit in *Scratch* hinzufügen kann. Wähle das Modul mit dem Namen **Text zu Sprache** aus.

Einmal draufklicken, und schon steht diese Abteilung in *Scratch* zu deiner Verfügung.

Hier kannst du jetzt den untersten Punkt auswählen und hast drei neue Befehlsblöcke zur Auswahl.

Internetverbindung ist erforderlich
Um diese Befehle zu verwenden, musst du online sein. Für die Sprachausgabe wird eine Internetverbindung benötigt.

Ziehe den obersten grünen Befehlsblock in das Skriptfenster und verknüpfe ihn mit einem lila Sprechblasen-Befehl. Zum Beispiel so:

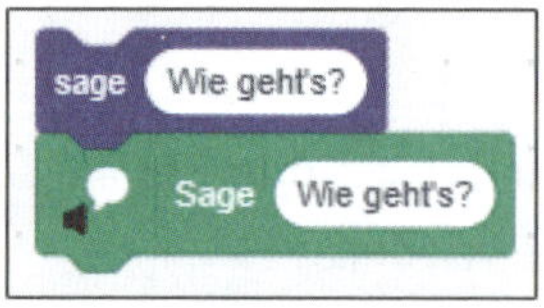

Klicke das Programm oben an – und was passiert? Die Katze spricht und zeigt gleichzeitig ihre Sprechblase! Cool!

Einziges Problem: Die Sprechblase bleibt nach dem Sprechen dauerhaft stehen.

Das kann man aber ändern – ein sage-Befehl ohne Text sorgt dafür, dass sie wieder verschwindet ❶. Also so:

Geht's jetzt zu schnell? Dann lernst du jetzt noch rasch einen weiteren Befehl kennen, der für Abhilfe sorgt.

Der Wartebefehl – damit es nicht zu schnell geht

Hol dir aus der orangefarbigen Abteilung **Steuerung** den ersten Befehlsblock warte x Sekunden.

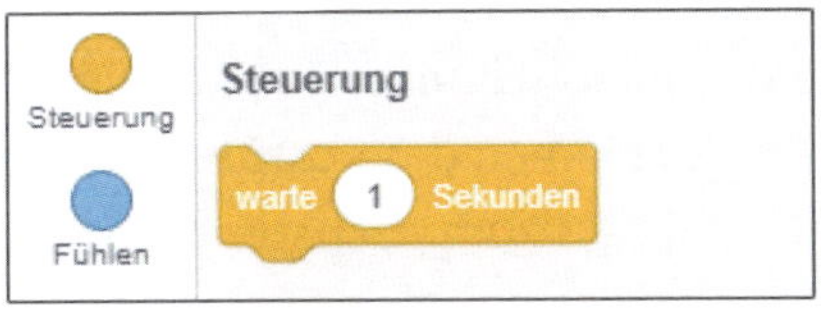

Was er macht, erklärt sich wohl von selbst. Es wird einfach eine Sekunde gewartet, ohne dass etwas passiert. Diesen Befehl wirst du auch später immer wieder gebrauchen können. Baue ihn in unser kleines Programm ein:

So sollte es perfekt funktionieren! Nach einer Sekunde wird ein leerer sage-Befehl gegeben – dadurch verschwindet die Sprechblase wieder.

Du kannst jetzt schon selbst experimentieren. Aber bevor du jetzt alles, was du schon kannst, in einem richtigen, eigenen Projekt zusammenfügst, schauen wir uns noch kurz ein paar weitere nützliche Befehle aus den Bereichen Aussehen und Klang an.

Befehle, die das Aussehen der Figur verändern

Für deine ersten Versuche empfehle ich dir noch ein paar Befehle, mit denen du die Figur verändern kannst.

Kostüme wechseln

Du weißt ja, dass eine Figur mehrere Kostüme, also mehrere Aussehen haben kann. Zum einen haben vorgefertigte Figuren aus der Bibliothek oft schon mehrere Kostüme dabei, zum anderen kannst du jeder Figur beliebig viele weitere Kostüme hinzufügen.

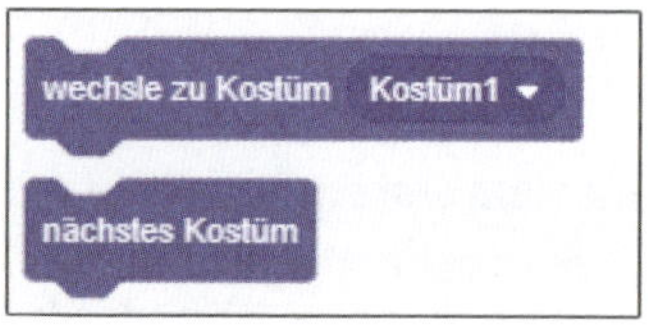

Mit diesen Befehlen wechselst du das Aussehen deiner Figur. Entweder wechselst du auf ein bestimmtes Kostüm, indem du den Namen des Kostüms im Befehlsblock auswählst, oder du wechselst einfach direkt zum nächsten Kostüm, das in der Figur enthalten ist. Probiere es aus!

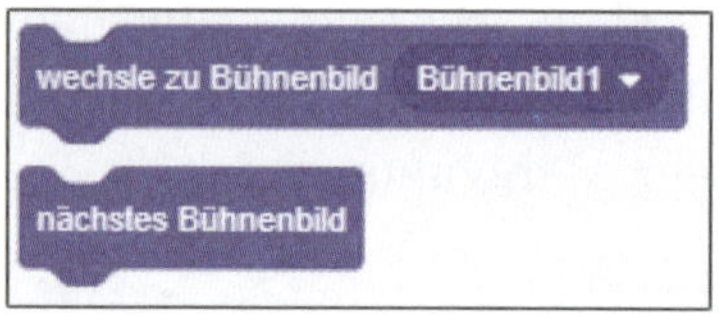

Genau dasselbe kannst du auch mit Bühnenbildern machen. Du kannst per Befehl einfach das Bühnenbild ändern – vorausgesetzt, du hast vorher in deinem Projekt ein weiteres Bühnenbild angelegt.

Sichtbar und unsichtbar

Diese beiden Befehle machen eine Figur sichtbar bzw. unsichtbar. Das kann sehr praktisch sein, wenn die Figur zum Beispiel am Anfang noch gar nicht mitspielt und erst später erscheinen soll. Auch ein Hinweisschild oder ein GAME-OVER-Schriftzug kann eine Figur sein, die nur dann sichtbar gemacht wird, wenn sie benötigt wird. Später wirst du diese Befehle auf jeden Fall häufig brauchen.

Größe per Befehl ändern

Die Größe deiner Figur kannst du nicht nur in den Voreinstellungen im Inspektor setzen. Sie lässt sich natürlich genauso gut per Befehl im Programm verändern. Vielleicht soll deine Figur nach jedem Schritt ein Stückchen wachsen – oder sie soll am Schluss ganz groß sein. Was auch immer du davon möchtest – mit diesen Blöcken kannst du es erreichen. Entweder du änderst die Größe um einen Wert – zum Beispiel um `10` (dann wird die Figur 10 % größer) oder `-10` (dann wird sie 10 % kleiner). Oder du setzt den Wert für die Größe direkt in `setze Größe auf` – auch da wird der Wert in Prozent eingegeben. Teste auch diese Befehle einmal gründlich durch.

Weitere Befehle zum Ändern des Aussehens

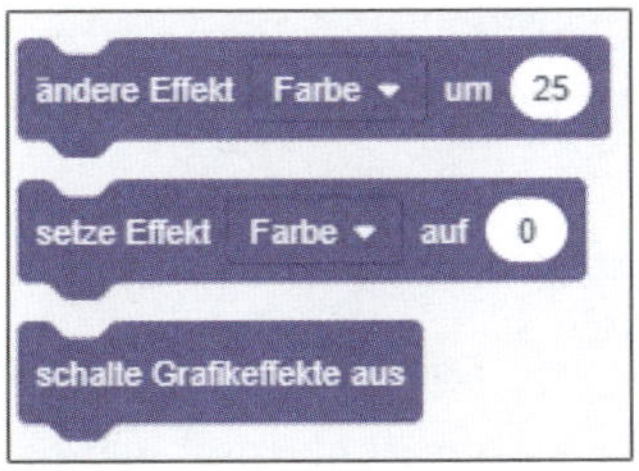

Du kannst deiner Figur mit diesen Befehlen zahlreiche verschiedene Effekte geben – zum Beispiel ihre Farbe ändern oder sie sogar verzerrt oder durchsichtig erscheinen lassen.

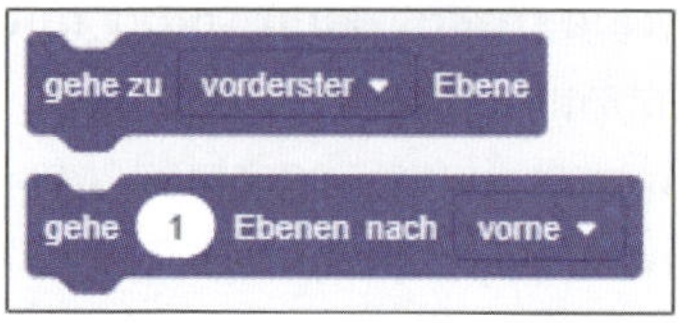

Hiermit kannst du die Figur auf der Bühne in den *Vordergrund* oder den *Hintergrund* setzen – das wirkt sich aus, wenn es mehrere Figuren gibt und wichtig ist, welche sich vor welche schiebt, wenn sie übereinander liegen. Diese Funktionen sind etwas spezieller – aber vielleicht fällt dir schon etwas ein, wofür man sie gebrauchen kann.

Klänge der Figur verwenden

Neben der Bewegung und dem Aussehen spielt natürlich auch der Klang einer Figur eine wichtige Rolle. Wir haben die Figur mit dem Text-zu-Sprache-Block bereits sprechen lassen. Das ist eine tolle Klangmöglichkeit. Aber vielleicht soll die Katze auch miauen, der Hund bellen (oder umgekehrt), das Raumschiff zischen oder explodieren – oder du möchtest etwas Musik abspielen. Auch dafür bietet dir Scratch alle erdenklichen Möglichkeiten.

Schau dir mal die Befehlsblöcke zum Thema Klang an.

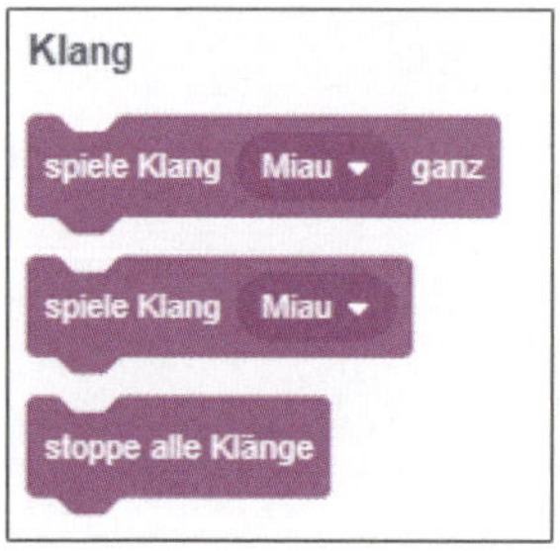

Diese drei Blöcke sind die wichtigsten. Mit den ersten beiden kannst du einen Klang der Figur abspielen (der Klang muss der Figur zugeordnet sein) – welchen, das wählst du im Befehlsblock aus, falls die Figur mehrere Klänge hat.

Was ist der Unterschied zwischen dem ersten und zweiten Block? Mit dem ersten (`spiele Klang … ganz`) wird der Klang abgespielt, bis er vollständig zu Ende ist. Danach kommt erst der nächste Block an die Reihe.

Der zweite `spiele Klang`-Block startet den Klang und macht dann sofort mit dem nächsten Block weiter. So kann die Katze gleichzeitig miauen und sich bewegen. Aber Achtung: Wenn danach noch ein weiterer Klang abgespielt werden soll, hört man den ersten Klang möglicherweise nicht mehr vollständig, denn jeder neue Klang bricht den vorherigen Klang ab. Ein Beispiel:

Wenn du diesen Block startest, hörst du nur einmal »miau«, denn das zweite »Miau« folgt sofort dem ersten, das gerade erst anfangen wollte.

Hier hörst du beide »Miaus« komplett nacheinander, denn der erste Klang wird erst ganz gespielt, bevor der zweite beginnt.
Mit dem Block `stoppe alle Klänge` lässt du es wieder ruhig werden. Das kann wichtig sein, wenn dein Klang nicht nur ein kurzes Geräusch ist, sondern vielleicht ein ganzes Musikstück. Damit schaltest du es wieder ab.

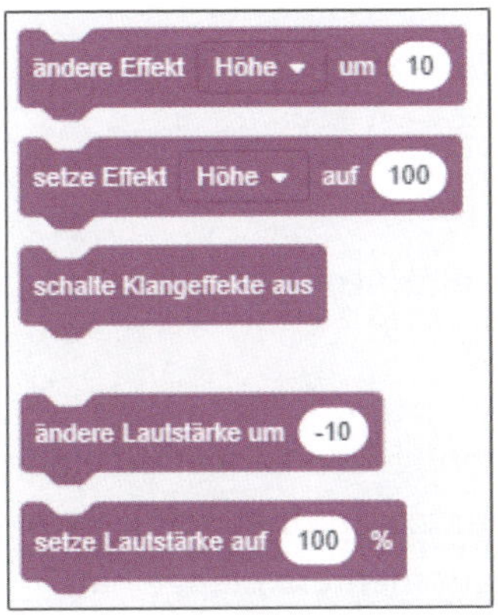

Diese Klangbefehle kannst du benutzen, um den Klang der Figur mit Effekten zu versehen – oder die Lautstärke zu verändern. Probiere sie aus, wenn du Lust hast.

Nun kennst du erst einmal alle wichtigen Befehle, um Bewegung, Aussehen und Klang deiner Figur zu verändern. Damit wollen wir doch gleich einmal etwas machen!

Eine kleine Zaubershow

Wir erstellen jetzt mit einigen der Blöcke, die wir gerade kennengelernt haben, einen kleinen Animationsfilm. Nachdem du dieses Beispiel nachgemacht hast, kannst du es beliebig verändern und erweitern – und du kannst natürlich auch deinen ganz eigenen Film herstellen.

Die Idee

Der Film soll ein einfaches Bühnenbild zeigen. Ein Zauberer soll von links in die Mitte der Bühne gleiten und sich dann vorstellen. Und zwar mit Sprechblase und Sprache. Danach soll er einen Zauberspruch sprechen – und dann soll er mit einem magischen Geräusch verschwinden.

Wie machen wir das?

1. Starte Scratch. Lösche die Katze gleich als Erstes aus der Bibliothek (Klick auf das kleine Papierkorb-Symbol).

2. Wähle als Bühnenbild aus der Bibliothek das Bild **Blue Sky**.

3. Nun wähle die Figur **Wizard** aus der Bibliothek aus – das ist der Zauberer. Benenne ihn um in **Zauberer**. Setze seine Größe im Figuren-Inspektor auf 80 % – sonst ist er etwas zu groß.

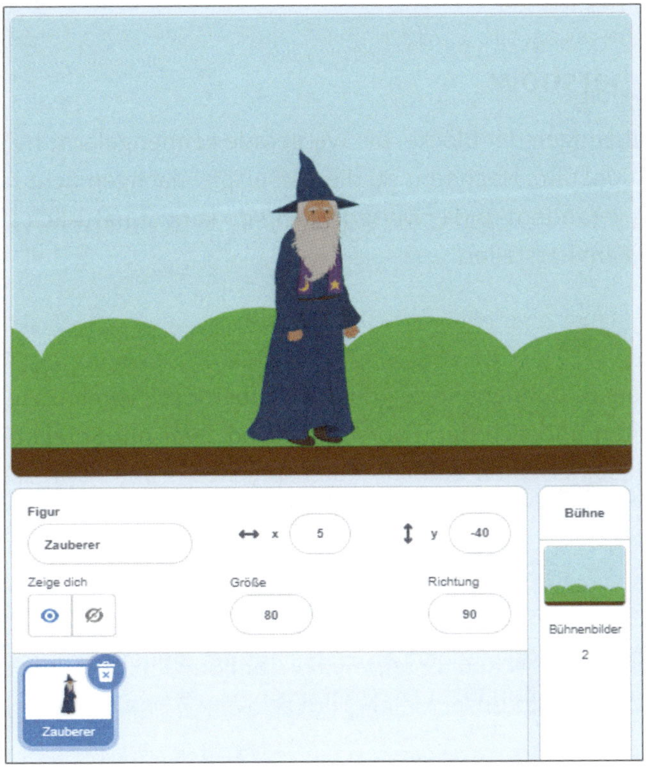

4. Ziehe den Zauberer mit der Maus auf der Bühne so weit wie möglich nach links, bis er nur noch ganz am Rand zu sehen ist.

5. An dieser Position soll unserer Zauberer immer beginnen. Also musst du ihn am Anfang des Programms mit einem Befehl auf diese Position setzen. Ziehe den blauen Befehlsblock `gehe zu x: ... y: ...` aus der Abteilung **Bewegung** ins Skriptfenster. Er ist schon automatisch auf die Position ausgefüllt, an die du den Zauberer gerade gezogen hast.

6. Nun ziehe den Zauberer auf der Bühne wieder in die Mitte – dorthin, wo er am Ende stehen soll.

7. Ziehe jetzt einen blauen Befehlsblock `gleite 1 Sek. zu x: ... y: ...` ins Skriptfenster. Auch dieser Block ist bereits mit der aktuellen Position ausgefüllt.

8. Hänge die beiden Blöcke zu einem kleinen Skript zusammen.

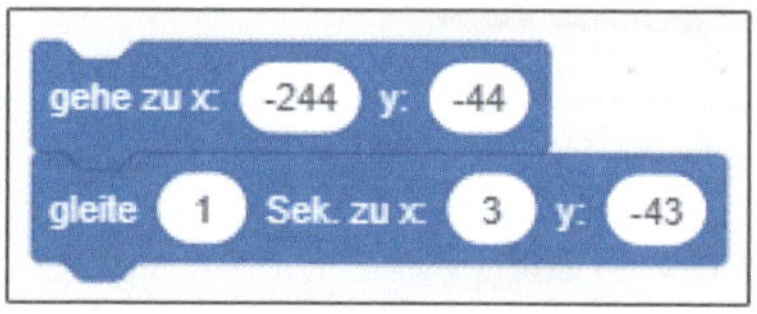

9. Starte das Programm, und schau dir an, wie der Zauberer links beginnt und in die Mitte gleitet. So fängt unser kleiner Film also an.

10. Bevor es weitergeht, soll der Zauberer eine Sekunde warten. Dazu gibt es den orangefarbigen Warteblock aus der Abteilung **Steuerung**. Ziehe ihn ins Skriptfenster, und hänge ihn an das Programm an.

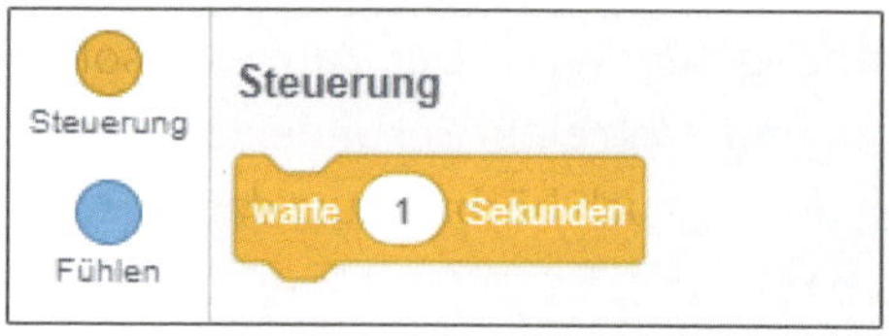

11. Nun soll der Zauberer sprechen. Dazu verwendest du erst einmal den Sprechblasen-Block `sage ...` aus der Abteilung **Aussehen**. Schreibe einen passenden Text hinein, und hänge den Block an das Programm. Teste es kurz.

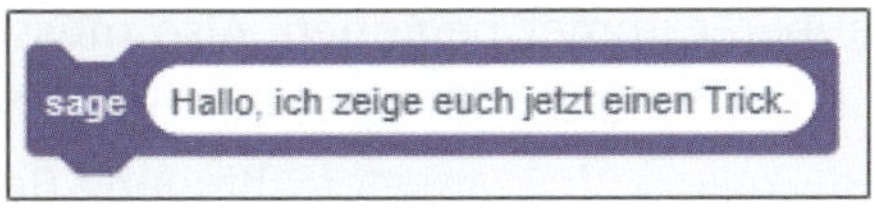

12. Damit der Zauberer nicht nur die Sprechblase zeigt, sondern auch richtig spricht, musst du jetzt wieder den Befehl `sage` aus der **Text-to-Speech**-Abteilung verwenden. Wenn diese Abteilung nicht mehr da ist, musst du sie vorher noch einmal mit dem blauen Symbol ganz links unten hinzufügen. Dann ziehst du den Block ins Skriptfenster und schreibst denselben Text hinein, der auch in der Sprechblase steht. Zusätzlich solltest du vorher den Block `Ändere die Stimme zu Tenor` erstellen und einfügen, denn sonst spricht der Zauberer mit einer Frauenstimme. `Riese` geht übrigens auch gut als Stimme – das klingt noch etwas unheimlicher.

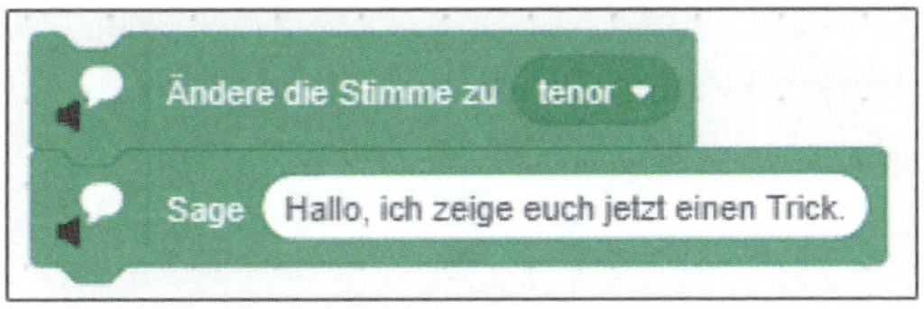

13. Eine Sekunde nach dem Sprechen soll die Sprechblase wieder verschwinden. Dafür fügst du die folgenden zwei Blöcke ein.

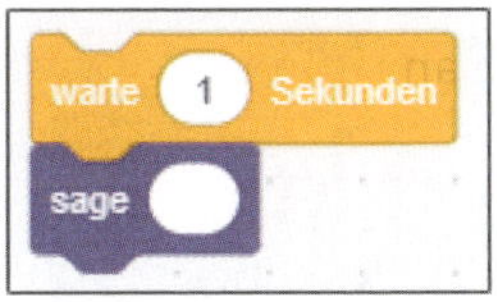

14. Du kannst das Programm an dieser Stelle ruhig noch einmal testen. Achte darauf, dass alle Blöcke zusammengefügt sind. Der Zauberer sollte von links kommen, in die Mitte gleiten und nach einer Sekunde dann anfangen zu sprechen, sowohl mit Sprechblase als auch hörbar. Kurz darauf sollte die Sprechblase wieder verschwinden.

15. Nun soll der Zauberer noch »Abrakadabra« sagen, seinen Zauberspruch. Das machen wir ganz genauso wie zuvor.

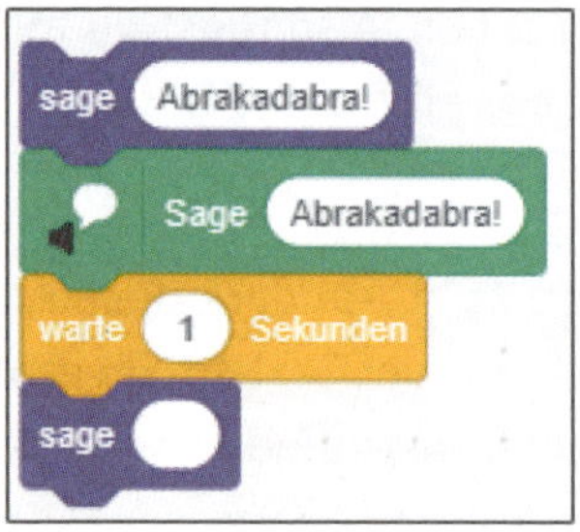

Diesmal muss die Stimme nicht auf `Tenor` oder `Riese` gesetzt werden, denn diese Einstellung gilt auch weiterhin, wenn sie vorher einmal gesetzt wurde.

16. Fast fertig. Jetzt kommt nur noch die Zauberei. Der Zauberer soll verschwinden. Dafür gibt es den Befehl `verstecke dich` – und schon ist er nicht mehr zu sehen.

17. Damit das aber effektvoller wird, sollte auch noch ein passender magischer Klang ertönen. So einen hat die Zaubererfigur bereits eingebaut. Gehe also auf **Klang**, und wähle `spiele Klang Magic Spell ganz`.

18. Als Letztes spricht der unsichtbare Zauberer noch ein Abschlusswort. Zum Beispiel so:

19. Nun nur noch eine Kleinigkeit. Weil der Zauberer ja am Schluss unsichtbar ist, muss er am Anfang des Programms sichtbar gemacht werden. Denn sonst könntest du das Programm nicht zwei Mal nacheinander abspielen –

er wäre beim zweiten Mal gar nicht mehr zu sehen. Also fügst du folgenden Befehl ganz oben am Anfang des Programms ein:

So! Wenn du alles genau so gemacht hast, wie hier beschrieben, dann sollte dein fertiges Programm jetzt in etwa so aussehen:

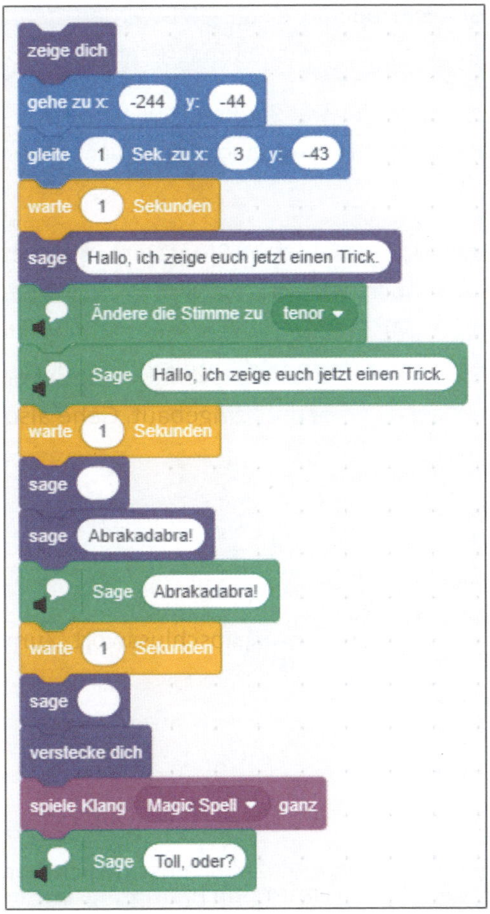

Und jetzt darfst du ausgiebig testen. Der Zauberer kommt, er spricht, er sagt seinen Spruch und löst sich mit einem magischen Geräusch in nichts auf. Danach spricht er noch einmal unsichtbar. Logisch, oder?

Das Programm speichern

Wenn du dir viel Mühe mit einem Programm gegeben hast, solltest du es unbedingt auf deinem Computer speichern, denn sonst ist es beim nächsten Start von Scratch nicht mehr da. Um das zu tun, wählst du **Datei** im Menü ganz oben und dort **Auf deinem Computer speichern**.

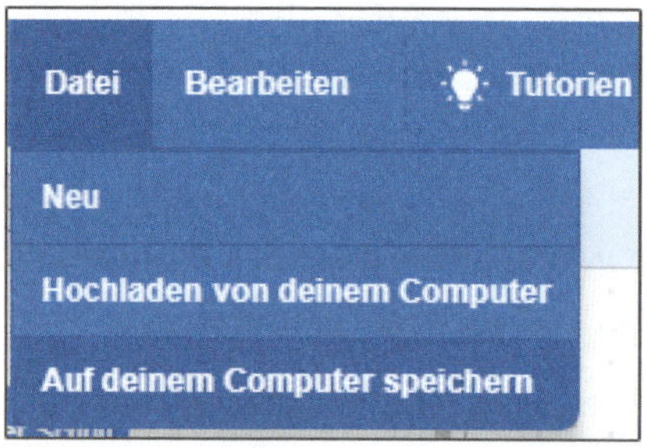

Anschließend gibst du einen passenden Namen für dein Programm ein, hier zum Beispiel »Zaubertrick« oder was du möchtest. Dann klickst du auf **Speichern** – und dein Programm ist gesichert. Mit **Datei • Hochladen von deinem Computer** kannst du es später jederzeit wieder laden und ansehen oder damit weiterarbeiten.

Einzelne Figuren speichern
Übrigens kannst du auch einzelne Figuren wie den Zauberer mitsamt ihren Skripten speichern, um sie später in anderen Programmen wiederzuverwenden. Klicke dazu auf die Figur im Inspektor, und wähle **Exportieren**. Dann kannst du nur diese eine Figur als *sprite*-Datei speichern und diese in anderen Projekten als Figur wieder laden.

Das Programm verändern

Alles verstanden? Gehe noch mal das ganze Programm durch, und mache dir klar, was jeder einzelne Befehlsblock bewirkt. Probiere es aus, indem du es veränderst! Du kannst die Texte ändern, die Positionen, die Wartezeiten, die Stimme des Zauberers. Du kannst aber auch neue Blöcke hinzufügen und sehen, was passiert. Der Zauberer könnte größer werden. Oder er könnte, statt zu verschwinden, einfach nur durchsichtig werden.

Statt `verstecke dich` verwendest du dann zum Beispiel:

Oder

Oder etwas ganz anderes. Du musst nur alle Werte am Anfang des Programms wieder auf normal zurücksetzen, sonst bleibt der Zauberer für immer so.

Spiele mit dem Programm herum, ändere alles Mögliche, und teste, was passiert. Manchmal entdeckt man beim Probieren ganz verrückte und spannende Sachen.

Dein eigener Film

Jetzt bist du ganz gefragt. Starte *Scratch* neu (indem du zum Beispiel oben links auf **Datei** klickst und **Neu** wählst), und baue deinen ganz eigenen Film. Wovon er handelt und wer mitspielt, entscheidest du ganz alleine. Wähle ein passendes Bühnenbild und eine passende Figur – und dann geht es los!

Ideen, die Spaß machen!

Gestalte zum Beispiel:

1. eine lebendige Urlaubspostkarte mit einem Hintergrundbild aus deinem letzten Urlaub, auf der du dich bewegst und schöne Grüße ausrichtest
2. einen Horrorfilm, in dem ein unheimliches Wesen erscheint und sein Unwesen treibt
3. eine Fliege, die über den Bildschirm fliegt und Geräusche macht
4. einen Alien, der auf die Erde kommt
5. oder was auch immer du willst!

Verwende am besten die Befehle, die du schon kennst – probiere aus, was am besten zu deiner Idee passt. Überlege dir vorher, was passieren soll, und versuche dann, es mit *Scratch*-Befehlen umzusetzen.

Es ist noch kein Meister vom Himmel gefallen

Nimm dir für dein erstes Programm noch nicht zu viel auf einmal vor. Manche Dinge, die du gerne hättest, gehen jetzt vielleicht noch nicht – die wirst du später noch besser beherrschen lernen, denn es kommen noch viele neue Elemente dazu. Vieles kannst du aber schon machen – mit den Techniken, die du kennengelernt hast.

Fang erst mal ganz einfach an – und erweitere das Programm dann Schritt für Schritt. Es macht wirklich Spaß, das wirst du sehen!

Kapitel 5
Eigene Bühnenbilder und Kostüme

Wenn du nicht immer nur fertige Vorlagen für das Aussehen deiner Figuren und Kostüme verwenden willst, kannst du natürlich jederzeit eigene Bilder nutzen, die genau so aussehen, wie du es möchtest. Dafür gibt es zahlreiche Möglichkeiten, unter anderem einen einfach bedienbaren Zeichen-Editor in Scratch.

Angenommen, du möchtest ein Flugzeug oder eine bekannte Comicfigur in *Scratch* als Figur verwenden, einen besonderen Smiley oder eine Figur, die deinen Namen aufgedruckt hat. Oder du willst, dass ein *Scratch*-Programm in deinem eigenen Zimmer spielt.

Scratch liefert eine Menge vorgefertigter Figuren und Bühnenbilder für die verschiedensten Zwecke mit. Aber natürlich ist die Anzahl begrenzt, und es gibt unendlich viele Ideen, für die noch keine Vorgaben dabei sind. Ginge ja auch gar nicht anders.

Aber zum Glück ist es sehr einfach, eigene Figuren und eigene Bühnenbilder in *Scratch* zu verwenden und auch zu erstellen. Dabei kannst du sowohl Grafiken verwenden, die du auf deiner Festplatte hast oder anderswo im Internet heruntergeladen hast, Cliparts oder Fotos (achte darauf, dass sie legal verwendet werden dürfen und nicht rechtlich geschützt sind) oder Grafiken, die du mit einem Grafikprogramm hergestellt hast (wie Photoshop, Affinity Photo, GIMP, Paint, Illustrator oder irgendeinem anderen Programm für deinen Computer).

Doch auch in *Scratch* selber kannst du dir leicht und schnell eigene Figuren oder Bühnenbilder zeichnen und konstruieren. Dafür bietet *Scratch* einen eingebauten Editor, dessen Funktionen für die meisten Spiele und Animationen, die du in Scratch erstellst, häufig völlig ausreichen.

Beginnen wir mit dem Importieren fertiger vorhandener Grafiken und Bilder.

Bilder aus anderen Quellen in Scratch verwenden

Wenn du ein vorhandenes Bild in *Scratch* laden möchtest, muss es auf deiner Festplatte als Datei liegen. Du kannst verschiedene Formate in *Scratch* laden, sowohl Bitmap-Dateien wie JPG, BMP, PNG oder GIF als auch Dateien im Format SVG.

Scratch beherrscht sowohl den Umgang mit Vektorgrafiken wie auch den Umgang mit Bitmaps.

Was ist das – Vektor- und Bitmapgrafiken?

Bitmaps sind klassische, gerasterte Grafikdateien, die feste gezeichnete oder fotografierte Bilder enthalten, genau wie Bilder, die aus einem Drucker kommen. Sie bestehen aus vielen ganz kleinen farbigen Punkten, die zusammen ein Bild ergeben. Wenn man sie vergrößert, werden sie gröber, und man kann die Punkte irgendwann erkennen. Fotos werden immer als Bitmap-Dateien gespeichert. Bitmaps kann man drehen, verschieben, auch in gewissem Rahmen vergrößern oder verkleinern, aber man kann ihren Inhalt nicht verändern, außer wenn man mit einem Pinsel darauf herummalt oder sie mit einem Grafikprogramm manipuliert.

Bitmap ist für alle Fotos und für viele gezeichnete Grafiken das normale Format. Bitmap-Dateiformate sind zum Beispiel JPG, BMP, GIF, PNG. JPG und vielleicht PNG kennst du sicherlich aus deinen Fotodateien.

Es gibt aber auch **Vektor**grafikdateien. Hier werden die Bilder nicht in Tausenden kleinen Punkten gespeichert, sondern die Elemente des Bildes werden als *Objekte* angelegt. Was heißt das? Ein Vektorbild besteht aus Objekten wie Quadraten, Kreisen, Linien und Punkten, deren Eigenschaften (Größe, Dicke, Winkel, Farbe) im Bild gespeichert werden. Jedes Mal, wenn man das Bild anzeigt, wird es aus diesen Eigenschaften für die gewünschte Größe neu berechnet. Dadurch löst es sich nie in viele kleine Punkte auf, sondern bleibt in jeder Größe sauber gezeichnet. Die einzelnen Objekte von Vektorgrafiken kann man auch nachträglich noch bearbeiten. So kann man die Füllfarben, Größen, Positionen und Liniendicken von einzelnen Bildelementen einfach verändern, ohne dass man das ganze Bild neu zeichnen oder etwas löschen muss.

Das Vektorgrafikformat, mit dem *Scratch* umgehen kann, heißt SVG. Die Figuren, die in der *Scratch*-Bibliothek enthalten sind, sind alle im Vektorformat erstellt. Man kann also leicht ihre Farben oder sogar ihre Form ändern.

Ein Bühnenbild in Scratch aus einer Datei laden

Für ein Bühnenbild kannst du eigentlich alle Arten von Grafikdateien verwenden, egal ob JPG, BMP, GIF, PNG oder SVG, egal ob Foto oder Grafik. Sie alle eignen sich, denn Bühnenbilder müssen sich nicht bewegen oder im Spiel verändern. Sie sind ein fester Hintergrund. SVG-Dateien kannst du später in *Scratch* weiterbearbeiten, alle anderen sollten schon so weit fertig sein, dass du an ihnen nichts mehr verändern musst.

Gehe mit der Maus ganz rechts unten in *Scratch* auf das Symbol **Neues Bühnenbild**, und klicke dort auf **Bühnenbild hochladen**.

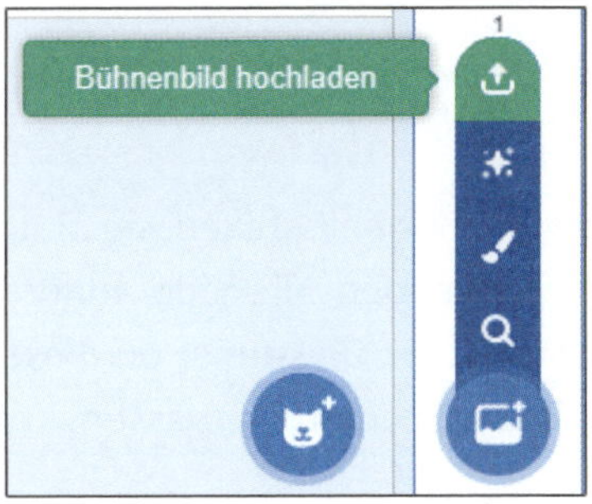

Jetzt kannst du eine gespeicherte Grafik von deiner Festplatte auswählen. Das Bild wird als Bühnenbild angelegt und auf den Hintergrund deiner Bühne gesetzt. Wenn deine Grafik (bzw. dein Foto) genau 480 × 360 Pixel groß ist, passt sie ganz exakt auf die Bühne. Ansonsten wird sie automatisch so skaliert, dass sie den Hintergrund deiner Bühne ausfüllt.

Eine Figur in Scratch laden

Für Figuren bzw. Kostüme empfehle ich das Format PNG, GIF oder SVG – denn Figuren brauchen in der Regel einen transparenten (durchsichtigen) Hintergrund, damit sie realistisch aussehen, wenn sie sich über die Bühne bewegen.

PNG oder GIF mit transparentem Hintergrund sind wie ausgeschnittene Papierfiguren, die du über die Bühne schieben kannst. Damit kann man gut arbeiten. SVG hingegen ist ein Vektorformat, dessen Aussehen sogar noch veränderbar ist. So kannst du ihre Farbe, Liniendicke und anderes noch in *Scratch* verändern.

Um eine Figur aus einer Datei in *Scratch* zu laden, gehst du mit der Maus rechts unten auf das Figurensymbol und wählst **Figur hochladen**.

Jetzt kannst du die Figurendatei auswählen – wie gesagt, am besten PNG, GIF oder SVG.

Danach kannst du die Größe der Figur im Figuren-Inspektor einstellen, sie platzieren und drehen und anschließend in Scratch verwenden wie jede andere Figur auch. Wenn es sich um eine Vektorgrafik handelt (SVG), kannst du diese anschließend sogar noch im *Scratch*-Editor weiterbearbeiten und anpassen.

Du kannst auch sprite-Dateien verwenden

Wenn du eine Figur aus einem anderen Programm als *sprite*-Datei gespeichert hast, kannst du diese hier übrigens auch laden und in dein Projekt einfügen. Wähle dazu eine Datei mit der Endung *.sprite* aus. Dann erscheint die vorher gespeicherte Figur und enthält auch alle Skripte, die du ihr gegeben hast.

Nun kommen wir zum interessantesten Teil.

Figuren und Bühnenbilder in Scratch selber erstellen oder bearbeiten

Wenn du deine eigenen Spiele baust, wirst du oft Elemente brauchen, die es noch nicht gibt und die du selbst erstellen musst. Das müssen gar nicht komplizierte Männchen oder Raumschiffe sein, es kann auch nur ein Balken sein, eine Kugel, ein Dreieck, eine Plattform oder ein Schild mit Aufschrift.

Solche Elemente erstellst du in *Scratch* mit Leichtigkeit und kannst sie immer wieder auch während der Arbeit noch verändern und anpassen.

Ich werde hier erläutern, wie du eine Figur erstellst und bearbeitest. Für Bühnenbilder gilt im Grunde das Gleiche. Gehe mit der Maus auf das Symbol **Neue Figur** unten rechts, und wähle **Malen**.

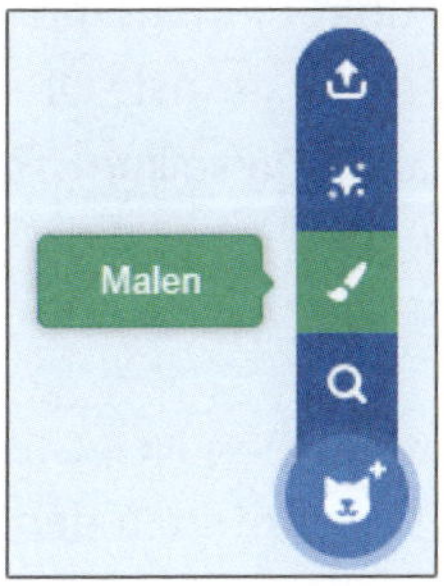

Damit hast du eine neue, leere Figur hergestellt, die du jetzt im Editor, der automatisch aufgeht, bearbeiten kannst.

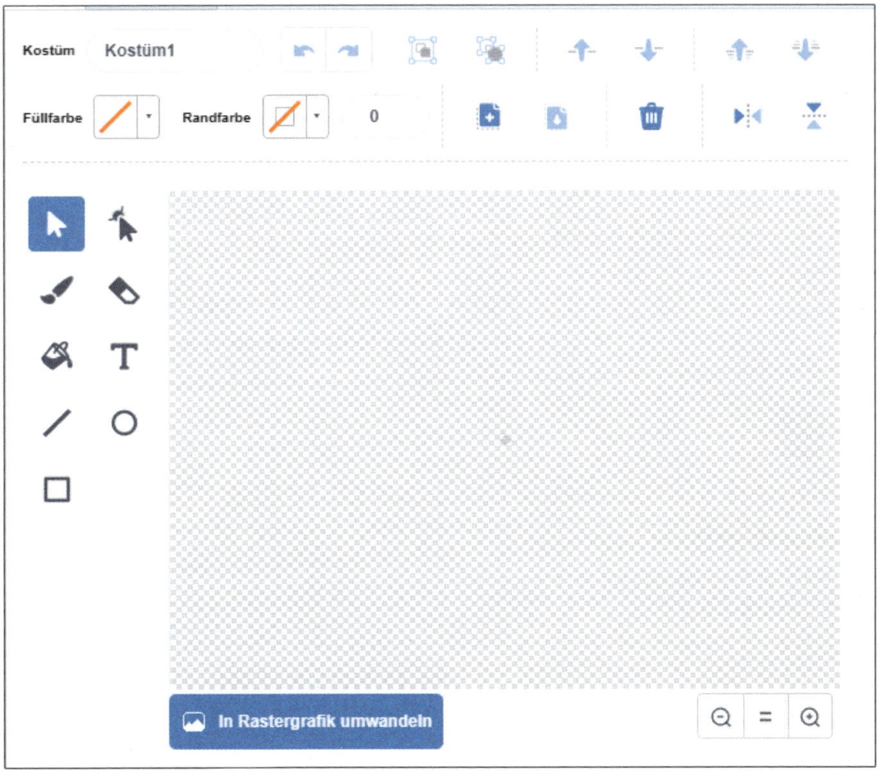

Standardmäßig befindet sich der Editor für Figuren immer im *Vektormodus*. Und in diesem solltest du auch bleiben, wenn du eigene Figuren erstellst.

Was ist der Vektormodus?

Vektormodus heißt, wie schon zuvor erläutert, dass jedes Quadrat, jeder Kreis, jede sonstige Form, jede einzelne Linie oder jeder einzelne Punkt deiner Figur ein eigenes *Objekt* ist, das du jederzeit immer weiter bearbeiten kannst. Objekte haben Eigenschaften wie Größe, Form, Füll- und Linienfarbe. Diese kannst du am Anfang setzen und später auch noch weiter verändern.

Formen und Farben

Wähle zum Beispiel das Rechteck zum Zeichnen an. Du findest es unten in den Zeichenwerkzeugen.

Bevor du das Rechteck zeichnest, kannst du seine Farbeigenschaften setzen. Du kannst eine Füllfarbe, eine Randfarbe und die Randdicke einstellen.

Hier ist die Füllfarbe auf Lila eingestellt, die Randfarbe auf **keine Farbe** und die Randdicke auf **0**. Setze einmal die Füllfarbe auf Rot. Dazu klickst du auf das lila Quadrat in **Füllfarbe**.

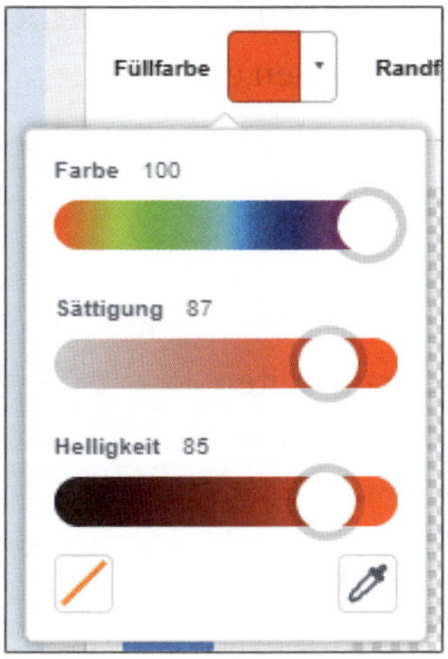

Mit den Farbwählern kannst du eine schöne rote Farbe einstellen. Die Randfarbe setzt du auf Schwarz. Dazu klickst du auf den **Randfarbe**-Wähler.

Bei »Helligkeit: 0« ist die Farbe schon schwarz.

Jetzt kannst du bei der **Randdicke** noch eine **5** eingeben, das gibt einen deutlichen Rand.

So hast du die Einstellungen jetzt gesetzt. Nun ziehe mit der Maus ein Rechteck im Editor auf.

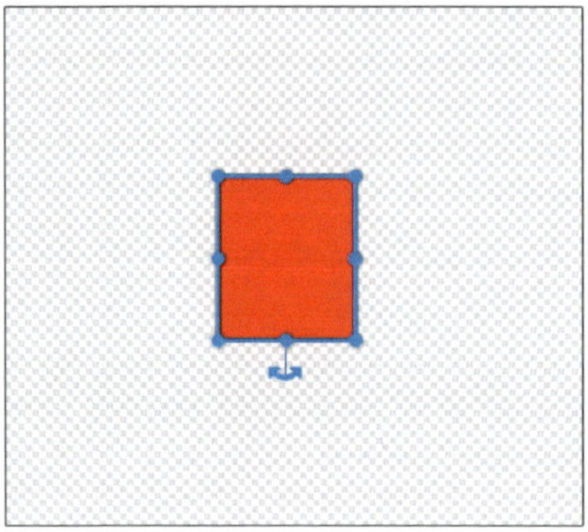

Ein Objekt, hier ein Rechteck, mit den von dir gesetzten Eigenschaften ist da. Es ist hier gerade markiert, wie du an der blauen Umrandung und den acht Anfasserpunkten siehst.

Mit den Anfasserpunkten kannst du jetzt jederzeit die Größe des Rechteckobjekts ändern. Klicke dazu auf einen der Punkte, und ziehe ihn. Mit dem unteren Anfasser, der aussieht wie ein gebogener Pfeil, kannst du das Rechteck drehen.

Solange das Rechteck markiert ist (also blau umrandet), kannst du auch weiterhin seine Farbe und Randdicke ändern. Es passt sich dann sofort an.

Klicke einmal auf die Zeichenfläche außerhalb des Rechtecks, und das Rechteck ist nicht mehr markiert.

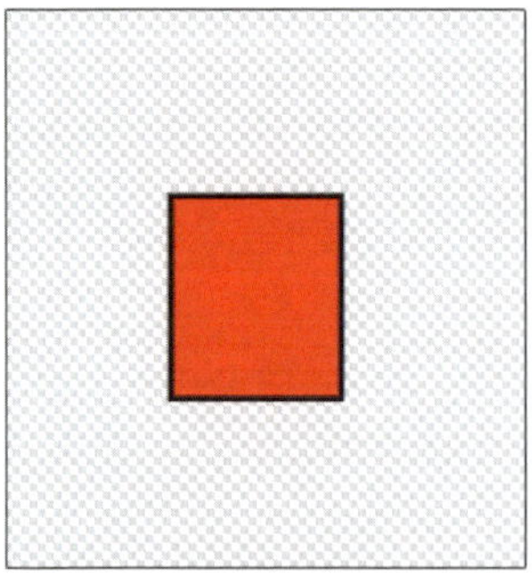

Trotzdem kannst du es auch später noch jederzeit weiter verändern. Dazu musst du es nur wieder markieren. Das machst du mit dem Pfeilsymbol ganz oben links in der Werkzeugleiste.

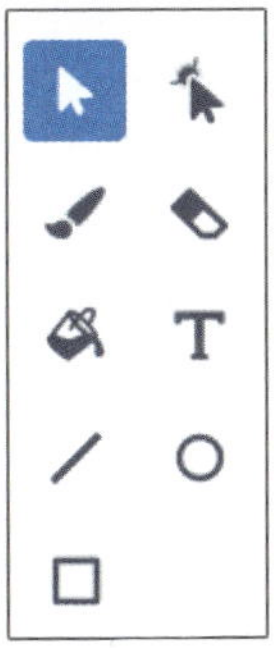

Klicke den Pfeil, und wähle das Rechteck aus. Jetzt kannst du es wieder verschieben, vergrößern, verkleinern, drehen und seine Farbe ändern.

Auf dieselbe Weise kannst du auch Kreis- und Linienobjekte zeichnen. Probiere das einmal. Erstelle zu dem roten Rechteck noch einen grünen Kreis und eine blaue dicke Linie.

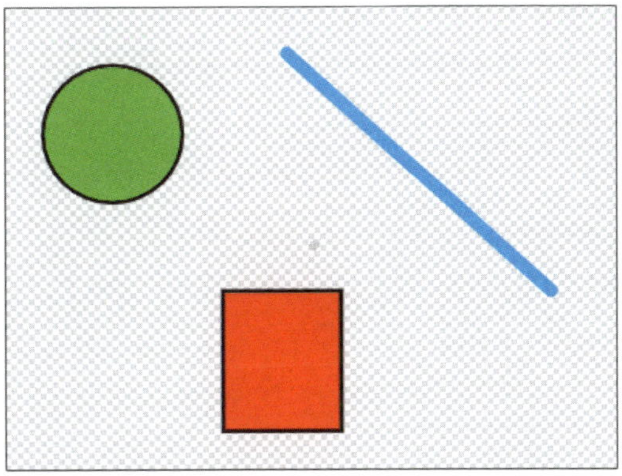

Gar kein Problem, oder? Und alle Eigenschaften dieser drei Objekte kannst du jederzeit weiter ändern.

Verlauf statt gleichmäßiger Farbe

Als Füllfarbe kannst du auch einen Verlauf aus zwei Farben wählen.

Klicke dazu bei der Wahl der Füllfarbe einfach oben auf eines der Verlaufssymbole, und wähle einen Verlaufstyp und die zwei Verlaufsfarben.

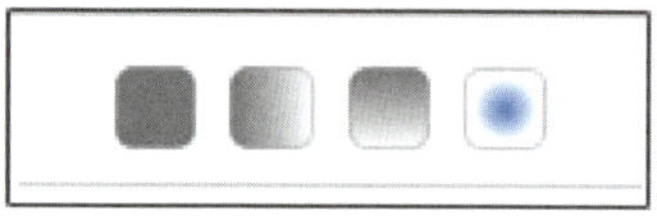

Damit kann man schöne plastische Effekte erzeugen.

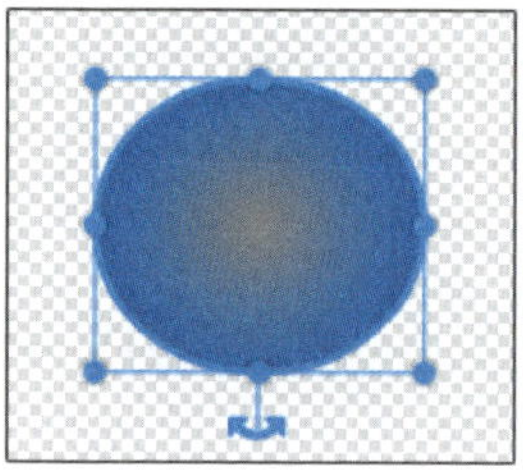

Form der Objekte verändern

Auch die Form der Objekte ist frei veränderbar. Zum Beispiel kannst du die einzelnen Ecken der Rechtecke frei verschieben und sogar die Anzahl der Eckpunkte erweitern. Wähle mal ein Rechteck an, und klicke dann auf den Eckenpfeil rechts oben in der Werkzeugleiste.

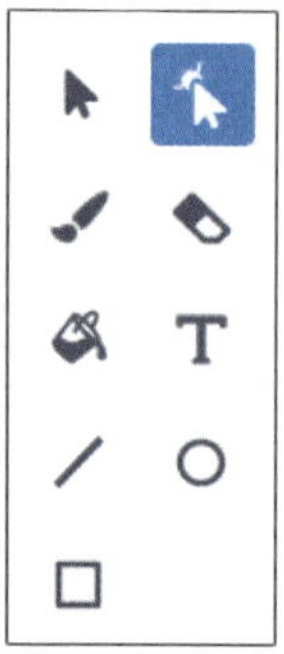

Nun kannst du mit der Maus jede Ecke des Rechtecks greifen und verschieben oder durch Klick auf die Linie neue Punkte erstellen und verschieben. Durch die Griffe links und rechts von jedem Punkt kannst du auch noch die Krümmung der Linien verstellen (das nennt man Bézierkurven). Spiele damit herum – du kannst damit alle nur denkbaren Formen erstellen.

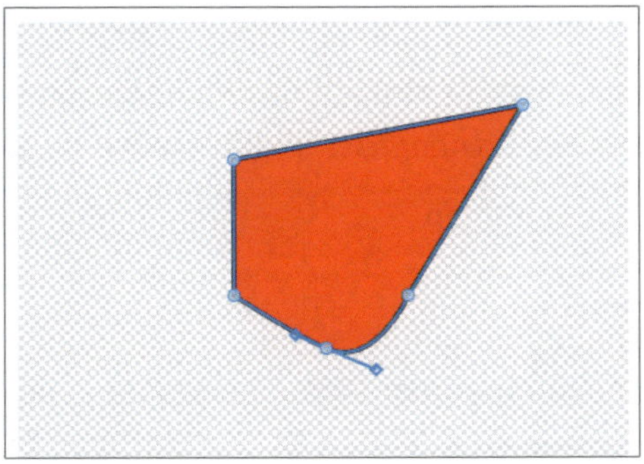

Ansicht vergrößern und verkleinern

Gerade wenn du exakt mit Punkten arbeiten möchtest, ist es wichtig, dass du alles genau erkennen kannst. Dazu kannst du die Zeichenfläche vergrößern und verkleinern. Benutze dazu die kleinen Lupensymbole rechts unter der Zeichenfläche. Mit **+** kannst du in die Ansicht hineinzoomen, mit – herauszoomen. Mit Klick auf das =-Zeichen hast du wieder eine Komplettansicht der gesamten Zeichenfläche. (Statt die Lupensymbole zu klicken, kannst du übrigens auch bei gedrückter `Strg`- oder `Ctrl`-Taste das Mausrad drehen.)

Objekte frei zeichnen

Mit dem Pinselwerkzeug kannst du im Vektormodus mit gedrückter Maustaste frei zeichnen. Immer wenn du den Pinsel absetzt (also die Maustaste loslässt), hast du ein Objekt erzeugt. Auch frei gezeichnete Objekte, Kurven und Formen kannst du nachträglich verändern: Stiftfarbe, Liniendicke, Position, Größe, Punkte verschieben.

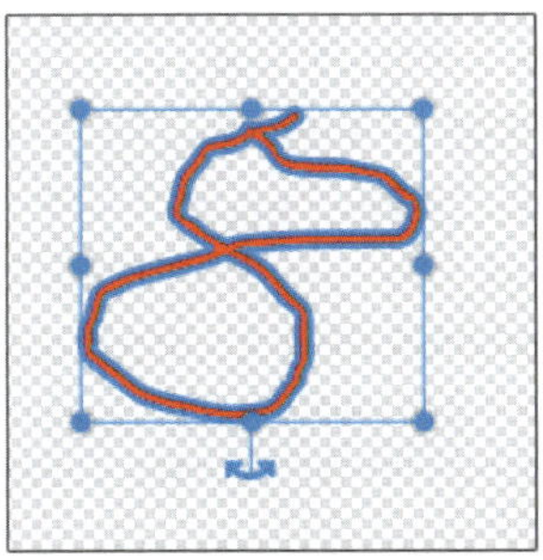

Diese frei gezeichnete Form ist ebenfalls ein bearbeitbares Objekt.

Teile von Objekten löschen

Um Teile von Objekten zu löschen, verwendest du einfach das Radiergummi-Werkzeug. Deine Objekte werden entsprechend angepasst und sind auch nach dem Radieren noch voll bearbeitbar.

Objekte duplizieren

Um ein Objekt zu verdoppeln, musst du es nur kopieren und anschließend wieder einfügen. Das geht mit den beiden Symbolen **Kopieren** ❶ und **Einfügen** ❷ über der Zeichenfläche:

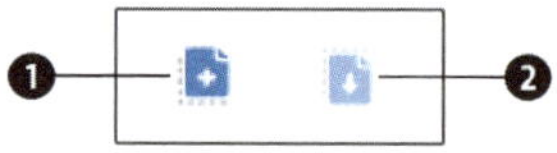

Einmal kopieren, einmal einfügen, und du hast zwei gleiche Objekte, die du dann auch getrennt weiterbearbeiten kannst.

Objekte löschen

Um ein Objekt zu löschen, markierst du es zuerst und drückst dann die `Entf`-Taste, oder du klickst auf das Papierkorb-Symbol über der Zeichenfläche.

Mehrere Objekte gleichzeitig bearbeiten

Um zwei oder mehr Objekte gleichzeitig zu bearbeiten, wählst du das Auswahlwerkzeug (Pfeil links oben) und ziehst einen Rahmen um beide auf, sodass sie beide markiert sind. Du kannst sie jetzt gemeinsam vergrößern, verkleinern, verschieben, drehen, Farben für beide gleichzeitig setzen ...

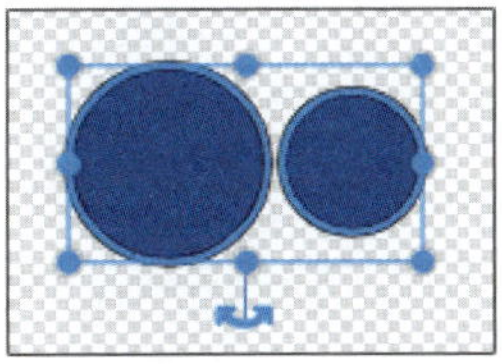

Objekte gruppieren

Um die beiden markierten Objekte fest miteinander zu verbinden, musst du sie gruppieren. Das geschieht durch einen Klick auf das Gruppieren-Symbol.

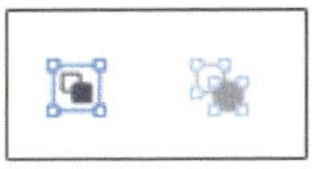

Mit dem ersten Symbol gruppierst du mehrere angewählte Objekte, mit dem zweiten löst du eine Gruppe wieder auf.

Vorne und hinten

Wichtig ist es auch noch, auf welcher Ebene die Objekte liegen. Wenn du ein Rechteck und einen Kreis hast, dann kann es entweder so aussehen:

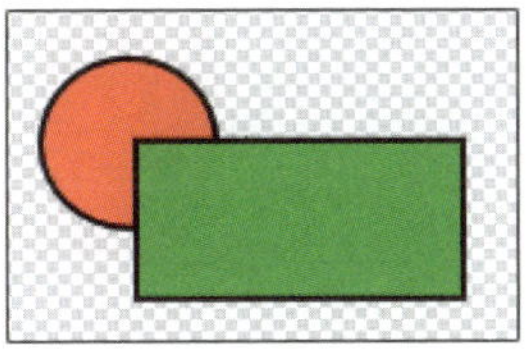

Oder so:

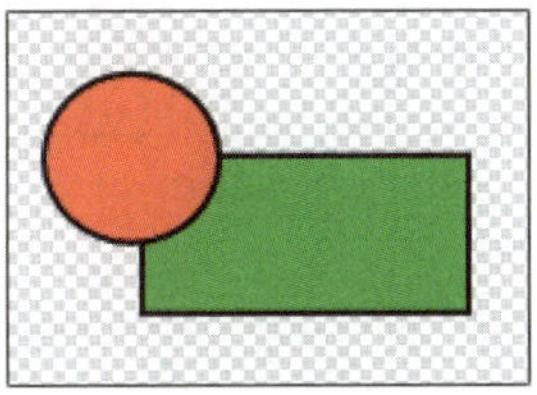

Entweder liegt das Rechteck über dem Kreis oder der Kreis über dem Rechteck. Das macht einen großen Unterschied.

Um eine Form in der Ebene zu verschieben – also festzulegen, ob sie vorne oder hinten erscheint bzw. oben oder unten, gibt es die Icons für die Anordnung der Objekte.

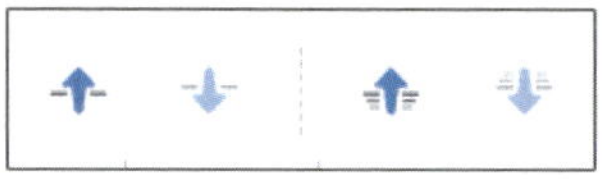

Mit diesen Pfeilen bringst du das gerade markierte Objekt jeweils nach vorne oder nach hinten. Spiele damit herum, dann siehst du, wie es genau funktioniert.

Objekte spiegeln

Mit diesen beiden Icons kannst du jedes Objekt entweder horizontal oder vertikal spiegeln.

Wenn du es vorher duplizierst, kannst du damit schöne symmetrische Figuren erstellen.

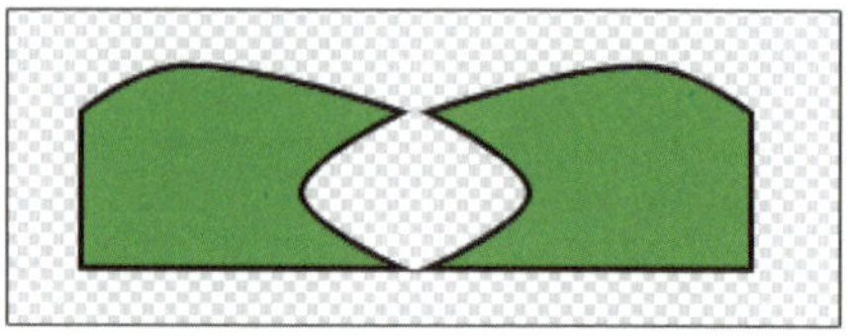

Texte im Editor erstellen

Texte brauchst du zum Beispiel immer dann, wenn du Hinweisschilder (»Start«, »Game Over«, »Gewonnen«) oder Buttons zum Anklicken erstellen willst. Wähle das Textwerkzeug **T** aus der Werkzeugleiste, und klicke auf die Zeichenfläche. Jetzt kannst du einen beliebigen Text eingeben. Du kannst seine Eigenschaften wie Font (es gibt sieben zur Auswahl), Textfarbe usw. jederzeit ändern. Und du kannst mit der Maus auch jederzeit die Breite und Höhe des Textes ändern.

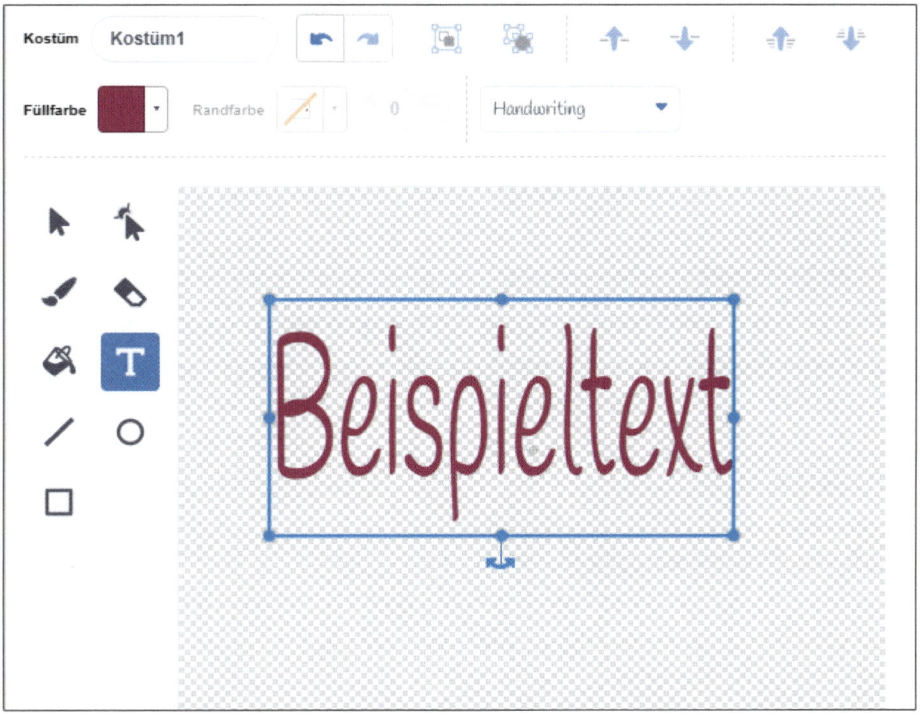

Um einen Textschatten zu erzeugen, kannst du deinen Text erst in leichtem Grau schreiben, dann duplizieren und die Farbe der Kopie auf eine kräftige Farbe ändern und leicht verschieben.

Das waren erst einmal die wichtigsten Funktionen des grafischen Editors für Figuren und Bühnenbilder.

Änderungen rückgängig machen

Ach so, eine ganz wichtige Sache noch: Du kannst jeden Schritt beim Bearbeiten im Editor immer wieder *rückgängig machen*, auch mehrere Schritte nacheinander, falls dir mal ein Fehler unterlaufen ist oder dir die letzte Änderung nicht gefällt.

Dazu klickst du einfach auf den Rückgängig-Pfeil über der Zeichenfläche oder drückst `Strg`+`Z` auf der Tastatur (`cmd`+`Z` auf dem Mac). Ein Klick auf den Pfeil rechts daneben stellt das soeben rückgängig Gemachte wieder her.

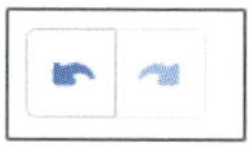

Jetzt bist du dran

Nun ist es Zeit für dich, deine eigenen Erfahrungen mit dem Editor zu machen. Spiele damit herum, zeichne Formen und Objekte, verändere sie, setze Farben und Liniendicken, ziehe, vergrößere, verkleinere, markiere, verschiebe, lösche ... – bis du dich damit richtig sicher fühlst. Du wirst den Editor später viel und gerne benutzen.

Aufgabe: Erstelle eine eigene Spielfigur

Zeichne eine hübsche Roboter-Spielfigur. Benutze dazu verschiedene Formen, Linien und Farben. Arbeite auch mit dem Duplizieren von Objekten, um es dir einfacher zu machen.

Dein Roboter wird bestimmt noch viel schöner!

Du solltest deine eigene Figur dann unbedingt auch speichern, denn du kannst sie später für eigene Spiele verwenden!

Jetzt hast du alles Wichtige über das Gestalten gelernt. Und das ist enorm hilfreich, wenn du eigene Programme bauen willst. Kehren wir jetzt also zurück zum Programmieren!

Kapitel 6
Nachrichten senden: wie Programme miteinander kommunizieren

Durch Aneinanderreihen von Befehlen kann man eine Menge machen. Die Figur folgt nach dem Start exakt dem Programm, das du ihr gegeben hast. Aber was ist, wenn du mehrere Figuren hast, die abwechselnd oder gar gleichzeitig auftreten sollen?

Stell dir vor, du hast eine Katze und einen Hund. Die Programmaufgabe ist folgende: Die Katze erscheint auf der Bühne und sagt: »Hallo!« Danach wartet sie eine Sekunde und ruft dann ihren Freund, den Hund. Nach einer Sekunde kommt der Hund ins Bild und sagt zu ihr: »Hallo!« Danach erscheint eine Schrift mit dem Namen »Ende«, und das Programm stoppt.

Klingt ja erst mal ganz einfach. Kannst du ja eigentlich schon alles. Figuren bewegen sich, erscheinen und sprechen. Aber wenn du es jetzt direkt mal versuchst, wirst du nach kurzer Zeit auf ein Problem stoßen:

Wie machst du es, dass der Hund erst dann auftritt, wenn die Katze ihn gerufen hat? Und wie soll das Programm dafür sorgen, dass am Schluss das Schild »Ende« gezeigt wird?

Kann die Katze vielleicht auch befehlen, dass der Hund erscheinen soll und sein Skript starten?

Nein, das geht leider nicht. Jede Figur kann in der Regel nur sich selbst anzeigen und bewegen. Ein Skript einer Figur steuert immer nur die Figur, der es zugeordnet ist.

Wie sorgt die Katze also dafür, dass der Hund erst kommt, wenn sie fertig ist?

Dafür gibt es in Scratch sogenannte »Nachrichten«. Jedes Skript kann nämlich eine »Nachricht an alle« senden.

Was ist eine Nachricht?

Stell dir dazu wieder ein echtes Theater vor. Während ein Schauspieler auf der Bühne aktiv ist, warten die anderen vielleicht hinter den Kulissen und sind bereit für ihren Einsatz. Nun gibt es ein Lautsprechersystem hinter der Bühne. Irgendwann erklingt aus diesem Lautsprecher vielleicht: »Achtung, Hund bereit machen und auf die Bühne kommen!« Die Zuschauer können diese Nachricht nicht hören, denn sie ist nur hinter den Kulissen hörbar, aber alle Figuren bekommen sie mit. Die anderen Figuren reagieren nicht darauf, aber der Hund weiß: »Das ist mein Stichwort!« Wenn der Hund diese Nachricht hört, läuft er auf die Bühne und sagt seinen Text auf. Oder er verschwindet, oder er erscheint, oder er tanzt, wechselt seine Farbe – was auch immer für ihn vergesehen ist – er reagiert, sobald seine Nachricht ertönt.

Die Nachricht könnte aber auch lauten: »Alle Figuren zum Finale nach vorne kommen!« Dann reagieren vielleicht alle Figuren gleichzeitig drauf. Oder sie lautet: »Stück zu Ende, alle aufhören!« Dann wüssten alle Darsteller, dass sie mit dem, was sie gerade machen, sofort aufhören sollen.

Nachrichten senden in Scratch

In *Scratch* kann jede Figur eine »Nachricht an alle« senden. Du kannst jeder Figur sagen, auf welche der Nachrichten sie reagieren soll und was sie dann machen soll. Auf diese Weise können die Figuren miteinander kommunizieren und auf das, was gerade geschieht, reagieren.

Probieren wir das jetzt mal richtig aus: Du brauchst einen Hund und eine Katze. Größe egal.

1. Den Hund setzt du ganz an den linken Rand der Bühne, die Katze ebenfalls.
2. Und noch etwas: Du machst den Hund unsichtbar, indem du **Zeige dich** ❶ im Figuren-Inspektor abschaltest.

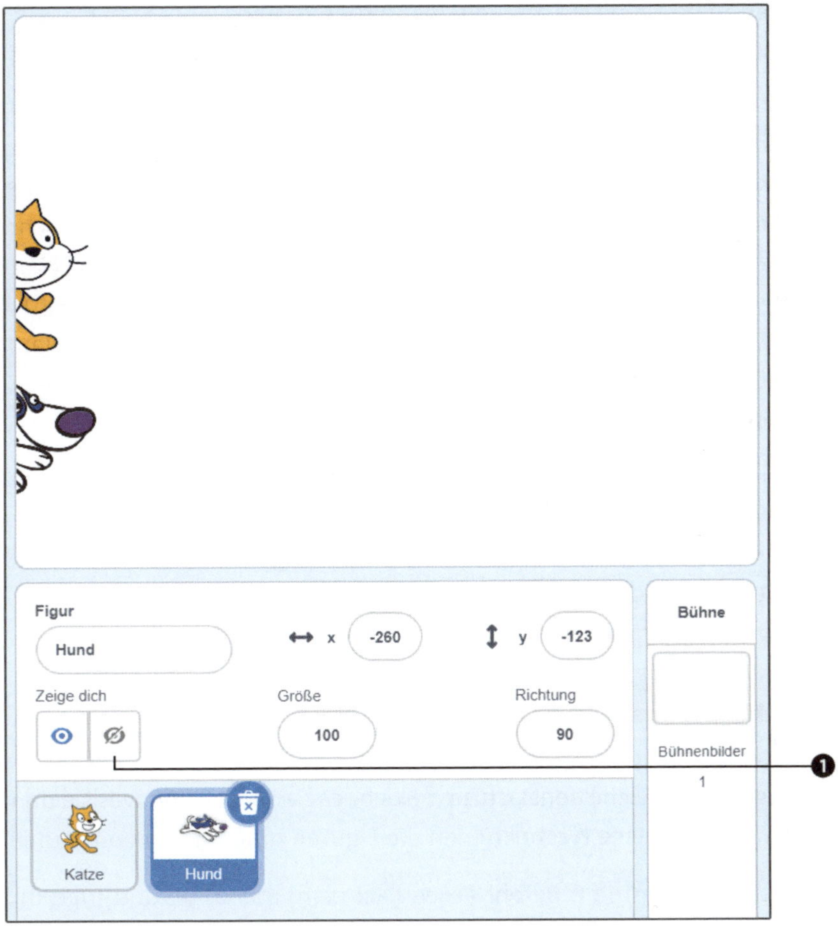

3. Nun gibst du der Katze ein einfaches Skript, mit dem sie auf die Bühne kommt und »Hallo« sagt und danach den Hund ruft – so einfach wie möglich.

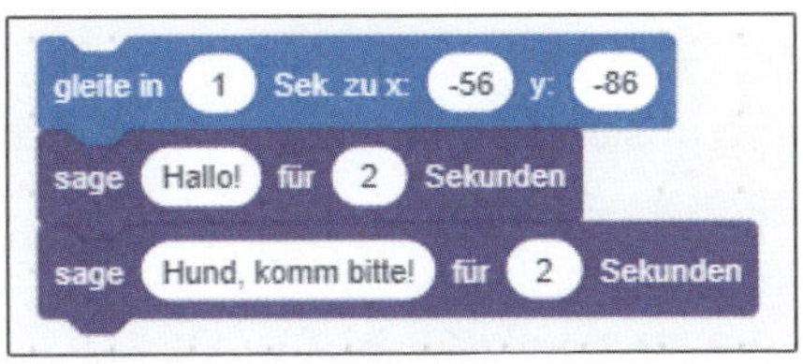

Das würde funktionieren.

Probiere es mal aus: Die Katze gleitet von links nach unten rechts auf die Bühne und sagt: »Hallo!« Nach zwei Sekunden verschwindet die Sprechblase wieder, und die Katze ruft jetzt den Hund. Auch diese Sprechblase ist nach zwei Sekunden wieder verschwunden.

So weit, so gut! Nun soll aber der Hund erscheinen, sobald die Katze fertig ist. Jetzt kommt die *Nachricht* ins Spiel, von der vorher die Rede war. Die Katze sendet eine *Nachricht*, dass der Hund kommen soll. Der Hund soll auf genau diese Nachricht reagieren.

Eine Nachricht senden

Geh mal in der linken Spalte auf die Befehlsart **Ereignisse** (hellorange). Dort findest du zwei Befehle, die wir gleich brauchen werden.

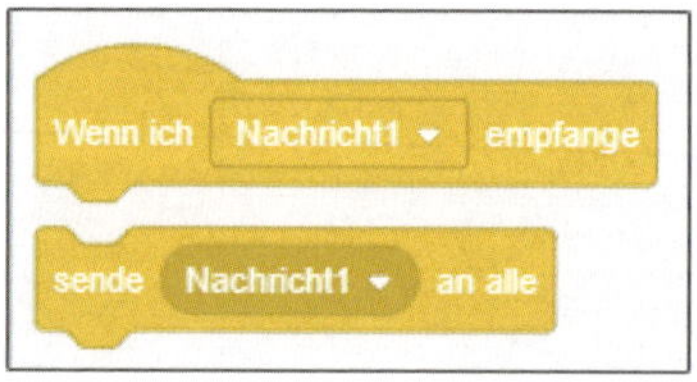

Mit dem unteren Befehl kannst du eine Nachricht an alle senden, mit dem oberen reagierst du auf eine Nachricht.

1. Verwende den unteren Befehl `sende Nachricht1 an alle`, und füge ihn an das Skript der Katze an.

2. Du willst aber eine ganz eigene Nachricht schicken, die nicht einfach nur `Nachricht1` heißt. Also musst du eine neue Nachricht erstellen. Klicke dazu auf `Nachricht1`, und wähle **Neue Nachricht**.

3. Nun kannst du den Namen der neuen Nachricht eingeben. Nenne sie zum Beispiel `Hund soll kommen`.

4. Klicke auf **OK**, und schon hast du eine eigene Nachricht erstellt, die die Katze sendet.

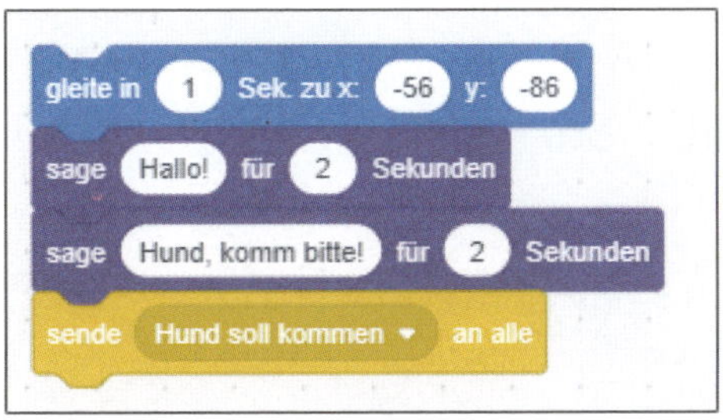

Das heißt: Nachdem die Katze in die Mitte gewandert ist und gesprochen hat, sendet sie die Nachricht `Hund soll kommen` an alle Figuren.

Aber bisher passiert noch nichts. Wie bei einer Lautsprecherdurchsage, von der sich niemand angesprochen fühlt. Es passiert nur dann etwas, wenn eine

Figur auf diese Nachricht reagiert. Das passiert nicht von alleine – das musst du programmieren. Und wer soll auf die Nachricht reagieren? Natürlich der Hund, klar.

Die Nachricht empfangen und reagieren

1. Wechsle auf das Skriptfenster des Hundes. Diesmal benutzt du den anderen Befehl – der empfängt nämlich die Nachricht.

Das ist ein sogenanntes *Startereignis*. Es startet ein Programm. Alles, was du an diesen Befehl unten anhängst, wird ausgeführt, *sobald diese Nachricht empfangen wird*. (Mehr über Startereignisse erfährst du bald ausführlicher in Kapitel 8.)

2. Nun ergänze das Skript für den Hund folgendermaßen:

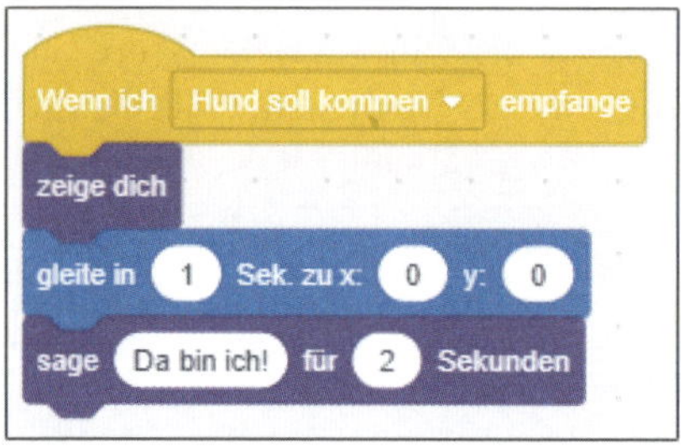

Wenn der Hund die Nachricht hört, wird er sichtbar, gleitet in die Mitte der Bühne und sagt: »Da bin ich!«

3. Bringe die beiden Figuren auf ihre Anfangspositionen am linken Rand. Mache den Hund wieder unsichtbar, dann starte das Programm mit dem Skript der Katze.

Die Katze kommt, sagt »Hallo«, ruft den Hund, und dann kommt der Hund und sagt: »Da bin ich!«

Die letzte Nachricht

Nun soll als Letztes noch ein Schild erscheinen, auf dem »ENDE« steht. Dieses Schild musst du zuerst als Figur erstellen.

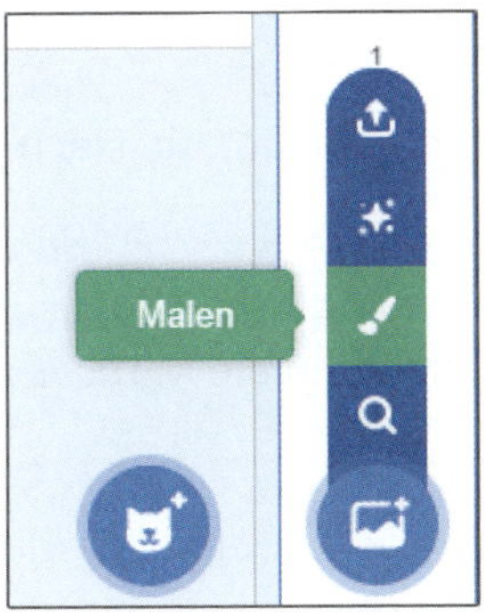

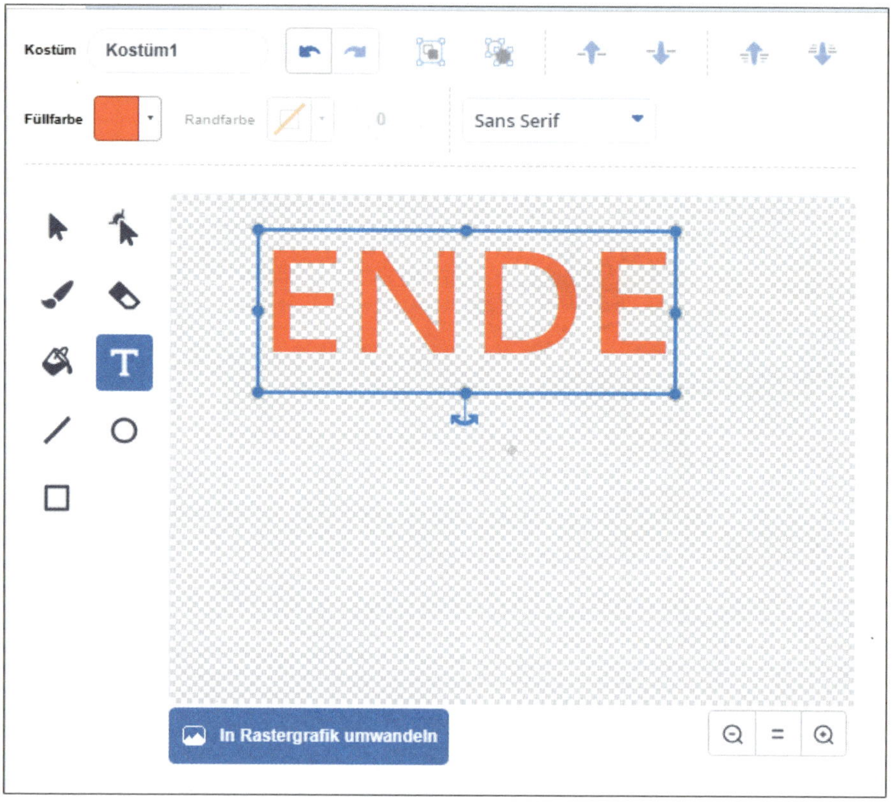

Platziere das Schild »ENDE« ganz oben auf der Bühne, und setze es auf unsichtbar (**Zeige dich** ausschalten).

Nun erweiterst du das Skript des Hundes. Wenn er fertig ist, soll er die Nachricht senden, dass das ENDE-Schild eingeblendet wird.

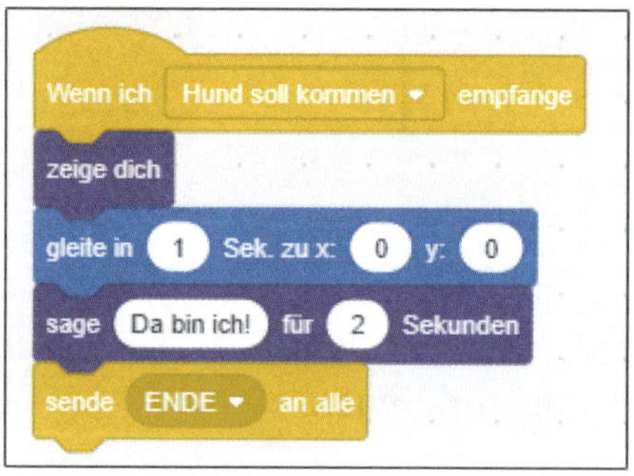

Dazu musst du wieder eine neue Nachricht erstellen. Diesmal nennst du sie ENDE.

Okay – wenn jetzt also ENDE gesendet wird, soll das ENDE-Schild diese Nachricht empfangen und sich sichtbar machen. Also gehst du zum Skriptfenster der neuen Figur **ENDE** und erstellst das folgende Skript:

Das war schon alles. Jetzt musst du nur noch alles auf Anfang setzen. Also Hund nach links schieben und unsichtbar machen, Katze nach links, Schild muss unsichtbar sein.

Dann startest du das Skript der Katze. Die Katze kommt, spricht, sendet die Nachricht für den Hund, dann kommt der Hund, spricht und sendet die Nachricht für das Schild, und am Schluss erscheint das Schild »ENDE«.

Wenn du alles genauso gemacht hast, wie beschrieben, dann wird der Ablauf funktionieren. Wir fassen im Kasten noch einmal zusammen:

Wiederholung: Eine Figur ruft die andere auf
Wenn ein Skript in Scratch ein anderes Skript einer anderen Figur aufrufen will, dann geschieht das, indem das erste Skript eine Nachricht sendet. Das andere Skript empfängt dann diese Nachricht und startet sich dadurch. So kannst du zum Beispiel Aktionen verschiedener Figuren aufeinanderfolgen lassen.

Eine Nachricht für viele Figuren gleichzeitig

Nachrichten kann man nicht nur dafür verwenden, einzelne Skripte nacheinander zu starten. Es ist auch möglich, mit einer einzigen Nachricht zahlreiche Skripte mehrerer Figuren gleichzeitig zu starten.

Wenn du zum Beispiel den Hund und die Katze gleichzeitig auf ihre Anfangspositionen zurücksetzen und dabei den Hund sowie das ENDE-Schild unsichtbar machen willst, dann kannst du das alles auch über eine einzige Nachricht starten. Es müssen dann nur mehrere Figuren auf diese Nachricht reagieren.

1. Erstelle eine neue Nachricht `Startposition`.

Jetzt gibt es die offizielle Nachricht Startposition. Du musst nur noch jeder Figur sagen, was sie genau machen soll, wenn sie diese Nachricht empfängt.

2. Fange mit der Katze an. Sie soll bei der Nachricht Startposition nach links unten gehen. Erstelle also folgendes Programm in ihrem Skriptfenster:

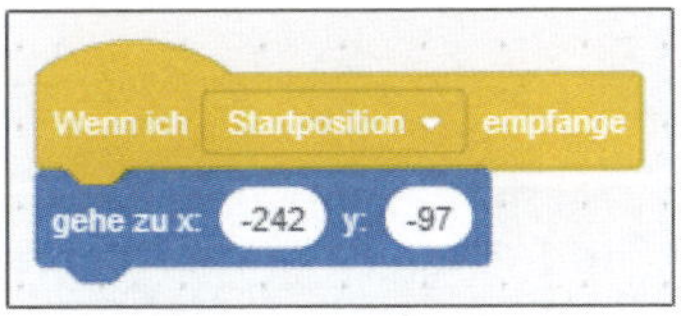

3. Nun gehst du ins Skriptfenster des Hundes:

Der Hund geht bei der Nachricht Startposition ebenfalls an den linken Rand und wird unsichtbar.

4. Als Nächstes geht es ins Skript des ENDE-Schilds. Es soll zu Beginn natürlich nicht zu sehen sein:

Das Schild wird beim Start einfach unsichtbar. Jetzt hast du eine Nachricht Startposition erschaffen, die bewirkt, dass alle drei Figuren an ihre Ausgangspositionen zurückkehren und zwei von ihnen dabei unsichtbar werden.

5. Kehre ins Skript der Katze zurück. Wenn du an den Beginn des Katzenskripts jetzt den Block Sende Nachricht Startposition an alle stellst, dann beginnt unser Programm immer automatisch an der richtigen Ausgangsposition, und du musst die Figuren nie mehr von Hand zurücksetzen.

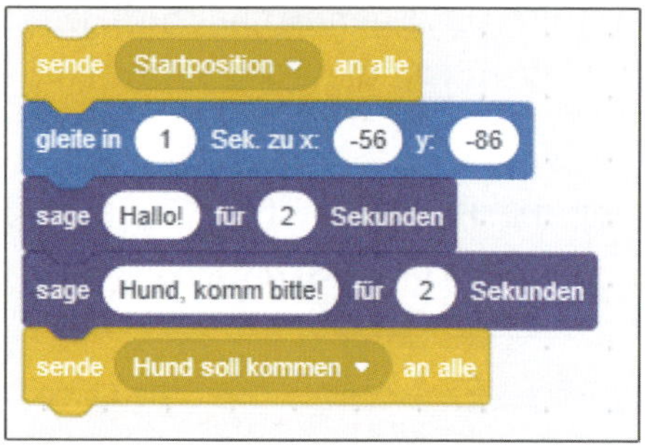

Probiere es aus: Klicke das Katzenskript oben an, und schon beginnen alle Figuren von der richtigen Startposition, und das Programm läuft ab wie gewünscht.

Nachrichten für Spielstart oder Spielende

Mithilfe von Nachrichten können mehrere Skripte auf einmal gestartet werden, die alle auf diese Nachricht reagieren. Dadurch ist es zum Beispiel möglich, mit nur einem Befehl alle Figuren auf ihre Ausgangsposition zurückzusetzen oder einen anderen gewünschten Spielzustand herzustellen.

Multi-Effekte mit Nachrichten

Zum Schluss dieses Kapitels noch ein kleines, cooles Effektprogramm, in dem wir ausprobieren, wie man zahlreichen Figuren gleichzeitig Anweisungen geben kann.

1. Starte ein neues Projekt.

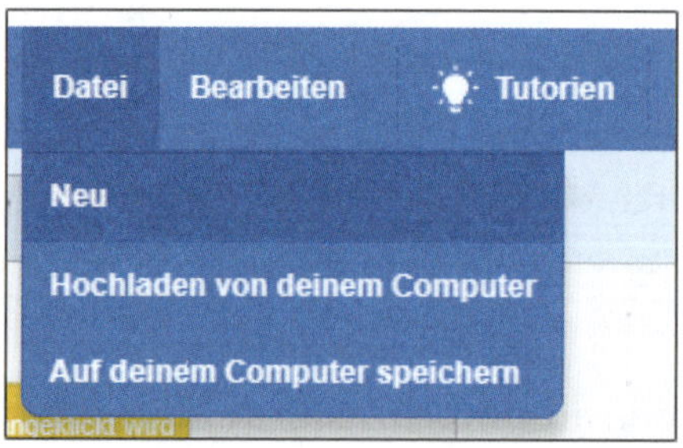

2. Setze die Größe der Katze auf 30 %.

3. Gib der Katze dieses Skript. Du musst dazu eine neue Nachricht mit dem Namen `gehe in die Mitte` erstellen.

Wenn jetzt also die Nachricht `gehe in die Mitte` gesendet wird, gleitet die Katze zur Mitte der Bühne (Position 0,0).

4. Nun gib ihr noch das folgende Skript dazu, und erstelle dazu wieder eine neue Nachricht mit dem Namen `Zufallsposition`.

Wenn die Katze nun also die Nachricht `Zufallsposition` empfängt, gleitet sie zu einer zufälligen Position. Der Block sorgt dafür, dass die Katze jedes Mal, wenn er aufgerufen wird, an eine andere Position irgendwo auf der Bühne gleitet.

Diese beiden Skripte reichen aus.

5. Dupliziere die Katze jetzt etwa zehn Mal nacheinander.

Danach hast du zehn oder mehr Katzen auf der Bühne.

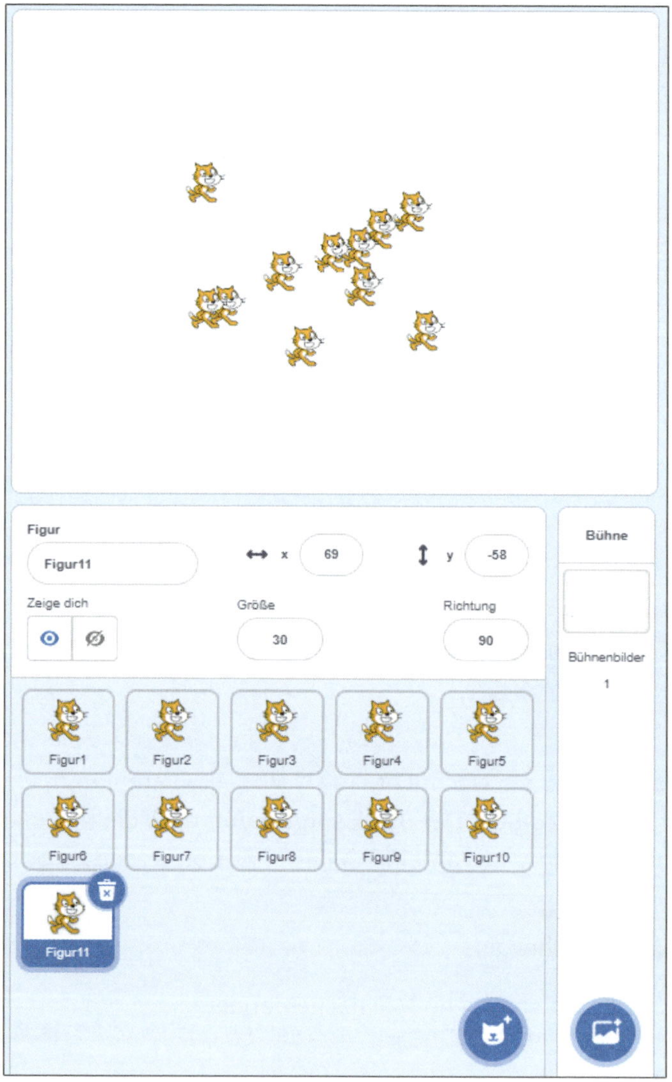

Da beim Duplizieren auch die Skripte der Katzen mitkopiert werden, hören alle diese Katzen ab sofort auf die beiden Nachrichten.

6. Das kannst du jetzt ausprobieren. Gehe einfach in die Befehlsleiste links unter **Ereignisse**, und klicke auf den Befehl, der das Ereignis `gehe in die Mitte` an alle sendet:

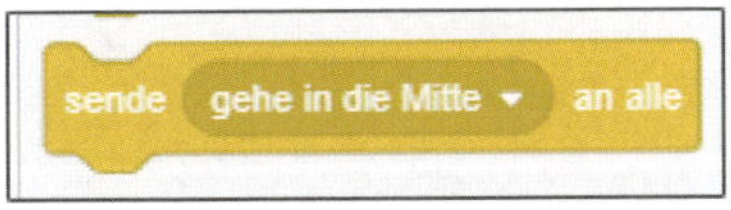

Und schon gleiten alle Katzen auf einmal in die Mitte der Bühne – und es sieht aus, als gäbe es nur noch eine Katze.

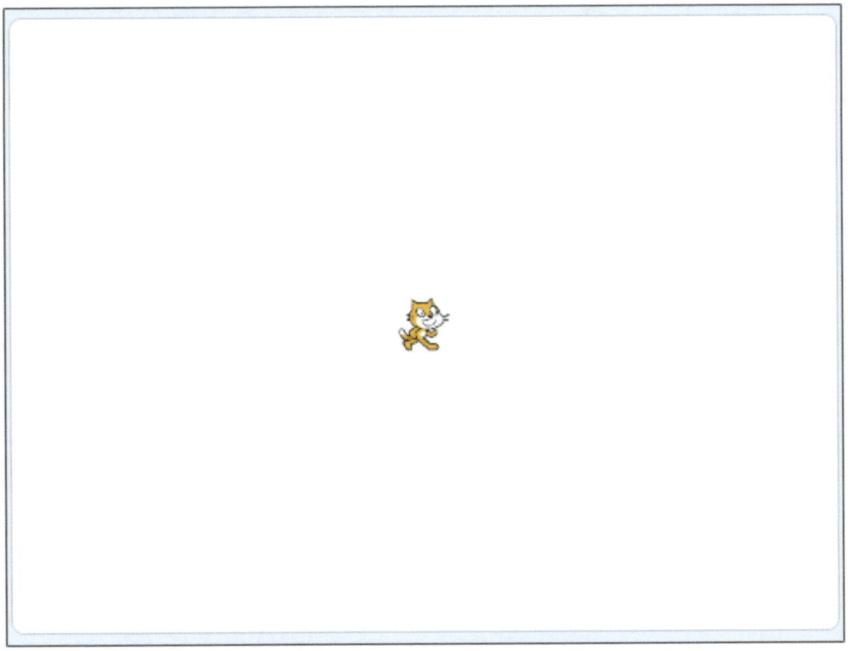

7. Nun änderst du die Nachricht auf `Zufallsposition`:

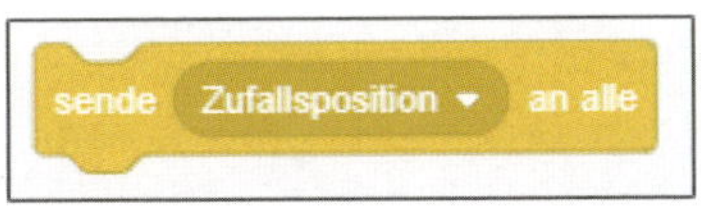

8. Klicke den Befehl an – und jetzt strömen alle Katzen auseinander, jede auf ihre eigene Zufallsposition.

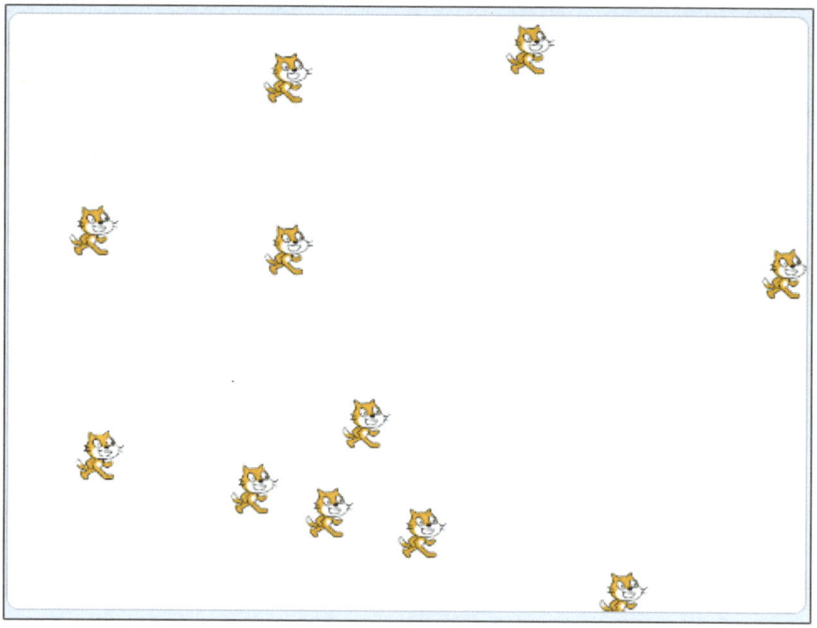

Du kannst diesen Befehl auch mehrfach hintereinander klicken. Immer wieder werden die Katzen dabei alle gleichzeitig ihre Plätze wechseln. Cool, oder?

Viele Figuren auf einmal steuern

Mit Nachrichten kannst du sehr einfach bewirken, dass viele Figuren gleichzeitig dieselbe Handlung ausführen.

Kapitel 7
Wiederholungen machen Programme erst richtig stark

Jetzt kannst du schon richtige kleine Programme bauen. Aber eins nervt dich sicherlich: Wenn nacheinander immer wieder das Gleiche passieren soll, musst du immer wieder mühsam die gleichen Befehle hintereinandersetzen – und damit wird das Programm auch noch ganz schön lang und unübersichtlich. Geht das nicht einfacher? Na klar!

Stell dir vor, deine Figur – hier wieder die Katze – soll 50 kleine Schritte (von jeweils 10 Punkten) nacheinander gehen. Und nach jedem dieser Mini-Schritte soll sie einen ganz kurzen Moment warten, einmal das Kostüm wechseln (damit es wie eine Laufbewegung aussieht). Danach soll sie stehen bleiben, sich drehen und wieder 50 Schritte zurückgehen. Auf die Weise sieht es aus, als ob die Katze richtig läuft.

Also so etwas soll passieren:

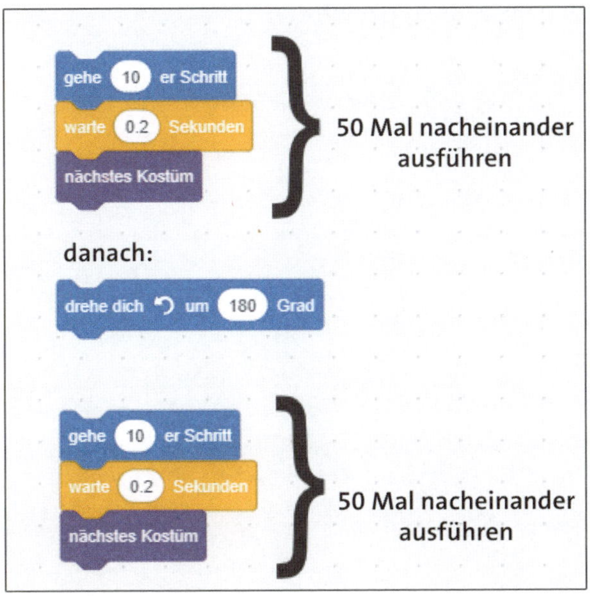

Wie viele Befehlsblöcke brauchst du dazu?

Das kann man ja ausrechnen: 50 Mal vorwärtsgehen, 50 Mal Kostüm wechseln, 50 Mal eine halbe Sekunde warten, das sind schon mal 150 Blöcke. Dann einmal 180 Grad drehen (auf –90 Grad), dann noch einmal das Ganze erneut, nur in die andere Richtung. Insgesamt brauchst du dafür 301 Befehlsblöcke.

Das passt ja gar nicht mehr richtig ins Skriptfenster und ist total unübersichtlich! Abgesehen von der Arbeit, die es macht, so viele Befehle zu erstellen und aneinanderzuhängen.

Und stell dir vor, wenn es fertig ist, möchtest du, dass die Figur sich schneller bewegt. Also nur eine Zehntelsekunde wartet statt zwei. Dazu müsstest du in den ganzen 100 Blöcken die Zahl von Hand ändern.

Es muss doch einen einfacheren Weg geben, oder? Ja, den gibt es.

Der Wiederholungsblock

Was wir brauchen, ist ein *Wiederholungsblock*. Programmierer nennen das auch eine *Schleife* – ein Block, der dafür sorgt, dass die gleichen Befehle mehrere Male nacheinander ausgeführt werden. Geh mal in der Skriptbibliothek auf **Steuerung** – das ist die orangefarbige Abteilung:

Du hast aus dieser Sammlung schon einmal den Wartebefehl verwendet. Was jetzt kommt, ist aber noch viel wichtiger und nützlicher.

Ziehe dir den zweiten Befehl von oben ins Skriptfenster:

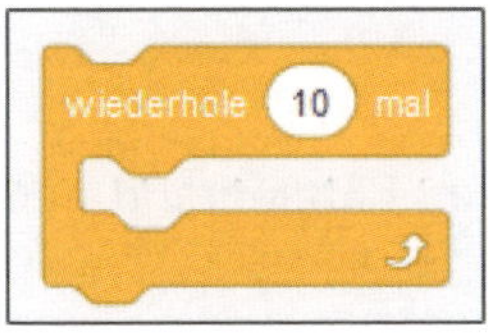

Kannst du dir schon denken, was du damit machen kannst?

Das ist der *Wiederholungsblock*. Er unterscheidet sich von den normalen Befehlsblöcken dadurch, dass er in der Mitte eine Lücke hat, in die man beliebig viele andere Befehlsblöcke hineinschieben kann. Man kann mit diesem Block also andere Blöcke »umklammern«.

Der Wiederholungsblock ist ein Klammerblock

Alle Befehle, die du mit diesem Wiederholungsblock umklammerst, werden so viele Male nacheinander ausgeführt, wie es oben in seinem Wert steht.

Das wollen wir sofort ausprobieren.

1. Ziehe einen blauen `gehe`-, einen orangefarbigen `warte`- und einen lila `nächstes Kostüm`-Befehl aus der Bibliothek, und schiebe sie in die Klammer des Wiederholungsblocks. Setze den Wert des Wiederholungsblocks auf `50 mal` und die Wartezeit auf `0.2 Sekunden`.

Kommazahlen

Zur Erinnerung: Kommazahlen wie 0,5 oder 6,2 werden in Scratch immer mit der englischen Schreibweise, also mit Punkt statt Komma eingegeben: 0.5 oder 6.2.

2. Jetzt ziehst du die Katze, so weit es geht, an den linken Bühnenrand und startest den Programm-Block, indem du ihn oben anklickst.

   Die Katze bewegt sich nun von ganz links nach ganz rechts, verändert dabei immer wieder ihr Aussehen, sodass es wie Gehen aussieht – und macht insgesamt 50 Schritte. Und das alles mit nur vier Befehlsblöcken!

   Nun machen wir die vorher beschriebene Aufgabe komplett.

   Die Katze soll also 50 Schritte gehen (mit Kostümwechsel nach jedem Schritt), sich dann umdrehen und anschließend wieder 50 Schritte gehen.

3. Es gibt mehrere Wege, das zu erreichen. Versuche es erst einmal so: Klicke das Programm, das wir schon haben, mit der rechten Maustaste ganz oben an, und wähle **Duplizieren**.

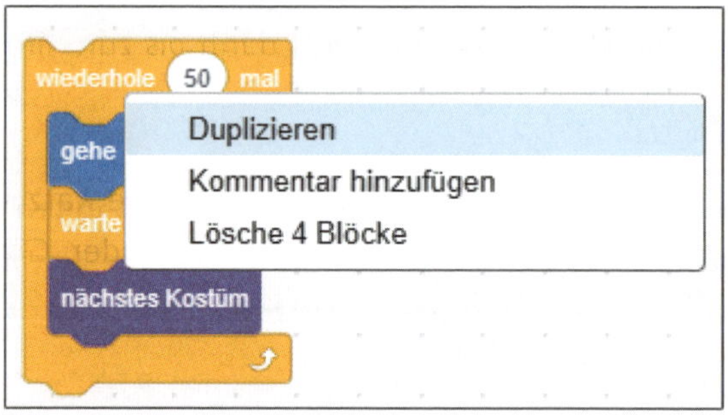

   Nun hast du zwei gleiche Blöcke, die du aneinanderhängen kannst.

4. Zwischen die beiden muss noch der Drehbefehl, damit die Katze sich nach links umdreht – und damit sie dann nicht auf dem Kopf steht, sollte am Anfang noch der Drehtyp auf `links-rechts` gestellt werden.

   So sieht das ganze Programm dann aus:

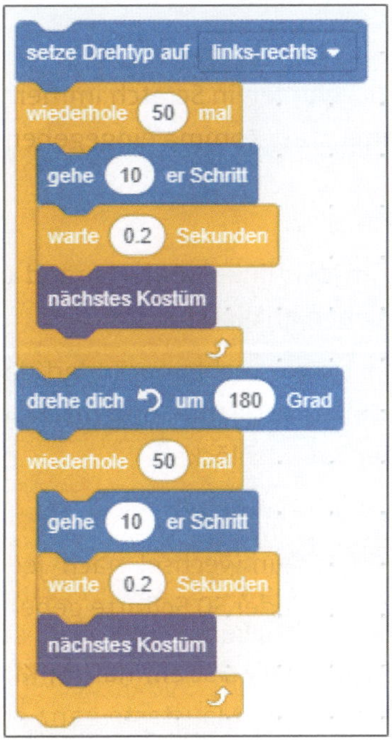

5. Setze die Katze ganz nach links an den Rand – und los! Sie läuft Schritt für Schritt bis ganz nach rechts, dreht sich um und läuft dann bis zum linken Rand zurück.

Nur eine Sache stört vielleicht noch. Du hast den Block, in dem die Katze 50 Schritte macht, dupliziert und verwendest ihn zwei Mal nacheinander. Ginge das nicht auch einfacher? Schließlich ist der Block zwei Mal identisch.

Ja – das geht.

Schleifen verschachteln

Du kannst den gesamten Bewegungsblock auch einfach zwei Mal wiederholen – ebenfalls mit dem Wiederholungsbefehl. Du musst also zwei Wiederholungsblöcke ineinander verschachteln! Wie sieht das aus?

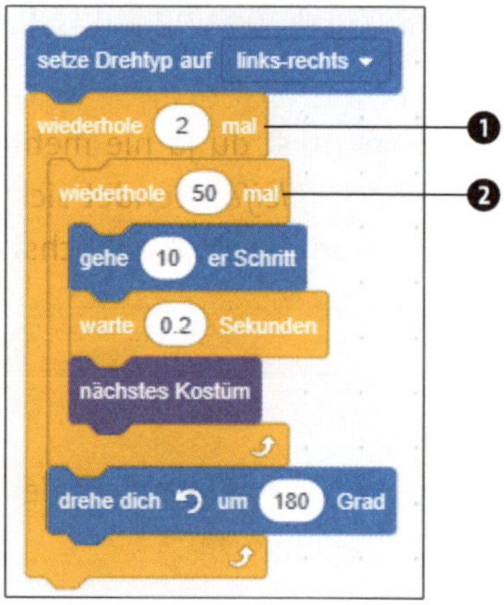

Verstehst du, wie es funktioniert? Im inneren Block ❷ werden, wie du ja weißt, die 50 Schritte gemacht. Am Ende dreht sich die Katze um 180 Grad. Der äußere Block ❶ wiederholt dieses ganze Vorgehen zwei Mal. Du könntest es auch zehn Mal wiederholen lassen, dann würde die Katze fünf Mal hin- und herlaufen.

Nur 7 Befehle statt 301 – und damit kannst du die Katze, wenn du willst, stundenlang hin- und herlaufen lassen!

Ausprobieren!
Ändere die Werte in deinem Programm. Lass die Wiederholung 10 Mal statt 2 Mal laufen, ändere die Anzahl der Schritte auf 30, ändere den Drehtyp, und beobachte, was passiert. Überlege dir bei allem, was du probierst, warum das so ist und was das Programm genau macht.

Die fortlaufende Wiederholung

Es gibt noch einen zweiten Typ von Wiederholungsblock, wie du in der Bibliothek der Steuerungsbefehle sehen kannst. Der heißt `wiederhole fortlaufend`. Programmierer nennen so etwas eine *Endlosschleife*.

Endlos? Fortlaufend? Für immer? Wozu soll denn eine Wiederholung gut sein, die niemals aufhört?

Nun ja, nichts läuft ewig auf dem Computer, sonst könntest du ja nie mehr etwas anderes mit ihm machen. Aber eine *fortlaufende Schleife* beendet sich nicht von selber. Sie endet erst dann, wenn du das Programm selbst abbrichst oder ein besonderer Befehl alles beendet.

Wie brichst du eine Endlosschleife ab?

Indem du einfach auf das rote Sechseck neben der grünen Fahne oberhalb der Bühne klickst.

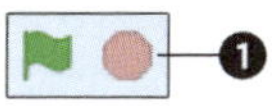

Jedes laufende Programm wird beendet, wenn du auf das rote Sechseck ❶ (den Stopp-Button) klickst.

> **Die fortlaufende Wiederholung**
> Ein fortlaufender Wiederholungsblock führt die Befehle, die er umklammert, immer wieder nacheinander aus und endet niemals von selber. Erst wenn das Skript, also das Programm, abgebrochen wird, werden die Befehle auch nicht mehr ausgeführt.

Wozu braucht man so was?

Wenn du anfängst, Spiele zu programmieren (und ja, das wird sehr bald losgehen), dann wirst du merken, dass die meisten Spiele eine solche fortlaufende Wiederholung brauchen, denn ein Spiel soll so lange laufen, wie der Spieler es spielen möchte und nicht vorher schon von selbst aufhören. Ein Spiel läuft so lange, bis du es beendest – und genau dafür brauchst du die Endlosschleife, die »fortlaufende Wiederholung«.

Probieren wir es doch gleich mal aus: Setze die folgenden Blöcke zu einem Programm zusammen:

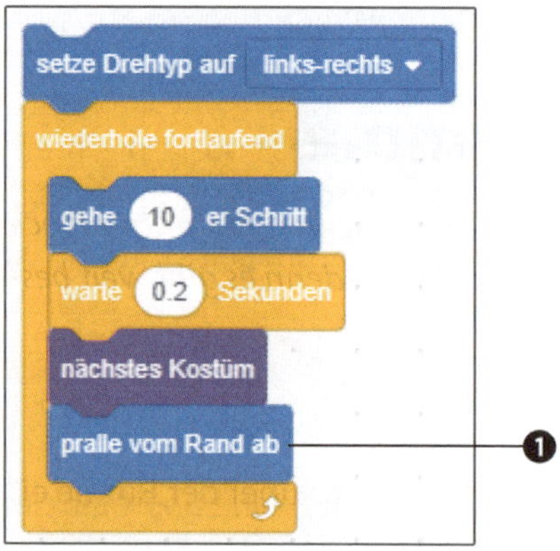

Es gibt hier einen neuen Befehl ❶, der sehr praktisch ist. Er heißt `pralle vom Rand ab`.

Was macht »pralle vom Rand ab«?

Dieser Befehl prüft, ob die Katze den Rand der Bühne berührt. Wenn nein, dann passiert gar nichts. Wenn ja, dann *dreht er die Katze automatisch in die Gegenrichtung*, exakt so, als wenn sie vom Rand abprallen würde.

Was passiert also in diesem Programm?

Die Katze läuft einen Schritt, wartete kurz, wechselt das Kostüm, prüft, ob sie am Rand ist, wenn ja, dann dreht sie sich um. Und aufgrund der Endlosschleife macht sie das immer wieder und immer wieder, bis du das Programm abbrichst.

Du kannst noch ein schönes Bühnenbild wählen, und dann geht es los.

Toll, oder? Nur sechs Befehle, und die Katze joggt ewig am Strand hin und her.

Kapitel 8
Ereignisse starten Programme

Bisher hast du Programme gestartet, indem du direkt auf den Programmblock geklickt hast. Das wirst du fortan nur noch zum Testen tun, denn es gibt weit bessere Möglichkeiten.

Vielleicht hast du dich schon gefragt, wozu die grüne Flagge über der Bühne eigentlich gut sein soll. Wenn du draufklickst, passiert nichts. Das liegt daran, dass wir dem Programm noch nicht gesagt haben, dass es etwas machen soll, wenn du auf die Flagge klickst.

Es ist möglich, jeden beliebigen Programmblock automatisch starten zu lassen, sobald ein bestimmtes Ereignis eintritt. Du kennst das schon von den gesendeten Nachrichten. Aber nicht nur Nachrichten können Skripte starten. Was für Ereignisse gibt es noch? Zum Beispiel, wenn auf die Flagge geklickt wird. Oder wenn eine Taste auf der Tastatur gedrückt wird. Oder wenn mit der Maus auf die Figur geklickt wird. Auf alle diese Ereignisse kann Scratch automatisch reagieren und damit einen Programmblock starten.

Ereignisse als Startpunkt für ein Programm

Wirf mal einen Blick auf die gelben Ereignis-Befehle. Die ersten drei sind an dieser Stelle wichtig für uns:

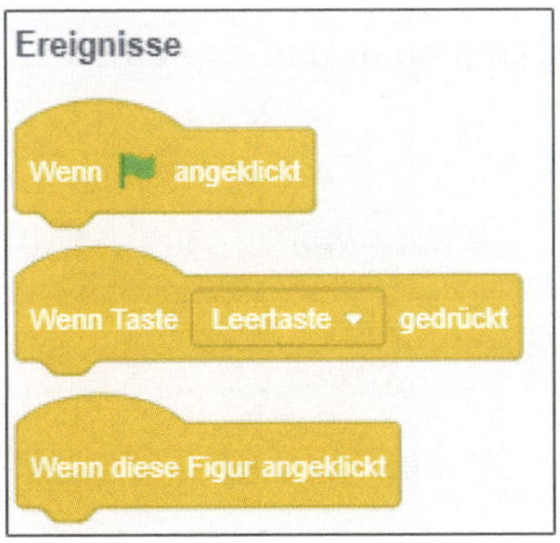

Wie funktioniert das Starten durch Ereignisse genau?

Probiere es einfach mal aus. Weil wir die Katze wirklich oft genug bewegt haben, können wir jetzt mal eine andere Figur verwenden. Lösche die Katze aus deinem Projekt, und wähle eine neue Figur aus der Bibliothek aus. In unserem Beispiel ist es der Käfer (**Beetle**).

Nun erstelle das folgende Programm:

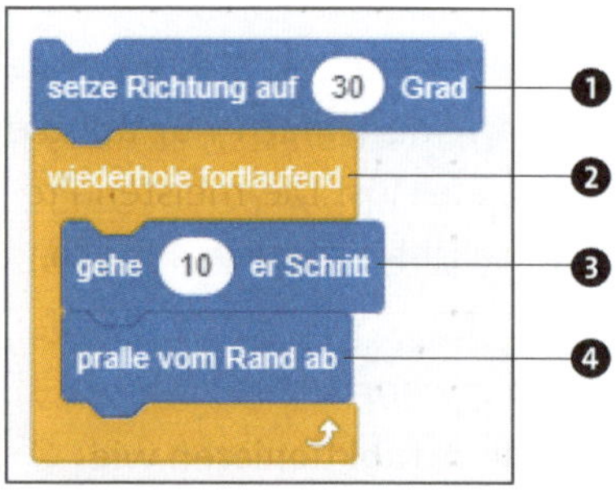

Alles klar? Der Käfer wird nach schräg rechts oben gedreht ❶, dann beginnt die Dauerschleife ❷, in der der Käfer einfach nur vorwärtsläuft ❸ und vom Rand abprallt, wenn er ihn berührt ❹. Sieht cool aus, oder?

Programme mit der Flagge starten

Jetzt kommt unser Startknopf ins Spiel. Stoppe das Programm, und füge oben den Flaggenstartknopf hinzu:

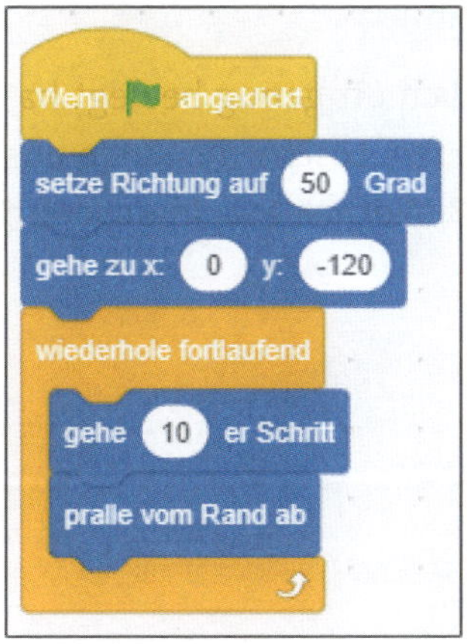

Was ist jetzt anders? Ganz einfach: Du kannst das Programm jetzt starten, ohne auf den Programmblock zu klicken. Stattdessen klickst du einfach nur auf die grüne Flagge über der Bühne, und schon läuft der Käfer los! Die meisten Programme in *Scratch* starten mit der grünen Flagge. Dazu ist sie nämlich auch da.

Der Ereignis-Befehl als Startknopf

Alle Ereignis-Befehlsblöcke, die oben abgerundet sind, funktionieren wie Startknöpfe für den Programmblock darunter. Diese Befehle – und auch nur diese – können einen Programmblock jederzeit von selbst starten.

Solange du nur einen einzigen Programmblock hast, wirst du dich vielleicht fragen, warum es wirklich besser ist, die grüne Flagge zu verwenden, als das Programm einfach durch Anklicken zu starten. Aber sobald du zwei oder mehr Programmblöcke hast, die beide gleichzeitig starten sollen, wirst du merken, wie praktisch es ist, denn wenn sie beide mit dem Flaggen-Ereignis-Befehl beginnen, werden sie mit der Flagge auch gleichzeitig starten.

Um das zu testen, brauchst du eine zweite Spielfigur. Nimm zum Beispiel als neue Figur den Apfel aus der Bibliothek, und füge ihn hinzu.

Der Apfel soll dasselbe Programm erhalten wie der Käfer. Natürlich könntest du es jetzt noch einmal genauso bauen. Aber es geht auch einfacher, wenn du einen Programmblock komplett in eine andere Figur kopierst.

Wie kopiert man ein Skript von einer Figur in eine andere?

Wähle wieder den Käfer aus. Dann ziehst du den Skriptblock des Käfers mit gedrückter Maustaste nach rechts in die Figurenbibliothek – genau auf den Apfel.

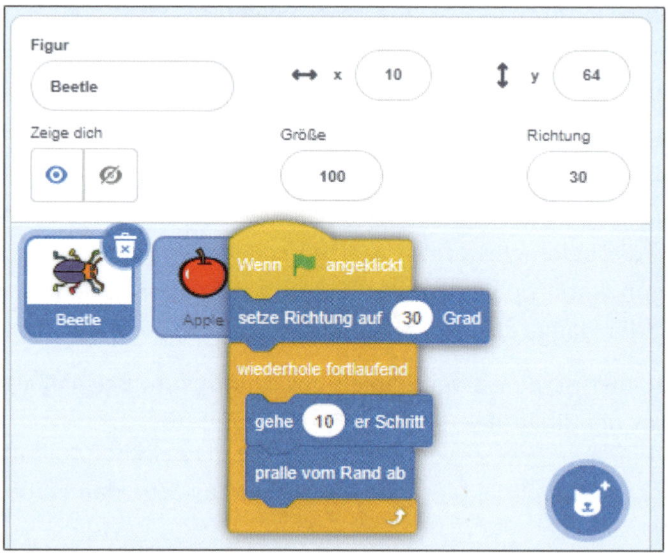

Anschließend lässt du die Maustaste los – und siehe da: Der gleiche Skriptblock ist jetzt auch im Apfel!

Jetzt haben der Apfel und der Käfer dasselbe Programm – und beide beginnen automatisch mit dem Flaggenereignis. Klicke auf die Flagge, und schau dir an, was passiert:

Der Käfer und der Apfel starten gleichzeitig, fliegen gleichzeitig über die Bühne und prallen vom Rand ab.

Mehrere Programmblöcke durch Ereignisse gleichzeitig starten
Mehrere Programmblöcke können gleichzeitig gestartet werden, wenn sie mit dem gleichen Ereignisblock beginnen. Das geht mit jedem Ereignis oder mit jeder Nachricht.

Später kann es sein, dass noch viel mehr Programmblöcke gleichzeitig mit der Flagge oder einem anderen Ereignis gestartet werden – je nachdem, wie umfangreich dein Projekt ist.

Skriptblöcke mit der Tastatur starten

Nun kommt der nächste Ereignisbefehl ins Spiel. Geh mal auf den Apfel, und wechsle den ersten Befehl gegen den Tastaturereignisbefehl aus:

Probiere mal aus, was jetzt passiert: Wenn du die grüne Flagge klickst, läuft nur der Käfer los. Drückst du aber die Leertaste auf deiner Tastatur, dann läuft auch der Apfel los!

Das kommt, weil das Käferprogramm von der Flagge ausgelöst wird, das Apfelprogramm aber von einer Taste – in diesem Fall von der Leertaste.

Wie wäre es, wenn du das Programm auch noch mit einer Taste stoppen könntest – zum Beispiel mit der Taste [S]? Füge zum Käfer noch einen weiteren kleinen Block hinzu:

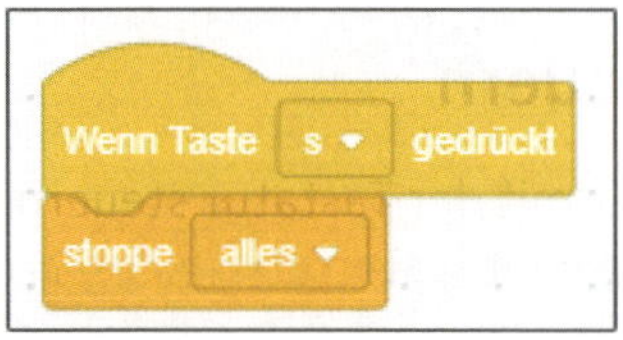

Wieder nimmst du den Tasten-Ereignisbefehl, aber du änderst die Taste auf `s`.

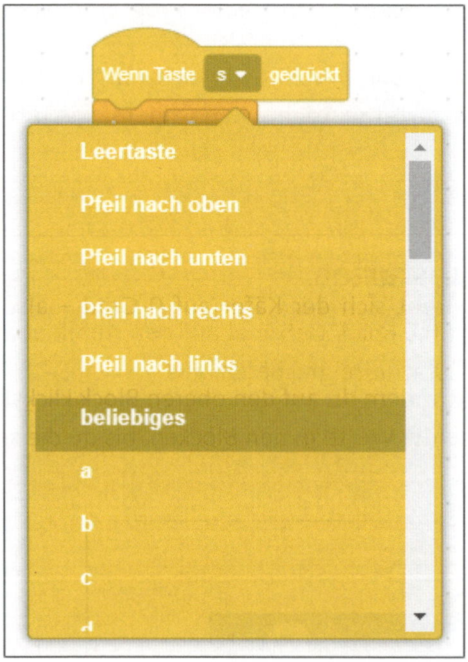

Danach kommt der Befehl `stoppe alles` aus dem Bereich **Steuerung**. Was macht der? Der stoppt alle Programme – so wie das rote Sechseck über der Bühne.

Wieder darfst du testen! Was passiert? Der Käfer startet mit der Flagge, der Apfel mit der Leertaste – und wenn du [S] drückst, wird alles wieder beendet. Du kannst also fast jede Taste auf der Tastatur benutzen, um damit einen Programmblock zu starten. Und da könnte dir vielleicht eine Idee kommen …

Wie wäre es, wenn man auf diese Weise die Bewegung einer Figur mit Tasten steuern könnte?

Figuren mit Tasten über Ereignisse steuern

Jetzt wird es richtig spannend. Wir werden den Käfer mit der Tastatur steuern, während er über den Bildschirm läuft.

Du kannst den Apfel jetzt erst einmal wieder löschen. Mit ihm haben wir nur experimentiert. Der Käfer wird jetzt wieder unsere Hauptfigur. Sein Programm startet jetzt wieder mit der Flagge. Nun kommt ein kleiner Programmblock hinzu:

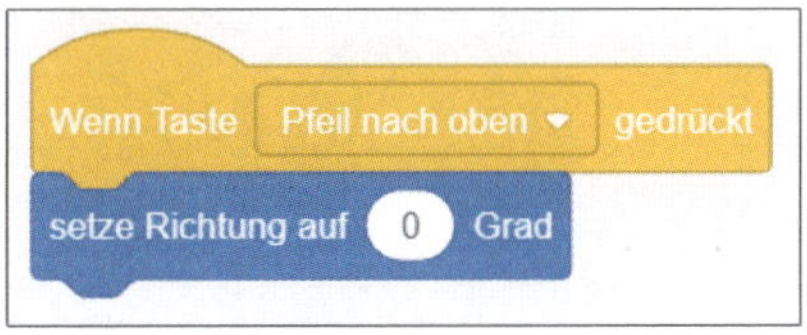

Sobald die ↑-Taste gedrückt wird, dreht sich der Käfer auf 0 Grad – also Richtung nach oben.

Kopiere dieses Programm noch drei Mal, indem du auf den oberen Block klickst und **Duplizieren** wählst. Nun änderst du die Werte in den Blöcken, bis du diese vier Programme hast.

Verstehst du, was diese vier kleinen Programme machen?

Wenn du den Pfeil nach oben drückst, dreht sich der Käfer nach oben, wenn du den Pfeil nach rechts drückst, dreht er sich nach rechts, wenn du den Pfeil nach unten drückst, dreht er sich nach unten, und beim Pfeil nach links dreht er sich nach links. Gleichzeitig läuft er ja die ganze Zeit, sobald du ihn mit der Flagge gestartet hast.

Du hast jetzt einen Käfer in Dauerbewegung, den du steuern kannst. Sofort ausprobieren!

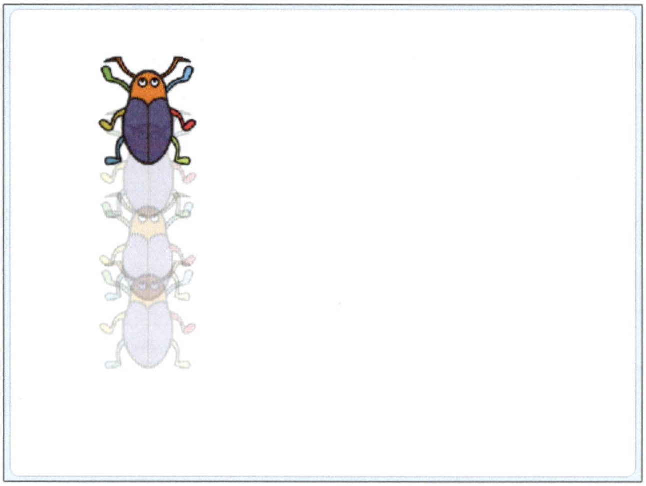

Super! Das ist doch schon eine tolle Basis, um darauf später ein kleines Spiel aufzubauen. Und das werden wir auch bald tun. Aber erst einmal wollen wir noch ein paar Dinge ausprobieren.

Nervt es dich vielleicht, dass der Käfer sich ununterbrochen bewegt? Wie kannst du eine Figur so steuern, dass sie sich nur einen Schritt bewegt, wenn du die Pfeiltaste drückst?

Aufgabe für dich

Baue das Programm um, sodass du den Käfer mit den Pfeiltasten in jede der vier Richtungen bewegen kannst, ohne dass er dabei die ganze Zeit läuft. Er soll sich nur bewegen, wenn die Pfeiltaste gedrückt wird, und sonst stillstehen.

Versuche, die Aufgabe erst einmal alleine zu lösen, ohne sie aus dem Buch nachzubauen. Ein Tipp: Du brauchst dafür keine fortlaufende Wiederholung und klickst also nicht die Flagge. Du brauchst nur die Blöcke, die von den vier Pfeiltasten gestartet werden und die jeweilige Richtung einstellen und musst dafür sorgen, dass der Käfer dabei jeweils auch noch einen Schritt weitergeht. Das heißt, jeder Käfer braucht jetzt zwei Befehle, die nach dem Tastendruck ausgeführt werden.

Schaffst du es alleine? Probiere es einmal!

Fertig? Hier kommen zwei Möglichkeiten, wie du es lösen kannst:

Solange du die Flagge jetzt nicht klickst, fängt der Käfer auch nicht an, sich zu bewegen. Trotzdem wird er noch immer von den Pfeiltasten in die jeweilige Richtung gedreht, denn jede Pfeiltaste löst noch immer ein Programm aus, das den Käfer dreht. Danach ist das Programm allerdings wieder beendet.

Nun soll sich der Käfer bei jedem Tastendruck aber nicht nur drehen, sondern auch ein Stück vorwärts bewegen.

Wie kannst du das erreichen?

Steuerung, Möglichkeit 1

Du kannst jedem Programmblock, der den Käfer dreht, noch einen Bewegungsbefehl hinzufügen. Als Beispiel siehst Du hier den Programmblock für »Pfeil nach rechts«.

Das müsstest du dann vier Mal tun – für jeden Pfeil einmal. So sieht dein Programm dann insgesamt aus:

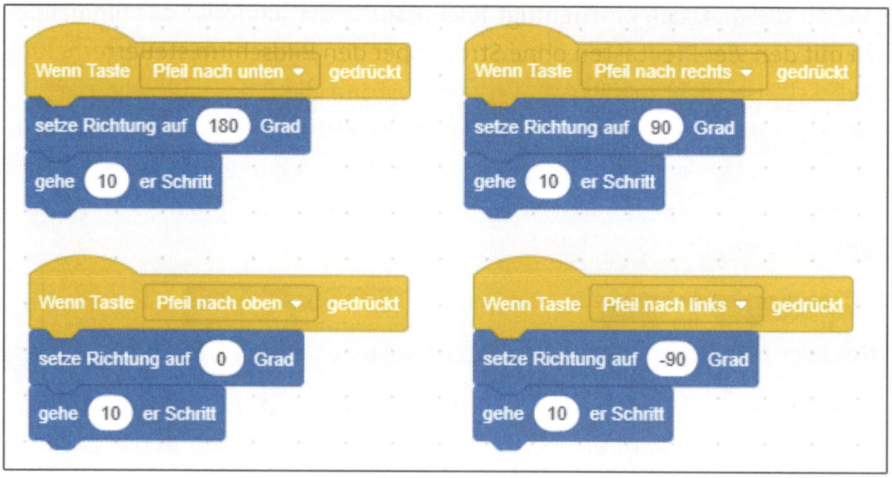

Diese Lösung funktioniert gut, aber wenn du jetzt zum Beispiel die Größe des Schrittes ändern möchtest (vielleicht 20 statt 10), musst du das auch vier Mal machen. Es ist eine Lösung, die vielleicht nicht ganz optimal ist. Daher zeige ich dir für diesen Fall noch eine andere Methode.

Steuerung, Möglichkeit 2

Entferne die Schritte wieder von den Pfeiltastenprogrammen.

> **Viele Wege führen zum Ziel**
> Für fast jede Aufgabe beim Programmieren gib es mehrere mögliche Lösungen. Es gilt, einfach nur die beste und einfachste für den aktuellen Fall zu finden. Manchmal gibt es auch mehrere gleich gute Lösungen.

Füge dann einfach einen Block *für jede beliebige Taste* hinzu – und bewege den Käfer darin einen Schritt vorwärts. Stelle die Taste im ersten Block unbedingt auf `beliebiges`.

Sobald du diesen Block hinzugefügt hast, kannst du den Käfer auf einmal bequem mit den vier Pfeiltasten ohne Stress über den Bildschirm steuern.

So sieht das Programm dann insgesamt aus. Ein Programmblock mehr, aber statt zwölf jetzt nur noch insgesamt sieben Befehle.

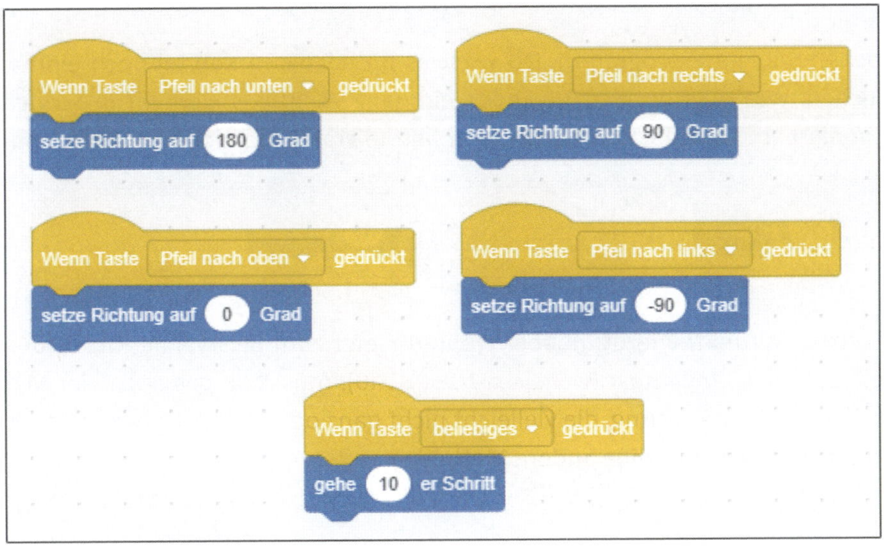

Verstehst du, wie es funktioniert?

Dieser neue Block wird immer ausgeführt, wenn eine beliebige Taste gedrückt wird – also bei *jeder* Taste.

Das heißt, wenn eine Pfeiltaste gedrückt wird, dann wird sowohl der passende Pfeiltastenblock gestartet (rechts, links, hoch, runter), der den Käfer dreht – und *zusätzlich* auch noch dieser Block, der den Käfer einen Schritt vorwärts schiebt. Das bedeutet, du kannst den Käfer jetzt auch mit anderen Tasten vorwärts bewegen – zum Beispiel mit der Taste [A], [B] oder [C] ... das ist ein Nebeneffekt. Drehen kannst du ihn aber nach wie vor nur mit den Pfeiltasten.

Teste es in Ruhe und schau dir an, wie es funktioniert. Ändere auch mal die Schrittgröße auf andere Werte und beobachte, wie sich das Verhalten des Käfers ändert.

Vereinfachungen sind sinnvoll

Wenn es eine Möglichkeit gibt, einen Vorgang beim Programmieren zu vereinfachen, dann solltest du sie immer nutzen! Dadurch wird dein Programm kürzer und oft auch schneller und effizienter.

Speichere das Käferprogramm. Du wirst es im nächsten Kapitel noch einmal brauchen. Wie müssen jetzt nur noch ein ganz wichtiges Element in *Scratch* kennenlernen, dann bist du bereit, dich an die ersten richtigen Spiele zu machen!

Kapitel 9

Was soll passieren, wenn ...? – Abfragen und Bedingungen

Jetzt kennst du schon fast alle Geheimnisse des Programmierens. Du kannst Figuren erstellen, ihnen Befehle zum Bewegen, Drehen, Sprechen geben und die Befehle auch zu einem ganzen Programmblock zusammenbauen. Mit Wiederholungen und Schleifen kannst du das Programm lange in Gang halten. Nun fehlt nur noch eins: Die Figuren müssen auch lernen, auf das, was gerade passiert, zu reagieren, damit sie wirklich lebendig werden.

Mit den Ereignisblöcken hast du einen Weg kennengelernt, um Programme mit der Tastatur oder der Maus in Gang zu setzen. Auf die Weise kannst du schon dafür sorgen, dass die Figur etwas Bestimmtes tut, wenn du eine Taste drückst oder auf die grüne Flagge klickst. Es gibt aber noch viel mehr Möglichkeiten, wie deine Figur auf etwas reagieren kann. Zum Beispiel kann sie darauf reagieren, dass sie eine andere Figur oder eine Grafik berührt, wenn sie einen bestimmten Bereich betritt, den Rand berührt – oder wenn irgendeine andere Bedingung eingetroffen ist.

Wie kann man Bedingungen abfragen?

Was wir dazu bräuchten, wäre ein Befehl, der prüft, ob eine Bedingung eingetroffen ist, und dann etwas macht:

FALLS eine Bedingung eingetroffen ist, DANN tu etwas.

Dazu gibt es den sogenannten *Abfrageblock* – einen *falls-dann-Block*. Du findest ihn ebenfalls in der Abteilung **Steuerung**.

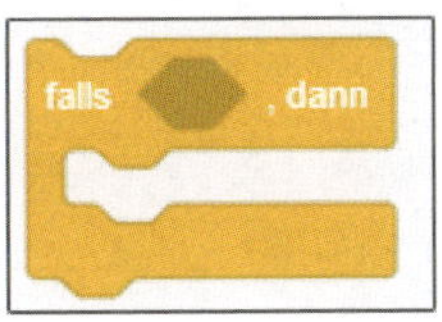

Der Block ist ebenso wie die Wiederholungsblöcke ein *Klammerblock* – das heißt, du kannst beliebig viele Befehle in ihn hineinstecken. Die werden immer dann ausgeführt, wenn die Bedingung oben zutrifft.

Aber es steht ja noch gar keine Bedingung drin?

Genau. Du musst oben auch noch eine Bedingung hineinziehen. Aber wir testen das Ganze besser gleich in Aktion.

Die Idee: Du nimmst das Käferprogramm aus dem letzten Kapitel. Zusätzlich erstellst du einen Ball, der die ganze Zeit auf der Bühne herumfliegt. Mit dem Käfer musst du nun dem Ball ausweichen. Wenn der Käfer den Ball berührt, ist das Spiel zu Ende. Und los geht's:

1. Lade das Käferprogramm aus dem letzten Kapitel – wenn du es nicht sowieso noch offen hast. Probiere kurz aus, ob alles okay ist, das heißt, der Käfer lässt sich steuern.

2. Füge einen Fußball als Figur hinzu (**Soccer Ball**).

3. Verkleinere den Ball auf 50 %.

4. Baue ein Programm für den Ball, das so aussieht.

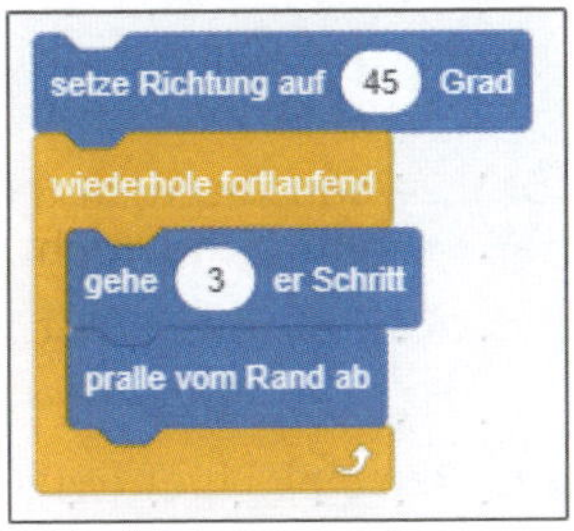

So etwas kennst du ja schon: Mit diesem Programm fliegt der Ball langsam über die Bühne und prallt an den Wänden immer wieder ab. Teste es ruhig, indem du es einmal anklickst und siehst, wie der Ball seine Bahnen zieht. Stoppe es dann wieder.

5. Nun soll geprüft werden, ob der Ball den Käfer berührt. Dafür benutzt du den neuen `falls-dann`-Block. Wähle den Ball an, und hole dir einen `falls-dann`-Block aus der Abteilung **Steuerung**:

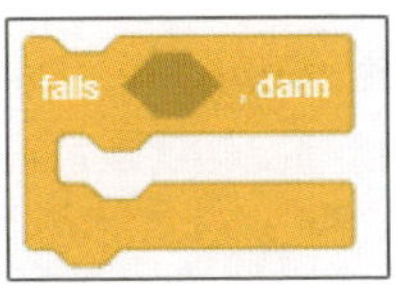

6. Hole dir jetzt den Bedingungsblock `wird Mauszeiger berührt` aus der hellblauen Abteilung **Fühlen**, und ziehe ihn in die Lücke zwischen `falls` und `dann`.

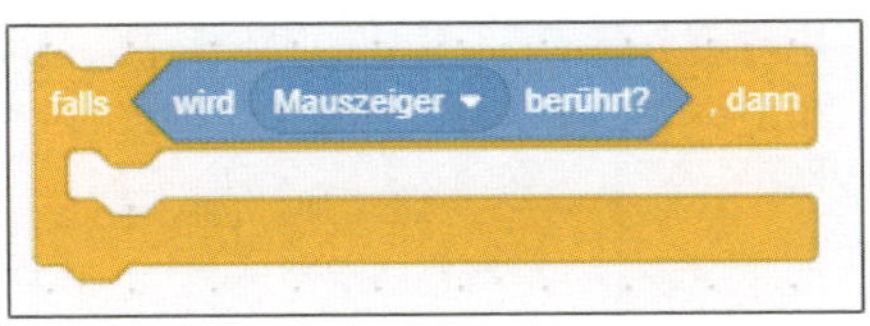

7. Nun hast du einen Bedingungsblock, der ausgeführt wird, wenn der Ball den Mauszeiger berührt – aber das wollen wir nicht. Wir wollen, dass das Programm dann ausgeführt wird, wenn der Ball den Käfer berührt.

8. Klicke auf das Wort **Mauszeiger**, und wähle stattdessen **Beetle** (Käfer) aus.

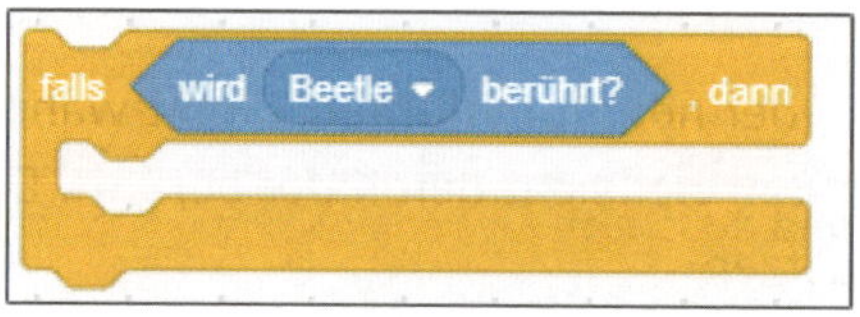

Das ist jetzt der Bedingungsblock, den wir brauchen. Alles, was anschließend in die Umklammerung gesetzt wird, wird nur ausgeführt, wenn die Bedingung zutrifft, also wenn der Ball den Käfer berührt.

Was soll denn dann passieren?

Das kannst du dir gerne selbst ausdenken. In diesem Beispiel sagen wir, der Ball macht ein Geräusch, und das Programm bleibt stehen. Hole dir aus dem Klang-Menü den passenden Block. Wir verwenden den schon vorhandenen Klang des Balls.

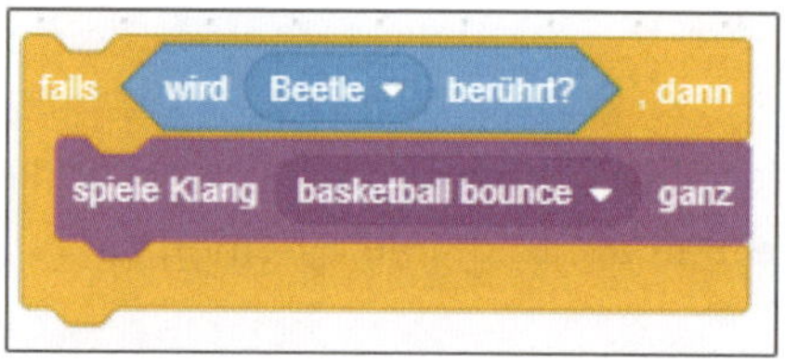

Das ist die ganze Abfrage für den Ball. Es reicht aber nicht, wenn sie einfach nur so vorhanden ist.

Abfragen in Schleifen setzen

Anders als bei den Ereignisblöcken (das sind die, die oben abgerundet sind), die ein Programm bei einem Ereignis von selber starten, muss eine Abfrage im Programm immer wieder an jeder Stelle gecheckt werden.

Abfragen müssen immer wieder durchlaufen werden

Abfrageblöcke können ein Skript nicht starten. Du musst selbst dafür sorgen, dass sie immer wieder durchlaufen werden, solange sie gebraucht werden.

Wir müssen die Abfrage also immer wieder neu durchführen, damit während des Spiels ständig geprüft wird, ob der Ball vielleicht den Käfer berührt. Dazu könnten wir ihn in eine Endlosschleife setzen.

Aber da wir für die Bewegung des Balls sowieso schon eine Endlosschleife ❶ haben, die die gesamte Zeit überläuft, können wir die Abfrage auch gleich mit hineinnehmen. Jedes Mal, wenn sich der Ball einen Schritt bewegt ❷ hat, können wir auch gleich abfragen, ob er jetzt den Käfer berührt ❸. Also ziehen wir diese Abfrage in unser Ballprogramm mit hinein.

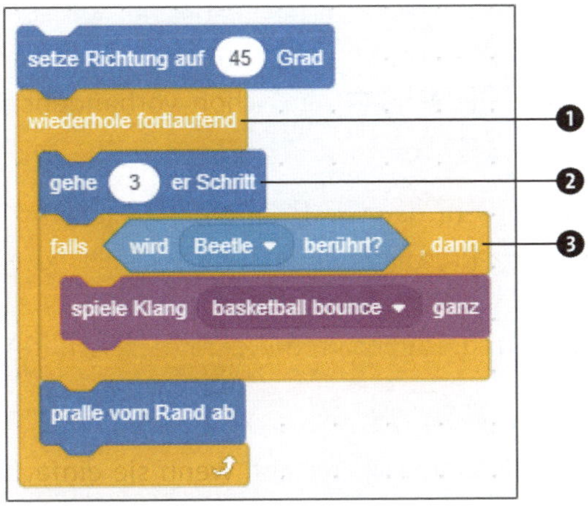

Alles klar? Wenn du willst, kannst du oben noch einen Flaggenblock hinzusetzen, damit das Programm mit der Flagge gestartet wird – oder du startest es erst einmal einfach durch Klick auf den obersten Block.

Und schon beginnt das Spiel: Der Ball schwebt kreuz und quer über die Bühne, und der Käfer kann mit den Pfeiltasten gesteuert werden und muss ihm ausweichen. Jedes Mal, wenn der Ball den Käfer berührt, gibt es ein Ballgeräusch. Los geht's!

Der Ball hat den Käfer berührt, und es macht »boing!«.

Schleife mit eingebauter Bedingung – »wiederhole bis …«

Es gibt noch einen besonderen Schleifenbefehl, den wir in Kapitel 7 ausgelassen haben: Das ist die Schleife *mit einer eingebauten Bedingungsabfrage* `wiederhole bis…`. Sie läuft nicht endlos, sondern nur so lange, bis die darin enthaltene Bedingung zutrifft. Dann beendet sie sich, und es geht im mit dem nächsten Befehl nach der Schleife weiter.

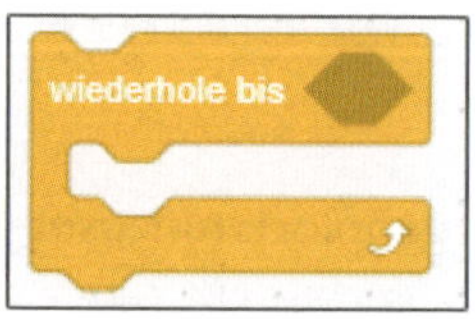

Eine Möglichkeit, wie man diese Schleife sinnvoll einsetzen kann, ist zum Beispiel eine Figur, die so lange herunterfällt, bis sie einen Balken berührt, auf dem sie liegen bleibt. Das wollen wir doch mal testen.

1. Starte *Scratch*, lass die Katze da, und erstelle zusätzlich eine neue Figur – wähle die Wolke (**Cloud**) aus der Bibliothek. Nenne die Figur **Wolke**.

2. Geh in das Skriptfenster der Katze, und gib ihr eine `wiederhole bis …`-Schleife.

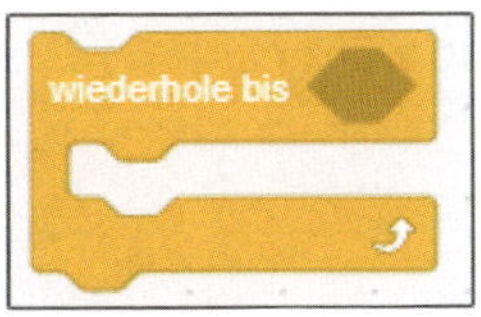

3. Die Katze soll so lange herunterfallen, bis sie die Wolke berührt. Die Bedingung für die Schleife ist also, dass die Wolke berührt wird. Hol dir aus der Abteilung **Fühlen** einen Befehl `wird Mauszeiger berührt`.

4. Klicke auf das Wort `Mauszeiger`, und wähle stattdessen **Wolke** aus.

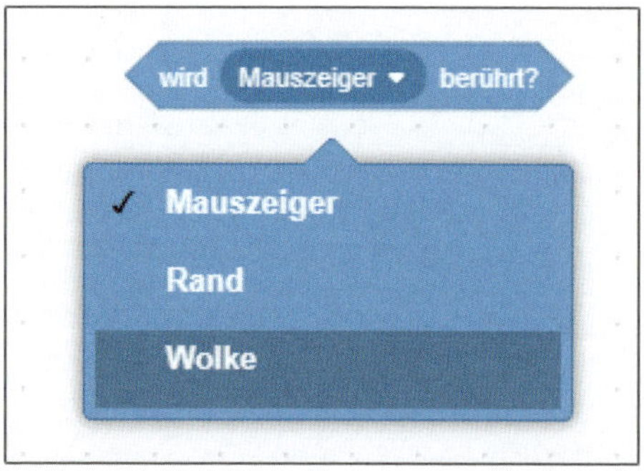

5. Nun schiebe die Bedingung in das Abfragefeld der Schleife.

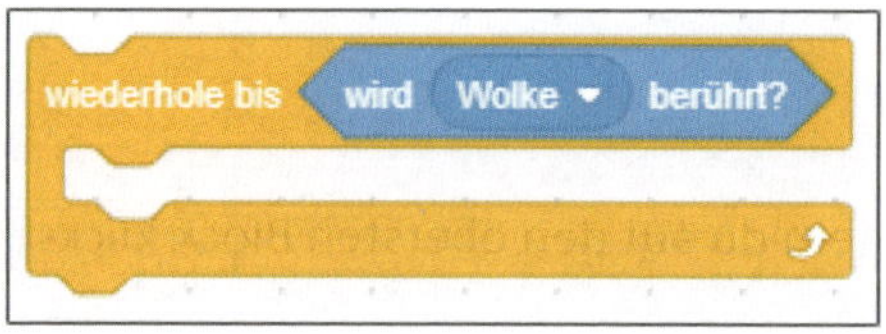

6. Die Schleife wird jetzt also so lange ausgeführt, bis die Katze die Wolke berührt. *Und was soll in der Schleife passieren?* Wie gesagt: Die Katze soll einfach nach unten fallen. Dazu musst du ihre y-Position (also ihre vertikale Position) auf der Bühne kleiner machen.

7. Schiebe folgenden Befehl aus der Abteilung **Bewegung** in die Schleife, und schreibe als Wert `-5` hinein. Damit wandert die Katze in jedem Durchgang der Schleife um 5 Bildpunkte nach unten. Dann wird aufgrund der Schleifenbedingung automatisch wieder geprüft, ob die Katze jetzt die Wolke berührt, wenn nicht, wird die Schleife wiederholt. Und so weiter ...

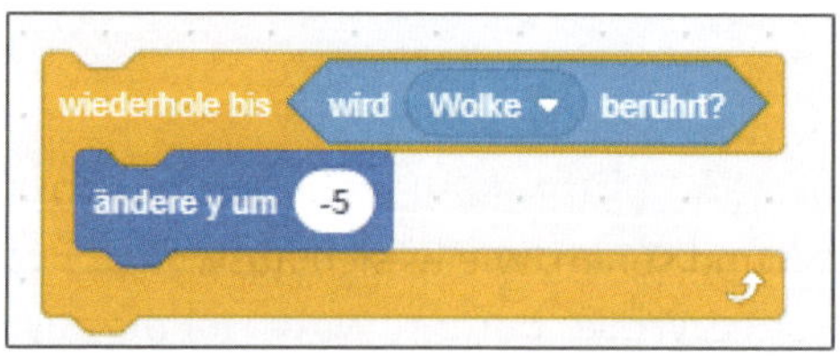

8. Fertig ist das Skript. Schiebe die Wolke nach unten und die Katze oben drüber.

9. Starte jetzt das Skript der Katze, indem du auf den obersten Block klickst.

Ergebnis: Die Katze fällt bis zur Wolke und bleibt dann stehen. Du kannst die Katze und die Wolke gern verschieben und sehen, wie es sich auswirkt.

Jetzt hast du die wichtigsten Befehle und Vorgehensweisen kennengelernt, um ein echtes Spiel zu schreiben. Das soll im nächsten Kapitel auch endlich passieren!

Kapitel 10
Springball – du beginnst dein erstes Spiel

Nun hast du die wichtigsten Elemente des Programmierens kennengelernt und ausprobiert. Jetzt kann es richtig losgehen. Du wirst damit anfangen, dein erstes richtiges Spiel zu programmieren. Natürlich wirst du dabei noch eine Menge praktische Techniken dazulernen.

Es ist so weit: Wir werden uns an ein Spiel machen. Ein richtiges Spiel, das du später auch gerne weiter ausbauen kannst.

Die Spielidee

Wir wollen das Spiel *Springball* bauen, das auf dem Grundprinzip des berühmten Spieleklassikers *Breakout* basiert. *Breakout* war eines der ersten Computerspiele überhaupt und entstand bereits in den 1970er-Jahren. Seitdem sind zahlreiche Varianten des Spiels erschienen.

Das Spiel geht so: Es fliegt ein Ball über die Bühne, der links, rechts und oben vom Rand abprallt und den du mit einem Brett am unteren Rand immer wieder abfangen kannst. Wenn der Ball den Boden berührt, ist das Spiel zu Ende. Im nächsten Schritt sollen dann auch noch Ziele hinzukommen, die du mit dem Ball abschießen musst. Und zuletzt soll es dann auch noch Punkte geben und ein Spielende, bei dem man gewinnen oder verlieren kann.

Puh ... da steht uns einiges an Arbeit bevor. Aber es ist wahrscheinlich trotzdem leichter, als du denkst. Die meisten Elemente, die du dafür brauchst, kennst du nämlich schon – und ein paar neue Kniffe wirst du kennenlernen. Und wenn man alles Schritt für Schritt nacheinander aufbaut, bleibt die Arbeit immer übersichtlich und verständlich. So machen es auch gute Profi-Programmierer.

Schritt 1: Der fliegende Ball

Starte *Scratch* neu, lösche die Katze, und wähle als Figur einen einfachen gelben Ball (Name: **Ball**), den du verkleinerst (auf 50 %). Das ist erst einmal alles, was du brauchst.

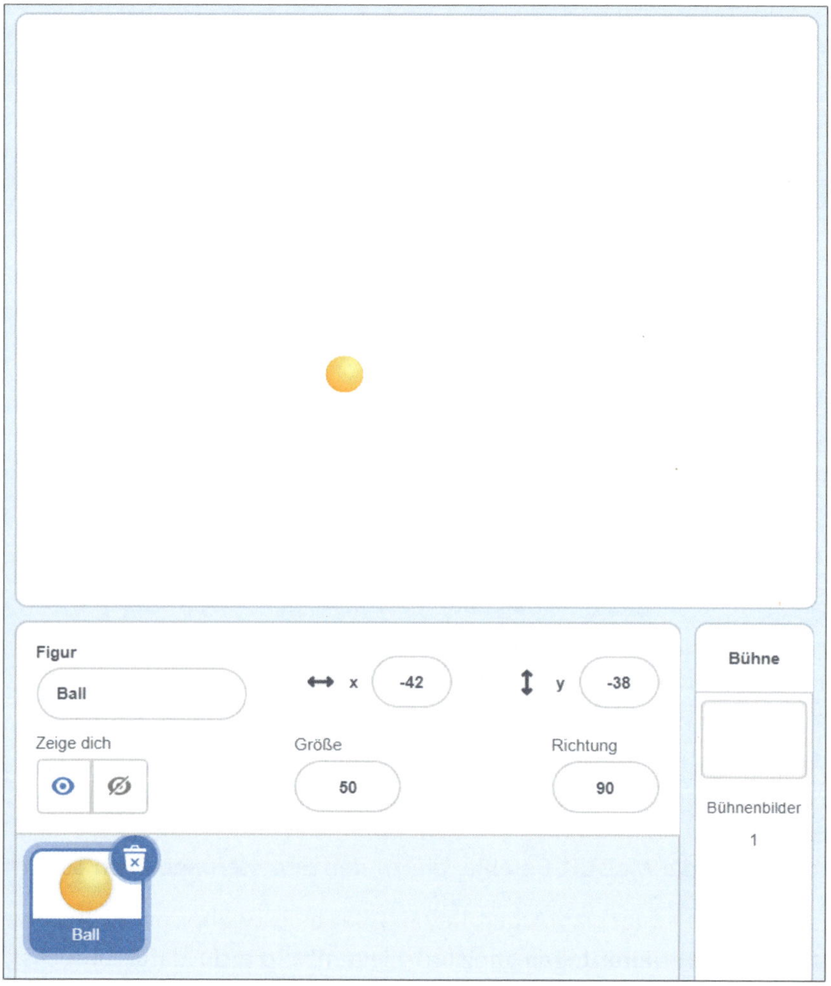

Was soll der Ball im ersten Schritt tun? Er soll herumfliegen und am Rand der Bühne abprallen. Das ist in *Scratch* wirklich einfach, und du hast es ja schon mehrmals gemacht. Du setzt ein Startsignal (zum Beispiel die Flagge) und gibst dem Ball eine Anfangsrichtung, sagen wir mal 50 Grad, damit er schräg nach oben fliegt. Er braucht natürlich auch eine Anfangsposition, damit er immer schön in der Mitte beginnt. Ich schlage Position 0, –120 vor.

Du brauchst außerdem eine fortlaufende Wiederholung: Der Ball soll sich ständig einen 10er-Schritt vorwärtsbewegen und, wenn nötig, am Rand abprallen. Alles, wie du es schon kennst.

Kannst du das selbst bauen? Versuche es ruhig einmal!

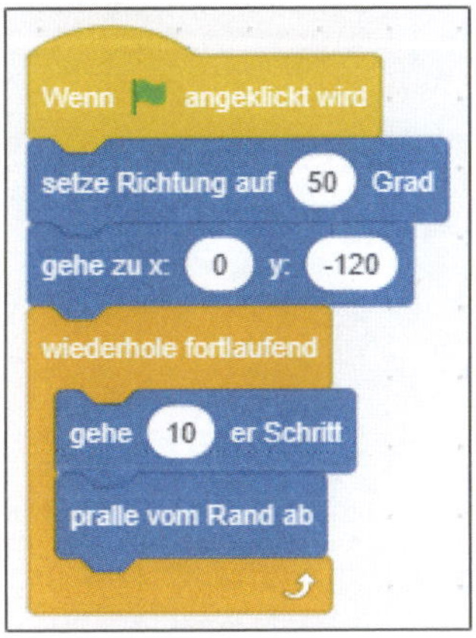

So könnte es zum Beispiel aussehen. Das solltest du einmal testen und sehen, wie der Ball über die Bühne fliegt.

Zwischenspiel: Der Ball zeichnet seine Bahn

Eigentlich nicht wirklich wichtig für unser Spiel – aber interessant, wenn du mal sehen willst, welche Bahn der Ball genau fliegt. Und außerdem cool.

Du brauchst dazu die **Malstift**-Befehle, die zu den Erweiterungen von *Scratch* gehören.

Klicke auf das Feld **Erweiterungen** ganz links unten in Scratch.

Wähle dort die Erweiterung **Malstift** aus.

Nun stehen dir die **Malstift**-Befehle zur Verfügung.

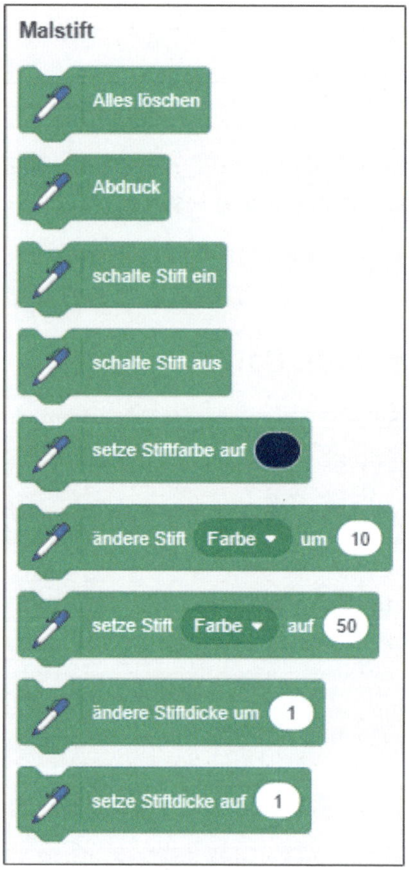

Du musst sie in diesem Fall gar nicht unbedingt in dein Programm einbauen. Klicke einfach mal auf den Befehl `schalte Stift ein`. Dann hat unser Ball einen Stift und malt, während er sich bewegt.

Starte anschließend den Ball.

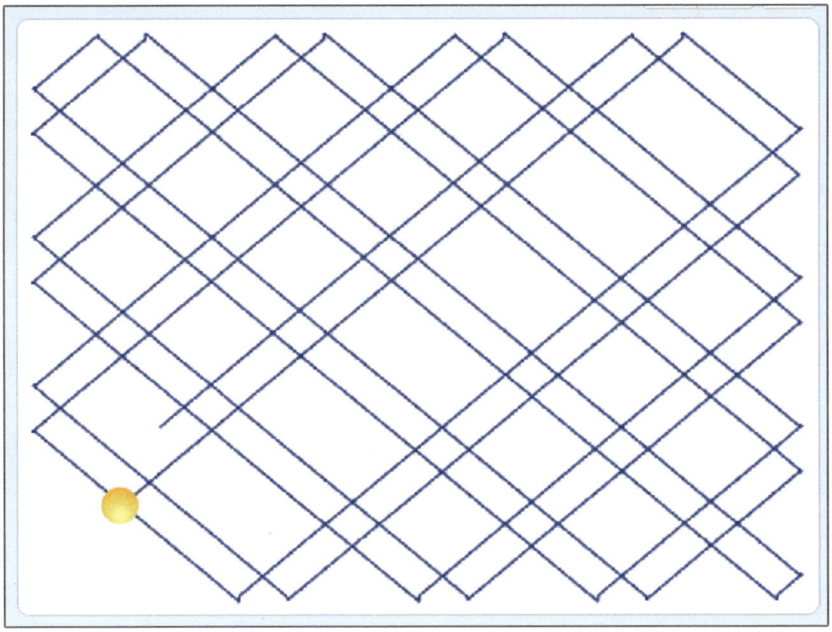

Jetzt zeichnet der Ball beim Herumfliegen ein tolles Muster auf die Bühne.

Wow – das sieht cool aus! Und es zeigt, dass der Ball wirklich nach und nach alle Bereiche der Bühne überfliegt.

Wenn du willst, kannst du damit noch herumspielen – die Stiftfarbe ändern, die Dicke usw. ... das geht alles mit den Malbefehlen. Wenn du fertig bist, klickst du einmal auf den obersten Befehl `Alles löschen` ❶ – und dann noch auf den vierten Befehl `schalte Stift aus` ❷.

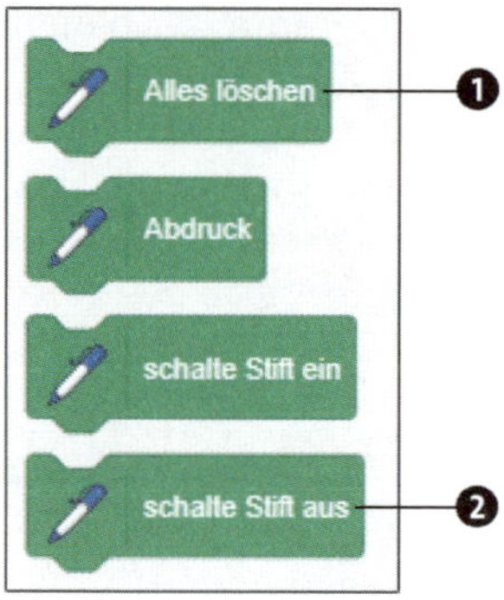

Jetzt ist alles wieder wie vorher, und wir kehren zu unserem Spiel zurück.

Das Schlagbrett

Wir gehen zum nächsten Schritt: Das Schlagbrett kommt dazu, mit dem wir den Ball unten abstoßen wollen. Das Brett soll sich ja nach links und rechts bewegen können, es sollte deshalb also eine neue Figur sein. In der Bibliothek findest du vielleicht eine irgendwie geeignete Figur, die man verwenden könnte, oder du könntest dir auch ein Bild aus dem Internet laden.

Aber es geht auch so: Mal dir einfach selbst eine Figur! So ein Brett ist wirklich schnell erstellt. Und dann sieht es wirklich genauso aus, wie du es haben möchtest. Dazu klickst du unter der Figurenbibliothek bei **Neue Figur** auf den Pinsel:

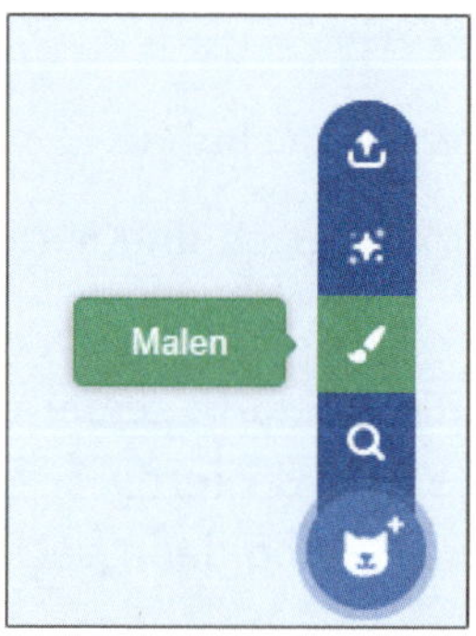

Nun bist du im grafischen Kostüm-Editor, wo du das Aussehen deiner neuen Figur selbst erstellen kannst.

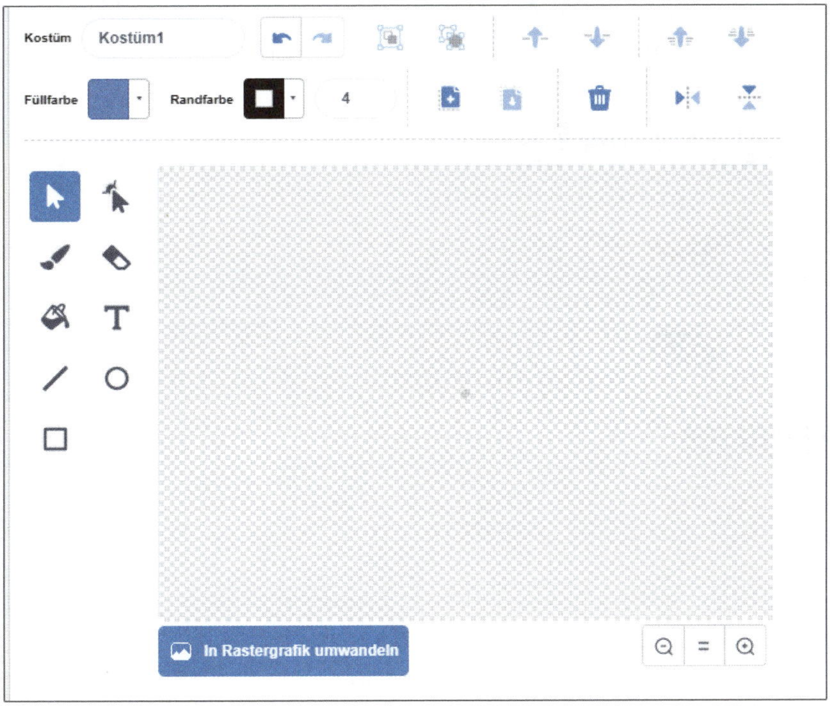

Was du damit alles anstellen kannst, steht ausführlich in Kapitel 5 – dort kannst du auch gern noch einmal nachschlagen.

Unser Schlagbrett ist ganz einfach erstellt. Wähle das Rechteck aus, und ziehe mit der Maus ein Rechteck möglichst genau in der Mitte der Zeichenfläche auf.

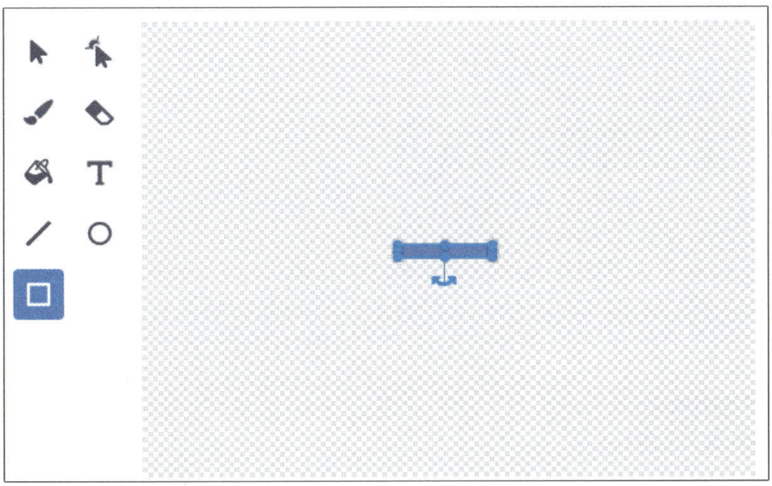

Mit den Anfassern kannst du die Größe noch verändern, bis sie optimal ist. Nun legst du eine schöne Farbe für das Rechteck fest, indem du auf **Füllfarbe** klickst.

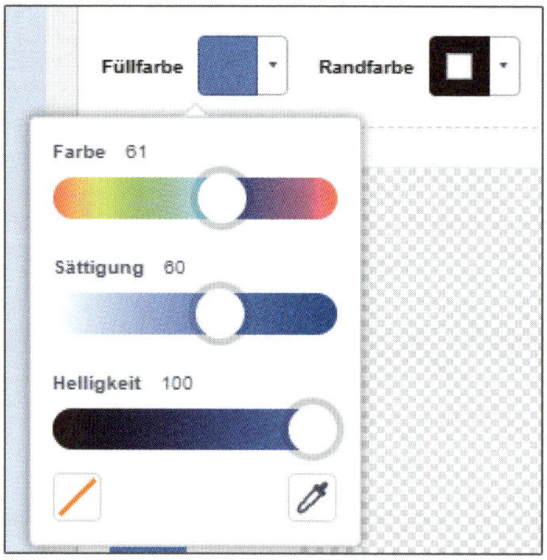

Mit den drei Reglern kannst du die Grundfarbe, Sättigung und Helligkeit verändern, bis die Farbe dir gefällt. Du kannst auch einen Farbverlauf als Füllfarbe wählen, dann sieht es noch etwas raffinierter aus. Aber das ist ganz dir überlassen. Wenn du willst, kannst du auch noch Verzierungen an den Seiten anbringen, zum Beispiel zwei Kreise.

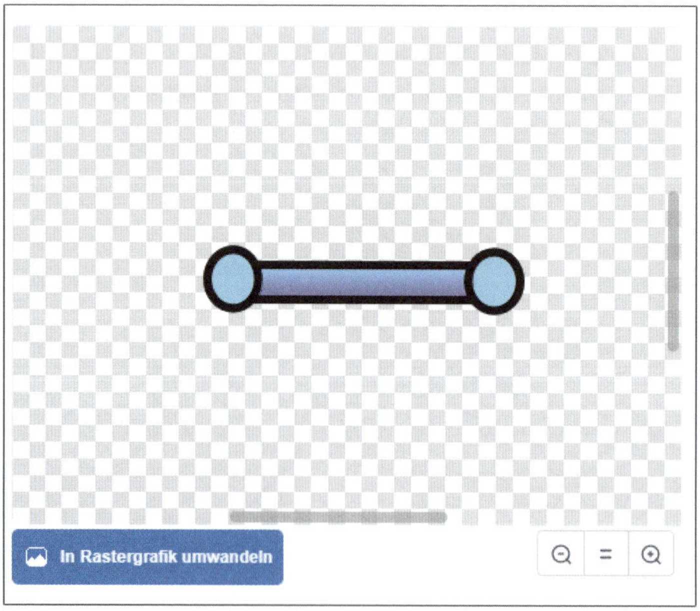

Mit dem Lupensymbol (+) kannst du heranzoomen, um die Grafik besser bearbeiten zu können. Wenn du zufrieden bist, kannst du zurück ins Skriptfenster gehen. Du hast jetzt eine neue Figur, die nennst du **Brett** und schiebst sie nah an den unteren Rand der Bühne.

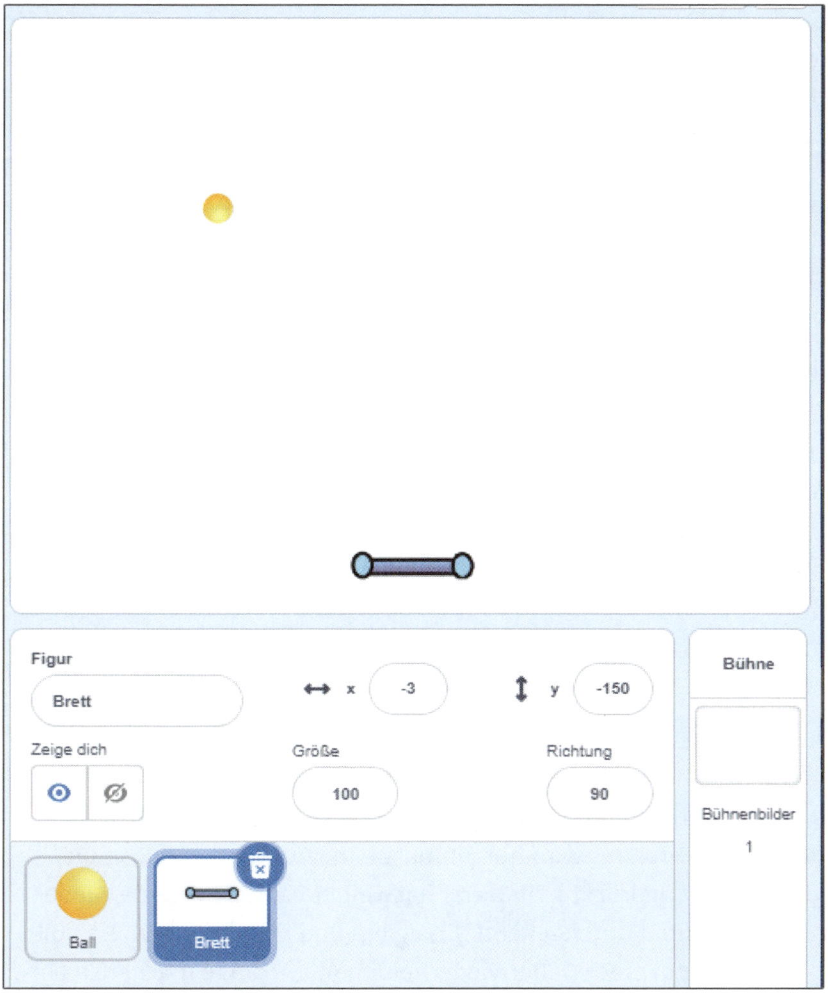

Super! Jetzt haben wir die beiden wichtigsten Figuren, und das Spiel kann weiterprogrammiert werden.

Das Brett nach rechts und links steuern

Das Brett soll nach links und rechts bewegt werden können. Dafür müssen wir jetzt ein Programm erstellen. Es gibt hier zwei verschiedene Möglichkeiten. Wir werden sie beide ausprobieren, und du kannst dann entscheiden, welche du verwenden willst. Du kannst das Brett nämlich entweder mit der Tastatur (den Pfeiltasten) steuern oder mit der Maus.

Steuerung mit der Tastatur

Wie steuert man das Brett mit den Pfeiltasten? Nun, ganz einfach: Wenn du den Pfeil nach links drückst, soll das Brett nach links wandern, wenn du den Pfeil nach rechts drückst, soll das Brett nach rechts wandern. Nach oben oder unten soll das Brett nicht gehen können.

Damit die Steuerung in diesem Spiel schön flüssig wird, solltest du in deinem Brett-Programm die Pfeiltasten ständig (in einer fortlaufenden Wiederholung) abfragen und immer, wenn eine davon gedrückt ist, das Brett nach links oder rechts bewegen.

Profi-Frage: Warum in einer Wiederholungsschleife die Tastatur abfragen?

Warum kannst du nicht einfach das Ereignis `Taste gedrückt` benutzen wie in Kapitel 8?

Der Grund ist: Das Brett soll sich beim Drücken der Tasten ständig sanft und gleichmäßig hin und her bewegen. Du bekommst eine Spielsteuerung, wie sie hier gebraucht wird, so aber nicht schnell und gleichmäßig hin, denn das Tastaturereignis wird nur einmal beim Drücken ausgelöst, und wenn du die Taste gedrückt hältst, erst nach einer halben Sekunde wieder. Wenn du Spielfiguren durchgehend flüssig hin und her steuern willst, solltest du das immer in einer Dauerwiederholung mit Abfrage machen, nicht über Tastaturereignisse. Glaub mir, das ist hier der beste Weg.

Jetzt geht's ans Programmieren:

1. Achte darauf, dass du das Skriptfenster geöffnet hast und das Brett in der Bibliothek angewählt ist.

2. Hole dir einen `falls-dann`-Abfrageblock aus der Abteilung **Steuerung**.

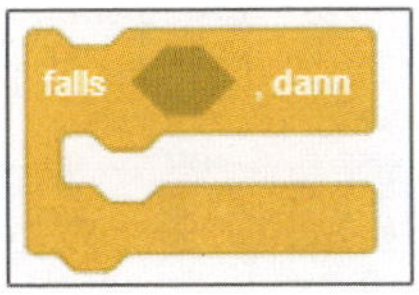

3. Ziehe eine Tastaturabfrage aus der Abteilung **Fühlen** hinein. Das ist eine Abfrage, ob eine Taste gedrückt ist.

Wir wollen ja hier nicht die Leertaste prüfen, sondern den Pfeil nach rechts.

4. Ändere die abgefragte Taste also in `Pfeil nach rechts`.

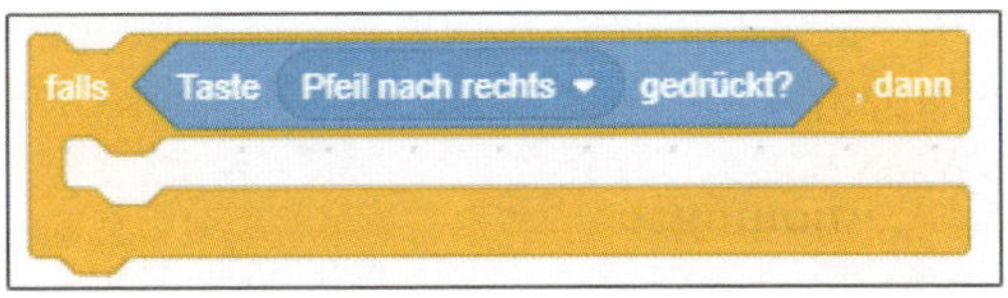

Nun haben wir eine Abfrage, die prüft, ob der Pfeil nach rechts auf der Tastatur gedrückt wird.

Was soll in dem Fall passieren?

Klar – das Brett soll ein Stück nach rechts wandern. Wir könnten das Brett jetzt nach rechts drehen und dann einen Schritt vorwärtsgehen, wie wir es mit dem Käfer gemacht haben. Aber da das Brett sich eigentlich nie drehen soll, sondern immer genauso bleiben soll, wie es ist, und nur seine Position nach rechts verschoben werden soll, benutzen wir hier einen anderen Befehl, der für Bewegungen »rechts – links – hoch – runter« sehr praktisch ist – und vor allem schnell.

Mit diesem Befehl wird die x-Position einer Figur (also hier des Bretts) um 10 verschoben, also um 10 nach rechts gerückt.

Position verschieben

Mit der x-Position verschiebt man Figuren nach links oder rechts, ohne sie zu drehen, mit der y-Position verschiebt man entsprechend Figuren nach oben oder unten.

5. Füge diesen Befehl in die Klammer des Abfragebefehls ein.

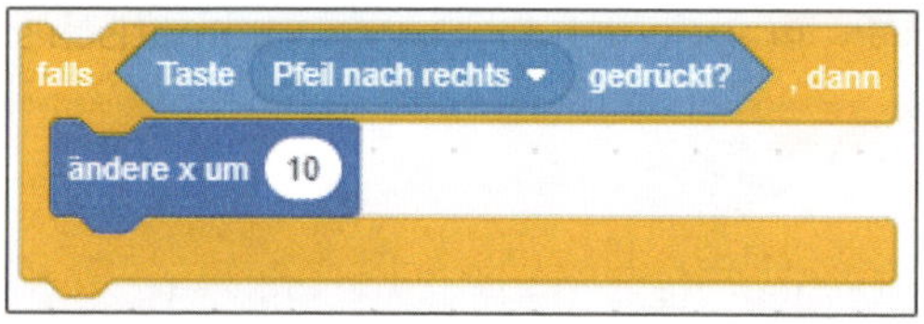

Alles klar? Es wird also geprüft, ob gerade die [→]-Taste gedrückt wird – wenn ja, dann wird das Brett um 10 Punkte nach rechts verschoben. `Ändere x um 10` heißt: 10 zur x-Position hinzuzählen. Jetzt brauchen wir das Gleiche noch einmal für die Bewegung nach links.

6. Dupliziere den ganzen Programmblock einmal, indem du ihn mit der rechten Maustaste oben anklickst und **Duplizieren** wählst.

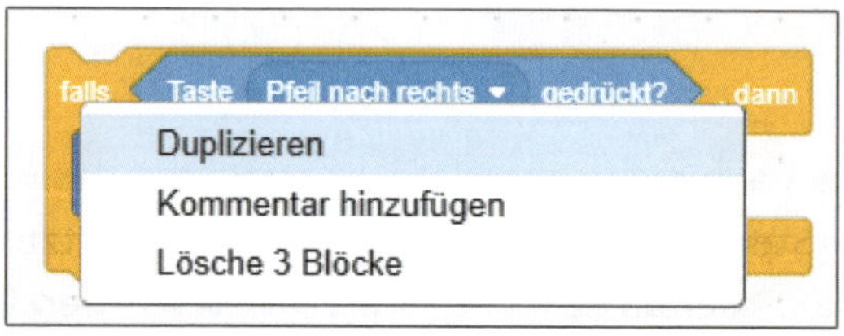

7. Ändere den neuen Block so, dass die Taste [←] abgefragt wird und `ändere x um` auf `-10` steht.

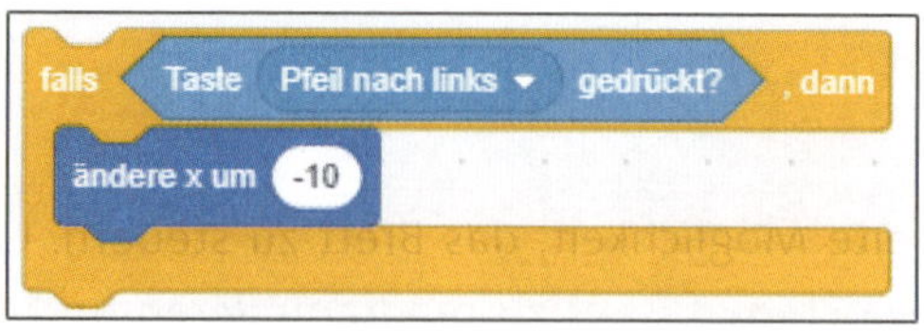

Wenn jetzt also die linke Pfeiltaste gedrückt wird, ändert sich die x-Position des Bretts um –10. Das heißt, die x-Position wird um 10 verringert, und das Brett wird dadurch 10 Punkte nach links verschoben.

Nun haben wir die beiden Abfragen. Damit sie auch wirksam werden, müssen sie ununterbrochen durchlaufen werden, denn sonst würde sich das Programm nach dem ersten Prüfen sofort wieder beenden. Also packen wir die beiden Blöcke in eine fortlaufende Wiederholung.

8. Hole dir aus der Abteilung **Steuerung** einen Block `wiederhole fortlaufend`, und setze die beiden Abfragen dazwischen. Setze oben noch einen Flaggen-Ereignisbefehl drauf, damit das Programm mit der Flagge automatisch startet.

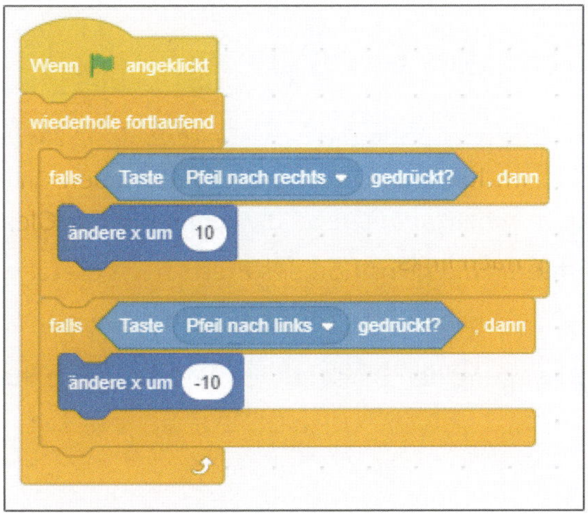

Fertig: deine perfekte Tastatur-Steuerung für das Brett. Wenn du jetzt die grüne Flagge klickst, starten die Programme für das Brett und für den Ball gleichzeitig, denn beide werden ja durch die Flagge in Gang gesetzt.

Das ist doch schon ein richtig guter Anfang unseres Spiels! Der Ball fliegt über die Bühne, und das Brett ist flüssig steuerbar.

Steuerung mit der Maus

Es gibt, wie gesagt, noch eine zweite Möglichkeit, das Brett zu steuern. Und zwar mit der Maus. Das ist sogar noch einfacher zu programmieren und hat den Vorteil, dass man das Brett beim Spielen fast beliebig schnell hin und her bewegen kann. Es ist ganz allein deine Entscheidung, wie du die Steuerung machen möchtest – beides ist gut möglich. Hier erfährst du, wie man es mit der Maus macht:

Alles, was dabei passieren muss, ist, dass in einer Endlosschleife ständig und immer wieder die x-Position des Bretts auf die *aktuelle x-Position der Maus* gesetzt wird. Das Programm setzt das Brett also immer genau auf die Position des Mauszeigers, egal wo der Mauszeiger hinwandert. Wenn das geschieht, ist das Brett dadurch immer auf derselben waagerechten Höhe wie die Maus.

Probieren wir's:

1. Hole dir in das Skriptfenster des Bretts einen fortlaufenden Wiederholungsblock.

In dieser Schleife soll jetzt ständig die x-Position des Bretts neu gesetzt werden.

2. Hole dir aus dem Bereich **Bewegung** den Block `setze x auf`, und füge ihn in den Wiederholungsblock ein.

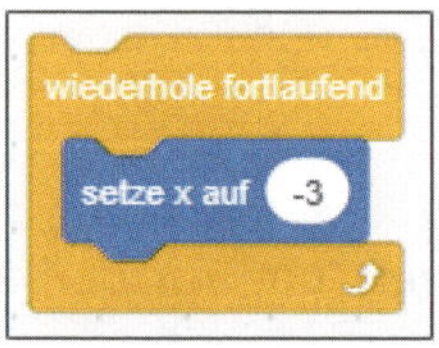

Nun soll die x-Position ja nicht ständig auf –3 gesetzt werden, auch nicht auf einen anderen festen Wert, sondern die x-Position soll ständig auf die aktuelle *x-Position des Mauszeigers* gesetzt werden.

Wie lässt du eine Figur mit der Maus mitwandern?

3. Hole dir den Block `Maus x-Position` aus der Abteilung **Fühlen**, und schiebe ihn in das Zahlenfeld des `setze x auf`-Blocks.

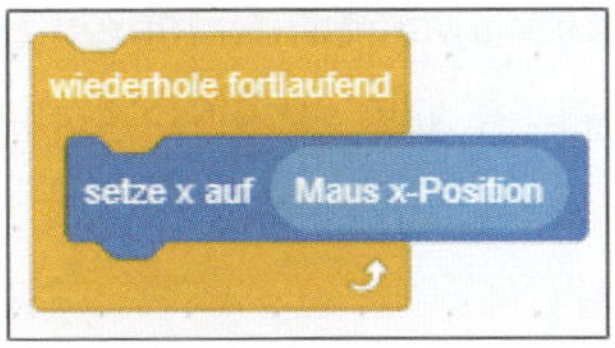

Statt einer festen Zahl wird jetzt hier immer die aktuelle Maus-x-Position verwendet.

Das war's schon! Damit haben wir uns so etwas wie einen eigenen Befehl zusammengebaut. *Setze die x-Position unserer Figur auf die x-Position des Mauszeigers*. Und das ist genau das, was wir jetzt brauchen, denn so können wir das Brett mit der Maus nach links und rechts verschieben.

Teste es mal, indem du den Programmblock anklickst und startest und dann mit der Maus über die Bühne fährst! Wenn du es verwenden willst, solltest du oben noch das Startereignis mit der Flagge draufsetzen.

Du musst dich jetzt nur noch entscheiden, welche Steuerung dir lieber ist, denn beide gleichzeitig funktionieren nicht. Lass ein Steuerungsprogramm da, und das andere kannst du löschen oder deaktivieren, indem du einfach den Flaggen-Ereignisbefehl entfernst. Damit wird es dann auch nicht mehr gestartet.

Nun noch ein schönes Bühnenbild – ich empfehle das Bild **Neon tunnel** aus der Bibliothek – und schon hast du eine tolle Basis für ein echtes Spiel.

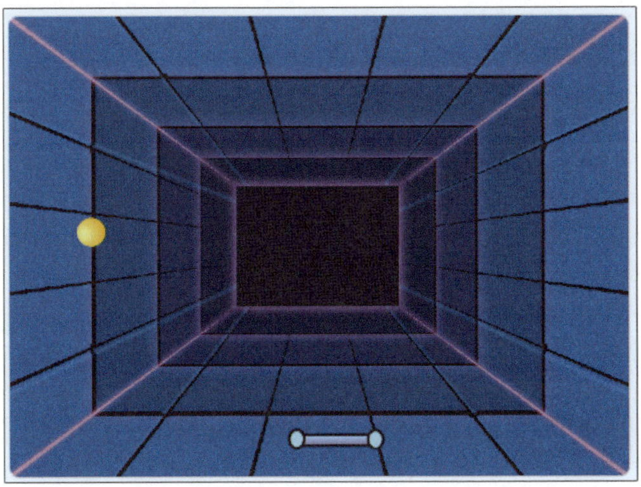

Speichere das Spiel jetzt unbedingt ab, damit dir deine Arbeit nicht verloren geht.

Eine ganz wichtige Grundfunktion fehlt jetzt aber natürlich noch. Der Ball soll an dem Brett abprallen, sonst macht das Brett ja überhaupt keinen Sinn.

Pralle vom Brett ab

Da wird es ein bisschen raffinierter, denn es gibt zwar den tollen und praktischen Befehl `pralle vom Rand ab` – aber es gibt leider keinen vorgegebenen Befehl `pralle von einer Figur ab`. Diese Funktion müssen wir uns also selbst programmieren.

Falls der Ball das Brett berührt, soll er seine Richtung ändern, und zwar soll er genau wie beim Abprallen an der Wand diagonal in die entgegengesetzte Richtung fliegen, aus der er gekommen war. Es muss also ständig geprüft werden, ob der Ball das Brett berührt (wie das geht, weißt du ja schon), und wenn ja, dann muss seine Richtung *um 90 Grad verschoben werden*, damit er in die »gespiegelte Gegenrichtung« fliegt. Wie das geht, zeige ich dir jetzt: Wir gehen Schritt für Schritt vor.

1. Wähle den Ball aus, denn wir arbeiten jetzt am Skript des Balls.
2. Hole dir eine `falls-dann`-Abfrage (Steuerung), und füge `wird Brett berührt` aus **Fühlen** hinein.

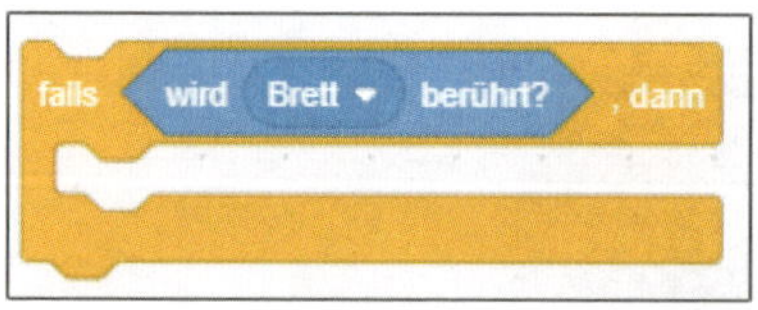

Nun hast du eine Abfrage, die testet, ob der Ball das Brett berührt. Wenn nicht, dann passiert nichts, und der Ball fliegt weiter in seine Richtung. *Wenn doch – was passiert dann?*

Dann kriegt der Ball eine neue Richtung. Damit er genau in die gespiegelt entgegengesetzte Richtung fliegt, muss er sich einfach um 90 Grad drehen. Für diese Drehung gibt es einen einfachen Befehl.

3. Wähle den Befehl `drehe dich um ... Grad`, setze die Richtungsänderung auf `90`, und setze den Befehl in die Abfrage.

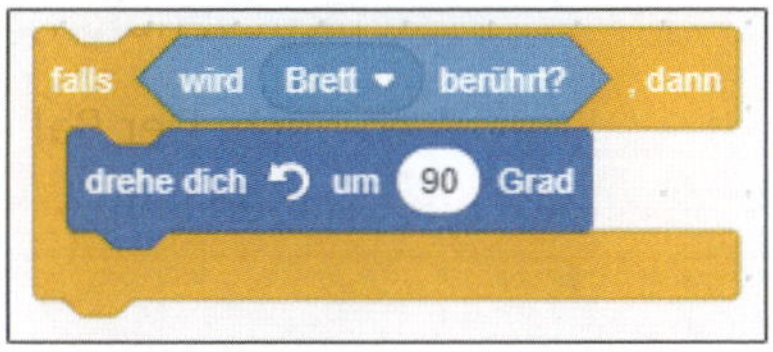

Sobald der Ball das Brett berührt, dreht er sich um 90 Grad und prallt somit »gespiegelt« ab.

Das war schon die ganze Abfrage. Aber diese Abfrage steht jetzt noch im leeren Raum. Sie muss natürlich noch aufgerufen werden, wenn sie aktiv sein soll, und zwar immer wieder. Wir müssen sie also in eine fortlaufende Wiederholung stecken. Da wir beim Ball schon eine haben, fügen wir die Abfrage dort einfach mit ein.

4. Füge die Abfrage in die laufende Wiederholung des Balls ein.

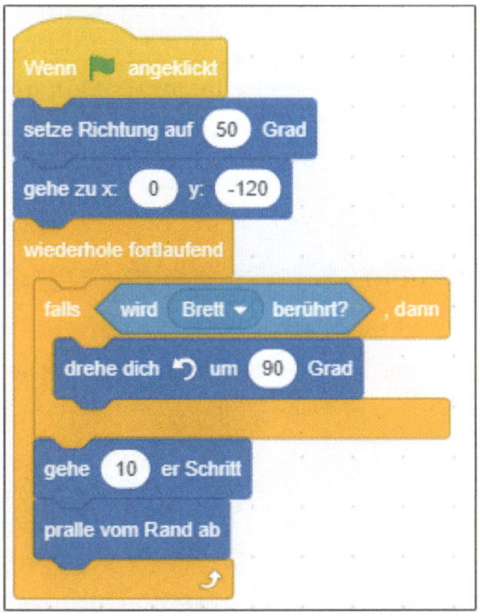

Und ausprobieren! Großartig! Jetzt läuft die Spielmechanik. Das Brett ist nach links und rechts steuerbar, der Ball fliegt, er prallt an den Wänden ab und ebenso am Brett, wenn er es berührt.

Jetzt ist es wieder an der Zeit, das Spiel zu speichern.

Im nächsten Kapitel werden wir *Gefahren und Ziele* hinzufügen – genau das, was noch fehlt, um dieses Programm zu einem schwierigen, aber auch spannenden Breakout-Spiel zu machen!

Kapitel 11
Gefahren und Ziele

Das Spiel, das du im letzten Kapitel begonnen hast, wird jetzt umfangreicher, indem neue Elemente hinzukommen, damit es eine echte Herausforderung wird.

Unser Springball-Programm ist jetzt perfekt geeignet, um die Elemente hinzuzufügen, die ein Programm wirklich zu einem Spiel machen: Es braucht jetzt nämlich zwei weitere Dinge: *Gefahren* – das heißt, das Spiel kann verloren gehen, wenn der Ball die untere Kante berührt, und es braucht *Ziele* – also hier zusätzliche Figuren, die du mit dem Ball abschießen kannst.

Fangen wir also einfach an. Als Erstes die Gefahren.

Spiel verloren, wenn die untere Kante berührt wird

Das Spiel soll zu Ende sein, wenn der Spieler den Ball nicht abfangen kann und der Ball dadurch die untere Kante berührt.

Wie testet man, ob der Ball die untere Kante berührt?

Nun, da gibt es mehrere Möglichkeiten. Man könnte zum Beispiel eine rote Linie als Figur erstellen und an den unteren Rand setzen. Sobald der Ball diese Figur berührt, ist das Spiel verloren.

Eine andere Möglichkeit ist es, die y-Position des Balls abzufragen. Ist sie kleiner als –165, dann ist der Ball an der unteren Kante angelangt (die Zahl –165 bekommt man durch Ausprobieren heraus, indem man den Ball nach ganz unten schiebt und dann im Inspektor schaut, welche y-Position er hat).

Diese zweite Möglichkeit wollen wir hier verwenden. Wir brauchen eine Bedingung, die prüft, ob die *y-Position* des Balls *kleiner als minus 165* ist. Wie kann man das machen?

Eine Vergleichsbedingung bauen

1. Hole dir aus der Abteilung **Steuerung** einen `falls-dann`-Block. Den brauchst du für jede Abfrage.

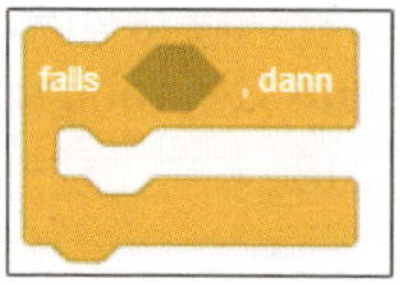

2. Hole dir aus der Abteilung **Operatoren** (grün) einen `kleiner als`-Block. Damit kannst du zwei Werte miteinander vergleichen und prüfen, ob der erste Wert kleiner als der zweite ist. Diese Operatoren sind neu und werden später (in Kapitel 19) noch einmal ausführlich behandelt. Mit Operatoren kann man Werte erstellen, Werte berechnen und Werte vergleichen. Was wir hier brauchen, ist ein Vergleichsoperator, der prüft, ob ein Wert größer als ein anderer ist.

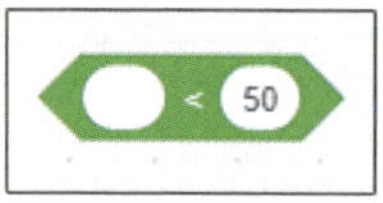

3. Hole dir aus der Abteilung **Bewegung** einen `y-Position`-Block. Die y-Position des Balls ist ja der Wert, den wir hier überprüfen wollen.

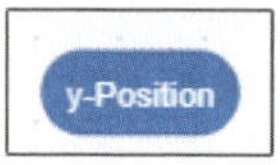

4. Ziehe den `y-Position`-Block in das erste weiße Feld des `kleiner als`-Blocks, und schreibe `-165` in das zweite Feld (denk an das Minuszeichen!).

Jetzt hast du einen Vergleichsblock erstellt. `y-Position < -165` – den ziehst du jetzt noch in den `falls-dann`-Block.

Fertig ist die selbst gebaute Abfrage, ob der Ball den unteren Rand berührt – denn wenn seine y-Position kleiner als –165 ist, hat er auf jeden Fall den Rand berührt.

Was soll denn nun eigentlich passieren, wenn der Ball den unteren Rand berührt?

Ich würde sagen, das Spiel ist dann beendet. Zunächst einmal ganz einfach – alles wird gestoppt. Mit dem Befehl `stoppe alles` wird einfach alles beendet, und das Programm läuft nicht mehr.

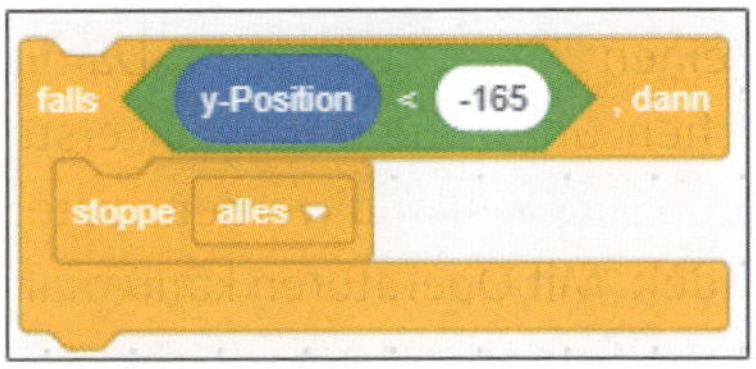

Und damit diese Abfrage auch ständig gemacht wird und nicht nur einmal am Anfang, muss sie natürlich noch in eine fortlaufende Wiederholung eingebaut werden. Am besten auch in die vorhandene Schleife des Balls. Die sieht dann so aus:

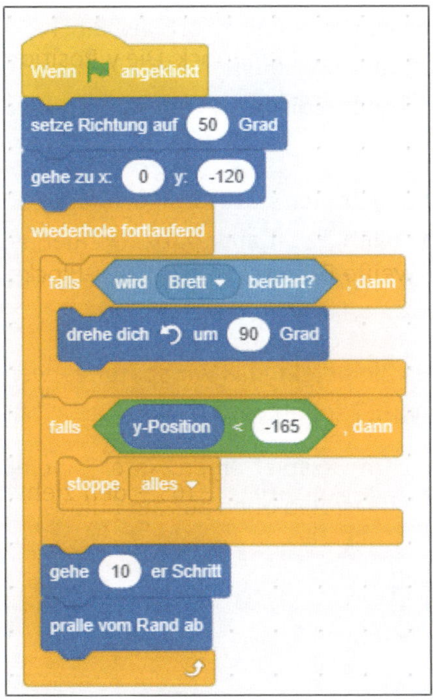

Das war's! Alles klar? Jetzt kann man das Spiel also auch verlieren. Probiere es aus. Wenn du den Ball mit dem Brett verpasst und der Ball also den unteren Rand berührt, ist das Spiel zu Ende!

Natürlich kann auch noch mehr passieren, wenn der Ball die untere Kante berührt, als dass nur das Spiel gestoppt wird. Es könnte ein GAME-OVER-Schriftzug erscheinen, es könnte ein Geräusch ertönen. Was auch immer dir einfällt – aber das sind alles Dinge, die man dem Spiel am Schluss noch hinzufügen kann, wenn man es verfeinert. Jetzt bauen wir erst einmal die Grundfunktionen des Spiels zusammen, damit es so funktioniert, wie es soll. Danach wird es perfektioniert.

Ziele erstellen: Objekte zum Abschießen bauen

Nach den Gefahren fehlen dem Spiel nur noch die Ziele. In unserem Spiel sind das Objekte, die man mit dem Ball treffen und abschießen soll.

Zielobjekte erstellen

Im alten Original-Breakout-Spiel gibt es einfach eine Reihe farbiger Blöcke in der oberen Bildhälfte, die getroffen werden müssen. So einen Block kannst du dir ganz einfach bauen. Du brauchst im Figuren-Editor nur ein Rechteck zu zeichnen (wie das geht, siehe Kapitel 5).

Um es etwas hübscher zu machen, verwende ich hier statt farbiger Blöcke allerdings Früchte, die abgeschossen werden sollen. Es ist aber ganz dir überlassen, was du als Ziel verwenden willst – es sollte nur etwa die passende Größe haben.

Wir erstellen jetzt als Erstes nur ein einziges Zielobjekt, das wir später vervielfältigen werden. Das macht Sinn, wie du nachher sehen wirst.

Erstelle als neue Figur aus der Bibliothek zum Beispiel einen Apfel (**Apple**). Setze seine Größe auf 50 %, und platziere ihn irgendwo oben auf der Bühne.

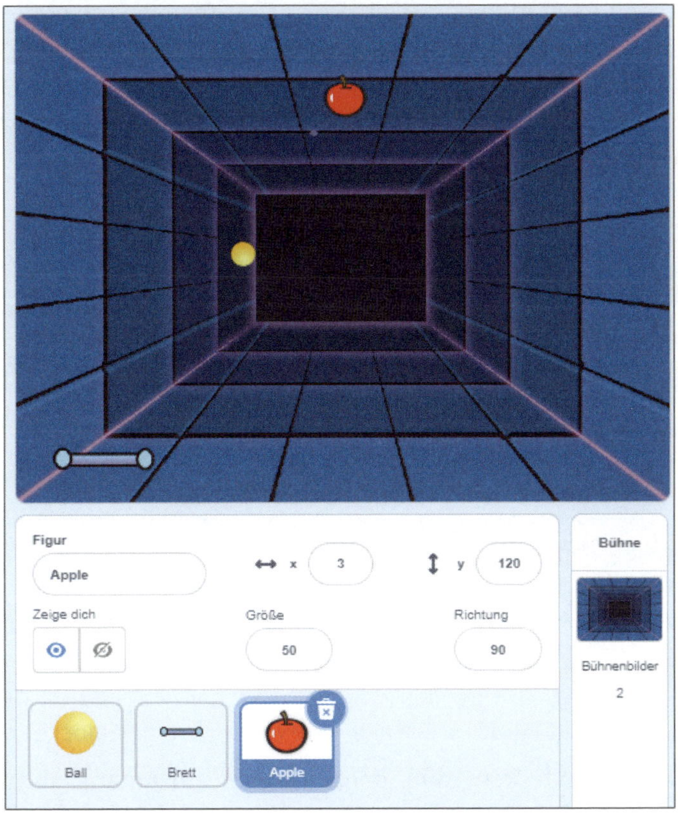

Sehr gut. Das ist das erste Ziel. Du wirst diesem Ziel jetzt seinen eigenen Code geben. Der muss genau durchdacht sein.

Was muss das Programm des Apfels tun?

Nun – der Apfel muss die ganze Zeit, die das Spiel läuft, prüfen, ob der Ball ihn berührt. Wenn ja, dann muss er verschwinden.

Erst mal einfach, oder? Wir brauchen eine *endlose Wiederholung*, damit die Überprüfung ständig gemacht werden kann – und wir brauchen darin eine Abfrage, ob der Ball berührt wird. Fangen wir an: Baue eine fortlaufende Wiederholung mit einer Abfrage, ob der Ball berührt wird.

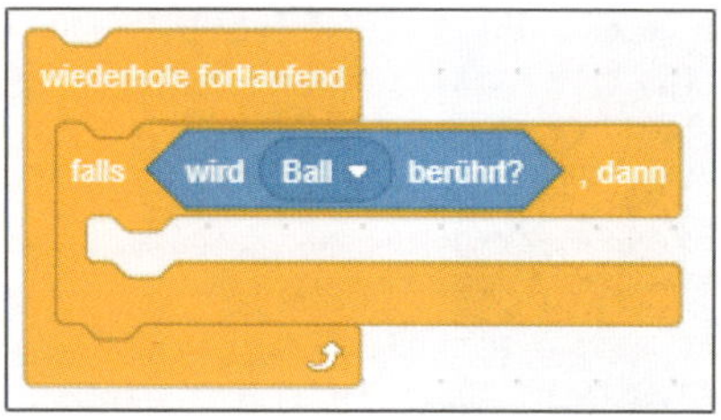

Das kriegst du so weit gut hin, vermute ich.

Weiter – was fehlt noch?

Klar, es soll etwas passieren, wenn der Ball berührt wird – nämlich der Apfel soll verschwinden – das heißt, sich verstecken.

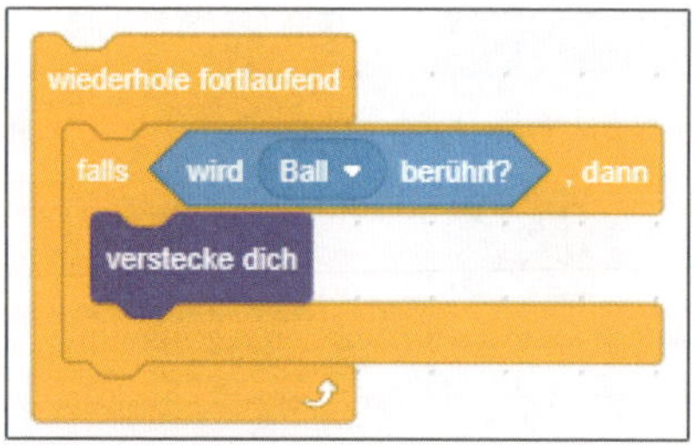

Gut. Wenn der Apfel sich verstecken kann, dann muss er am Anfang auch sichtbar gemacht werden, denn sonst kann man das Spiel kein zweites Mal mehr spielen, wenn der Apfel einmal unsichtbar ist.

Und einen Startpunkt brauchen wir auch noch, denn diese Dauerschleife muss ja auch in Gang gesetzt werden. Womit? Ich würde sagen, mit der Flagge – denn die startet das ganze Spiel.

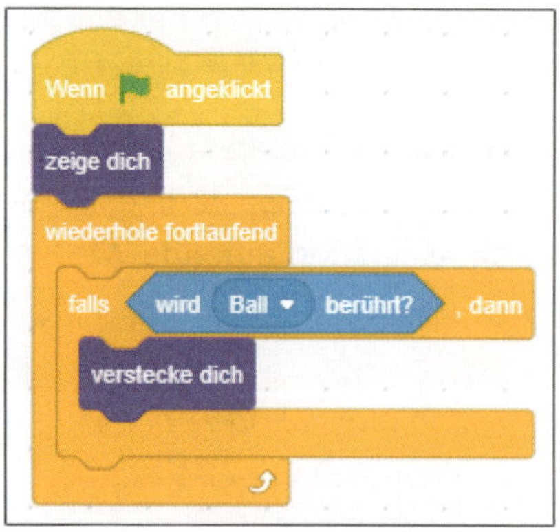

Okay – das ist mal das Grundprogramm für das Ziel, den Apfel. Du kannst jetzt schon einmal damit testen: Verschwindet der Apfel, wenn der Ball ihn berührt? Wenn du alles richtig gebaut hast, dann klappt es wunderbar.

Jetzt könntest du den Apfel schon vervielfachen. Aber eine Sache will ich vorher noch empfehlen. Wenn du den Apfel nämlich erst einmal dupliziert hast, dann kannst du nicht mehr einfach etwas an seinem Programm ändern oder hinzufügen. Denn dann müsstest du das in allen Kopien des Apfels ebenfalls machen. Wenn du erst mal eine ganze Menge davon hast, wird das eine sehr mühsame Arbeit.

Füge daher bitte noch einen Sendebefehl für eine Nachricht mit ein (Abteilung **Ereignisse**), der dann ausgeführt wird, wenn der Apfel getroffen wurde. Nenne die Nachricht einfach `getroffen`.

Damit sieht das ganze Programm für den Apfel also so aus:

Warum dieser Befehl, mit dem eine Nachricht gesendet wird?
Mit diesem Befehl kannst du dafür sorgen, dass du später noch etwas hinzufügen kannst, wenn ein Apfel getroffen wurde. Zum Beispiel möchtest du vielleicht, dass es noch ein Geräusch gibt oder Punkte gezählt werden. Damit du dann nicht jeden Apfel noch einmal neu programmieren musst,

haben wir diese Nachricht eingebaut, die jeder Apfel automatisch auslöst, sobald er getroffen wurde. Erst einmal bewirkt das gar nichts. Du kannst dann später ein einziges zusätzliches Skript schreiben, das auf diese Nachricht reagiert und das Spiel erweitert. Am Ende wirst du sehen, wie praktisch das ist.

Jetzt kann es also losgehen: Der Apfel wird vervielfacht.

Dupliziere ihn neun Mal nacheinander, und ordne die zehn Äpfel in einer Reihe an.

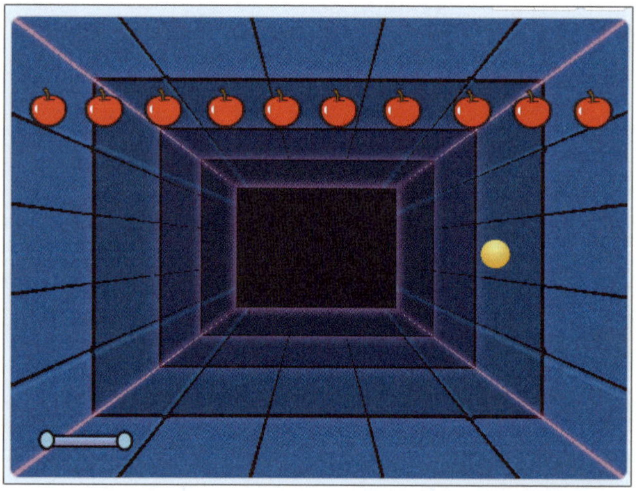

Sieht doch schon mal richtig gut aus! Um die Äpfel möglichst genau in eine Reihe zu bekommen, kannst du sie erst einmal von Hand gleichmäßig von links nach rechts verteilen und anschließend im Figuren-Inspektor den y-Wert von allen auf die gleiche Zahl setzen, zum Beispiel auf 110.

Jetzt kann man das Spiel schon richtig spielen. Aber nur eine Reihe Äpfel ist vielleicht langweilig. Wie wäre es mit einer weiteren Reihe Obst? Sagen wir zum Beispiel, noch einer Reihe Orangen.

Hole dir also eine Orange als neue Figur aus der Bibliothek, und setze ihre Größe auf 80 % – dann ist sie etwa gleich groß wie der Apfel.

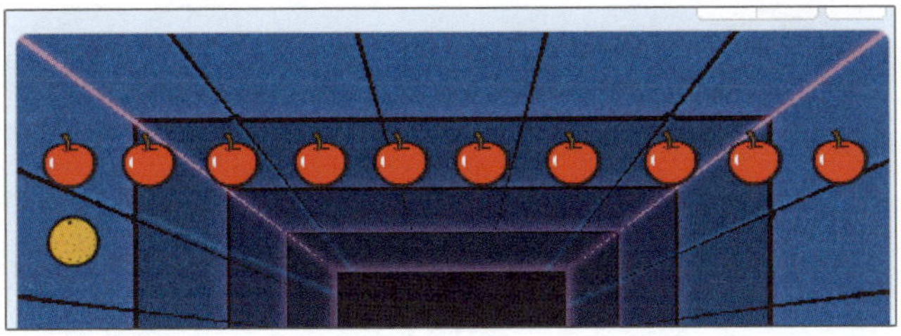

Super. Jetzt braucht die Orange aber das gleiche Skript wie die Äpfel.

Du könntest es neu bauen, aber es gibt eine einfachere Möglichkeit:

Du kannst das Skript der Orange aus dem Skriptfenster eines Apfels direkt in die Orange hineinziehen, wie wir es früher schon einmal gemacht haben. Greife dazu den Skriptblock des Apfels ganz oben mit der Maus, und ziehe ihn auf das Symbol der Orange in der Figurenbibliothek.

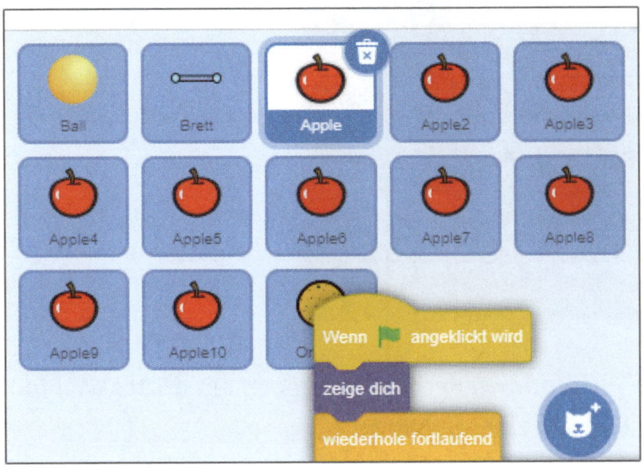

Achte darauf, dass dein Mauszeiger genau auf der Orange steht und das Symbol der Orange kurz wackelt. Lass dann den Mauszeiger los, und schon hast du das gesamte Skript in die Orange kopiert. Wenn du jetzt die Orange auswählst, siehst du, dass sie den gleichen Code wie der Apfel im Skriptfenster hat.

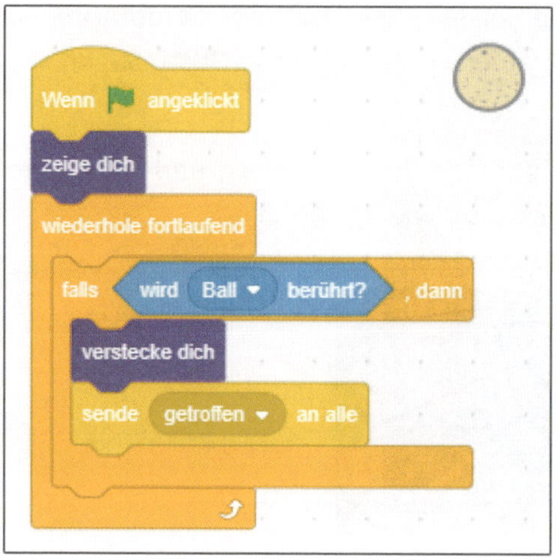

Super. Nun kannst du also auch die Orange neun Mal duplizieren und sie in einer sauberen Reihe unter den Äpfeln anordnen.

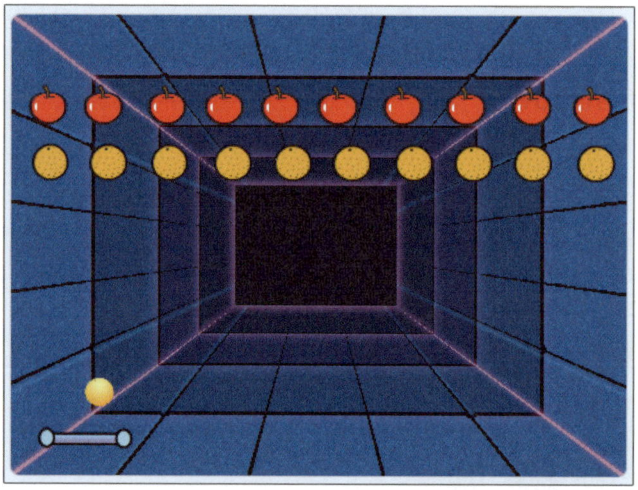

Wunderbar. Und die ganze Prozedur wiederholen wir noch ein drittes Mal mit einem dritten Objekt. Zum Beispiel einer Banane.

Hole also eine Banane aus der Bibliothek. Setze ihre Größe auf 40 % – und dann machst du mit ihr genau das Gleiche wie mit den Orangen zuvor. Kopiere als Erstes das Programm aus einem Apfel oder einer Orange in die Banane. Dupliziere die Banane dann neun Mal, und ordne sie schön an.

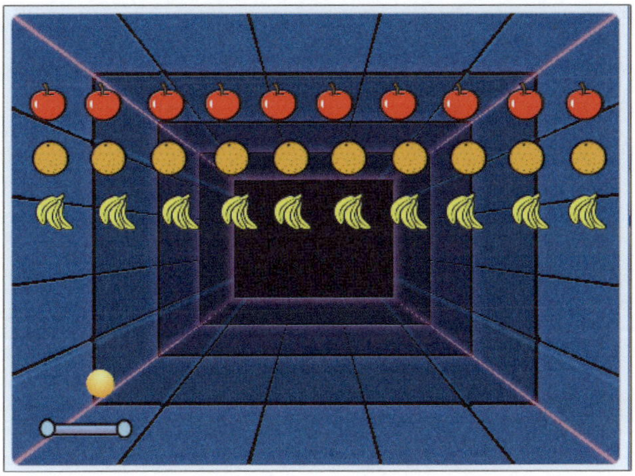

Spiele das Spiel, indem du es mit der grünen Flagge startest! Das klappt schon ganz hervorragend! Schaffst du es, das gesamte Obst abzuräumen, ohne dass der Ball den Boden berührt?

Das Spiel weiter ausbauen

Klar – das Grundspiel ist fertig. Aber ein richtiges Spiel, das man anderen Leuten zum Spielen gibt, braucht noch ein bisschen mehr. Was dir sicherlich am meisten auffällt: Das Spiel ist zwar zu Ende, wenn du den Boden berührst und verloren hast – es ist aber nicht zu Ende, wenn du alle Früchte abgeschossen hast. Es läuft dann einfach leer weiter. Es sollte ja eigentlich eine Nachricht und vielleicht einen Klang ausgeben, dass du gewonnen hast, und dann auch beendet sein.

Wie überprüfst du, ob alles Obst abgeschossen wurde?

Du kannst ja schlecht 30 Mal nacheinander abfragen, ob jedes einzelne Ziel unsichtbar ist – denn nur dann wäre das Spiel gewonnen. Es muss eine bessere Möglichkeit geben.

Und – ja, die gibt es auch. Wir brauchen einen Zähler, der am Anfang auf 0 steht und bei jedem getroffenen Stück Obst um 1 erhöht wird. Wenn er die Zahl 30 erreicht hat, ist das Spiel zu Ende.

Wie programmiert man einen Zähler?

Das wirst du im nächsten Kapitel (»Variablen«) richtig gründlich lernen. Jetzt empfehle ich dir erst einmal, das Springball-Spiel sorgfältig zu speichern, damit es dir nicht verloren geht und du es später weiter verbessern kannst.

Kapitel 12
Das Spiel mit Variablen erweitern und abschließen

Du kannst jetzt schon fast alles programmieren: Bewegungen, Veränderungen von Aussehen, Aktionen, die sich viele Male oder endlos wiederholen, und sogar Abfragen, in denen eine Bedingung geprüft wird. Nur eine wichtige Sache geht noch nicht: Programme müssen sich manchmal auch etwas merken, zum Beispiel wie der Spielstand gerade ist, wie viele Punkte du hast oder wie viele Ziele es noch gibt. Dazu kommen wir jetzt.

Wenn du dein Spiel gespeichert hast, dann starte jetzt *Scratch* neu! Hole dir aus der Bibliothek einen Schmetterling (**Butterfly 1**) auf die Bühne, und setze seine Größe auf 30 %.

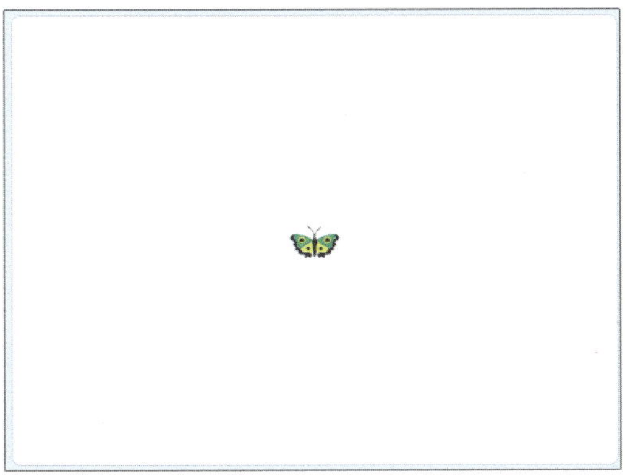

Baue ihm dieses kleine Programm:

Schau es dir genau an, bevor du es ausprobierst. Was macht es?

Nach dem Klicken der Flagge beginnt sofort eine fortlaufende Wiederholung: Der Schmetterling schwebt zu einer zufälligen Position, wechselt sein Kostüm (es gibt drei, die im Schmetterling eingebaut sind) – und dann geht es wieder von vorne los in der Schleife. Wenn du das Programm startest, kannst du sehen, wie das dann aussieht.

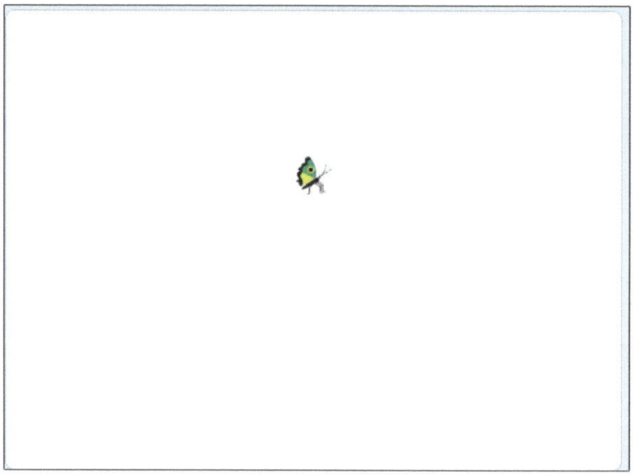

Nun soll der Schmetterling verschwinden, sobald man ihn mit der Maus anklickt. Das ist ganz einfach. Füge ihm folgendes Programm hinzu:

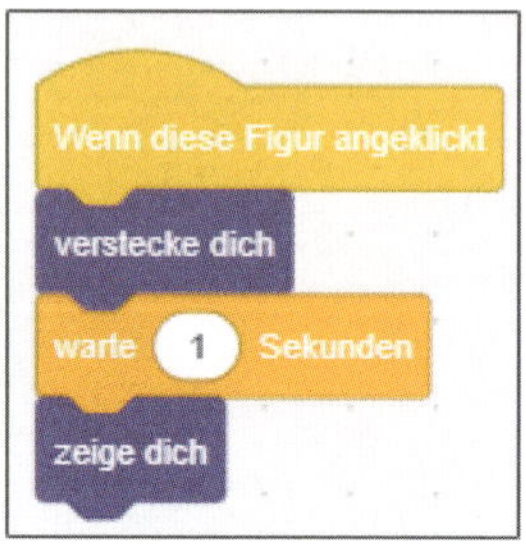

Da muss man nicht viel erklären, oder? Sobald er angeklickt wird, versteckt der Schmetterling sich, wird also unsichtbar. Eine Sekunde später ist er wieder da. Du kannst wieder testen und merkst vielleicht, dass es gar nicht so einfach ist, den Schmetterling auf Anhieb zu erwischen.

Nun soll unser Programm zählen, wie oft du den Schmetterling schon getroffen hast. Für jedes Mal gibt es einen Punkt. Dazu brauchen wir einen Zähler. Genauer gesagt brauchen wir eine *Variable*.

Was ist denn das – eine Variable?

Eine Variable in *Scratch* ist so etwas wie eine kleine Box, der du einen Namen gibst. In ihr ist eine Zahl oder auch ein Wort enthalten. Überall in deinem Code kannst du diese Variable verwenden und ihren Wert lesen und für den Code benutzen oder ihn auch verändern. Mithilfe dieser Box kann das Programm sich Werte merken.

Variablen können Werte speichern

Wenn du eine Box mit dem Namen `Zähler` hast, dann kann darin eine Zahl liegen, die angibt, wie viele Male der Schmetterling schon getroffen wurde.

Machen wir das doch gleich mal:

1. Wähle am linken Rand der Code-Bibliothek die orangefarbige Abteilung **Variablen**.

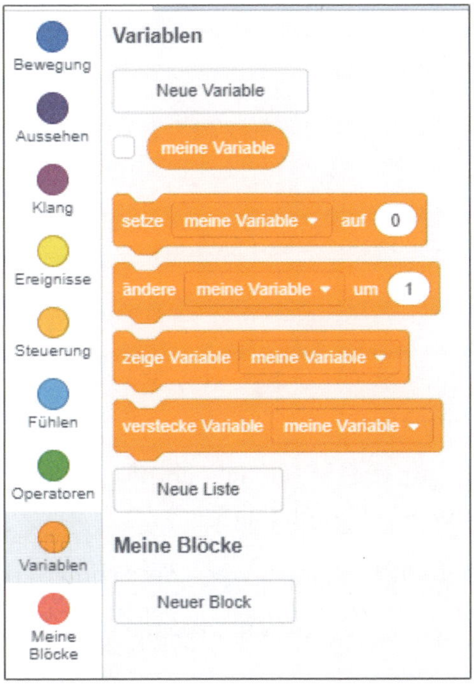

2. Wir wollen eine neue Variable erzeugen, also klickst du ganz oben auf den Button **Neue Variable**.

3. Darauf erscheint eine Dialogbox. Hier gibst du der Variablen einen Namen, nennen wir sie `Zähler`. Sie soll für alle Figuren gelten.

4. Dann klickst du auf **OK** und siehst sofort, dass deine Variable jetzt verfügbar ist. Sie ist nun nämlich unter anderem oben links auf der Bühne zu sehen.

Der Wert, den der Zähler enthält, ist 0. Eine Variable enthält immer den Wert 0, wenn du sie noch auf keinen Wert gesetzt hast.

5. Nun soll sich der Zähler jedes Mal um 1 erhöhen, wenn der Schmetterling getroffen wird. Dafür gibt es auch einen Variablenbefehl. Das ist dieser hier:

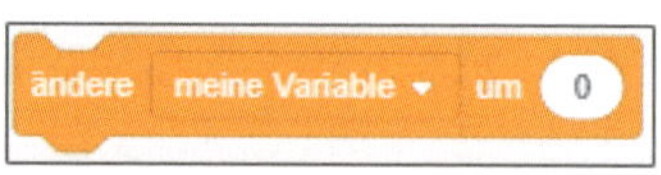

6. Ziehe ihn in das Skriptfenster, und passe seine Einstellung folgendermaßen an:

Jetzt wird also der Wert unserer Variablen `Zähler` um `1` geändert (also um 1 erhöht), sobald dieser Befehl ausgeführt wird. Und wann wird er ausgeführt? Natürlich dann, wenn der Schmetterling mit der Maus geklickt wurde.

7. Baue den Befehl also an der passenden Stelle ins Programm ein:

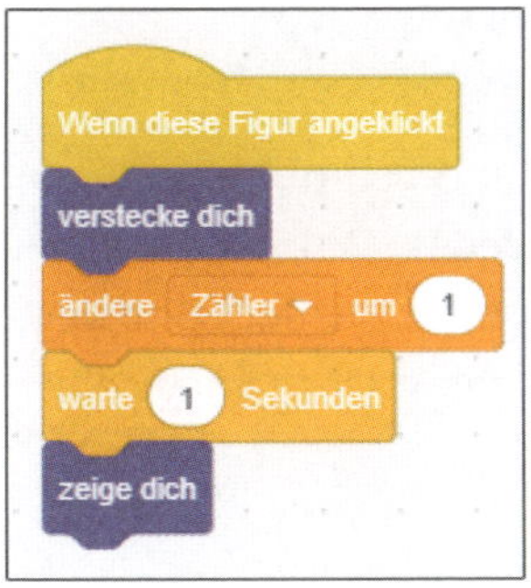

Und wieder kannst du testen – was bemerkst du? Jedes Mal, wenn du den Schmetterling anklickst und triffst, wird er nicht nur unsichtbar, sondern der Zähler oben erhöht sich um 1.

Variablen auf der Bühne zeigen und verstecken

Jede neu angelegte Variable erscheint erst einmal sichtbar mit Namen und Wert auf der Bühne. Du kannst ihre Position mit der Maus verschieben oder auch ihre Anzeigeform ändern (durch Doppelklick). Allerdings muss eine Variable nicht unbedingt sichtbar auf der Bühne sein. Man kann sie auch verstecken, wenn es nicht gewünscht ist, dass der Spieler sie sieht. Das tust du, indem du den Haken vor dem Variablennamen in der Codeblock-Übersicht entfernst.

Die Anzahl abwärts zählen

Jetzt möchten wir das Programm verändern. Es sollen 5 Schmetterlinge auf der Bühne sein. Der Zähler steht am Anfang auf 5. Jedes Mal, wenn du einen Schmetterling klickst, verschwindet er (und kommt nicht wieder), und der Zähler wird um 1 kleiner. Wenn der Zähler auf 0 ist, soll das Spiel zu Ende sein.

Was musst du ändern?

1. Als Erstes änderst du das Anklickprogramm des Schmetterlings.

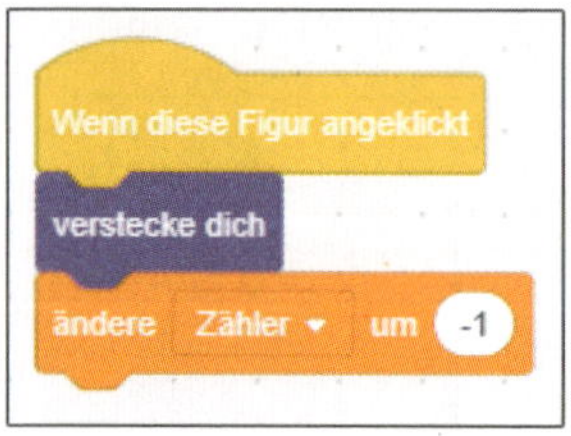

   Der Zähler zählt jetzt abwärts, indem er um -1 geändert wird, und der Schmetterling bleibt unsichtbar.

2. Nun muss geprüft werden, ob der Zähler auf 0 angekommen ist – also kein Schmetterling mehr da ist.

   Dazu brauchst du eine Abfrage, die Zähler = 0 überprüfen kann.

3. Hol dir erst mal eine falls-dann-Abfrage, dann aus den grünen **Operatoren** einen __=__-Vergleich. Das ist wieder ein Vergleichsoperator.

4. Und aus den **Variablen** holst du dir den runden Block `Zähler`. Damit kannst du dann die komplette Abfrage zusammenbauen.

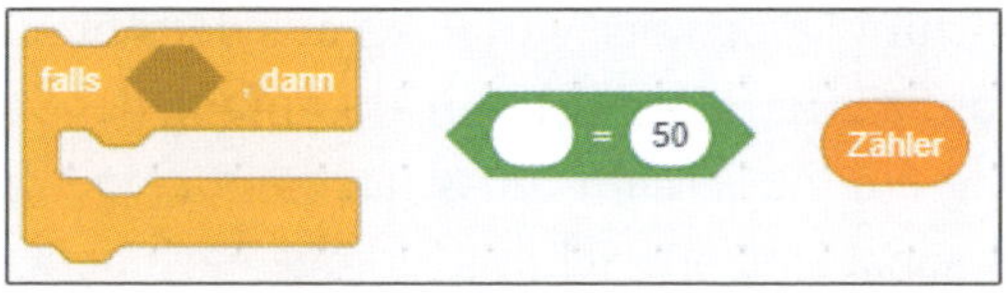

5. Schiebe die Variable `Zähler` in das linke Feld des grünen Vergleichsblocks. In das rechte Feld trägst du `0` ein, und das ganze kommt dann in die `falls-dann`-Abfrage.

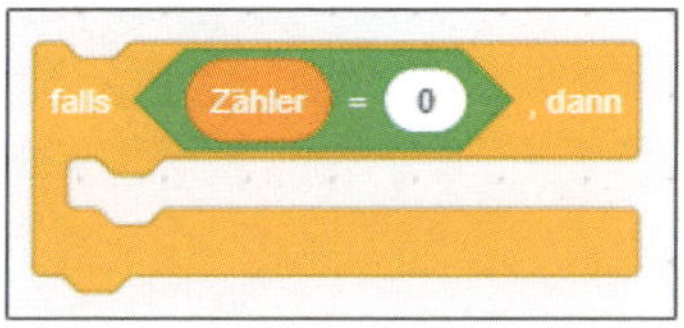

Fertig. Hiermit wird geprüft, ob der Zähler auf `0` steht.

Operatoren

Mit Operatoren kannst du Vergleiche anstellen. Damit kannst du zum Beispiel prüfen, ob sich in einer Variablen ein bestimmter Wert befindet. Oder ob der Wert kleiner oder größer als eine bestimmte Zahl ist. Ausführlich werden die Operatoren in Kapitel 15 behandelt.

Was soll passieren, wenn der Zähler auf `0` steht? Sagen wir einfach, das Spiel endet. Der Befehl dazu lautet, wie du weißt, `stoppe alles`. Und den zusammengesetzten Block fügst du jetzt noch zum Anklickprogramm des Schmetterlings hinzu.

Perfekt. Nur eins fehlt noch. Der Zähler muss am Anfang auf 5 stehen, wenn du fünf Schmetterlinge erstellst. Sonst kann er ja nicht herunterzählen.

Also holst du dir noch den Befehl zum Setzen der Variablen aus der Abteilung **Variablen**, änderst ihn auf 5 und auf `Zähler` und fügst ihn am Anfang des Startprogramms für den Schmetterling ein. Außerdem muss noch ein `Zeige dich`-Befehl an den Anfang dazu, denn sonst sind alle Schmetterlinge nach dem ersten Durchgang verschwunden.

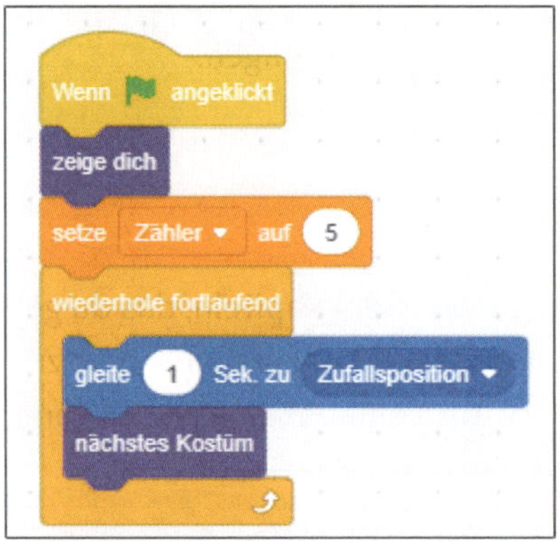

Damit wird der Zähler beim Start des Programms automatisch auf den Wert 5 gesetzt.

So, und nun brauchst du natürlich fünf Schmetterlinge, damit es funktioniert. Deshalb duplizierst du den Schmetterling einfach noch vier Mal. Und los geht's!

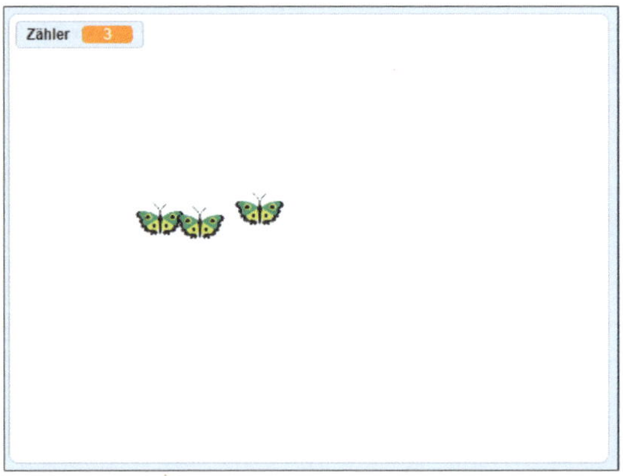

Der Zähler zeigt dir jetzt immer genau an, wie viele Schmetterlinge noch da sind, und bei 0 endet das Programm automatisch.

Das war ein richtiges kleines Spiel, mit dem du gelernt hast, wie man eine Variable als Zähler einsetzen kann.

Speichere es. Du kannst gerne noch etwas daran verändern und das Spiel für dich erweitern. Wie wäre es zum Beispiel mit einem Klang, wenn ein Schmetterling getroffen wird – oder einem Sound zum Abschluss des Spiels? Denk nur daran, dass du das Programm dann in allen fünf Schmetterlingen ändern musst – oder du löschst vier Schmetterlinge wieder, änderst das Programm und duplizierst den geänderten Schmetterling dann erneut vier Mal. Deine neuen Kenntnisse kannst du jetzt gleich auch auf das Springball-Spiel übertragen.

Zurück zu Springball – jetzt mit Zähler

Lade dir wieder das Springball-Spiel aus den letzten beiden Kapiteln, das du gespeichert hattest. Wir wollen es jetzt ergänzen und eine Punktezählung hinzufügen. Außerdem soll das Spiel zu Ende sein, wenn keine Früchte mehr übrig sind. Wie das geht, weißt du jetzt aus dem Schmetterling-Spiel.

Eine Variable als Zähler verwenden

Als Erstes richtest du eine Variable für die Punktezählung ein. Gehe dazu links wieder auf die Code-Abteilung **Variablen** (orange), und klicke auf **Neue Variable**.

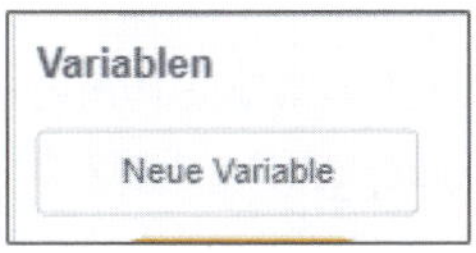

Die neue Variable nennst du `Punkte` – sie gilt für alle Figuren.

Nun gibt es unsere neue Punkte-Variable also, und sie wird auch gleich oben auf der Bühne eingeblendet. Du kannst sie mit der Maus gerne nach rechts schieben oder an einen anderen Platz bringen.

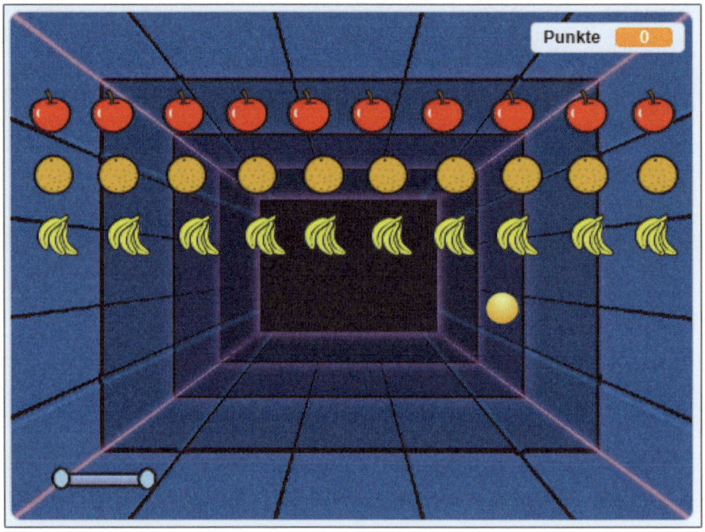

Die Punkte stehen auf 0 – und wenn du das Spiel jetzt spielst, wirst du feststellen, dass die Punktzahl sich nicht verändert, auch nicht, wenn du eine Frucht triffst.

Logisch – das hast du ja auch noch nicht programmiert!

Jedes Mal, wenn ein Objekt getroffen wird und verschwindet, soll die Punktzahl sich jetzt um 1 erhöhen. Aber an welcher Stelle wird das programmiert?

Die Überprüfung, ob eine Obstfigur getroffen wird, steht ja bei jeder der 30 Figuren einzeln drin. Jetzt müsstest du für jede der 30 Figuren ins Skript schreiben, dass die Variable `Punkte` sich beim Treffen um eins erhöhen soll. Das ist sehr mühsam.

Geht es nicht einfacher?

Ja – es geht einfacher. Erinnerst du dich, wie das Programm für jede Frucht aussieht?

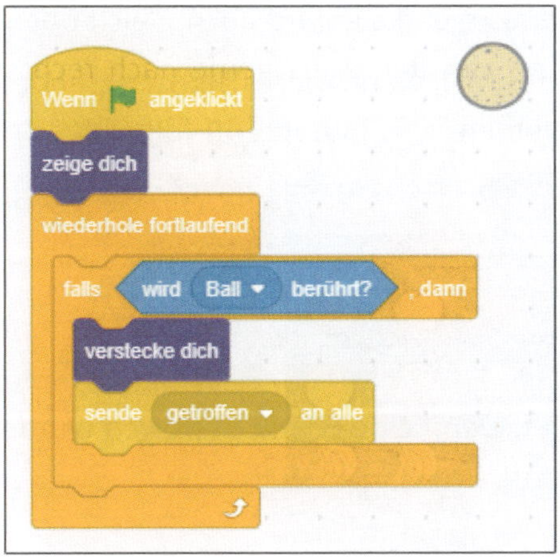

So sieht es aus: Wenn der Ball eine der Früchte berührt, wird sie unsichtbar (versteckt sich) *und* sendet das Signal `getroffen` an alle.

Vielleicht hast du im letzten Kapitel noch nicht wirklich verstanden, weshalb dieses Signal gesendet wird. Nun wirst du es nutzen. Es ist jetzt nämlich ungeheuer praktisch!

Du brauchst jetzt nämlich nur ein einziges Programm – irgendwo außerhalb der Früchte –, das auf dieses Signal reagiert und immer, wenn es kommt, den Punktestand um eins erhöht.

Wohin schreibst du das Skript am besten?

Es könnte in der Figur **Brett** stecken oder in **Ball**. Das würde gut funktionieren. Aber es ist am logischsten, wenn du es in das *Skriptfenster der Bühne* schreibst. Warum? Weil es ein Skript ist, das keine spezielle Figur betrifft, sondern die gesamte Spielsteuerung. Und wenn du Spielsteuerungsprogramme immer im Skriptfenster der Bühne erstellst, weißt du später immer genau, wo du sie findest.

Das Skriptfenster der Bühne

Wie kommst du dahin? Ganz einfach. Klicke mit der Maus unter der Bühne ganz rechts das erste Bühnenbild an. Dann erscheint ein leeres Skriptfenster (der Reiter **Skripte** muss dazu oben angewählt sein). Hier kommt unser Code für die Punktezählung rein.

Wie startet das Punktezählungsprogramm?

Natürlich mit dem Signal `getroffen` – jedes Mal, wenn dieses Signal gesendet wird, soll der Punktestand um 1 höher werden. Also benutzt du folgendes Ereignis aus der gelben Abteilung als Startblock:

So wird das Programm jedes Mal gestartet, wenn eine Frucht getroffen wurde und das Signal sendet.

Wie funktioniert das Zählen?

Dein Skript soll die Variable `Punkte` um 1 erhöhen. Den Befehl (aus der Abteilung **Variablen**) kennst du ja schon.

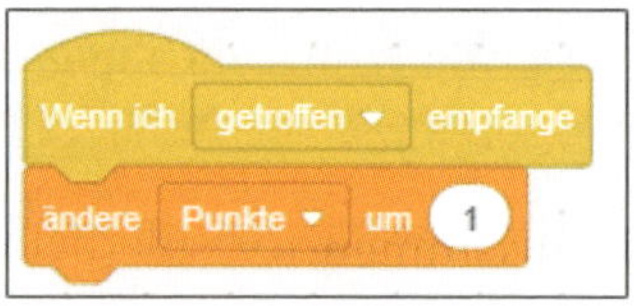

Fertig. Wenn du das Spiel jetzt ausprobierst, wird bei jedem Treffer ein Punkt dazugezählt. War das alles?

Nicht ganz. Du merkst sicher schnell, was noch gar nicht geht. Die Punkte werden nämlich immer höher, auch wenn du das Spiel verlierst und neu startest. Es ist also ganz wichtig, dass die Variable `Punkte` beim Spielstart immer wieder auf `0` gesetzt wird. Dafür erstellst du ein zweites Miniprogramm im Skriptfenster der Bühne.

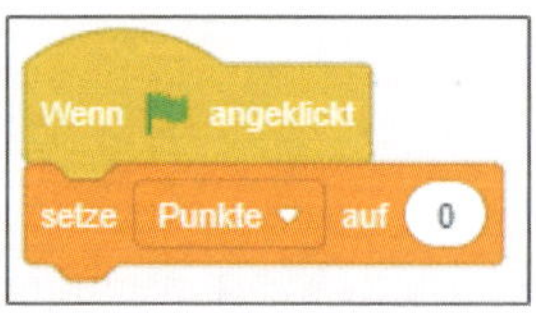

Das wird nur beim Spielstart ausgeführt (wenn die Flagge geklickt wird), und es tut nichts anderes, als die Variable `Punkte` auf `0` zu setzen.

Perfekt. Teste wieder – und jetzt zählen die Punkte immer wieder von 0.

Das Spielende

War das jetzt alles? Noch immer nicht ganz. Denn was passiert, wenn du alle Früchte abgeschossen hast? Nichts. Der Punktestand ist 30 – und das Spiel läuft einfach weiter. Du möchtest aber, dass das Spiel beendet ist, wenn alle Früchte getroffen wurden.

Es fehlt also noch eine Abfrage, ob 30 Punkte erreicht wurden (dann sind nämlich alle Früchte getroffen worden) – und wenn ja, dann wird das Spiel beendet.

Diese Abfrage kommt natürlich dorthin, wo die Punkte gegeben werden – gleich nachdem ein Punkt hinzugezählt wurde.

1. Du brauchst dazu – wie beim Schmetterlings-Programm auch – eine `falls-dann`-Abfrage, einen __=__-Operator (zum Vergleichen von zwei Werten) und die Variable `Punkte` als Wert.

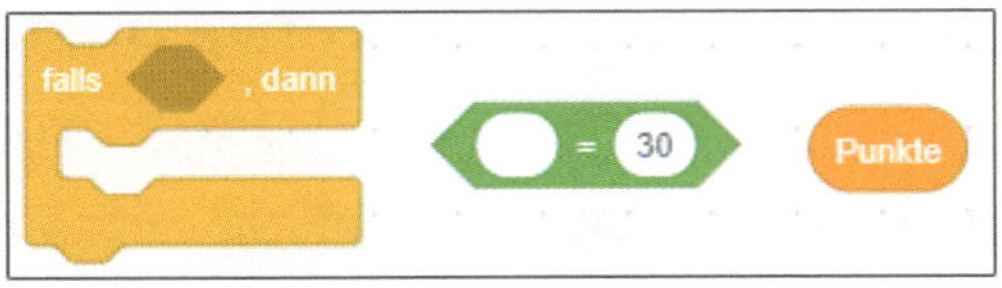

2. Daraus bastelst du dir dann die komplette Abfrage zusammen:

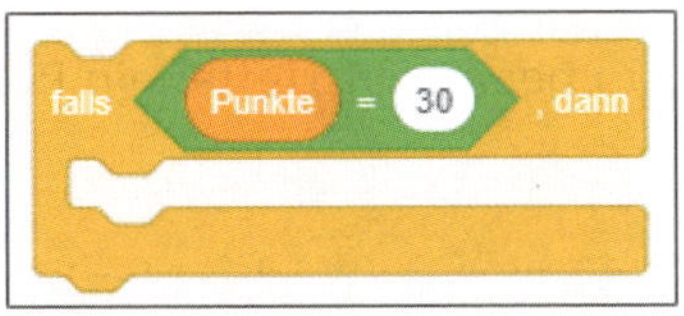

3. Falls `Punkte` gleich `30`, dann was …?

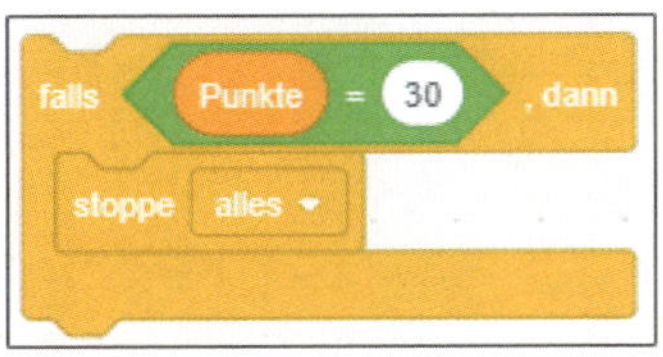

… dann stoppe alles – also beende das Spiel!

4. Und wo muss diese Abfrage jetzt hin? Wenn sie einfach nur alleine steht, wird sie ja nie gestartet. Sie kommt sinnvollerweise gleich hinter die Punktezählung, sodass sie bei jedem Treffer, wo die Punkte erhöht werden, automatisch mit aufgerufen wird.

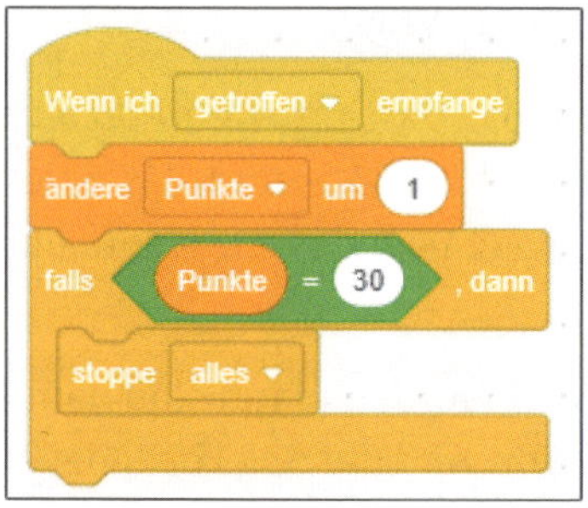

So! Jetzt ist die Spielmechanik fertig. Du kannst das Spiel spielen und am Ende gewinnen oder verlieren! Es ist ein richtiges Spiel. Großartig. Fehlt jetzt noch was?

Kosmetik: Das Spiel mit Sound und Schrift verschönern

Das einzige, was noch fehlt, damit es ein perfektes Spielerlebnis gibt, sind die »Kleinigkeiten« wie Klänge und Mitteilungen. Sagen wir einfach, beim Spielstart soll ein Sound ertönen, bei jedem Treffer soll ein Plopp zu hören sein, beim Spielende entweder ein angenehmer Ton (»gewonnen«) oder ein trauriger (»verloren«).

Wähle die Bühne aus, und gehe im Menü links oben auf **Klänge**.

Mit dem Button **Klang wählen** unten links fügst du jetzt zwei weitere Klänge hinzu.

Und zwar einmal den Klang **Gong** und einmal den Klang **Win**.

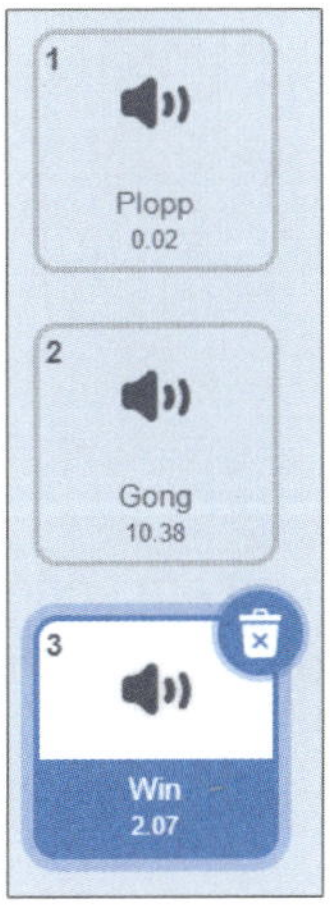

Diese drei Klänge verwenden wir im Bühnenprogramm.

Natürlich kannst du auch andere Klänge auswählen, wenn dir etwas anderes besser gefällt. Ich mache hier immer nur Vorschläge.

Zurück zum Skriptfenster. Den Klang **Gong** kannst du als Startsound verwenden. Füge ihn zum Startprogramm der Bühne hinzu.

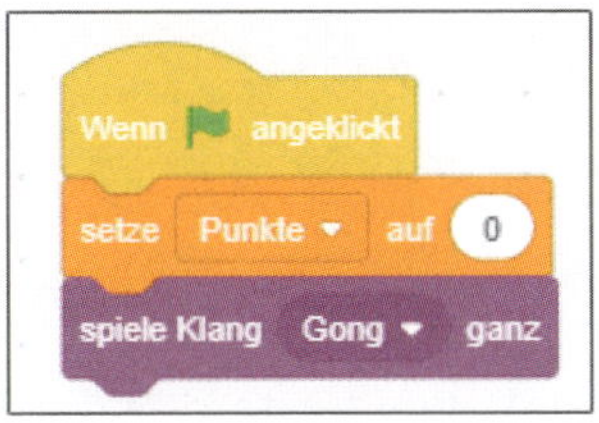

Dadurch startet das Spiel jetzt immer mit einem Gong.

Nun kommt der Plopp-Sound. Er soll immer ertönen, wenn eine Frucht getroffen wurde. Also bauen wir ihn in das Programm ein, das beim Signal `getroffen` gestartet wird – ebenfalls im Skriptfenster der Bühne.

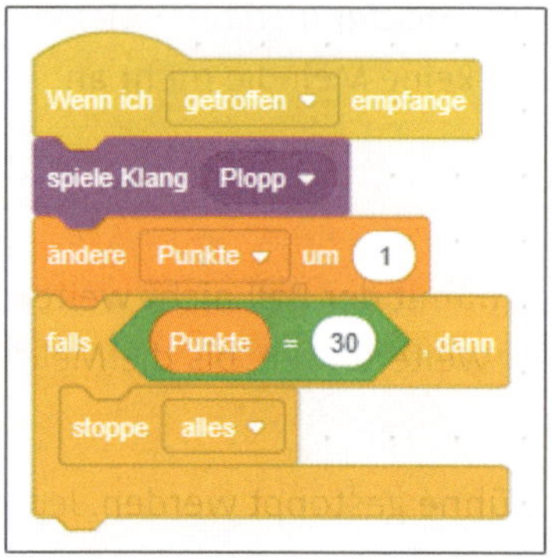

Jetzt fühlt sich das Spiel schon ganz anders an, wenn es dauernd »plopp« macht. Cool.

Der Gewinnersound

Beim Klang, der ertönt, wenn man das Spiel gewinnt, gibt es ein kleines Problem. Es ist eine Melodie, die ein paar Sekunden lang ertönt. Wir könnten ihn einfach so einfügen, dort, wo abgefragt wird, ob das Spiel gewonnen wurde.

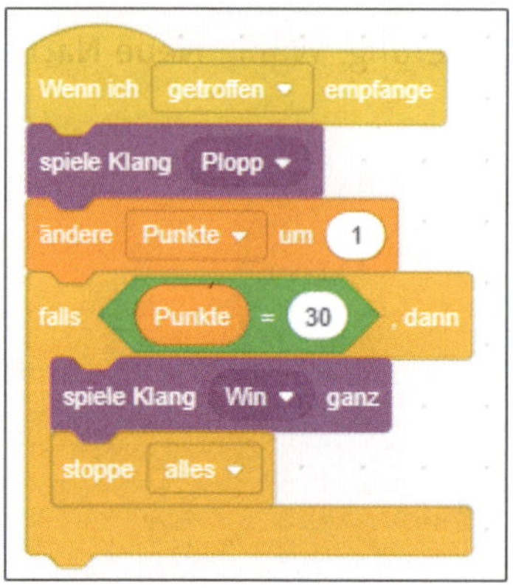

Das funktioniert doch – wo ist das Problem?

Ja, es funktioniert *meistens*. Das Problem liegt darin, dass der Ball noch weiterfliegt, solange die Melodie gespielt wird. Das heißt, man hat eigentlich schon gewonnen, aber man kann dann gleichzeitig noch verlieren, wenn man nicht mehr auf den Ball achtet und er dann während der Gewinnermelodie den unteren Rand berührt.

Man kann das Spiel aber auch nicht *zuerst stoppen und dann erst die Melodie spielen*, denn wenn das Spiel gestoppt ist, läuft auch keine Melodie mehr an.

Alles stoppen und trotzdem eine Melodie spielen?

Man müsste nur das Programm des Balls stoppen, damit der Ball nicht weiterfliegt, aber das Programm der Bühne müsste noch weiterlaufen, bis die Melodie beendet ist.

Das Programm des Balls kann aber nicht von der Bühne gestoppt werden. Jede Figur kann nur ihre eigenen Programme stoppen. Kompliziert?

Wir lösen das Ganze mal wieder mit einer Nachricht, die an alle gesendet wird, also einem Signal.

Zur Erinnerung:
Immer wenn ein Programm erreichen möchte, dass *eine andere Figur* als die, zu dem sie gehört, etwas macht, sollte sie eine Nachricht senden, auf die die andere Figur dann reagieren kann.

1. Hol dir den Nachrichtensendeblock aus der Steuerung. Wähle **Neue Nachricht**.

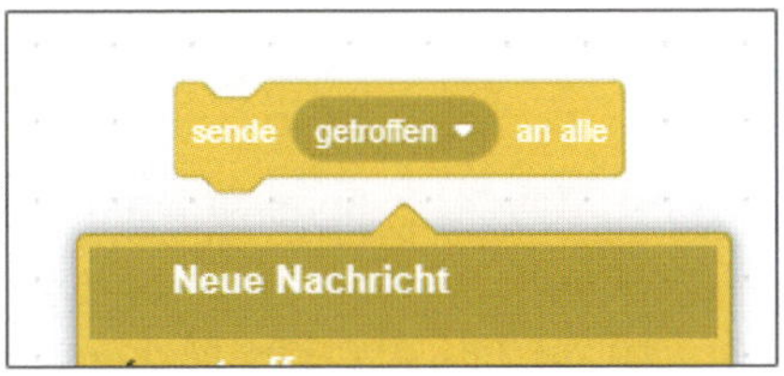

2. Erstelle die Nachricht gewonnen.

3. Nun kannst du die Nachricht gewonnen senden – bevor die Melodie gespielt wird.

4. Jetzt muss der Ball darauf reagieren und, sobald er die Nachricht gewonnen erhält, seine Programme (Skripte) stoppen. Wähle den Ball aus, und füge folgendes Mini-Programm hinzu.

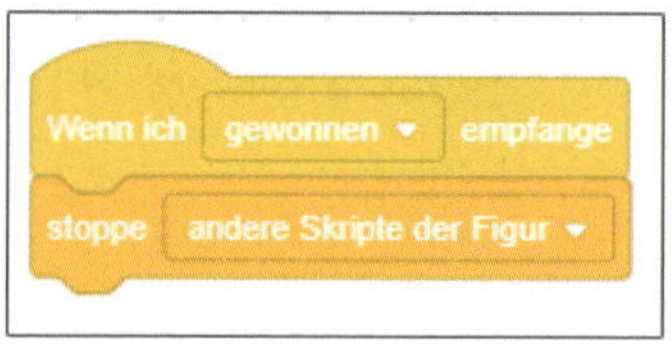

Sobald also jetzt die Nachricht reinkommt, dass das Spiel gewonnen ist, werden *alle anderen Skripte des Balls gestoppt*, also das Bewegungsprogramm des Balls. Damit hört der Ball auf zu fliegen, aber die Melodie läuft weiter, denn das Skript der Bühne wird ja nicht gestoppt. Erst wenn die Melodie komplett vorbei ist, stoppt das Bühnenskript alles, und das Programm ist endgültig beendet.

Teste es – und wenn du alles richtig gebaut hast, wird es sauber funktionieren.

Nun fehlt nur noch die Melodie, die ertönt, wenn das Spiel verloren ist. Da gehst du ähnlich vor – aber es ist ein bisschen einfacher. Die Abfrage, ob das Spiel verloren ist, befindet sich ja nicht im Bühnenskript, sondern im Ballskript.

5. Wähle den Ball aus, und schau dir noch mal das Skript an. Hier wird geprüft, ob das Spiel verloren ist.

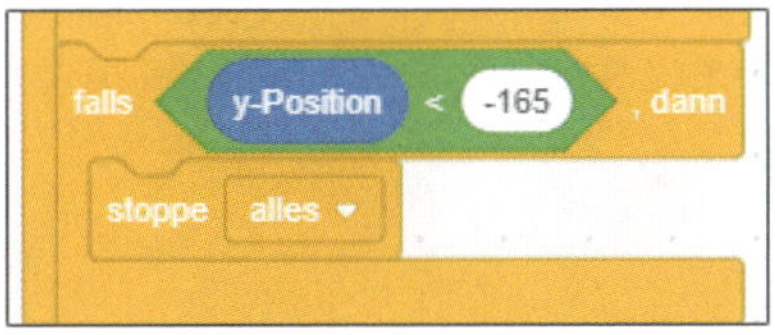

6. Hier wird es geprüft. Anstatt nur `stoppe alles` zu senden, soll jetzt auch noch eine Melodie gespielt werden.

7. Dazu braucht der Ball jetzt auch noch den passenden Klang. Gehe auf **Klänge**, und hol dir den Klang **Lose** dazu. Den setzt du jetzt vor `stoppe alles` und spielst ihn komplett ab.

8. Außerdem kannst du auch hier eine Nachricht senden. Erstelle eine neue Nachricht, und nenne sie `verloren`.

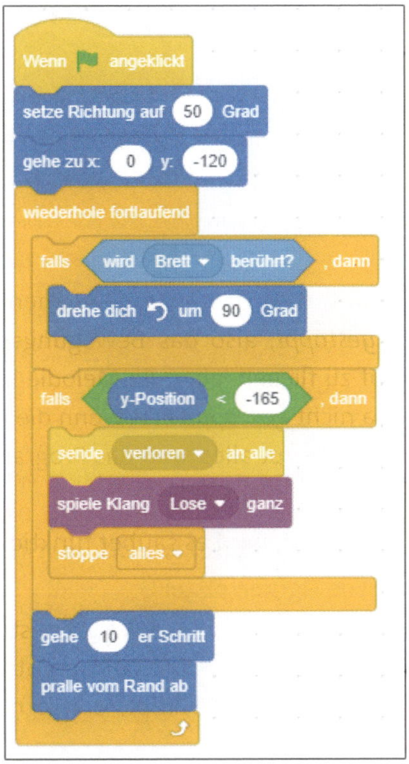

So sieht jetzt das komplette Ball-Steuerungsprogramm aus. Der Ball muss, wenn das Spiel verloren ist, nicht extra gestoppt werden, denn solange sein Steuerungsskript die Melodie abspielt, hängt es fest und kann dabei den Ball nicht gleichzeitig bewegen. Die Nachricht `verloren` werden wir gleich trotzdem noch nutzen.

Zu guter Letzt: Schriftzüge bei Gewinn und Verlust

Ein typisches Spiel spielt nicht nur einen Klang, sondern zeigt auch noch per Schriftzug an, ob das Spiel gewonnen oder verloren wurde. Auch das kannst du jetzt leicht noch einbauen. Es ist alles dafür vorbereitet. Die jeweiligen Nachrichten existieren schon und werden gesendet. Der Schriftzug muss jetzt also nur noch erstellt werden und darauf reagieren.

1. Erstelle dir mit dem Editor eine schöne selbst gemachte Grafik »Spiel gewonnen« als neue Figur. Wähle dazu **Malen** rechts unten in der Figurenbibliothek.

2. Verwende dazu zum Beispiel ein Rechteck als Hintergrund und einen Schriftzug darüber – ganz nach eigenem Geschmack (schau noch mal in Kapitel 5, falls du unsicher bist, wie man eigene Figuren erstellt).

3. Platziere die Figur dann dort auf der Bühne, wo du sie gerne haben willst.

4. Jetzt kannst du auf das Code-Fenster dieser neuen Figur wechseln. Dein Schriftzug erhält genau zwei ganz kleine Programme. Zum einen soll er unsichtbar werden, wenn das Spiel gestartet wird (klar, denn zu Beginn soll man ihn ja nicht sehen), zum anderen soll er sichtbar werden, wenn das Spiel gewonnen wurde.

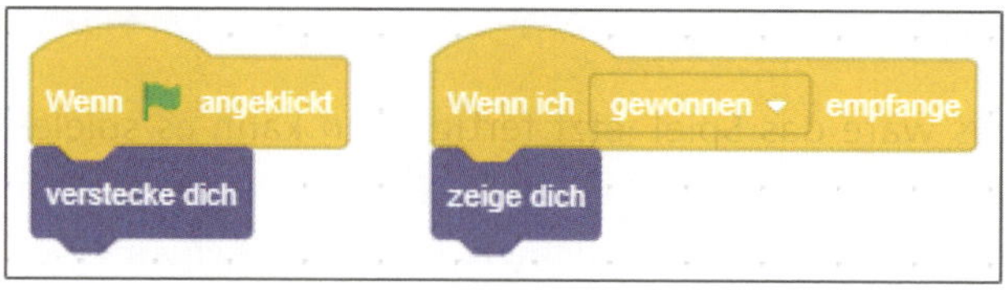

Diese beiden Skripte erhält der Schriftzug »Spiel gewonnen«. Alles klar? Die Nachricht `gewonnen` wird ja sowieso gesendet, wenn das Spiel gewonnen ist – und diese Figur reagiert jetzt ebenfalls drauf, indem sie sichtbar wird.

Zu Beginn jedes neuen Spiels versteckt sie sich dann wieder. Genau das Gleiche machst du jetzt auch mit dem »Verloren«-Schild.

5. Erstelle eine neue Figur mit der Aufschrift »Leider verloren« oder »GAME OVER« (oder was du selbst am besten findest).

Diese Figur erhält fast die gleichen Skripte – nur dass sie bei der Nachricht `verloren` sichtbar wird.

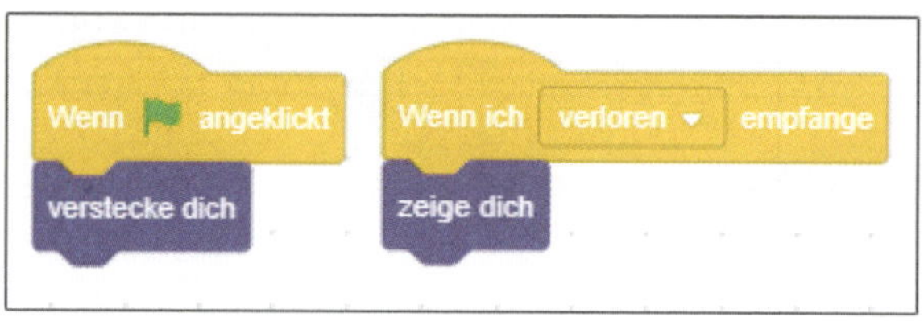

Fertig? Gibt's nicht!

So, von meiner Seite aus wäre das Spiel jetzt fertig. Man kann es spielen, es macht Spaß, es hat Klänge und Schriftzüge – und es ist gar nicht so leicht zu gewinnen. So kannst du das Spiel schon deinen Freunden zeigen und von ihnen testen lassen. Aber wirklich fertig ist ein Spiel ja nie. Du kannst es jetzt noch erweitern oder verändern, wie immer du möchtest.

Ideen, was du ändern kannst, wenn du Lust dazu hast:

- Ändere die Größe des Balls oder des Bretts.
- Ändere die Geschwindigkeit des Balls (statt eines 10er-Schritts geht er nur einen 5er- bzw. 7er-Schritt oder wie du möchtest).
- Verwende einen neuen Hintergrund für die Bühne.
- Ändere das Aussehen der Früchte (gib ihnen neue Kostüme, ändere ihre Größe).
- Ändere die Anzahl der Früchte.
- Ändere die Geräusche.
  - Füge einen Startknopf hinzu.
  - Füge eine Ansage hinzu.
  - Lass eine Dauermusik im Hintergrund laufen.

Hintergrundmusik lässt vielleicht noch mehr Retro-Feeling aufkommen – wenn du es nicht nervig findest. Falls du das machen willst, ist es sehr schnell bewerkstelligt. Du brauchst nur eine fortlaufende Wiederholung, die beim Start des Programms beginnt und dann immer wieder dieselbe Melodie abspielt. Das Programm kann auch im Skriptfenster der Bühne laufen. Du musst dir nur den passenden Klang aus der Bibliothek laden und dann zum Beispiel so ein Skript hinzufügen:

Den Gong am Anfang brauchst du dann nicht mehr.

Und noch eine Sache zum Spielprinzip: Im berühmten Original-*Breakout*-Spiel prallt der Ball an den Früchten ab, die er trifft, und fliegt nicht einfach durch sie hindurch. Das kannst du auch ganz einfach einbauen, wenn du es cooler findest.

Füge dem Ball-Code einfach das folgende Miniskript hinzu:

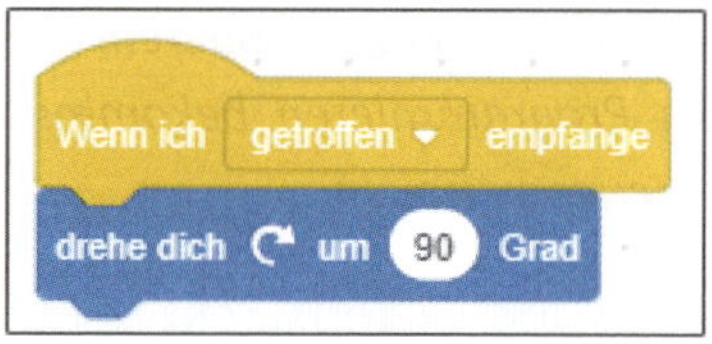

Sobald der Ball das `getroffen`-Signal empfängt, dreht er sich um 90 Grad, genauso als wenn er das Brett treffen würde, nur in die andere Richtung. Dadurch prallt er dann auch von den Früchten ab. Macht dir das Spiel damit noch mehr Spaß? Umso besser!

Jetzt viel Erfolg mit allen eigenen Versuchen – und wenn du Lust dazu hast, dann bau doch mal ein ähnliches Spiel von Grund auf nach! Dabei lernst du eine Menge.

Kapitel 13
Rette den armen Krebs

Das letzte Spiel war ein echter Klassiker. Nun wollen wir uns an einer Variante eines anderen berühmten Spiels versuchen. Die Techniken, die du dafür brauchst, kennst du eigentlich alle schon. Du musst sie nur noch einmal in anderem Zusammenhang anwenden. Je mehr Übung du im Programmieren bekommst, desto leichter wird es dir mit der Zeit fallen, etwas Neues zu bauen.

Die Spielidee

Das Spiel, das wir jetzt bauen wollen, erinnert ein wenig an das klassische Arcadespiel *Frogger* aus dem Jahr 1981. In diesem berühmten Spiel musste man einen Frosch erst über eine Straße schicken, dann über einen Fluss – ohne dass er überfahren wird oder ertrinkt.

Statt einem Frosch musst du in unserem Spiel einen hüpfenden Krebs auf dem Weg zurück ins Meer über die Straße bringen, ohne mit einem der zahlreichen herumfahrenden Autos zu kollidieren. Hier kannst du erproben, was du schon alles kannst.

Gut. Beginne mit einem neuen *Scratch*-Projekt. Lösche als Erstes die Katze. Die wirst du hier nicht brauchen. Nun wählst du einen passenden Hintergrund für die Bühne. Da wir hier einen Krebs haben, der zurück ins Meer will, wäre ein großer Strand passend. Ich empfehle **Beach Rio** aus der Bibliothek.

Die Hauptfigur

Als Nächstes holen wir uns den Krebs. Nimm die Figur **Crab** aus der Figurenbibliothek, und setze ihre Größe auf 30 %.

Die Hauptfigur ist da. Es kann losgehen mit der Programmierung.

Womit wollen wir beginnen? Am besten bauen wir als Erstes eine Steuerung für den Krebs.

Steuerung des Krebses

Der Krebs soll mit den Pfeiltasten nach links, rechts, oben und unten hüpfen können. Jedes Mal, wenn du die Pfeiltaste drückst, soll er einen Sprung machen – also keine flüssige Dauerbewegung wie das Brett im vorherigen Spiel. Daher können wir den Krebs in diesem Spiel gut mit *Tastenereignissen* steuern.

Wähle also den Krebs aus, und gehe auf das Skriptfenster. Wir fangen mit dem Ereignis `Taste Pfeil nach oben` an: Wenn die Taste gedrückt wird, soll der Krebs einen Sprung nach oben machen – das heißt, er dreht sich nach oben und macht einen 10er-Schritt.

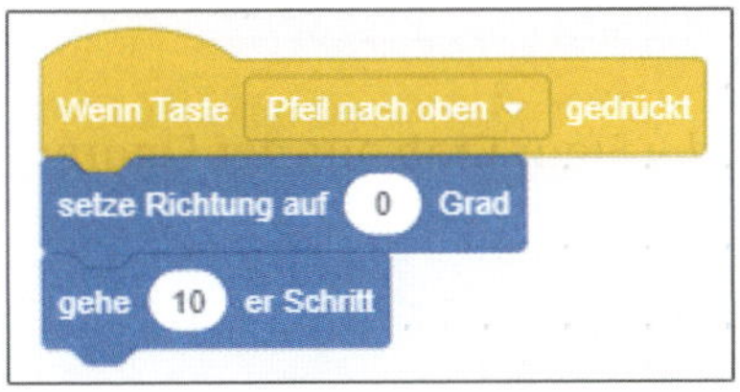

Ups ... der Krebs ist jetzt verdreht. Das möchten wir nicht. Also klicke bitte einmal auf den Block.

Nun klappt es wunderbar, ihn nach oben zu bewegen.

Dieser Block muss später unbedingt auch beim Start des gesamten Programms aufgerufen werden, damit der Krebs sich nie auf die Seite legt.

Aber ist der 10er-Schritt wirklich groß genug? Wahrscheinlich findet man das am besten später im Spiel heraus. Damit die Sprungweite auch später noch bequem änderbar ist, ohne dass man das Programm an zahlreichen Stellen umschreiben muss, schlage ich vor, für die Sprungweite eine *Variable* zu verwenden. Du bist ja inzwischen Profi und kennst dich schon damit aus.

Gehe also zur Abteilung **Variablen**, und erstelle eine Variable namens `Sprung`. Die werden wir als Wert für die Sprungweite in allen Programmteilen verwenden.

Gut. Jetzt fügst du die neue Variable dort ein, wo bisher die 10 stand.

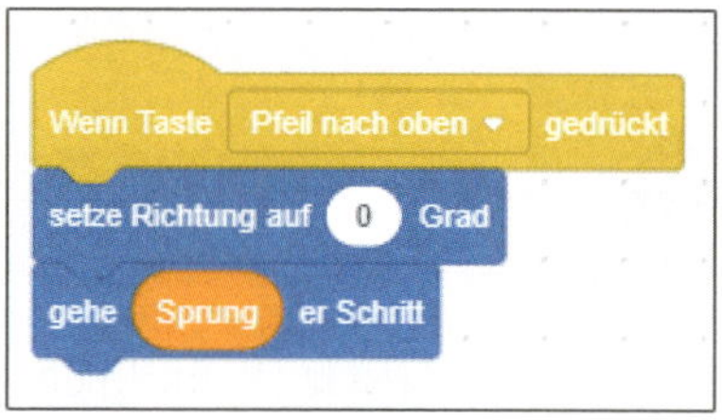

Schön – aber jetzt bewegt sich der Krebs gar nicht mehr. Woran liegt das?

Ist ja logisch, oder? Die Variable Sprung ist im Moment noch auf 0, weil sie ja neu ist und noch nicht auf einen anderen Wert gesetzt wurde. Daher bewegt der Krebs sich nicht mehr.

Du kannst die Variable jetzt mit einem Befehl auf einen Wert setzen. Es gibt aber auch noch eine andere coole Möglichkeit, um Variablenwerte zu ändern.

Oben links auf der Bühne findest du die Variable Sprung mit dem Wert 0.

Wenn du mit der linken Maustaste einmal darauf *doppelklickst*, dann steht da nur noch der Wert 0.

Und wenn du jetzt erneut darauf *doppelklickst*, wird es interessant:

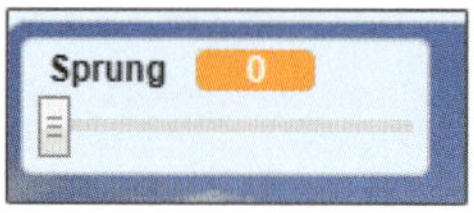

Nun hast du auf einmal einen Schieberegler, mit dem du den Wert der Variablen Sprung ganz einfach einstellen kannst. Schiebe ihn mal auf 20, und teste, was passiert.

Auf einmal macht der Krebs viel größere Schritte.

Du kannst jetzt also die Sprungweite des Krebses sehr einfach einstellen. Später wirst du die Variable wieder unsichtbar machen, aber jetzt ist es sehr praktisch, sie im Bild zu haben und verstellen zu können.

Nun kannst du daran gehen, die anderen drei Pfeiltasten auch noch zu programmieren. Klicke mit der rechten Maustaste auf das Skript (oberster Block), und dupliziere das Programm.

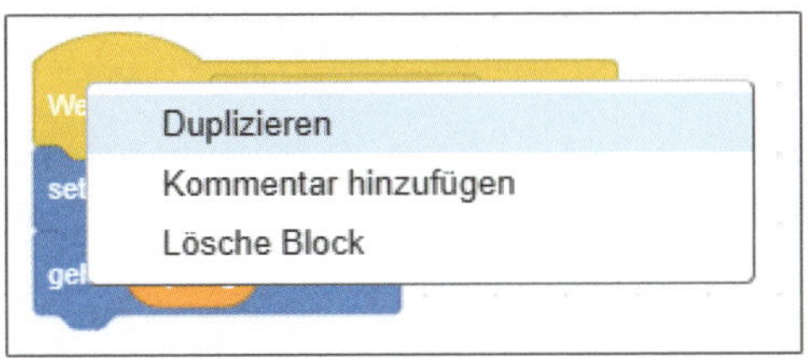

Wiederhole das noch zwei Mal – und dann hast du vier Blöcke, deren Einstellungen und Werte du noch jeweils etwas abändern musst, sodass du für jeden Pfeil (hoch, runter, links, rechts) die richtige Richtung einstellst. Und weil es so schön ist, kannst du jeder Bewegung noch den Klang pop hinzufügen – der ist beim Krebs schon voreingestellt.

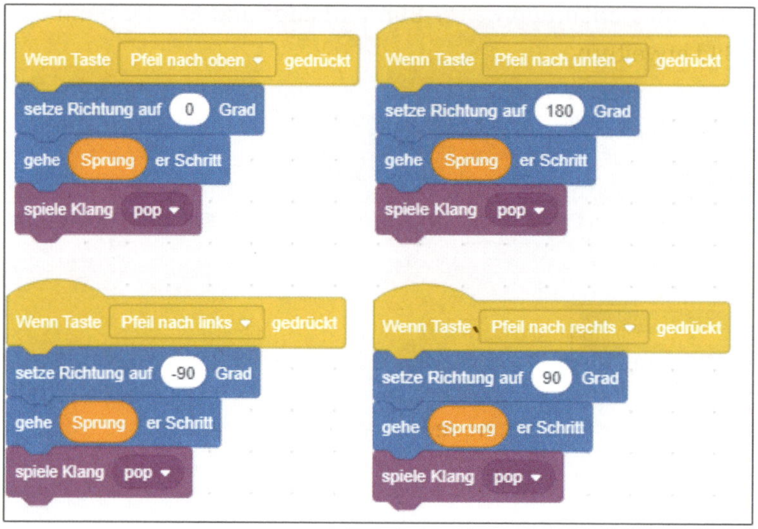

Wenn deine Blöcke so aussehen, kannst du den Krebs jetzt hervorragend in jede Richtung steuern – mit Geräusch. Die Schrittweite stellst du mit dem Regler ein. Ein schöner Anfang, oder?

Damit wir es nicht vergessen, bauen wir schnell noch das Startprogramm für den Krebs. Darin muss der Krebs auf seine Startposition gesetzt werden, und sein Drehtyp wird auf `links-rechts` gesetzt, damit er nie auf dem Kopf steht.

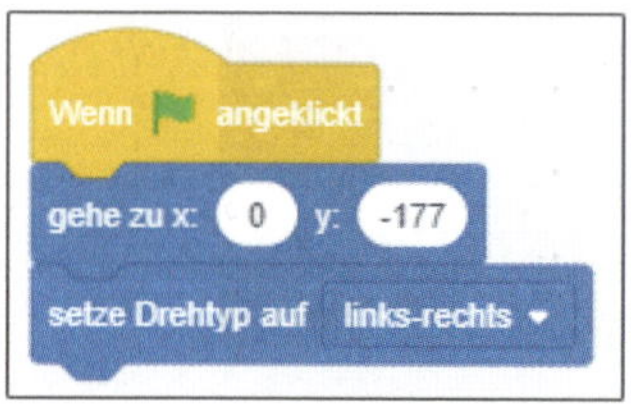

Wenn du nun die Flagge klickst, ist alles auf Anfang. Was folgt nun?

Eine Straße wird gebaut

Jetzt soll die Straße entstehen, über die die Autos fahren werden, denen der Krebs ausweichen muss. Es gilt also, die Straße auf das Bühnenbild zu zeichnen.

1. Dazu wählst du links oben den Reiter **Bühnenbilder** und kannst dann das bestehende Bild erweitern.

2. Falls Rastergrafik aktiviert ist: Klicke in dem Fall zuerst auf den Button **In Vektorgrafik umwandeln**.

Dann ist es wesentlich einfacher, neue Formen dazuzuzeichnen.

3. Erstelle nun mithilfe eines schwarzen Rechtecks und zweier weißer Linien eine dreispurige Straße, die in etwa so aussieht:

Dank der Vektorgrafik kannst du die Linien und Kästen jederzeit noch im Nachhinein verschieben, bis alles stimmt.

Der Verkehr wird geregelt

Nun kommen die Autos ins Spiel, damit die Straße auch lebendig wird. Auf jeder der drei Spuren soll ein anderer Typ Auto mit eigener Richtung und Geschwindigkeit fahren. Fangen wir mit der untersten Spur an.

Hole dir eine neue Figur aus der Sammlung – **Convertible 2**. Setze ihre Größe auf 50 %. Das wird unser Prototyp.

Was sollen die Autos im Spiel machen? Sie haben die Aufgabe, von einer Seite zur anderen zu fahren und, wenn sie fast aus dem Bild sind, wieder auf Startposition zu gehen. Dadurch entsteht eine dauerhafte Verkehrsbewegung. Sobald das Skript für das erste Auto fertig ist, können wir es vervielfältigen und haben dann mehrere Autos.

Wie schnell soll das Auto sein?

Wie schon erwähnt, wird das Spiel dadurch lebendig und herausfordernd, dass die Autos in den drei Spuren unterschiedliche Geschwindigkeiten haben. Auch diese Geschwindigkeiten setzen wir in Variablen, damit wir sie auch später jederzeit noch aneinander anpassen und optimieren können.

Erstelle also gleich einmal drei Variablen mit den Namen `speed1`, `speed2`, `speed3`. Diese Variablen stehen für die Geschwindigkeit der ersten, zweiten und dritten Reihe Autos.

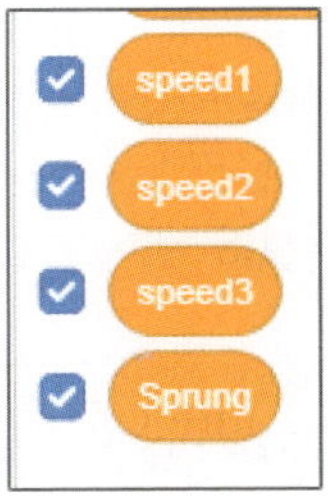

Auch auf diese Variablen doppelklickst du zwei Mal nacheinander auf der Bühne, dann kannst du sie fortan ebenfalls per Schieberegler setzen.

Nun kannst du das Autoprogramm erstellen. Das Auto bewegt sich zunächst einfach nur immer weiter nach rechts. Du brauchst also eine fortlaufende Wiederholung und einen Gehbefehl. Als Wert setzt du die Variable speed1 in den Gehbefehl.

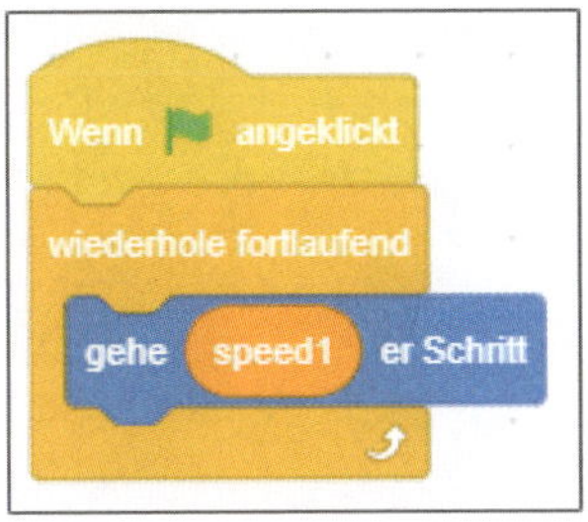

Setze den Wert von speed1 per Schieberegler auf 10, und starte das Programm mit der Flagge.

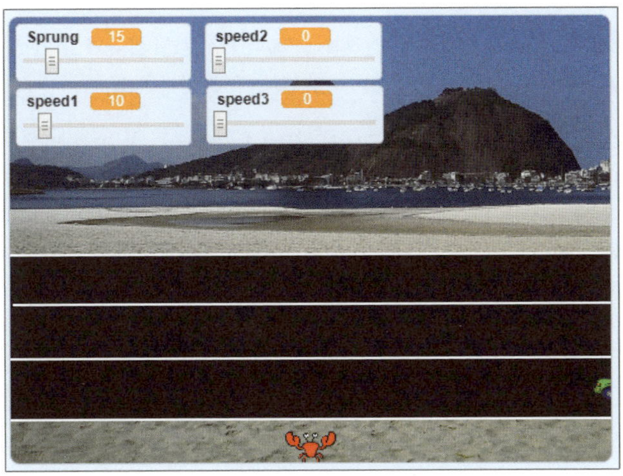

Wie erwartet fährt das Auto nach rechts – bis es fast aus dem Bild ist. Dann geht es nicht mehr weiter, denn bei *Scratch* ist am Bildrand immer Schluss. Vollständig aus dem Bild können Figuren nie bewegt werden. *Scratch* lässt sie immer nur so weit gehen, dass noch ein Zipfel von ihnen zu sehen ist.

Du musst das Programm also erweitern. Wenn das Auto maximal weit am rechten Rand ist, soll es wieder nach ganz links gesetzt werden. Dazu brauchst du eine `falls-dann`-Bedingung, einen Vergleichsoperator (`größer als`) und den x-Wert des Krebses.

Zusammengebaut sieht das Ganze dann so aus:

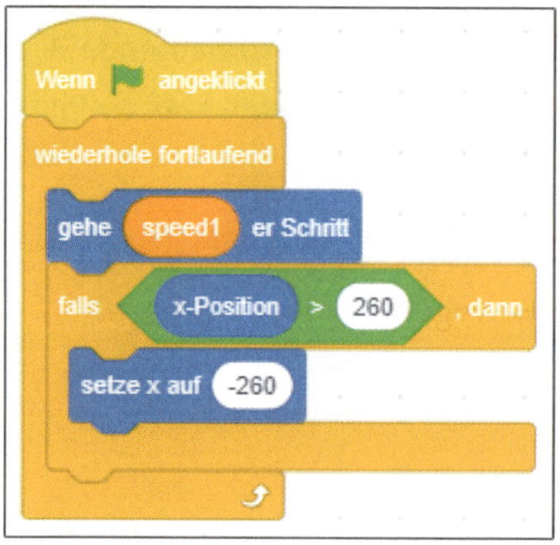

Verstehst du alles? Wenn die x-Position des Autos größer als 260 ist (das ist etwa der rechte Rand), dann wird die x-Position auf –260 gesetzt (das ist etwa der linke Rand).

Starte das Programm mit der Flagge, und du siehst, wie hübsch das funktioniert. Es sieht so aus, als würde ein Auto nach dem anderen vorbeifahren.

Bevor du dieses Auto jetzt duplizierst, darfst du nicht vergessen, wozu es eigentlich da ist. Es ist ja ein Gegner des Krebses.

Der Unfallcheck

Es muss also im Bewegungsskript des Krebses unbedingt auch geprüft werden, ob das Auto ihn berührt. Wenn ja, dann sendet es ein Signal, dass ein Unfall passiert ist. Was weiter damit passiert, entscheiden wir später.

Du brauchst einen `falls-dann`-Block und einen Berührungsblock aus dem Bereich **Fühlen**, den du auf den Krebs setzt.

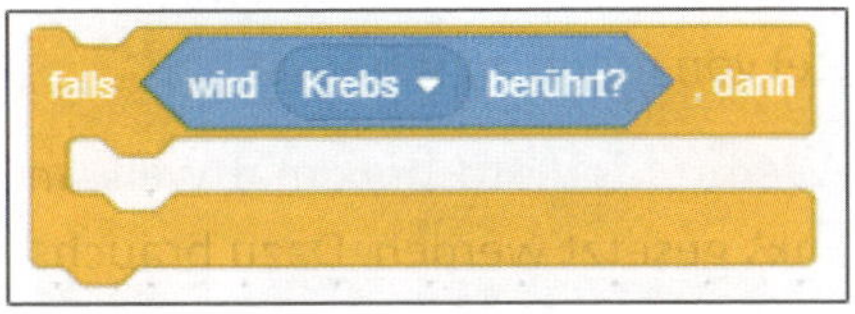

Nun erstellst du im Bereich **Ereignisse** eine neue Nachricht mit dem Namen `Unfall` und fügst sie in den Block ein.

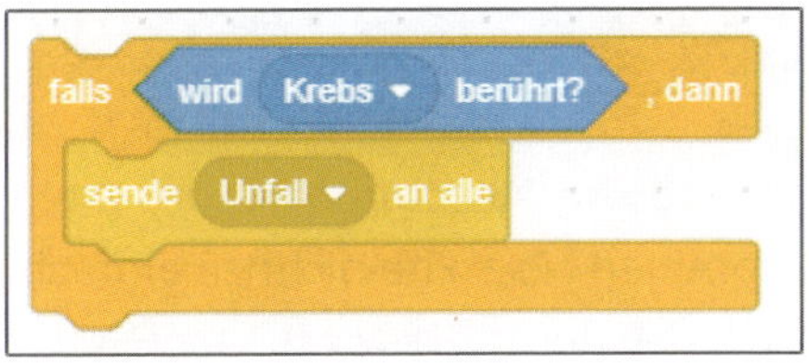

Und dieser Block wird nun wiederum in das Bewegungsskript eingefügt.

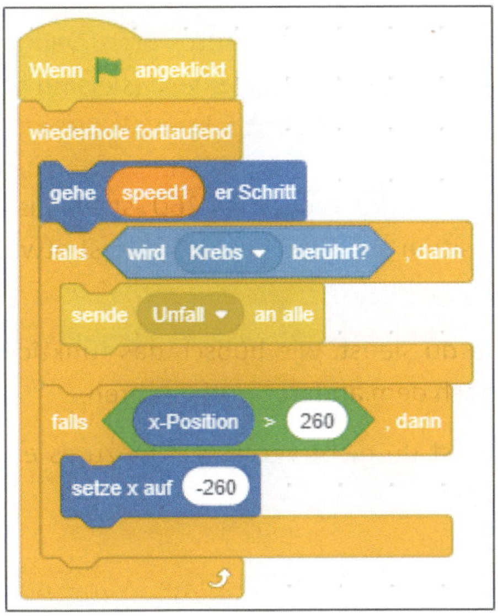

Das sollte fürs Erste genügen. Nun kannst du das Auto zwei Mal nacheinander duplizieren und die drei Autos so verteilen, dass zwei Lücken für den Krebs bleiben.

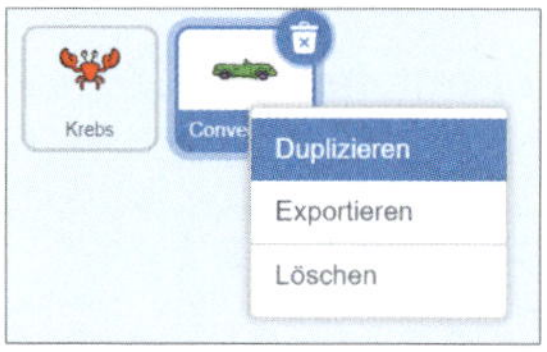

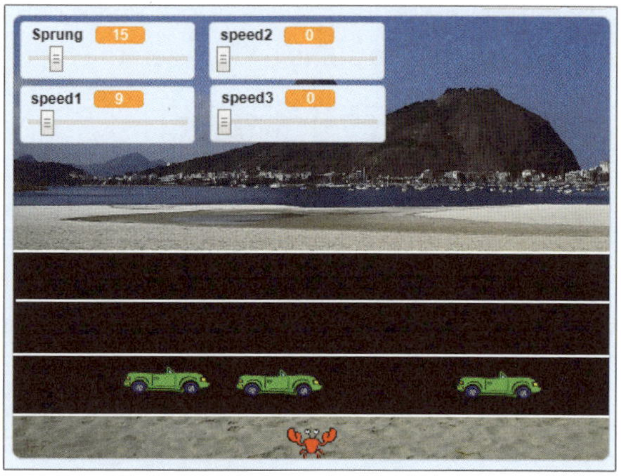

Probiere es aus. Spiele mit den Geschwindigkeiten der Autos und der des Krebses. Schafft er es, ohne Berührung durchzukommen? Es sollte nicht zu einfach, aber auch nicht unmöglich sein. Schraube so lange herum, bis es richtig wirkt.

Weitere Autos kommen hinzu

Gut. Die erste Reihe ist fertig. Jetzt kommt die zweite Reihe Autos dran. Damit das Spiel interessant wird, sollten diese Autos vielleicht kleiner sein (sie sind ja auch weiter hinten) und mit einer anderen Geschwindigkeit fahren als die vorderen Autos. Außerdem fahren sie von rechts nach links. Kompliziert? Das schaffen wir!

1. Dupliziere eines der drei Autos.

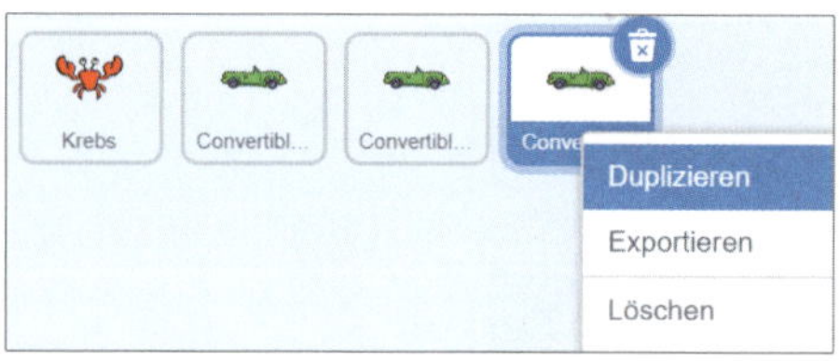

2. Nun gehe mit dem neu erzeugten Auto auf den Reiter **Kostüme**. Wähle das Auto im Editor an, und ändere seine Farbe. Zum Beispiel auf Rot oder Blau – oder Gelb, damit es sich von den grünen Autos unterscheidet.

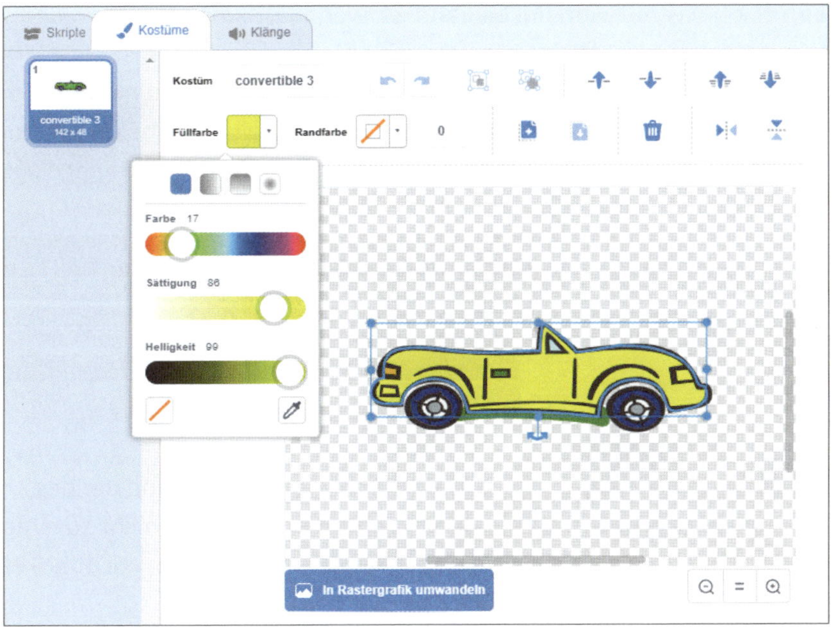

3. Gehe zurück zum Skriptfenster. Setze die Größe des Autos auf 40 % und seine Richtung auf –90 Grad – und klicke dann einmal auf den Befehl `Setze Drehtyp auf links-rechts`, damit das Auto nicht auf dem Kopf steht.

4. Nun kannst du es in die mittlere Fahrspur setzen.

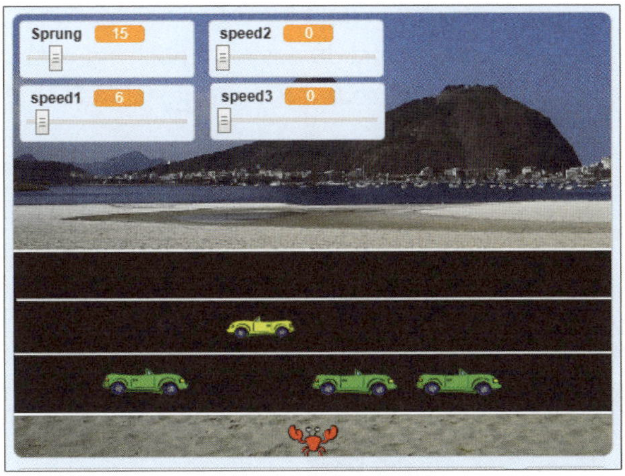

5. Anschließend müssen wir den Code für das Auto verändern, denn es fährt jetzt ja von rechts nach links. Dadurch wird die Abfrage eine andere: Es wird

geprüft, ob das Auto am linken Rand ist, wenn ja, dann wird es wieder nach rechts gesetzt. Also: Wenn die x-Position des Autos kleiner ist als –250 (da das Auto kleiner ist, empfiehlt es sich, 250 als linken Rand zu nehmen), dann wird es auf +260 gesetzt. Außerdem soll das Auto eine eigene Geschwindigkeit haben. Dafür verwendest du die Variable speed2, die schon angelegt ist. Mit dem Schieberegler kannst du ihre Größe dann einstellen.

6. Am Ende sieht das fertige Programm für das neue Auto so aus:

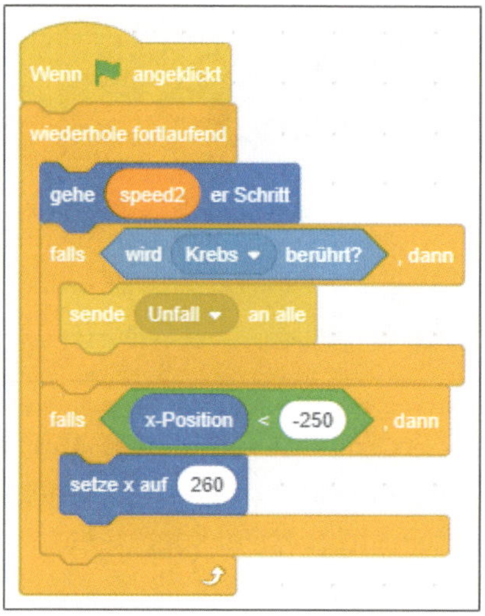

7. Probiere aus, ob sich das neue Auto jetzt korrekt bewegt. Denk an den Schieberegler für speed2. Alles okay? Dann kannst du das Auto noch ein oder zwei Mal duplizieren. Ich mache es hier einmal, sodass ich zwei gelbe Autos habe.

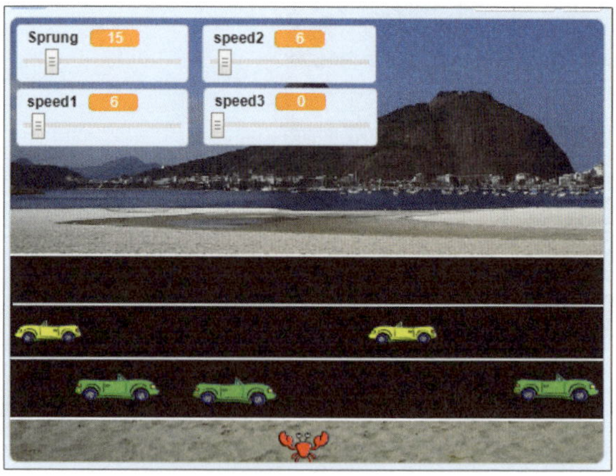

8. Nun kommt als Letztes noch der Bus für die oberste Fahrspur. Das ist zumindest meine Idee, dass dort ein besonders schnell fahrender Bus vorbeirast. Dupliziere dazu erneut eins der drei *unteren* Autos. Auf der Seite **Kostüme** klickst du auf **Neues Kostüm wählen**.

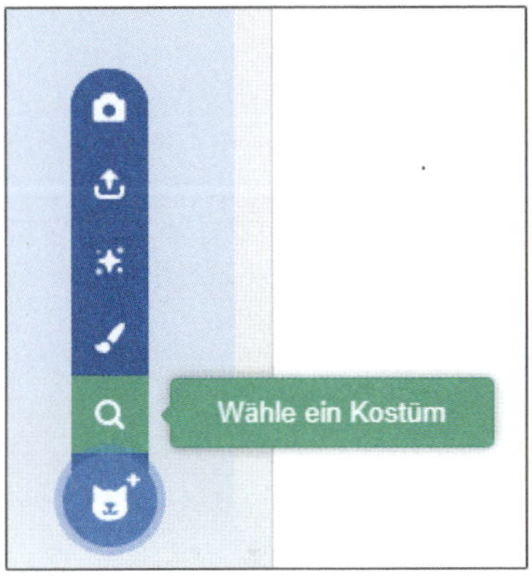

9. Dort wählst du den **City Bus** als neues Aussehen für das dritte Auto.

10. Setze anschließend die Größe auf 30 %, und gehe zurück ins Skriptfenster des Busses. Jetzt musst du nicht viel im Skript ändern, denn der Bus fährt ja wie die unteren Autos auch von links nach rechts. Als Variable fügst du speed3 ein – denn der Bus hat wie alle Fahrzeuge seine eigene Geschwindigkeit, und als rechten Rand wählst du 255, denn auch der Bus ist sehr klein.

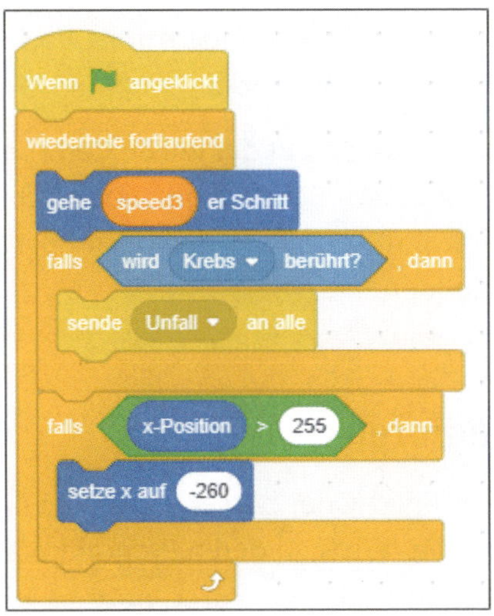

11. So also sieht das Skript für den Bus jetzt aus. Stelle seine Geschwindigkeit mit dem Regler für speed3 ein, gern richtig schnell – zum Beispiel auf 15.

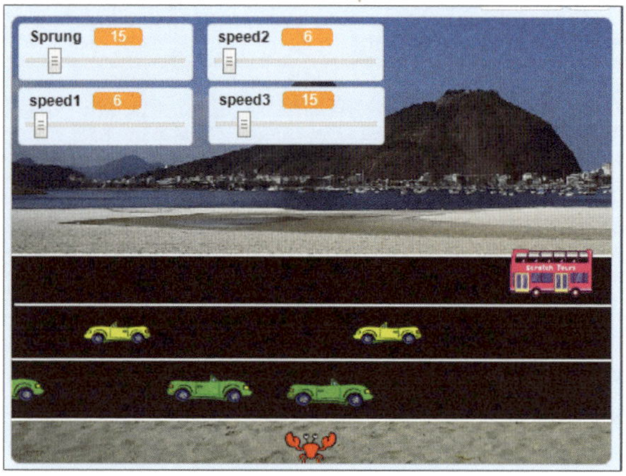

So fahren die Autos jetzt realistisch.

Die Figuren sind komplett. Jetzt ist es an der Zeit, die Geschwindigkeiten gut aufeinander abzustimmen. Starte das Spiel mit der grünen Flagge, und beobachte den Verkehr. Versuche, mit dem Krebs einen Weg durch die Autos zu finden, ohne sie zu berühren. Es soll nicht zu leicht sein, aber es muss trotzdem möglich sein. Noch passiert nichts, wenn du versehentlich doch ein Auto berührst (außer dass eine Nachricht ins Leere gesendet wird). Das programmieren wir gleich im nächsten Schritt.

Wenn du mit den Geschwindigkeiten zufrieden bist, kannst du die Variablen ausblenden. Sie sollen ja im fertigen Spiel nicht zu sehen sein.

Es geht ganz einfach: Wähle den Bereich **Variablen** auf der linken Code-Leiste, und entferne die Haken vor den vier Variablen. Schon sind sie unsichtbar. Ebenso einfach kannst du sie auch später, falls du die Werte doch noch einmal ändern willst, jederzeit wieder einblenden.

Kollisionen erkennen und reagieren

Was passiert, wenn der Krebs ein Auto berührt? Oder besser gesagt, wenn ein Auto den Krebs berührt – denn es sind ja die Autos, in deren Programm abgefragt wird, ob es eine Berührung mit dem Krebs gibt.

Bislang passiert genau eins: Es wird eine Nachricht `Unfall` an alle gesendet.

Wer soll auf diese Nachricht reagieren?

Natürlich der Krebs.

Und was soll der Krebs tun?

Ein einfacher Vorschlag: Er wird erst einmal unsichtbar, macht ein Geräusch, geht an die Ausgangsposition zurück und wird wieder sichtbar.

Hier meine Idee für den zusätzlichen Code für den Krebs. Ist nur ein Vorschlag, ginge natürlich auch anders.

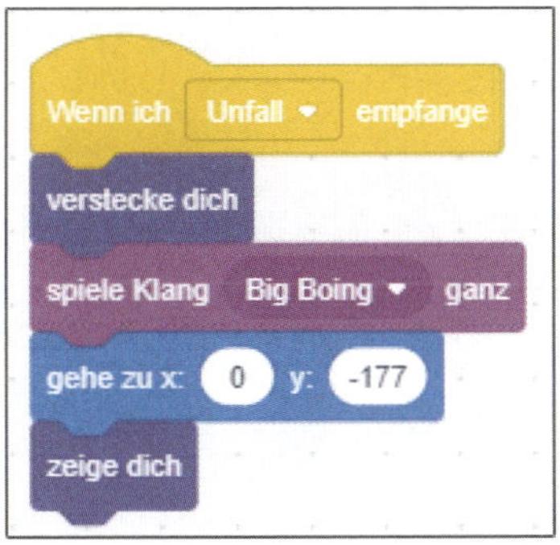

Den Klang **Big Boing**, der ganz gut passt, musst du dazu als Erstes dem Krebs hinzufügen, indem du auf den Reiter **Klänge** gehst und diesen Klang als neuen Klang aus der Bibliothek dazuholst (siehe auch Abschnitt »Klänge: Man kann Figuren auch hören«). Natürlich kannst du auch jeden anderen Klang verwenden – bis hin zum selbst aufgenommenen.

Wenn du es jetzt testest, macht das Spiel schon richtig Spaß. Der Krebs hetzt über die Straße, und wenn er angefahren wird, macht es »boing«, und schon ist er wieder unten.

Das Ziel: am Wasser angekommen

Es fehlt nur noch eins: Der Krebs soll ja auch irgendwann oben am Wasser ankommen und hat dann gewonnen. Das wird noch nicht überprüft.

Wie macht man das?

Am besten so wie auch beim Ball im letzten Spiel. Sobald der Krebs eine y-Position erreicht hat, die größer als 9 ist (je nachdem, wie dein Bühnenbild gebaut ist, kann der Wert auch etwas abweichen), hat er die Straße überquert.

Wann sollte man die Position überprüfen?

Natürlich nach jedem Schritt des Krebses. Aber es gibt ja vier verschiedene Schrittmöglichkeiten (hoch, runter, links, rechts) – müssen wir jetzt diese Abfrage nach jedem der vier Bewegungsskripte einbauen?

Müssen wir nicht. Es gibt einen einfacheren Trick:

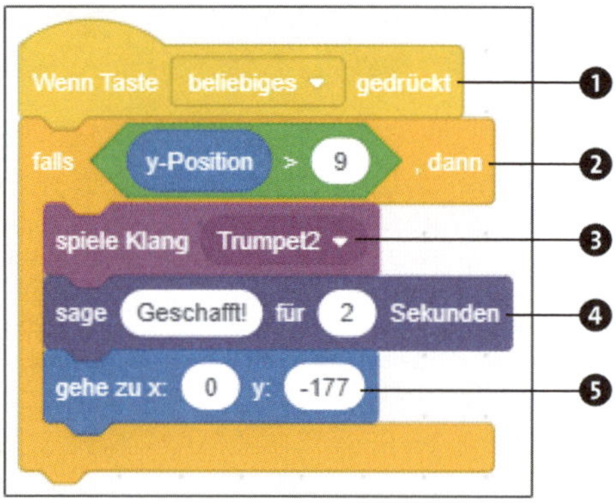

1. Wenn irgendeine Taste gedrückt wird,
2. prüfen, ob der Krebs am Wasser angekommen ist,
3. Siegerklang spielen,
4. »Geschafft!« sagen und 2 Sekunden warten,
5. zurück an den Startpunkt.

Wir machen die Abfrage, ob der Krebs oben angekommen ist, einfach immer, wenn eine irgendeine beliebige Taste gedrückt wird. Dann wird sie garantiert bei jeder Bewegung des Krebses aufgerufen.

Was dann genau passiert, ist dir überlassen. In diesem Beispiel wird ein Sound gespielt (den musst du vorher noch dem Krebs hinzufügen), dann sagt der Krebs »Geschafft!« in einer Sprechblase – und nach 2 Sekunden geht er an seine Ausgangsposition zurück.

Das ist jetzt eine Minimalversion des Spiels – aber es funktioniert so schon ganz gut und ist voll spielbar!

Das Spiel erweitern

Wie schon beim vorherigen Spiel gibt es jetzt natürlich jede Menge Möglichkeiten für dich, das Spiel weiter zu verbessern und auszubauen.

Mehr Geräusche: Es könnte eine Hintergrundmusik geben und ein Geräusch, wenn der Krebs das Wasser erreicht hat. Geräusche dafür findest du in der Klangbibliothek von *Scratch* – oder du nimmst dir eigene auf.

Startschild: Ein Schild »Los geht's« oder ähnlich wird eingeblendet, wenn das Spiel gestartet wird. Nach einer Sekunde verschwindet es wieder. Du erstellst das Schild einfach als Figur und malst es im Editor. Zu Beginn mit der grünen Flagge kommt `zeige dich`, dann `warte 1 Sekunde`, dann `verstecke dich`.

Spielerweiterung: Der Krebs hat drei Leben: Jedes Mal, wenn er das Wasser erreicht, bekommt er einen Punkt, wenn er drei Mal überfahren wurde, ist das Spiel zu Ende. Um das zu programmieren, brauchst du zwei Variablen, die du `punkte` und `leben` nennen kannst. Am Anfang werden sie auf `0` und `3` gesetzt. Bei jedem Erreichen des Wassers wird `punkte` um eins erhöht, bei jedem Überfahren wird `leben` um `12` verringert. Wenn `leben = 0` ist, dann wird das Spiel beendet.

Um es noch spannender zu machen, könntest du auch die Geschwindigkeiten der Autos (`speed1`, `speed2`, `speed3`) nach jedem Erreichen des Wassers um 1 erhöhen. Dann wird es von Mal zu Mal schwerer.

Kapitel 14
Das Käfer-Labyrinth

Das nächste Spiel hat ein anderes Prinzip: Es ist ein typisches »Labyrinthspiel«. Lass einen Käfer durch ein Labyrinth laufen, sammle Münzen ein, und hüte dich vor Geistern. Du wirst wieder einige neue Techniken lernen und solche, die du schon kennst, weiter verfeinern.

Nachdem du jetzt zwei Spiele fertiggestellt hast, kann es an das nächste Projekt gehen. Bevor du damit anfängst, solltest du dir immer im Klaren darüber sein, was dein Spiel genau können soll und wie es funktioniert.

Die Spielidee

Das Spiel erinnert in seinem Prinzip unter anderem ein wenig an den Klassiker *Pac-Man*: Der Spieler bewegt einen Käfer mit den Pfeiltasten der Tastatur durch ein Labyrinth. Er beginnt ganz unten und muss das Ziel ganz oben erreichen. Auf dem Weg muss er alle herumliegenden Goldmünzen einsammeln. Außerdem muss er sich vor Geistern hüten, die senkrecht oder waagerecht über die Bühne fliegen. Wenn alle Münzen eingesammelt sind, zeigt sich das Ziel am oberen Rand, und der Käfer kann es berühren und hat gewonnen.

Welche Grundelemente brauchen wir für das Spiel?

- Eine Bühne, auf der ein Labyrinth zu sehen ist,
- eine Spielerfigur (wir nehmen den Käfer mit dem Namen **Beetle**),
- eine fortlaufende Wiederholung mit Abfrage der Pfeiltasten für die Steuerung des Käfers,
- eine Abfrage bei jeder Bewegung, die dafür sorgt, dass der Käfer nicht durch die Wände des Labyrinths laufen kann,
- zahlreiche Münzen (Figuren), die eingesammelt werden können, also unsichtbar werden, wenn sie den Käfer berühren,
- Geisterfiguren, die sich ständig hin und her bewegen und das Spiel beenden, wenn sie den Käfer berühren,

- eine Zielfigur (Stern), die erscheint, wenn alle Münzen eingesammelt wurden, und gewonnen sendet, wenn der Käfer sie berührt.
- Zusätzlich: einen Zähler, der zählt, ob alle Münzen eingesammelt wurden, und erst dann den Stern sichtbar macht.

Nun kann es losgehen. Fangen wir mit der Bühne an. Starte *Scratch* neu, und lösche als Erstes mal wieder die Katze.

Ein Labyrinth auf die Bühne malen

Das Labyrinth ist die Basis für dieses Spiel. Du kannst es direkt auf die Bühne malen. Wähle den Reiter **Bühnenbilder**, dann öffnet sich direkt der Editor zum Erstellen eigener Grafiken. Hier solltest du vor allem das Rechteck-Werkzeug benutzen. Wähle als Füllfarbe ein dunkles Blau und als Randfarbe **keine**:

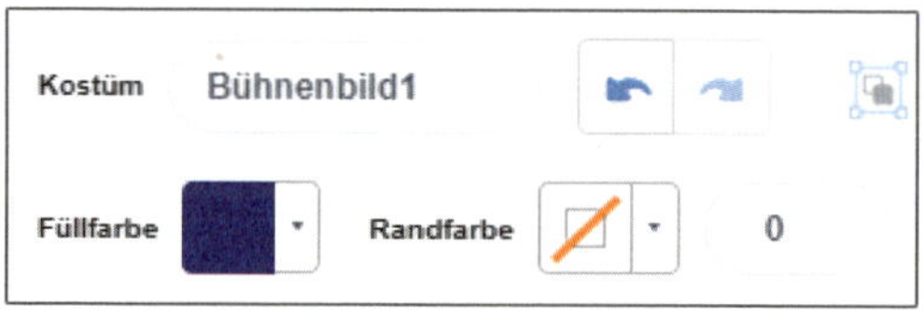

Und los geht's. Konstruiere erst einen schmalen Rand in Blau – mit Lücken oben und unten. Dazu musst du sechs schmale Balken zeichnen. Du kannst sie mit den Anfassern so lange schieben, ziehen, verkleinern und vergrößern, bis alles stimmt.

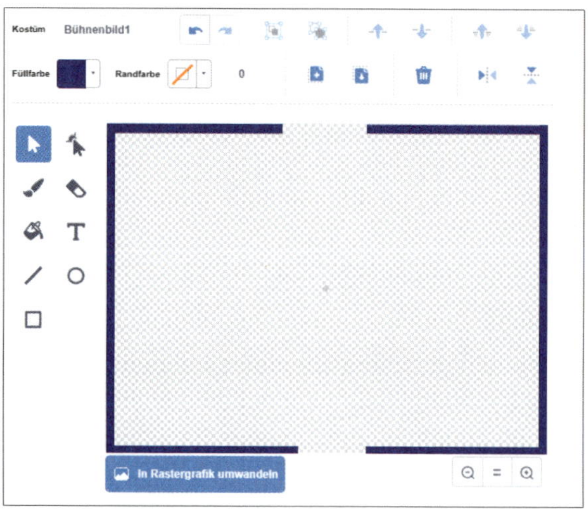

Nun baust du zahlreiche etwas dickere, waagerechte Balken in derselben Farbe dazu, sodass das Labyrinth am Ende etwa so aussieht:

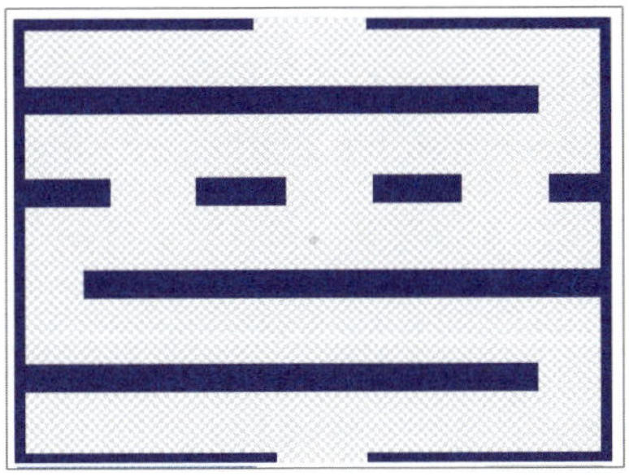

Achte darauf, dass der weiße Platz zwischen den Balken überall gleichmäßig groß ist, damit die Figur später gut hindurchwandern kann.

Käfer mit Steuerung

So. Wenn das geschafft ist, geht es gleich an den nächsten Schritt. Wir brauchen eine Spielfigur. Den Käfer. Also **neue Figur** klicken und aus der Bibliothek den Käfer (**Beetle**) auswählen. Nenne ihn **Käfer**, und mache ihn so klein, dass er überall gut durch die weißen Lücken des Labyrinths passt (etwa 35 % sollten ganz gut gehen).

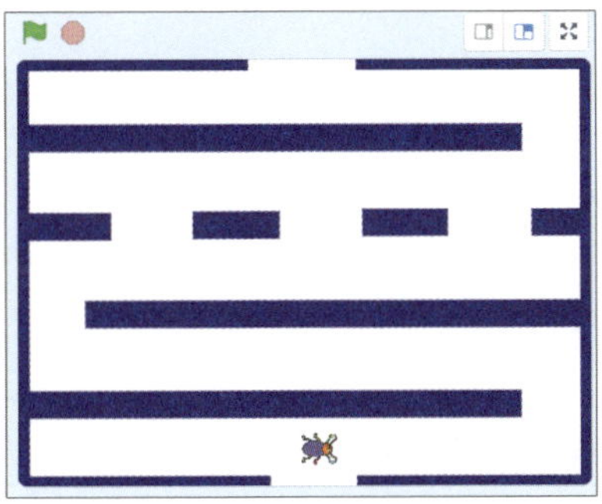

So passt die Größe gut.

Toll. Das Wichtigste ist da. Das Labyrinth und der Käfer. Jetzt soll der Käfer laufen lernen. Und er soll stets sanft und flüssig gleiten, solange wir die Pfeiltasten drücken. Erinnerst du dich, wie man das programmiert?

Nicht so wie den hüpfenden Krebs (Kapitel 13), den wir über Tastaturereignisse aktiviert haben, sondern stattdessen genauso wie bei dem nach links und rechts gleitenden Schläger im Springball-Spiel (Kapitel 10 und Kapitel 11).

Nur dass der Käfer sich in vier Richtungen bewegen kann. Dafür brauchen wir eine ständige Abfrage – in einer fortlaufenden Wiederholung. Wähle den Käfer an, und beginne:

Mit der Flagge geht es los – dann beginnt die endlose Schleife.

Nun geht es fast genauso weiter wie beim Schlagbrett. Wir fragen jede einzelne Pfeiltaste ab. Zuerst den Pfeil nach rechts:

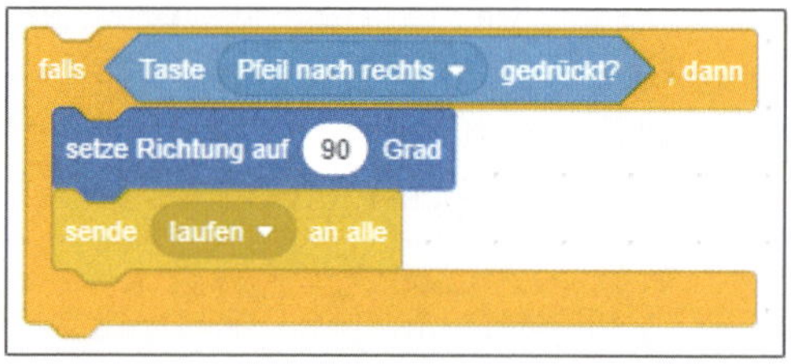

Falls die Taste »Pfeil nach rechts« gedrückt wird, drehe dich nach rechts (90 Grad), und sende das Ereignis »laufen« an alle.

Für den Befehl `sende laufen an alle` musst du eine neue Nachricht `laufen` erzeugen, das kennst du ja schon aus den vorherigen Spielen.

Warum hier eine Nachricht »laufen« senden, statt einfach nur einen Schritt vorwärtszugehen?

Wenn es weitergeht, wirst du sehen, warum es clever ist, manchmal eine Nachricht zu senden und diese dann später in einem gemeinsamen eigenen Skriptblock zu behandeln. Denn es soll beim Laufen später nicht einfach immer nur einen Schritt vorwärtsgegangen werden, es sollen auch noch bei jedem Schritt Dinge überprüft werden. Das werden wir später in einem Skript, das durch das Ereignis `laufen` gestartet wird, alles noch tun. Mit einer Nachricht kannst du dir so etwas wie einen »eigenen Befehl« basteln, der dann jedes Mal ausgeführt wird, wenn die Nachricht gesendet wird.

Jetzt erst einmal duplizierst du diese Abfrage drei Mal nacheinander und änderst sie jedes Mal entsprechend auf »Pfeil nach links« und –90 Grad, »Pfeil nach oben« und »0 Grad« und »Pfeil nach unten« und »180 Grad«. Danach hängst du alle Abfragen aneinander und fügst sie in die fortlaufende Wiederholung ein.

So sieht dein Käferskript jetzt aus. Alle vier Pfeiltasten werden abgefragt, und der Käfer dreht sich dabei immer in die richtige Richtung und sendet das Ereignis »laufen«.

Starte das Skript einmal mit der grünen Flagge.

Was beobachtest du? Ganz richtig: Der Käfer dreht sich zwar, wenn du die Pfeiltasten drückst, aber er bewegt sich nicht von der Stelle. Das kann er auch nicht, denn das reine Senden der Nachricht `laufen` bewirkt ja noch nichts von selber. Die Nachricht wird jetzt noch »ins Leere« gesendet. Erst wenn es ein Skript gibt, das auf diese Nachricht *reagiert*, kann die Nachricht auch etwas auslösen.

Dieses Skript wirst du als Nächstes bauen. Gehe auf den Bereich **Ereignisse**, und hole dir den Block `Wenn ich Nachricht1 empfange` und dann noch einen `gehe 10er Schritt` aus dem Bewegungsbereich.

Baue die Blöcke zusammen (als zusätzliches Skript für den Käfer), und setze den Schritt auf `3` und die Nachricht auf `laufen`.

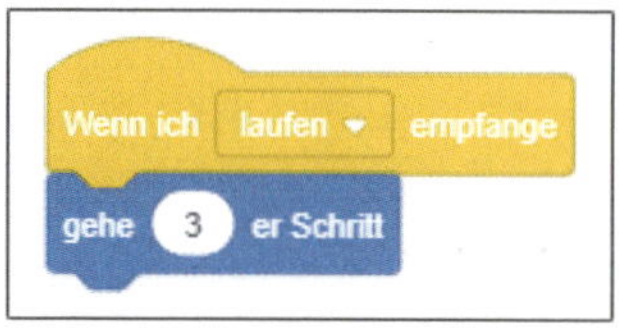

Sobald dieser Block zusammengesetzt ist, wird er jedes Mal auf das Ereignis `laufen` reagieren und damit den Käfer einen kleinen Schritt voranbewegen. Klicke auf die Flagge, und teste.

Super! Der Käfer bewegt sich und lässt sich mit den vier Pfeiltasten flüssig und gleichmäßig in alle Richtungen bewegen.

Die Wände als Hindernisse

Der Käfer läuft jetzt noch über die Wände des Labyrinths. Das soll er natürlich nicht können.

Wie kann man verhindern, dass der Käfer über Wände läuft?

Es gibt mehrere Möglichkeiten, das hinzubekommen. Eine, die sich bewährt hat, ist folgende:

Nach jedem Schritt, den der Käfer gelaufen ist, wird überprüft, ob er die Farbe Blau (und zwar genau die von den Labyrinthwänden) berührt. Wenn ja, dann ist er gegen eine Wand gestoßen.

Teste es mal folgendermaßen:

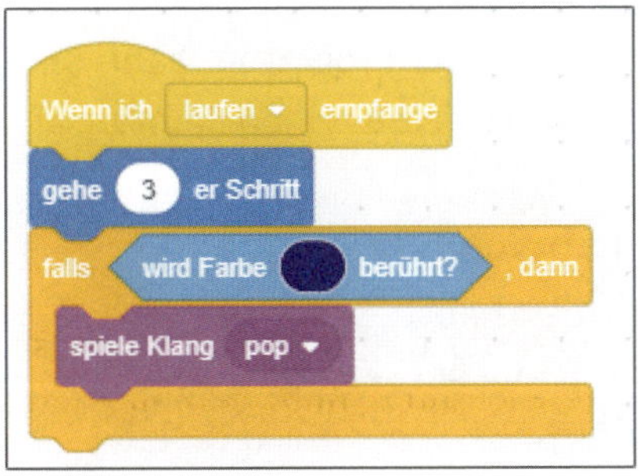

Du musst die Farbe, die überprüft wird, exakt auf die Farbe des Labyrinths anpassen. Dazu musst du einmal auf die Farbe im Programmblock klicken.

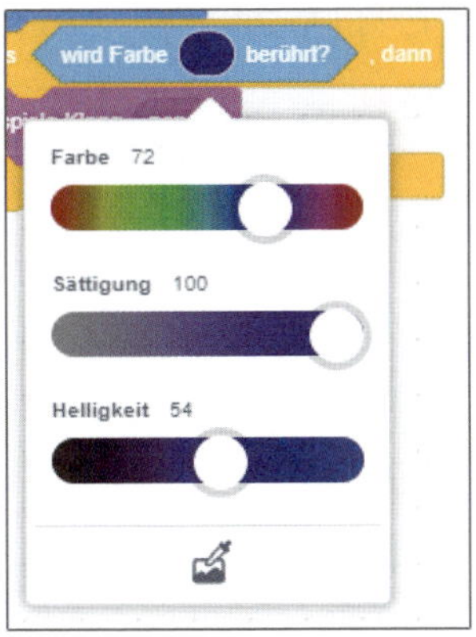

Damit öffnet sich ein Farbwähler. Hier klickst du ganz unten auf das Pipettensymbol und wählst mit der Lupe, die dann erscheint, die Farbe der Labyrinthwände.

Klicke erneut. Nun stimmt die Farbe, die getestet wird. Starte das Programm einmal, und fahre mit dem Käfer über die Wände. Sobald du die Wände berührst, hörst du ein Ploppen. Es funktioniert also. Unser Programm kann prüfen, ob der Käfer die Wände berührt. Wenn ja, dann spielt es einen Sound.

Extra-Spielidee: Käfer darf die Wände nicht berühren

Wenn du willst, kannst du mit dem, was wir jetzt haben, schon ein ganz eigenes Spiel bauen. Statt ein Plopp-Geräusch zu machen, kann der Käfer bei Berührung der Wände einfach an seine Anfangsposition zurückgesetzt werden. Dann hast du ein Geschicklichkeitsspiel, bei dem der Käfer durch das Labyrinth gesteuert werden muss, ohne die Wände zu berühren. Sobald er das Ziel berührt – das irgendwo oben steht –, hat er gewonnen.

Also, falls du Lust hast, baue gerne anschließend mal so ein Spiel. Die Wände des Labyrinths können dabei auch komplizierter sein, kurvig, rund usw. ... Es ist wirklich sehr einfach zu programmieren. Du hast schon so gut wie alles dafür gemacht.

Jetzt aber zurück zu unseren Plänen. Der Käfer soll bei Berührung der Wände nicht »plopp« machen und auch nicht an den Anfang zurückgesetzt werden, sondern er soll ganz einfach *gar nicht durch die Wände gehen können*. Er soll also nicht weiterkommen, wenn eine Wand im Weg ist.

Wie stoppt die Wand den Käfer?

Auch das ist ganz einfach: Sobald der Käfer eine Wand berührt, wird sein Schritt, den er gerade eben gemacht hat, wieder rückgängig gemacht. Er geht also einen –3er-Schritt, wenn er vorher einen 3er-Schritt gemacht hat. Dadurch bleibt er dann auf der Stelle und kann nicht weiter, wenn die Wand im Weg ist.

Wir ändern also das Laufskript: Falls die Farbe Blau berührt wird, gehe wieder einen Dreierschritt zurück.

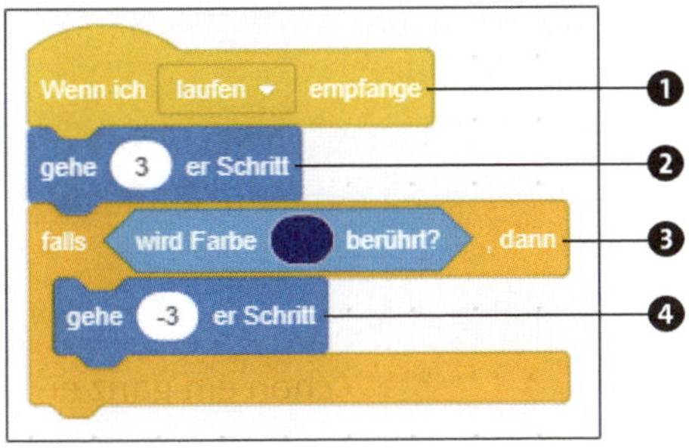

1. Wenn der Laufbefehl kommt,
2. gehe einen 3er-Schritt vorwärts.
3. Wenn er jetzt die Wand berührt,
4. gehe den Schritt wieder zurück.

Setze nun den Käfer in einen weißen Zwischenraum, und starte das Skript mit der Flagge.

Merkst du es? Der Käfer kann jetzt nicht mehr durch die Wände hindurchlaufen. Er kommt einfach nicht weiter, wenn da ein blauer Balken im Weg ist. Er kann sich nur in den weißen Lücken bewegen. Eigentlich geht er immer, sobald er die Wand berührt, ganz kurz vor und zurück. Das geht aber so schnell, dass man es gar nicht sieht.

Jetzt unbedingt testen
Steuere den Käfer einmal durch das ganze Labyrinth, und prüfe, ob er überall hindurchkommt. Sollte er irgendwo hängen bleiben, dann musst du ihn noch einen Tick kleiner machen oder die Balken in deinem Labyrinth noch etwas verschieben.

Fertig! Das Labyrinth funktioniert. Der Käfer kann hindurchlaufen. Damit du ihn nicht bei jedem Start wieder von Hand an die Anfangsposition setzen musst, solltest du das automatisch beim Start machen lassen. Bringe ihn also auf 0 Grad (nach oben), und schiebe ihn einmal nach ganz unten in die Lücke. Jetzt kannst du den Befehl gehe zu x y direkt herausziehen, und er hat die richtigen Werte für deine gewählte Position.

Füge diese beiden blauen Befehle am Anfang deines Hauptskripts ein:

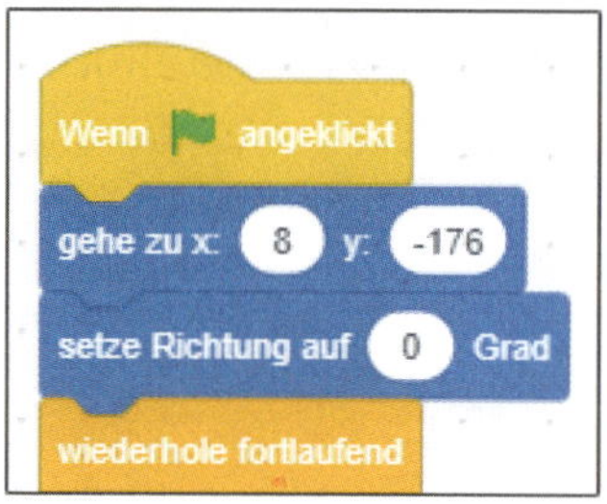

So wird die Position und Richtung des Käfers ab sofort beim Start automatisch richtig gesetzt. Also: Flagge klicken und durch das Labyrinth hoch und runter wandern. Schritt 1 ist erledigt!

Münzen zum Einsammeln

Nächster Schritt: Der Käfer soll Münzen auf seinem Weg einsammeln. Ich schlage vor, zehn Münzen zu verwenden. Du weißt inzwischen ja schon, wie man das am besten angeht: Du erstellst eine einzelne Münze mit eigenem Skript – und sie wird, sobald das Skript fertig ist, noch neun Mal dupliziert und im Spiel verteilt.

Also wird erst einmal nur eine neue Figur erstellt. Ich verwende als Münze den grünen **Button1** aus der Bibliothek. Du kannst ihn mit dem Helligkeit-Effekt auch noch etwas leuchtender machen, wenn du willst. Verkleinere ihn so, dass er gut in das Labyrinth passt, und nenne ihn **Münze**.

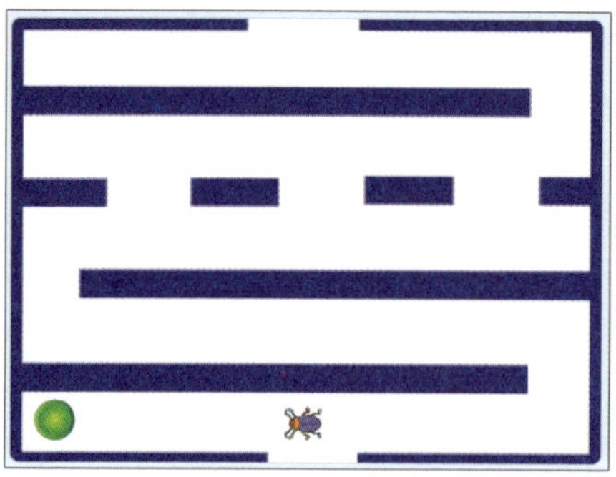

Die Münze bekommt jetzt ihr Programm. *Was muss sie können?*

Ihr Skript startet (wie alles) natürlich auch mit der Flagge. Am Anfang muss sie sichtbar werden (falls sie vorher unsichtbar war). Dann geht sie in die fortlaufende Schleife und prüft, ob der Käfer sie berührt. Wenn ja, dann wird sie unsichtbar. Außerdem sendet sie dann die Nachricht `eingesammelt` an alle. Warum? Weil wir später noch darauf reagieren werden, wenn eine Münze eingesammelt wurde.

Das Münzenskript sieht damit folgendermaßen aus. Das kriegst du hin, oder?

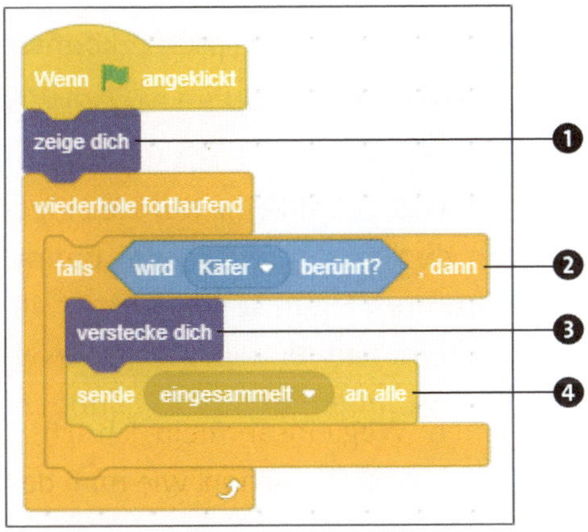

Zu Beginn wird die Münze sichtbar gemacht ❶, dann wird ständig geprüft, ob sie den Käfer berührt ❷. Wenn ja, wird sie unsichtbar (versteckt sich) ❸ und sendet danach `eingesammelt` an alle ❹. Alles Weitere, was dann noch passiert, geschieht in einem Extraskript, das durch die Nachricht `eingesammelt` ausgelöst wird. Das werden wir später schreiben.

Nun kannst du die Münze bereits duplizieren, bis du zehn davon hast, und sie schön im Labyrinth verteilen. Zum Beispiel so:

Diese Anordnung der Münzen wird später im Spiel gut funktionieren.

Und wieder testen: Klicke die grüne Flagge, wandere mit dem Käfer einmal durch und sammle alle grünen Münzen ein. Es funktioniert. Sie verschwinden eine nach der anderen. Und wenn du danach erneut die grüne Flagge klickst, sind alle Münzen wieder da, denn sie haben ja alle das gleiche Skript, das sie am Anfang sichtbar macht. Das Spiel funktioniert bisher auch ganz ohne das Ereignis `eingesammelt`, das jede Münze sendet, wenn sie getroffen ist.

Wozu brauchen wir denn dieses Ereignis `eingesammelt`?

Wir brauchen es später, um die Münzen zu zählen, damit wir prüfen können, wie viele schon eingesammelt sind. Aber wir können es zum Spaß auch schon einmal jetzt verwenden.

Wir schreiben das Ereignis-Skript, das gestartet wird, sobald eine Münze eingesammelt wurde, am besten wieder einmal in den Skript-Bereich der **Bühne**. Denn dieses Skript gehört nicht zu einer bestimmten Figur, sondern es ist allgemein – und du solltest es regelmäßig für Skripte verwenden, die zur Spielsteuerung gehören. Wähle also dazu die Bühne an, indem du auf das Bühnensymbol rechts neben der Figurenbibliothek klickst.

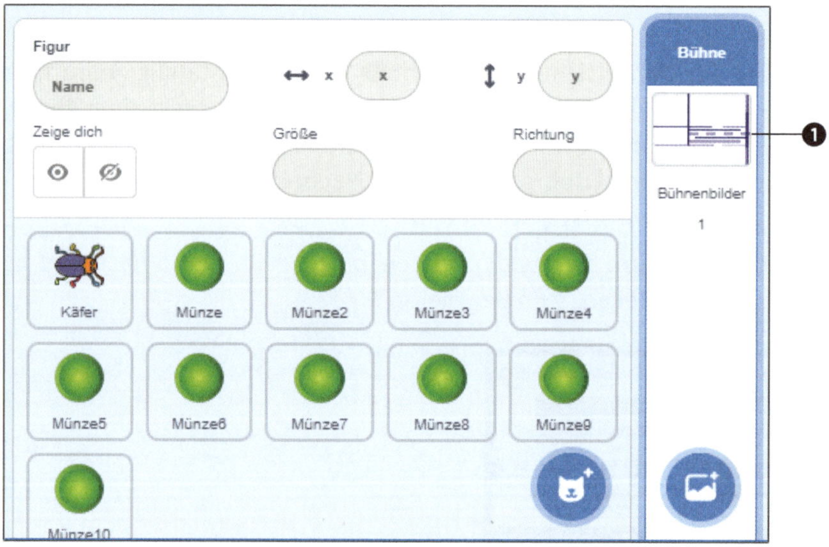

Wähle hier die Bühne ❶ an. Im Skriptfenster erstellst du dann ein Programm, das der Bühne zugeordnet ist.

Was soll nun also zusätzlich passieren, wenn eine Münze eingesammelt wird?

Wie wäre es erst einmal mit einem Geräusch? Es macht »plopp«, sobald eine Münze genommen wird.

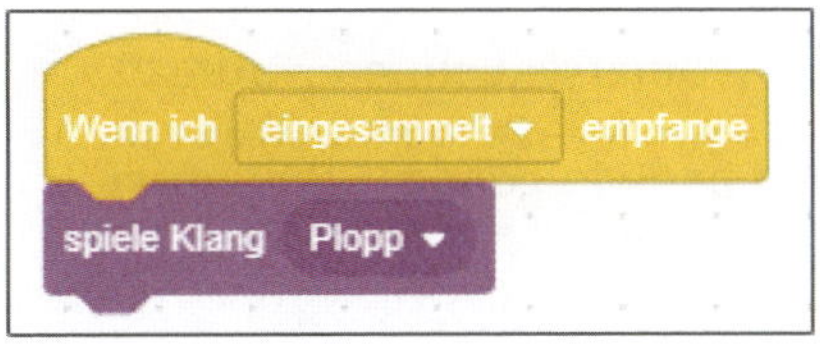

Das ist alles, was du dafür brauchst. Erstelle dieses Skript im Skriptfenster der Bühne. Sobald eine Münze getroffen wird, sendet sie `eingesammelt` an alle. Und damit wird dieses Skript jedes Mal gestartet – und macht »plopp«.

Du kannst auch andere Geräusche verwenden
Wenn du willst, kannst du natürlich auch ein anderes Geräusch auswählen, zum Beispiel eine klingende Glocke. Du musst es dann nur erst einmal der Bühne zuordnen. Vielleicht möchtest du ja auch ein eigenes Geräusch aufnehmen? Das geht mit dem Reiter **Klänge**, **Klang wählen** (links unten) und dort dem Mikrofonsymbol. Mehr über den Einsatz von Klängen erfährst du auch in Kapitel 18.

Das Ziel erstellen

Jetzt wird es Zeit, ein Ziel aufzubauen, das der Käfer erreichen soll. Erstelle als Ziel eine neue Figur (zum Beispiel einen gelben Stern), und setze sie nach ganz oben in die Lücke.

Erst einmal bekommt der Stern ein ganz einfaches Skript. Er prüft, ob der Käfer ihn berührt, und wenn ja, dann hat der Spieler gewonnen – er sendet also die Nachricht gewonnen. Die wird dann später noch in einem neuen Skript behandelt, damit auch etwas Tolles passiert, wenn das Spiel gewonnen wurde.

Gehe also auf das Skriptfenster des Sterns, und baue folgendes Programm:

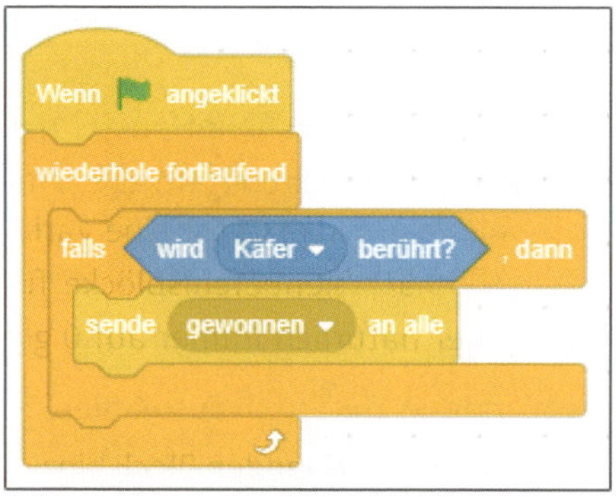

Dafür musst du wieder eine neue Nachricht erstellen, nämlich »gewonnen«. Diese wird genau dann gesendet, wenn der Käfer berührt wird (aus der Sicht des Sterns). Aus der Sicht des Käfers wird sie gesendet, sobald er den Stern berührt.

Ein Zähler für die Münzen

So weit, so gut. Die Spielidee war aber, dass dieses Ziel erst sichtbar wird, wenn alle Münzen eingesammelt sind.

Wie prüfst du, ob alle Münzen eingesammelt wurden?

Es geht ähnlich wie im Springball-Spiel (Kapitel 10 und Kapitel 11), wo wir gezählt haben, ob alles Obst abgeschossen wurde. Wir brauchen einen Zähler, der jedes Mal, wenn eine Münze eingesammelt wird, um eins erhöht wird. Sobald der Zähler auf 10 steht, wird das Ziel sichtbar gemacht.

Also richtest du jetzt den Zähler ein. Erinnerst du dich? Du brauchst dafür eine *Variable* – einen Zahlenwert, auf den alle Skripte zugreifen können. Diese zählt für dich die Anzahl der eingesammelten Münzen.

In der Abteilung **Variablen** klickst du auf **Neue Variable** und erstellst eine Variable mit dem Namen `zähler`. Jetzt stehen dir die Variablenbefehlsblöcke für `zähler` zur Verfügung. Am Anfang muss der Zähler natürlich immer auf `0` gesetzt werden.

Gehe also auf den Skriptbereich der Bühne und füge dort folgenden Block hinzu:

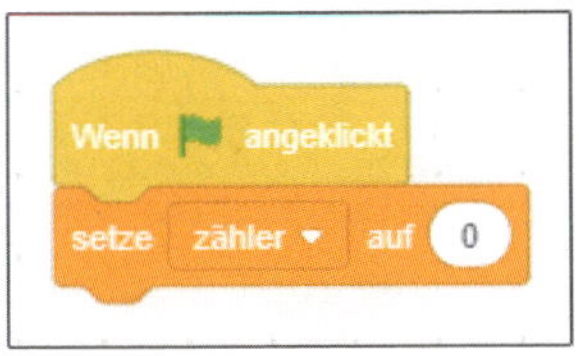

Hier kommt der Anfangsbefehl für den Zähler rein. Er wird auf `0` gesetzt.

Warum im Bühnenskript?

Die Frage ist berechtigt: Diese Variable kann man nämlich überall auf `0` setzen, weil sie von überall zugänglich ist. Hauptsache, dies geschieht gleich zu Beginn des gesamten Programms, bevor es losgeht. Du könntest diesen Befehl auch an den Anfang des Käferskripts setzen – oder eigentlich an den Anfang jedes Skripts, das beim Start des Projekts ausgeführt wird. Aber da wir Spielsteuerungsskripte bisher immer der Bühne zugeordnet haben – warum dann nicht hier? Du solltest es nur immer konsequent an der gleichen Stelle machen, dann findest du solche Befehle später leichter wieder, falls du sie ändern möchtest.

Nun geht es weiter. Du bleibst im Skriptfenster der Bühne. Hier liegt ja auch das Skript, das gestartet wird, wenn eine Münze eingesammelt wird. Bisher spielt es nur einen Klang. Jetzt soll es noch mehr tun, nämlich den Zähler um 1 erhöhen und dann prüfen, ob der Zähler 10 ist. Wenn ja, dann wird die Nachricht zeige Stern gesendet. Denn dann sind alle Münzen eingesammelt.

So sieht das Skript der Bühne dann aus:

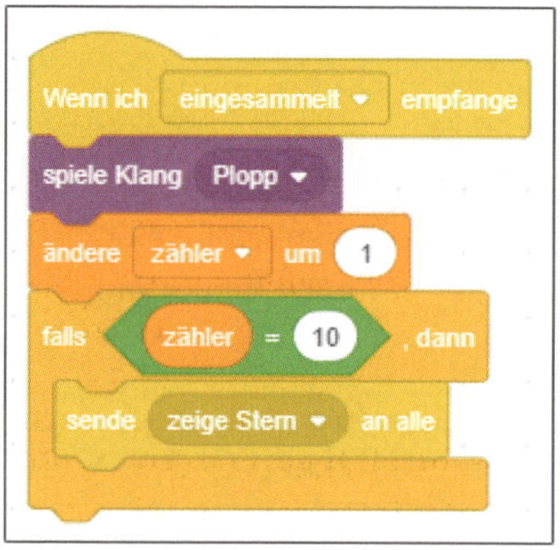

Kriegst du alles zusammen? Du brauchst den grünen Vergleichsoperator 0 = 0, links schiebst du die Variable zähler rein, rechts schreibst du die Zahl 10 hinein. Die Nachricht zeige Stern musst du neu erstellen.

Warum eigentlich die Nachricht »zeige Stern«? Kann das Programm den Stern nicht einfach direkt sichtbar machen?

Nein, das geht auch hier leider nicht direkt. Skripte können sich bei *Scratch* nur auf das eine Objekt auswirken, dem sie zugeordnet sind. Der Code, der zur Bühne gehört, kann somit nicht selbst den Stern verändern. Daher ist hier, wie sehr oft, der kleine Umweg nötig, eine Nachricht an alle zu senden, die der Stern dann wiederum empfangen kann, woraufhin er sich selbst sichtbar machen kann.

Und was fehlt also noch, damit es funktioniert? Klar, die Nachricht zeige Stern muss jetzt auch noch empfangen werden – und zwar vom Stern, damit er sich zeigen kann, sobald die Nachricht kommt. Wähle also wieder den Stern aus. Füge verstecke dich am Anfang des bestehenden Skriptes ein, und erstelle einen zweiten Codeblock für das Empfangen der Nachricht zeige Stern.

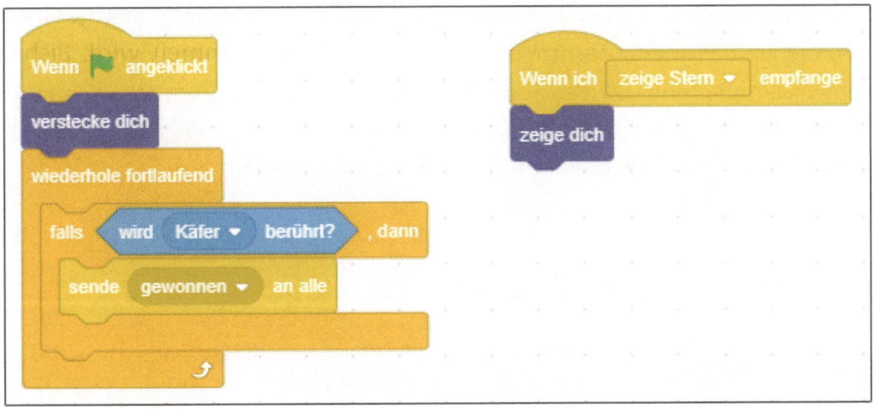

So sieht das erweiterte Programm für den Stern aus. Am Anfang muss er sich verstecken, denn er soll zu Beginn des Spiels ja noch nicht zu sehen sein. Wenn er `zeige Stern` empfängt, macht er sich sichtbar.

Und wieder ist Testen angesagt: Ein Klick auf die grüne Flagge, und jetzt kannst du den Käfer durch das gesamte Labyrinth bewegen, dabei die grünen Münzen einsammeln, und sobald du alle hast, erscheint das Ziel: der gelbe Stern.

Am oberen Rand kannst du dabei die Variable `zähler` verfolgen und sehen, wie sie sich jedes Mal um 1 erhöht, wenn du eine Münze einsammelst. Was beim Testen praktisch ist, möchtest du aber vielleicht am Ende in deinem Spiel nicht mehr haben. Die Spieler sollen die Variable `zähler` nicht sehen. Wie entfernst du sie von der Bühne? Das weißt du inzwischen schon, oder?

Gehe in den Blockbereich **Variablen**, und entferne dort das Häkchen vor der Variablen `zähler`:

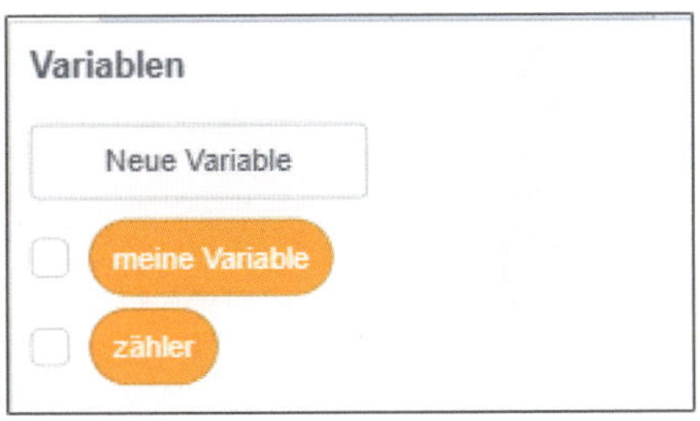

Dann ist die Variable zwar immer noch da, aber sie ist nicht mehr auf der Bühne zu sehen.

Nun funktioniert das Spiel schon richtig gut, und es ist möglich, das Spiel zu starten, die Münzen einzusammeln, den Stern zu berühren und damit zu gewinnen. Was noch fehlt, ist die Möglichkeit, das Spiel zu *verlieren*. Wie schon in den letzten Spielen brauchen wir jetzt noch »Gefahren« – in diesem Falle sind es *Gegnerfiguren*, die dem Käfer gefährlich werden können.

Programmierung der Gegner

In unserer Version wird es sechs Gegner geben – Gespenster, die horizontal und vertikal über die Bühne schweben und die unser Käfer nicht berühren darf. Sonst ist das Spiel verloren. Wie immer wirst du zuerst nur eine solche Figur erstellen, sie mit einem cleveren Skript versehen und sie anschließend mehrfach duplizieren.

Erstelle ein Gespenst aus der Bibliothek (**Ghost**) als neue Figur, und nenne sie **Geist**. Ihre Größe setzt du am besten auf etwa 40 %.

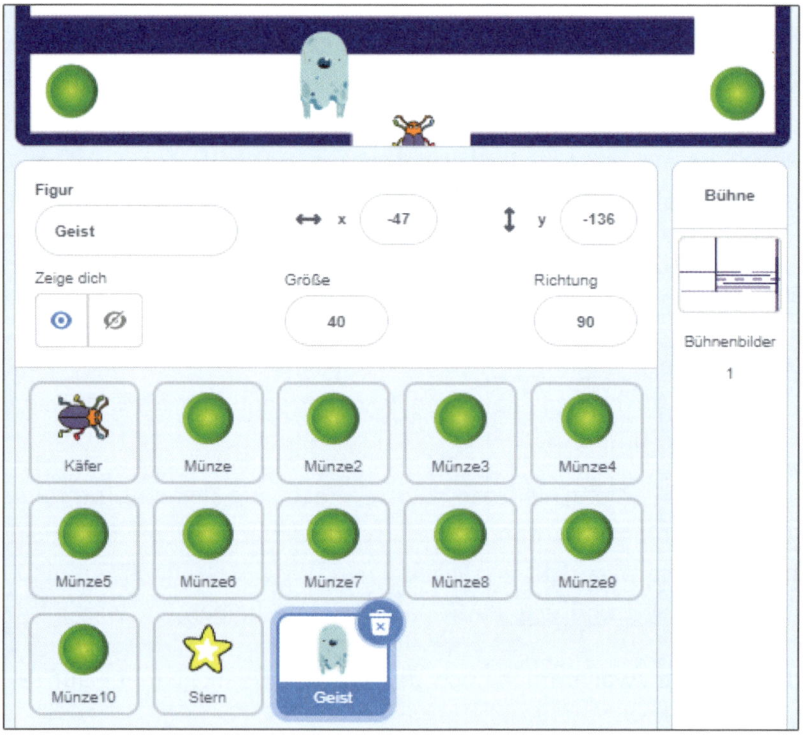

Beginnen wir mit dem Gespenst, das auf und ab schwebt. Es soll aktiv werden, sobald das Programm gestartet wird, also mit der grünen Flagge, und es soll erst mal nichts anderes tun, als sich in Richtung nach oben zu bewegen und vom Rand abzuprallen. Das kriegst du hin, oder?

Probiere es selbst, das Geisterskript zu schreiben. Anschließend zeige ich dir, wie das Skript aussehen sollte.

Die Auflösung sieht so aus:

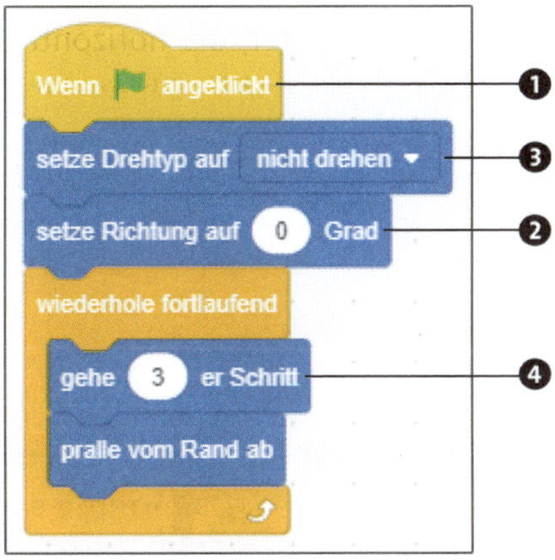

Kein großes Hexenwerk: Bei grüner Flagge ❶ geht es los, zu Anfang wird die Richtung auf `0` Grad gesetzt ❷ (nach oben), der Drehtyp wird auf `nicht drehen` gesetzt ❸, damit der Geist nicht auf der Seite liegt. Dann wird fortlaufend einen 3er-Schritt vorangegangen ❹ (du kannst die Schrittgröße auch ändern) und vom Rand abgeprallt.

Damit schwebt der Geist von unten nach oben und zurück – immer wieder. Natürlich soll jetzt aber auch etwas passieren, wenn er den Käfer berührt. Dann ist das Spiel nämlich verloren.

Also bauen wir in die Endlosschleife des Geistes noch eine kleine Abfrage ein. Wenn der Käfer berührt wird ... dann ... tja ... sende einfach mal die Nachricht `verloren` an alle. Diese Nachricht erstellst du neu. Wo die Nachricht empfangen und behandelt wird und was dann passiert, entscheiden wir wie üblich später.

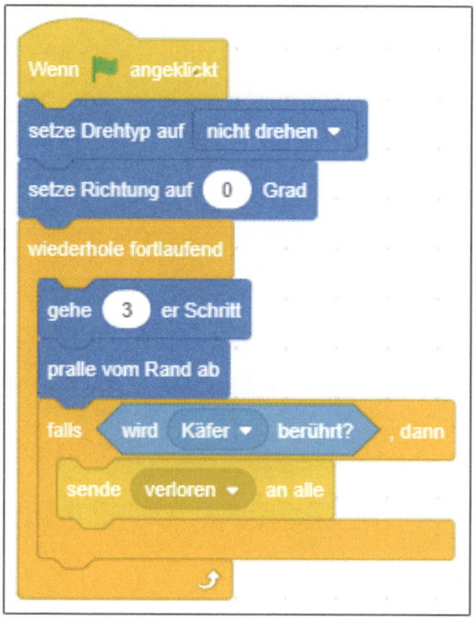

Damit ist das Geisterskript eigentlich fertig. Eine kleine optische Sache noch: Weil ja ein Geist ja über alles drüberschweben kann, wäre es cool, wenn er auch durchscheinend wäre – so wie es Geister nun mal sind. Das kannst du ganz leicht mit einem Aussehen-Effekt erreichen. Füge einfach diesen Befehl noch an den Anfang (gleich nach der Flagge) ein:

Und der Geist ist praktisch durchsichtig.

Teste einmal, ob es funktioniert, dass der Geist hübsch durchsichtig von unten nach oben und dann wieder von oben nach unten fliegt. Geht es? Dann bist du bereit. Dupliziere den Geist fünf Mal – sodass du sechs Geisterfiguren hast. Platziere die Geister in allen vier Ecken des Labyrinths und zwei (die dann horizontal laufen sollen) links und rechts im zweiten und dritten Gang von oben.

Die vier Geister in der obersten und untersten Reihe laufen also senkrecht hin und her, die anderen beiden laufen später waagerecht von links nach rechts und von rechts nach links.

So könntest du sie etwa anordnen:

Damit die Geister am Anfang des Spiels immer diese Startpositionen einnehmen, musst du ihnen natürlich allen einzeln die Position an den Anfang des Skripts schreiben. Das geht aber glücklicherweise recht einfach.

Du klickst in der Bibliothek alle sechs Geister nacheinander durch und wählst aus dem Skriptbereich **Bewegung** den gehe zu-Befehl.

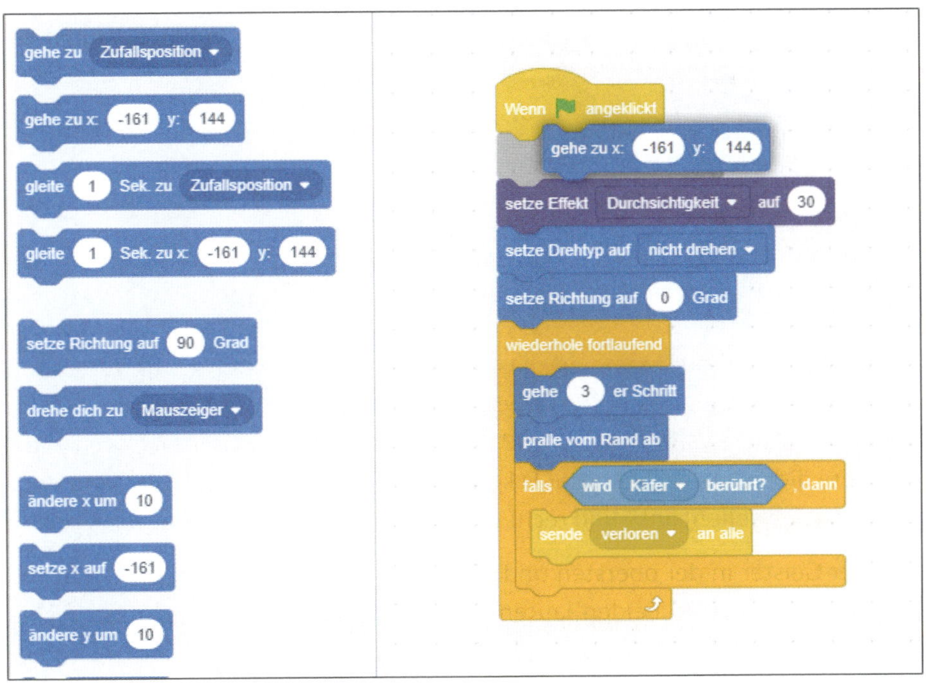

Gehe einen Geist nach dem anderen durch, und ziehe den »gehe zu«-Befehl in sein Skript – gleich an den Anfang seines Skripts. Damit werden die Anfangspositionen der Geister bei jedem Start wieder genauso gesetzt, wie sie jetzt stehen.

Der enthält, wenn du eine Figur angewählt hast, immer automatisch ihre aktuelle Position. Also musst du da nichts mehr eintragen, sondern du ziehst den Befehl einfach an den Anfang des Skripts des gewählten Geistes.

Und Achtung: Zwei der Geister sollen im Spiel *waagerecht* durch den Gang schweben, also von links nach rechts und zurück – nämlich der in der zweiten und dritten weißen Reihe von oben. Diese beiden Geister musst du noch nacheinander auswählen und ihr Skript leicht abändern. Beim rechten setzt du die Anfangsrichtung auf –90 Grad (nach links), beim linken setzt du die Anfangsrichtung auf 90 Grad (nach rechts).

So sollte am Ende das Skript des linken waagerechten Geistes etwa aussehen. Beim rechten steht dann »–90« in der Richtungsanweisung ❶.

Alles fertig? Dann starte mal. Ein tolles Gewusel der Geister, oder?

Noch kannst du gefahrlos mit dem Käfer die Geister berühren. Es wird dann zwar hinter den Kulissen eine Nachricht `verloren` an alle gesendet, aber die wirkt sich noch nicht aus, weil noch kein Skript auf sie reagiert. Das soll sich jetzt ändern!

Verloren beim Berühren der Geister

Zuerst musst du dir überlegen: Was soll passieren, wenn der Käfer einen Geist berührt? Soll einfach nur das Programm stoppen? Das wäre vielleicht ein bisschen langweilig. Soll der Käfer an die Startposition zurückgesetzt werden? Oder soll das Spiel mit der Mitteilung »VERLOREN« zu Ende gehen?

Probiere alle drei Varianten aus.

Das Programm bricht einfach ab, wenn der Käfer einen Geist berührt

Dieses Skript sollte wieder auf der Bühne platziert werden, weil es ja das ganze Spiel betrifft und nicht nur eine Figur.

Weißt du, wie du das programmierst? Denk dran – wenn der Käfer einen Geist berührt, wird automatisch die Meldung `verloren` an alle Elemente gesendet. Auf diese Meldung musst du jetzt nur reagieren.

Lösung: Wähle die Bühne an, und baue das folgende Skript dort hinein:

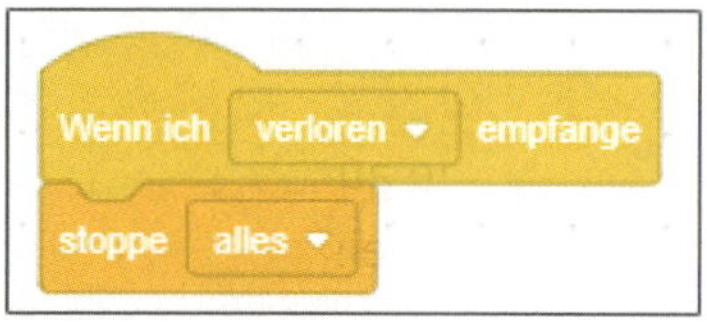

Die einfachste Lösung – aber vielleicht ein bisschen zu öde. Beim Berühren eines Geistes wird einfach abgebrochen – ohne Meldung und ohne Warnung. Wenn du willst, kannst du noch einen Klang dazusetzen, dann hört man wenigstens, dass man verloren hat.

Der Käfer wird wieder an den Anfang zurückgesetzt, wenn er einen Geist berührt

Dieses Skript ist auch nicht sonderlich schwierig, allerdings ist es einfacher, es dem Käfer zuzuordnen, damit du diesen dann direkt auf seine neue Position (Startposition) setzen kannst.

Lösche zuerst das Abbruch-Skript von eben von der Bühne, denn sonst bricht das Programm auf jeden Fall ab, sobald du einen Geist berührst.

Versuche, auch das nächste Skript einmal alleine hinzubekommen. Wähle den Käfer aus, und programmiere, dass der Käfer wieder auf seine Ausgangsposition zurückgesetzt wird, wenn `verloren` empfangen wird. Du kannst auch gern noch einen Klang hinzufügen.

Die Lösung lautet:

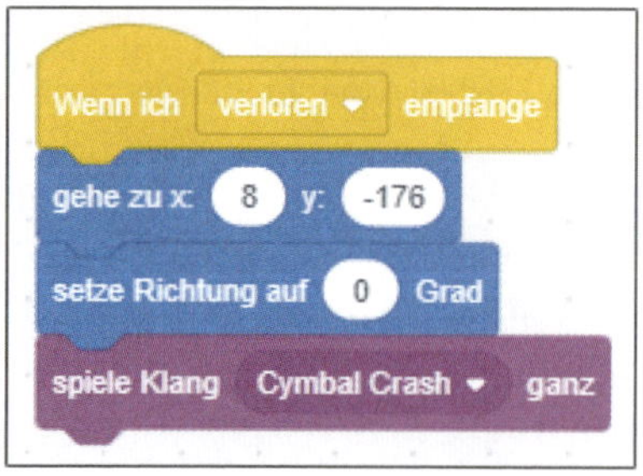

So oder ähnlich sollte das neue Skript des Käfers aussehen. Beim Empfangen von `verloren` wird er einfach wieder an dieselbe Position gesetzt, an der er schon beim Start platziert wurde, sowie auf Richtung 0 Grad (nach oben). Außerdem wird dann noch der Klang `Cymbal Crash` abgespielt. Du kannst natürlich auch einen anderen wählen – aber zuerst musst du deinen gewünschten Klang im Reiter **Klänge** dem Käfer zuordnen.

So kann man das Spiel doch schon spielen. Probiere es gerne aus. Es ist richtig schwierig. Wenn es dir zu schwer ist, musst du entweder die Geister langsamer oder den Käfer schneller machen. Das geschieht, indem du die Schrittweite in jedem einzelnen Geist änderst (zum Beispiel auf `2` oder `1`) oder einmalig im Käferskript (auf `4` oder `5` und entsprechend `-4` und `-5` beim Rückschritt).

Der einzige Nachteil bei dieser Lösung: Man kann das Spiel nicht verlieren, weil man ja immer wieder neu starten kann. Wenn das okay für dich ist, kannst du das Skript so lassen. Das Spiel macht so auf jeden Fall Spaß. Wenn es aber doch beim Berühren eines Geistes beendet sein soll, dann wäre es zumindest gut, wenn es dafür eine Mitteilung gäbe.

Spiel wird mit Mitteilung beendet

Bevor du ausprobierst, das Spiel mit einer Mitteilung zu beenden, musst du wieder die vorherige Lösung deaktivieren. Das geht, indem du das Ereignis `wenn ich verloren empfange` im Käferskript vom Programm trennst. Dann wird es nicht mehr ausgeführt.

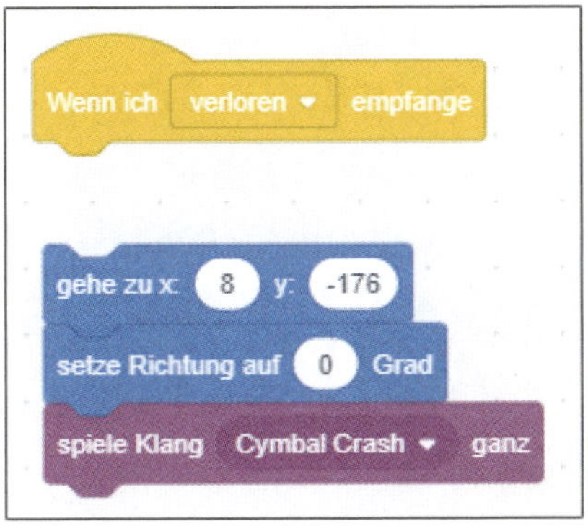

Nun gehst du genauso vor wie beim Springball-Spiel (Kapitel 10 und Kapitel 11): Du erstellst (zeichnest) eine Figur, die aus einem Textschild »Leider verloren« oder ähnlich besteht. Diese Figur ist am Anfang unsichtbar, reagiert auf die Meldung `verloren` und zeigt sich dann (wird sichtbar). Danach beendet sie das Spiel. Versuche auch dies erst einmal selbst!

Lösung: Erstelle eine neue Figur, indem du auf **Malen** gehst:

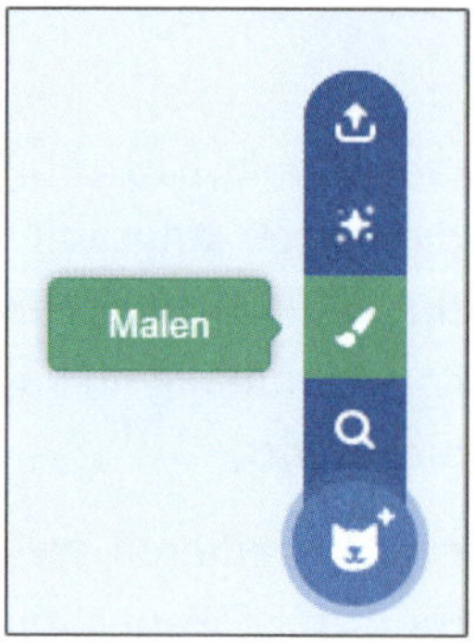

Nun baue ein Schild im Editor, das vielleicht so oder ähnlich aussieht:

Nenne die Figur **Verloren-Schild**, und platziere sie in der Mitte der Bühne.

Jetzt erhält diese Figur im Skriptfenster zwei Skripte:

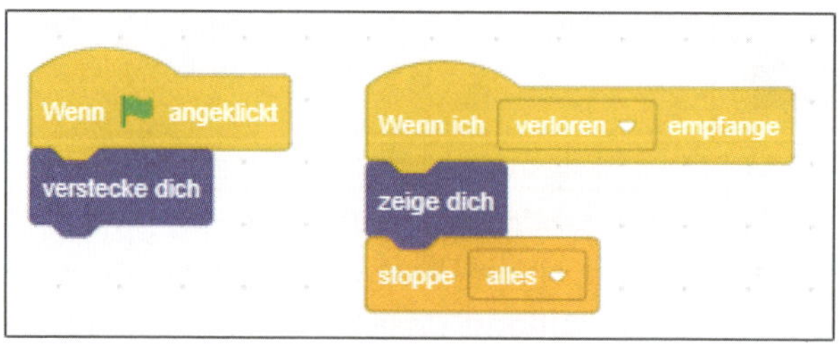

Links: Wenn das Spiel beginnt, muss die Figur unsichtbar werden. Rechts: Wenn das Spiel verloren ist, zeigt sich das Schild, und das gesamte Programm wird beendet.

Das funktioniert – probiere es aus! Welche Lösung du verwenden möchtest – die zweite oder die dritte –, ist ganz dir überlassen.

Das Spiel gewinnen

Jetzt muss man das Spiel auch noch gewinnen können, indem man alle grünen Münzen einsammelt und dann den Stern berührt. Sonst wäre die ganze Mühe ja vergebens.

Wir haben das ja alles schon vorbereitet. Die Meldung gewonnen wird automatisch gesendet, wenn der Stern berührt wird, und der Stern erscheint, wenn alle Münzen eingesammelt sind. Fehlt also nur noch der Abschluss. Und das machst du im Prinzip genauso wie eben beim Verlieren des Spiels. Du brauchst eine Figur als Grafik – ein Schild oder einen Text, der sagt, dass das Spiel gewonnen ist. Diese Figur erscheint, sobald die Meldung gewonnen empfangen wird, und beendet das Spiel.

Das schaffst du jetzt auf jeden Fall alleine, oder? Erstelle dir wieder eine neue Figur mit dem Zeicheneditor. Zum Beispiel so:

Diese Mitteilung kannst du natürlich gestalten, wie du möchtest.

Und nun erhält dieses Schild ganz ähnliche Skripte wie das Verloren-Schild:

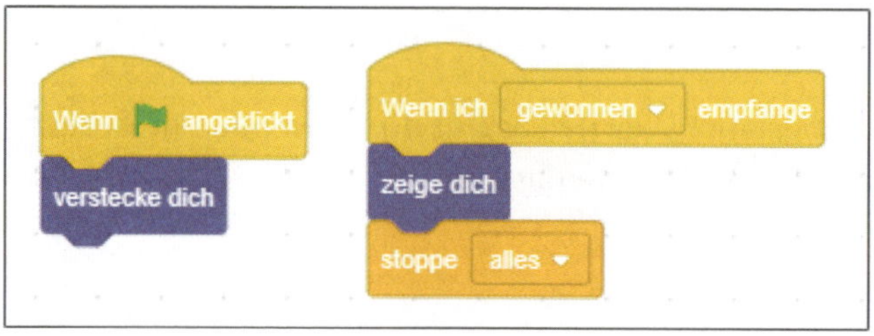

Beim Start des Spiels ist diese Mitteilung unsichtbar. Beim Berühren des Sterns (wenn »gewonnen« empfangen wird) zeigt sich das Schild, und das Spiel ist beendet (gewonnen).

Das war der gesamte Grundaufbau des Spiels. Das Spiel ist spielbar. Man kann es gewinnen oder verlieren. Und es ist gar nicht so einfach.

Wie kannst du das Spiel nach deinen eigenen Vorstellungen weiter ausbauen?

Eigentlich ganz, wie du willst. Teste, worauf du auch immer Lust hast. Hier ein paar Anregungen:

- Füge eigene Klänge hinzu.
- Ändere die Geschwindigkeit der Geister und des Käfers (Geister müssen in jeder Figur umgestellt werden, Käfer nur einmal, und der entsprechende Minuswert muss angepasst werden), bis dir der Schwierigkeitsgrad perfekt vorkommt.
- Füge eine Variable hinzu, die die Leben zählt. Am Anfang ist sie vielleicht auf `3`, beim Berühren der Geister wird der Käfer wieder nach unten gesetzt, und Leben wird um 1 kleiner (`ändere leben um -1`), wenn `leben` auf `0` ist, wird das Spiel beendet.
- Füge einen Startbutton hinzu.
- Lass im Hintergrund Musik laufen.

Vielleicht findest du einige dieser Vorschläge noch ein bisschen schwierig? Nun, alles ist Übungssache. Du kannst das Spiel auch erst einmal abspeichern, wie es ist, und im Buch weitermachen. Später kannst du das Spiel wieder aufgreifen und mit neuen Kenntnissen ausbauen!

Kapitel 15
Scratch kann rechnen, würfeln und übersetzen – Operatoren und Spezialbefehle

Ein Computer kann rechnen. Das ist nichts Besonderes, denn das ist sogar seine Hauptfähigkeit. Aber wir haben das Rechnen bisher immer nur ab und zu und ganz nebenbei eingesetzt. Je fortgeschrittener unsere Projekte werden, desto öfter werden wir allerdings auch in ihnen Zahlenwerte durch Rechnung ermitteln. In diesem Kapitel steht der Umgang mit Zahlen im Vordergrund. Aber auch mit Wörtern und Sprache kann Scratch souverän umgehen.

Der Skriptbereich »Operatoren«

Wenn du im Skriptbereich auf die Operatoren gehst, findest du dort zahlreiche Blöcke, die dazu dienen, Zahlen (oder auch Wörter) miteinander zu verbinden und Vergleiche oder Berechnungen mit ihnen auszuführen. Einige davon hast du bereits in Spielen verwendet, nämlich die Vergleichsoperatoren und Plus- und Minusberechnungen – ein paar andere Operatoren hast du bisher noch nicht kennengelernt.

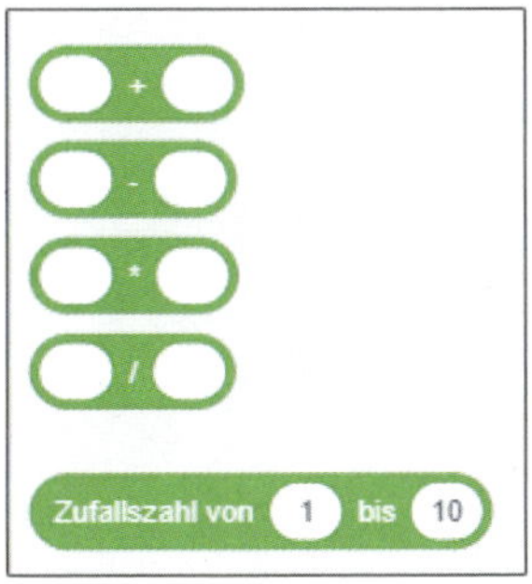

Mit den ersten vier Blöcken kannst du Werte oder Variablen addieren, subtrahieren, multiplizieren und dividieren. Der fünfte Block erzeugt eine zufällige Zahl zwischen zwei vorgegebenen Werten.

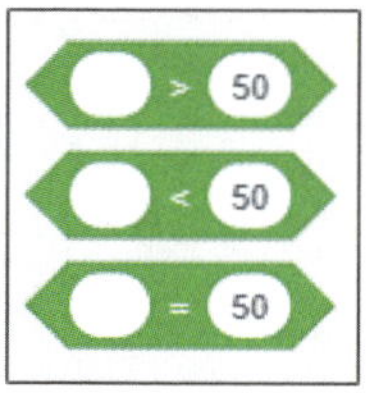

Mit diesen Blöcken, den Vergleichsoperatoren, kannst du in einer Bedingung prüfen, ob ein Wert oder eine Variable kleiner oder größer als ein anderer Wert ist – oder ob beide gleich sind.

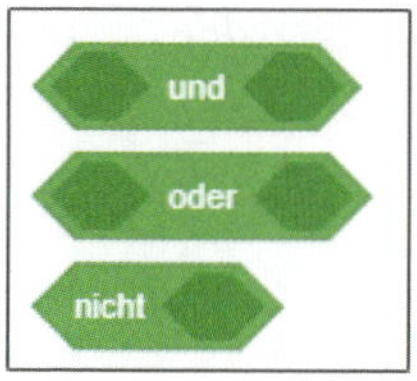

Mit den ersten beiden Blöcken kannst du mehrere Bedingungen verknüpfen und somit prüfen, ob entweder beide Bedingungen zutreffen (Und-Verknüpfung) oder eine von beiden (Oder-Verknüpfung). Mit dem dritten Block prüfst du, ob eine Bedingung NICHT zutrifft (Nicht-Verknüpfung).

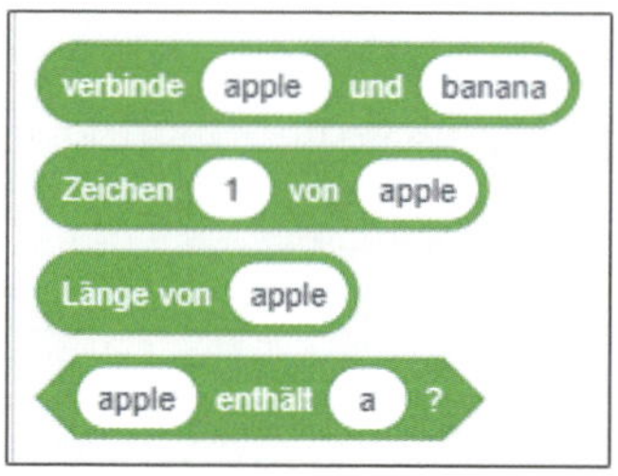

Hier kannst du Zeichen oder Wörter miteinander verbinden oder einzelne Zeichen von Wörtern verwenden und prüfen.

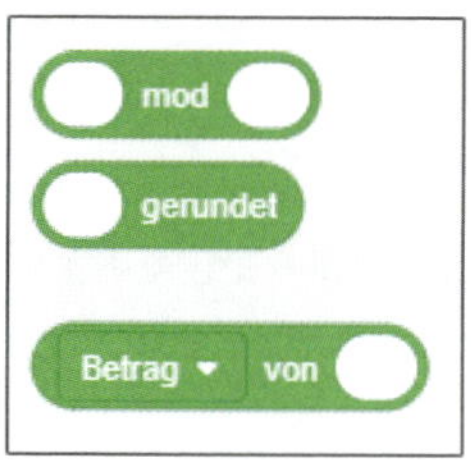

Das hier sind spezielle Berechnungen zum Ermitteln des Divisionsrestes oder zum Runden einer Zahl. Der unterste Block ist ein Multi-Rechen-Operator. Er ermittelt den Betrag einer Zahl. Du kannst seine Funktion aber auch ändern, indem du auf »Betrag« klickst und somit zahlreiche mathematische Funktionen auswählen kannst, wie spezielle Rundungen, Quadratwurzel, Sinus, Cosinus, Tangens, Logarithmus und vieles mehr.

Testen wir mal los. Starte ein neues *Scratch*-Projekt, und gib der Katze folgendes Mini-Skript:

Nun klicke die Katze an – was passiert? Sie nennt das korrekte Ergebnis der Berechnung im grünen Block:

Der grüne Block wurde also von *Scratch* automatisch berechnet. Das Ergebnis wird mit dem sage-Befehl ausgegeben. Das kannst du mit allen vier Grundrechenblöcken machen: plus, minus, mal, geteilt. Probiere einmal verschiedene Aufgaben aus.

Und wenn die Rechnung länger ist – zum Beispiel 3 * 5 + 7? Dann musst du einfach zwei grüne Blöcke ineinander verschachteln.

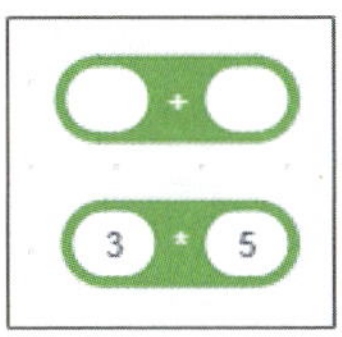

Den unteren Block ziehst du jetzt in das linke weiße Feld vom oberen Block und schreibst die 7 in das rechte.

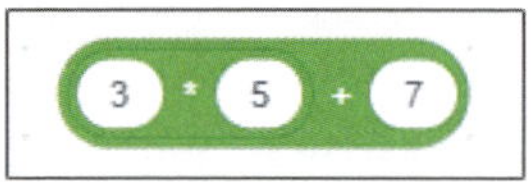

Auf die Weise kannst du sogar beliebig viele Operatoren miteinander verbinden. Oder du kannst Text und Zahlen miteinander kombinieren. Probiere mal das hier – dazu brauchst du auch noch den Operator `verbinde`:

Mit dem Verbinden-Operator hängst du also zwei Elemente (Texte oder Zahlenwerte) aneinander. Im linken Teil steht `Das Ergebnis lautet` – mit einem Leerzeichen am Ende. In den rechten Teil ziehst du unser Rechenbeispiel.

Wenn du jetzt die Katze anklickst, kommt:

Richtig interessant wird es aber erst, wenn du statt Zahlen *Variablen* in die Operatorblöcke einträgst, denn dann kann Scratch in einem Programm Werte ausrechnen, die nicht schon vorher feststehen.

Fragen und Antworten

Nicht alle Werte müssen schon im Programm angelegt sein. Es muss ja auch eine Möglichkeit geben, während des Programmablaufs Werte einzugeben, auf die das Programm reagieren kann. Dafür gibt es in Scratch den *frage*-Befehl. Den finden wir lustigerweise unter **Fühlen** im blauen Bereich. Er hätte auch bei den Variablen oder Operatoren stehen können.

Probiere mal dieses Skript für die Katze aus – dann weißt du, wie der Frage-Befehl funktioniert. (Nach dem `Hallo` muss ein Leerzeichen stehen.)

Klickst du jetzt auf die Katze, fragt sie dich nach deinem Namen. Den kannst du unten in der Eingabezeile eingeben. Das Skript hält so lange an, bis du etwas eingegeben hast und die [↵]-Taste gedrückt hast. Du kannst aber auch auf den blauen Haken klicken.

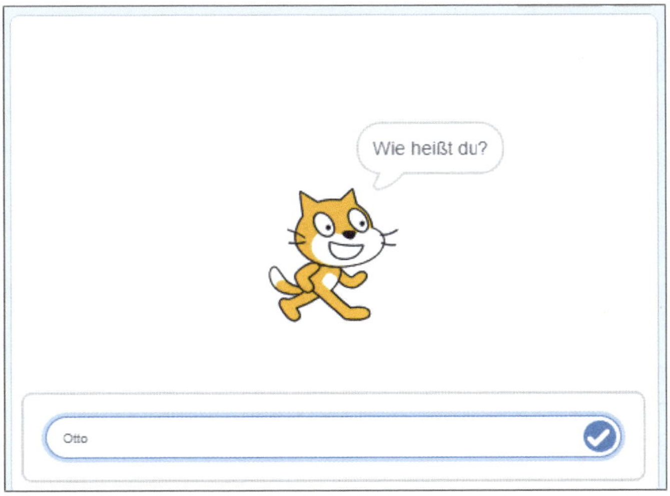

Danach begrüßt die Katze dich mit »Hallo« und deinem Namen.

Mit frage kann also eine Zahl oder ein Wort eingegeben werden. Mit dem Wert Antwort kannst du die bei der Frage eingegebene Antwort weiter im Skript verwenden und verarbeiten. Daraus kann man zum Beispiel auch einen kleinen Rechner machen:

Gehe in den Bereich **Variablen**, klicke zwei Mal nacheinander auf **Neue Variable**, und lege damit zwei neue Variablen an: Nenne sie einfach x und y.

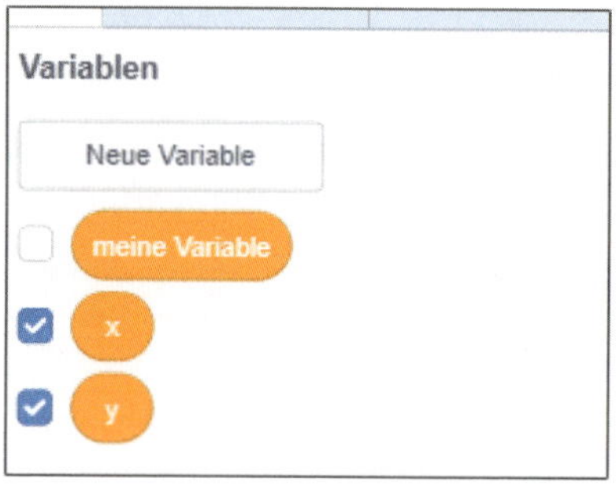

In diese beiden Variablen sollen Werte hineinkommen, die du während des Programms eingibst. Dann soll Scratch die Summe aus beiden berechnen. Wie geht das?

Einen Wert eingeben und in einer Variablen speichern

Wenn du in Scratch einen Wert eingeben möchtest, geschieht das mit dem Block frage. Wenn du die Antwort in einer Variablen aufbewahren möchtest, um ihn später noch zu verwenden, dann musst du nach dem Fragebefehl deine Variable auf den Wert der Antwort setzen. Damit speicherst du den eingegebenen Wert in einer Variablen und kannst ihn später jederzeit weiterverwenden.

Das sieht dann so aus – angenommen, du willst den eingegebenen Wert in der Variablen x speichern.

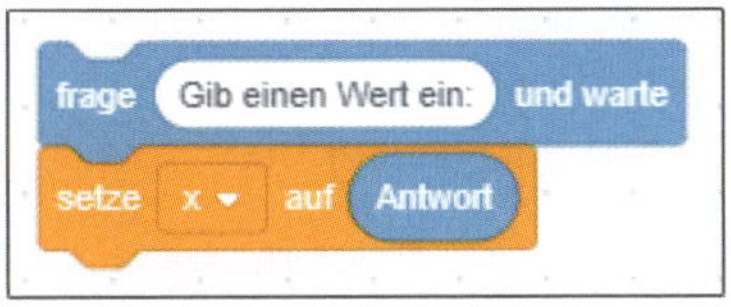

Damit hast du den eingegebenen Wert in der Variablen x gespeichert und kannst damit auch später noch Berechnungen machen.

Du möchtest jetzt also zwei Werte (x und y) eingeben und die Summe aus beiden anzeigen lassen. Das geht zum Beispiel so:

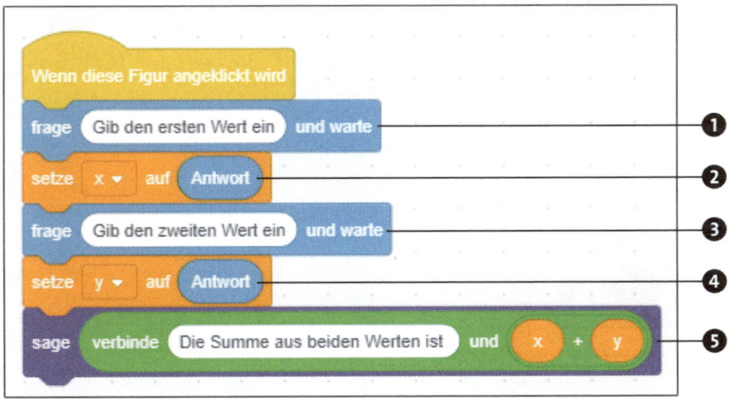

Ales klar? Der erste Wert wird eingegeben ❶, und die Antwort wird in der Variablen x gespeichert ❷. Der zweite Wert wird eingegeben ❸, und die zweite Antwort wird in der Variablen y gespeichert ❹. Jetzt können wir den +-Operator verwenden und x und y einfach zusammenzählen. Das Ergebnis wird mit einem kleinen Text verknüpft ausgegeben ❺. Fertig. Die Katze zählt für uns Zahlen zusammen!

Aufgabe: Deine eigene Rechenmaschine

Erstelle eine Rechenmaschine, die Zahlen multipliziert, teilt oder andere Rechnungen für dich ausführt. Verwende dazu den Minus-, Mal- oder Geteilt-Operator. Wenn du willst, kannst du auch eine Wurzel berechnen lassen. Das geschieht mit dem Multi-Rechen-Operator (s. o.).

Zufallszahlen: Die Katze würfelt

Ein besonders interessanter Block unter den Operatoren ist dieser hier:

Damit wird eine »zufällige Zahl« erzeugt. In der vorgegebenen Einstellung liegt die Zahl zwischen 1 und 10 – aber du kannst hier zwei beliebige Werte eintragen. Jedes Mal, wenn du diesen Block verwendest, generiert er eine Zahl zwischen dem ersten und dem zweiten Wert. Welche Zahl es ist, weißt du nicht – es ist eben »Zufall«.

Wie gehst du also vor, wenn die Katze für dich »würfeln« soll? Ganz einfach. Du erzeugst eine Zufallszahl zwischen 1 und 6.

Ganz simpel sähe das Skript für die Katze dann so aus:

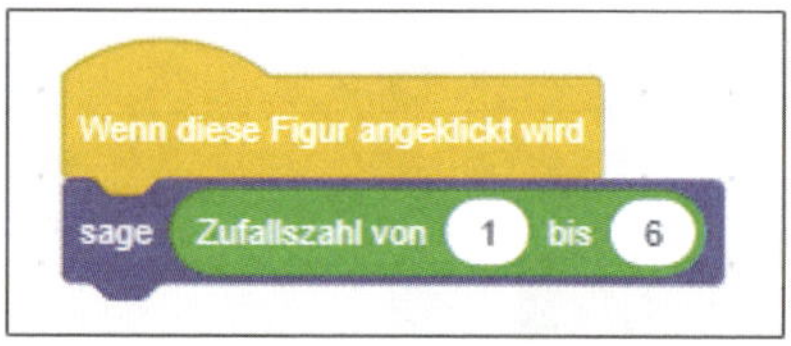

Jedes Mal, wenn du jetzt auf die Katze klickst, sagt sie dir eine zufällige Zahl zwischen 1 und 6 – also eine Würfelzahl. Die Katze würfelt für dich.

Aber das kann man natürlich noch schöner machen, wenn man möchte.

1. Erstelle eine neue Figur **Würfel**.

2. Wähle als Bild aus den Vorgaben von Scratch die türkise 1.

3. Nun gehst du auf den Editor der Figur (oberer Reiter **Kostüme**) und lädst 5 weitere Kostüme für die Figur hinzu, die die Zahlenbilder von 2 bis 6 erhalten. Achte auf die richtige Reihenfolge.

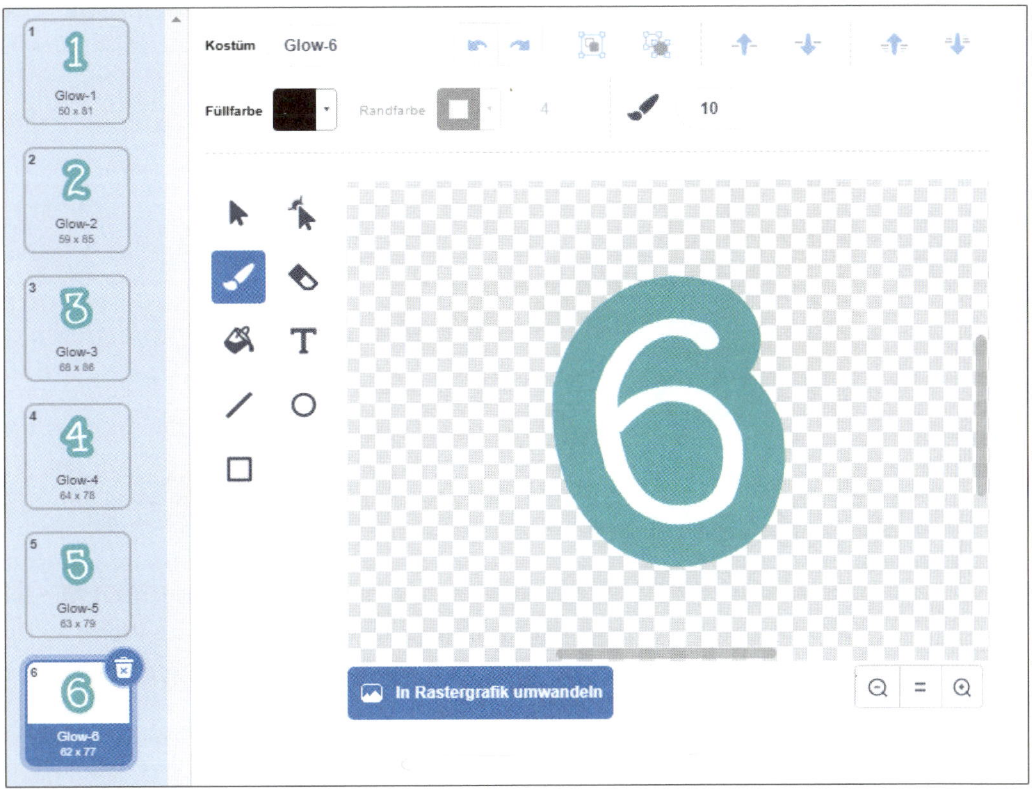

4. Jetzt bekommt die Figur **Würfel** das folgende Skript:

Was passiert da? Sobald die Zahl angeklickt wird, wechselt die Kostümnummer auf eine zufällige Zahl zwischen 1 und 6. Da die Kostüme gleichzeitig die Bilder der Zahlen von 1 bis 6 sind, wird also jedes Mal ein zufälliges Zahlenbild zwischen 1 und 6 angezeigt. Wir haben damit also einen grafischen Würfel, der bei jedem Anklicken einmal würfelt.

Du kannst den Würfel natürlich auch noch beliebig verbessern. Wie wäre es damit:

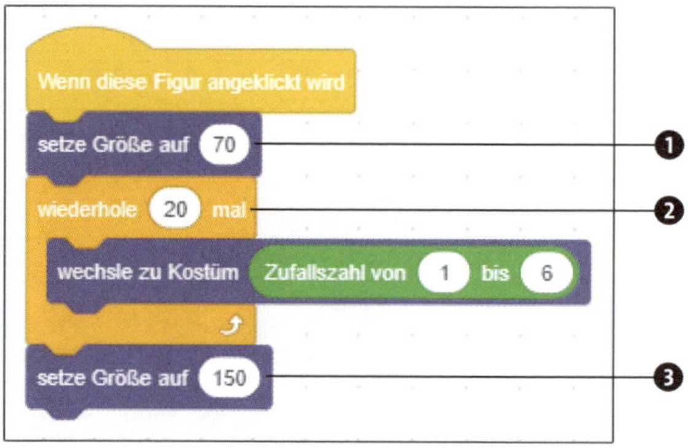

Was macht dieses Skript? Erst wird die Darstellung der Zahl verkleinert (70 % ihrer Größe) ❶.

Dann wird sie 20 Mal nacheinander sehr schnell zufällig gewechselt ❷ – so, als wenn ein Würfel auf dem Tisch rollt und dabei verschiedenste Werte zu sehen sind –, danach wird die Größe der Zahl auf 150 % (also richtig groß) gesetzt ❸, und die letzte Zufallszahl bleibt stehen.

Wie immer kannst du auch das noch weiter ausbauen und verbessern. Zum Beispiel mit einem Geräusch, das der Würfel macht – oder mit noch besseren Zahlenbildern, die du selbst malen kannst. Wie wäre es mit echten Würfeloberflächen?

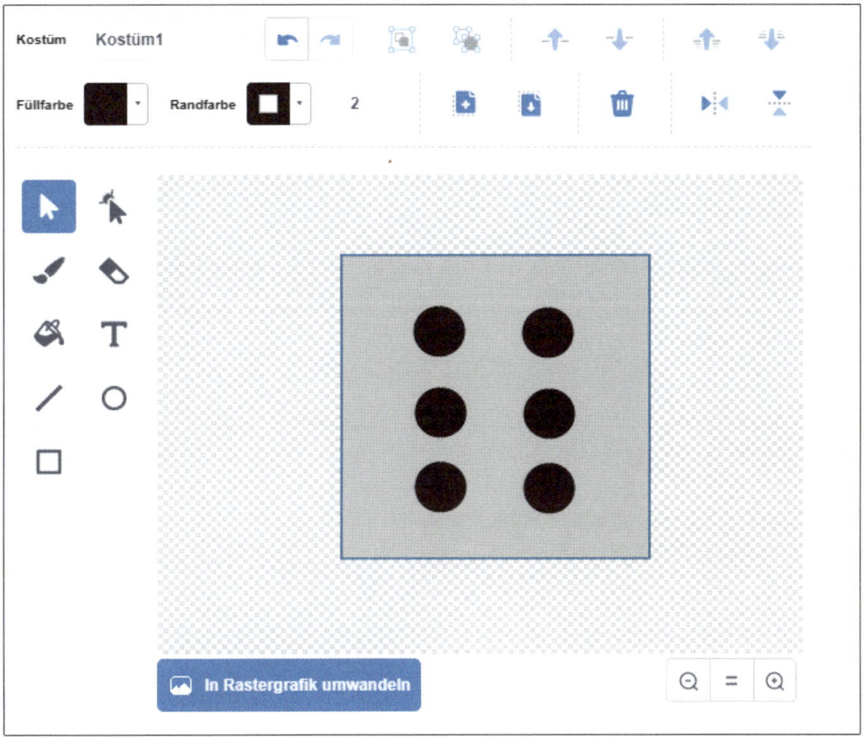

Die Grenze ist nur deine Fantasie – so kannst du zum Beispiel eine Würfeloberfläche zeichnen. Wenn du das für alle sechs Zahlen machst, hast du am Ende einen »echten« Würfel.

Zahlenraten mit der Katze

Als Nächstes bauen wir ein richtiges Ratespiel mit der Katze. Die Katze denkt sich zuerst eine Zahl zwischen 1 und 100 aus – und du musst die Zahl raten. Die Katze gibt nach jeder deiner Eingaben Hinweise, ob ihre gedachte Zahl höher oder niedriger als deine geratene ist, bis du die Zahl erraten hast. Wenn du es dir zutraust, kannst du versuchen, das Spiel zuerst einmal allein zu bauen.

Ansonsten kannst du auch dieser Anleitung folgen:

1. Starte ein neues Projekt. Lass die Katze da. Wir werden sie verwenden.
2. Erstelle zwei Variablen: `Zufall` und `Eingabe`.

3. Zu Beginn des Spiels (mit Klick auf die Flagge) wird die Variable `Eingabe` auf `0` gesetzt und die Variable `Zufall` auf eine Zufallszahl zwischen 1 und 100. Das sind die beiden Startwerte.

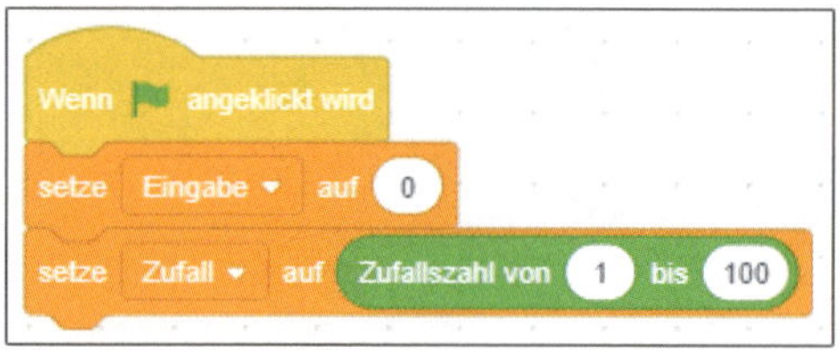

4. Eine Zahl wird eingegeben und in der Variablen `Eingabe` gespeichert.

5. Nun wird in zwei `falls-dann`-Abfragen nacheinander geprüft, ob die Zahl zu groß ist oder ob sie zu klein ist, und dementsprechend wird geantwortet.

Falls die Eingabe kleiner ist als die ausgedachte Zufallszahl, wird »Die Zahl ist zu klein!« gesagt ❶, falls die Zahl größer ist als die Zufallszahl, wird »Die Zahl ist zu groß!« gesagt ❷.

6. Das Ganze muss natürlich immer wieder wiederholt werden – so lange, bis die Eingabe stimmt, also gleich der Zufallszahl ist. Dazu verwenden wir eine clevere `wiederhole-bis`-Steuerung (siehe auch Abschnitt »Schleife mit eingebauter Bedingung – ›wiederhole bis …‹«). Diese Schleife endet automatisch, wenn die eingegebene Zahl »richtig« ist, also gleich der Zufallszahl.

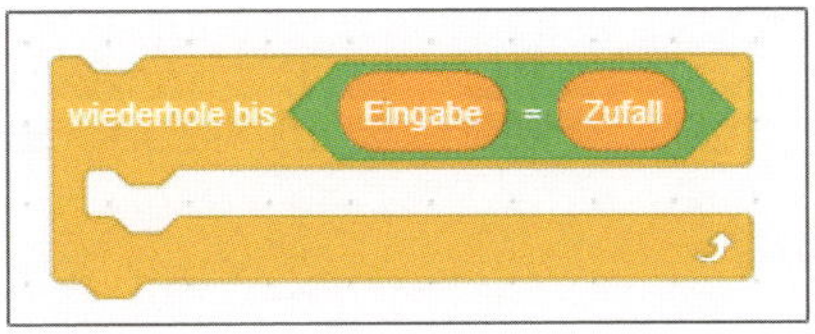

7. Dort kommt die Abfrage hinein – nun wird also so lange weitergefragt, bis die Zahlen (Eingabe und Zufallszahl) wirklich beide gleich sind.

8. Und am Schluss – wenn diese Schleife beendet wird, weil beide Zahlen gleich sind – wurde das Ziel erreicht, und die Katze gratuliert.

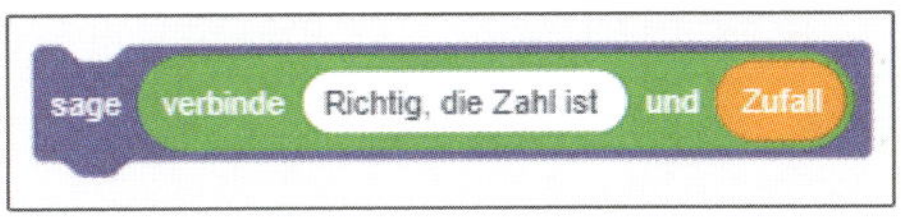

Das gesamte Skript sieht dann also so aus:

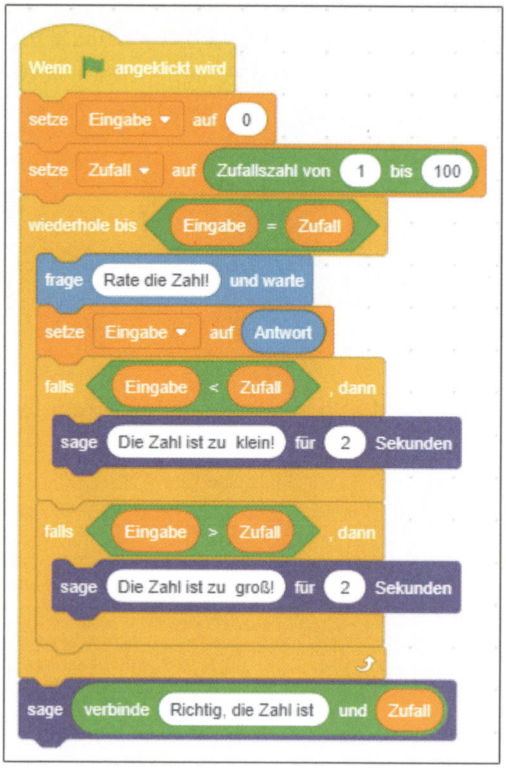

Mit dem Klick auf die Flagge geht das Ratespiel los. Die Katze denkt sich eine Zahl aus, du darfst raten – bis die Zahl am Ende stimmt.

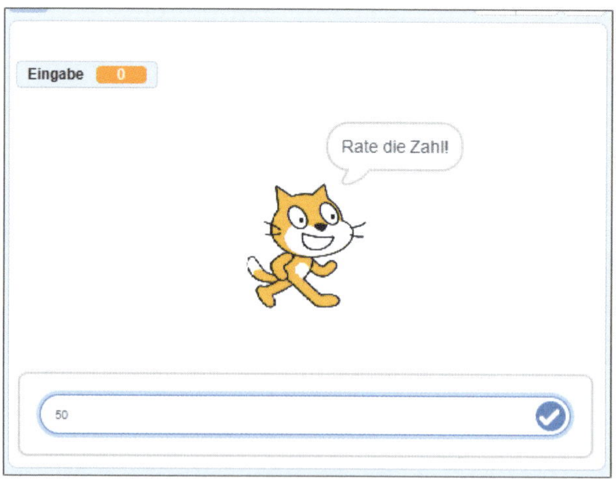

Erst mal in der Mitte beginnen …

Dann weiter vorantasten …

… bis die Zahl stimmt! Viel Spaß beim Spielen!

Erweiterungen machen dein Spiel noch besser

Auch dieses Spiel kannst du selber noch richtig gut ausbauen. Zum Beispiel mit anderen Figuren, einem netten Hintergrund, einer längeren Einleitung, Geräuschen oder richtig gesprochener Sprache statt Sprechblase, einem Zähler (neue Variable), der nach jeder Eingabe um 1 erhöht wird, sodass die Figur dir am Schluss sagen kann, wie viele Versuche gebraucht wurden usw.

Spektakulär: Die Katze kann auch übersetzen

Zum Schluss dieses Kapitels noch etwas ganz Besonderes – eine neue Fähigkeit von *Scratch 3*: Mit *Scratch* kann man den Übersetzungsdienst von Google in seinen eigenen Programmen verwenden. Das heißt: Die Übersetzungsbefehle von *Scratch* können Wörter oder auch ganze Sätze *von einer Sprache in die andere übertragen*.

Der Übersetzer braucht eine Internetverbindung
Damit das Modul funktioniert, musst du mit dem Computer online sein, denn der Übersetzungsdienst findet im Internet statt.

Starte ein neues Projekt, und aktiviere durch Klick auf den blauen Button ganz links unten die Erweiterung **Übersetzen**.

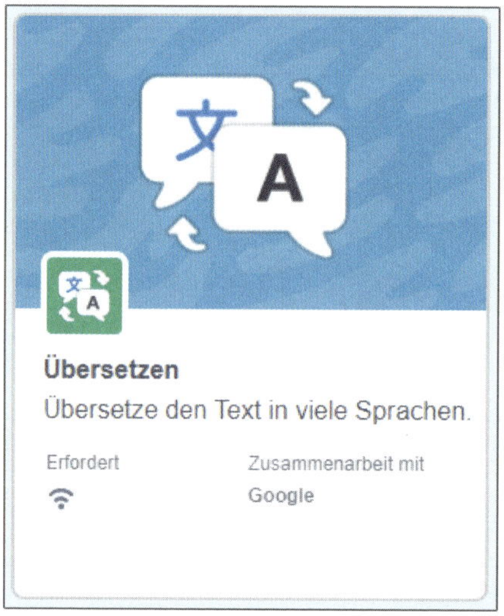

Dadurch bekommst du einen wichtigen neuen Befehl:

Dieser Block wandelt jeden Satz oder jedes Wort von Deutsch in eine andere gewählte Sprache um. So kann die Katze zum Beispiel »Wie geht's?« in drei Sprachen sagen:

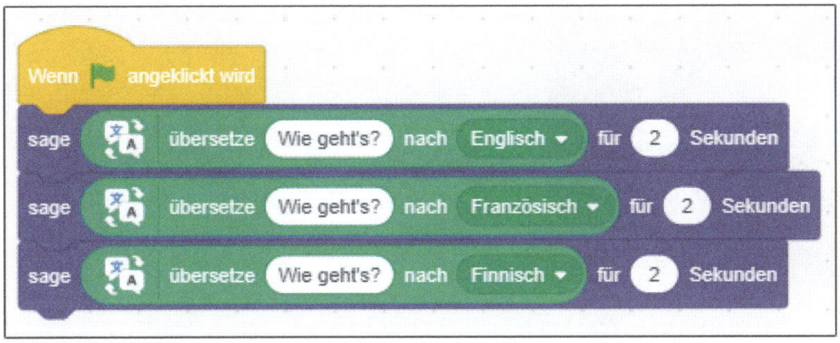

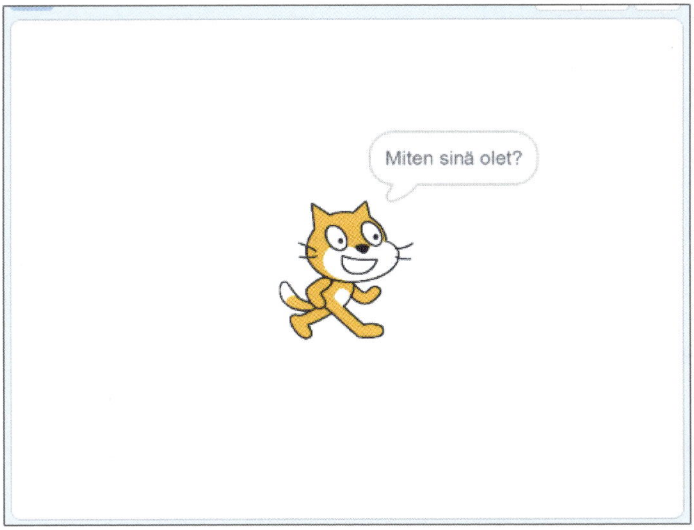

Das wäre »Wie geht's?« auf Finnisch!

Aber auch fast alle anderen Sprachen der Welt sind möglich. Du kannst die Sprache auf Chinesisch, Japanisch, Russisch, Hebräisch, Isländisch umstellen – immer wird dir eine passende Übersetzung angezeigt.

Noch spannender wird das Ganze, wenn du zusätzlich noch die Erweiterung *Text-zu-Sprache* aktivierst. Du hast diese Erweiterung ja schon im Abschnitt »Text zu Sprache« kennengelernt. Auf diese Weise kann *Scratch* nicht nur etwas übersetzen, sondern das Übersetzte auch in der fremden Sprache *vorsprechen*.

Klicke auf die Erweiterungen (links unten), und aktiviere **Text zu Sprache**.

Jetzt können wir »Wie geht's?« nicht nur ins Chinesische übersetzen, sondern sogar auf Chinesisch anhören. Denk dran, dass die Sprache des Sprechers auch immer richtig eingestellt werden muss (mit `setze Sprache auf`), damit die Aussprache korrekt funktioniert.

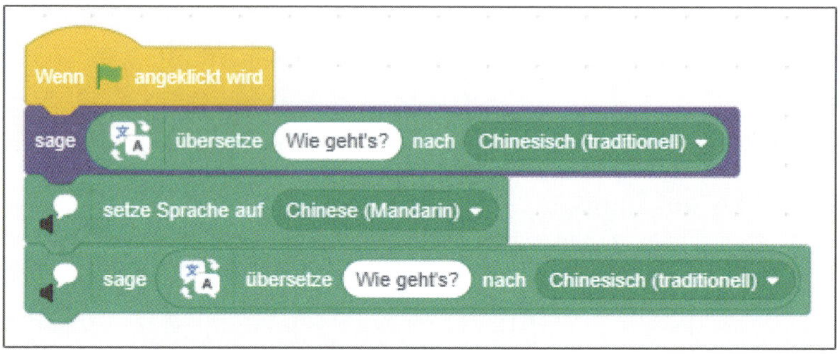

Dein eigener Übersetzer

Aus alledem kannst du jetzt ein kleines Programm bauen, in dem du ein Wort oder einen Satz auf Deutsch eingibst, der dann von der Katze schriftlich und mündlich in eine Sprache deiner Wahl übersetzt wird. Exotische Sprachen sind dabei spannend, aber du kannst das Programm auch einfach verwenden, um etwas ins Englische zu übersetzen.

Was soll das Programm können?

- Ein Text wird eingegeben.
- Der Text wird auf Deutsch wiederholt und gesprochen.
- Der Text wird übersetzt ausgegeben.
- Der Text wird übersetzt vorgesprochen.

Versuche einmal, dieses Programm selbst zu bauen. Du brauchst eine Variable – nenne sie am besten `Text` –, und du brauchst die Bausteine, die wir eben kennengelernt und verwendet haben.

Hier ist eine mögliche Lösung für die Sprache Englisch:

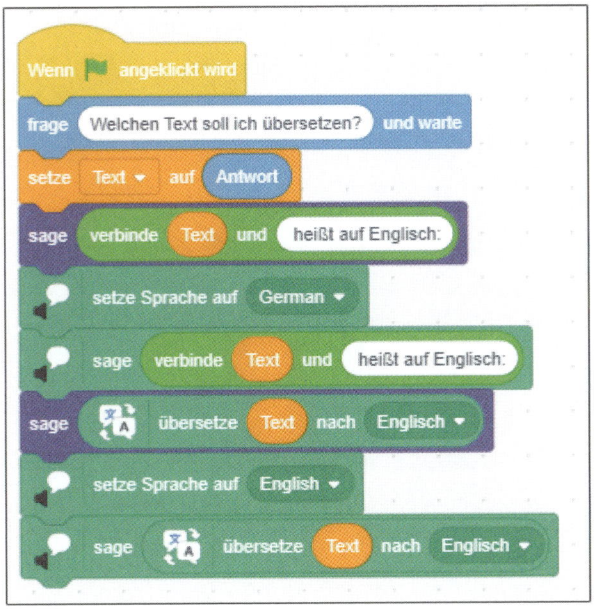

Probiere es aus. Es ist wirklich cool. Die Katze übersetzt dir jeden Satz ins Englische – oder in jede andere Sprache, die du möchtest! Nur wenige Bausteine in Scratch machen es möglich!

Kapitel 16
Der Krieg der Klone – aus einem mach viele!

Das Klonen – also das Vervielfachen einer Figur während des Programmablaufs – ist schon eine etwas fortgeschrittene Technik. Hat man sie einmal verstanden, kann man wirklich tolle Sachen damit machen.

Vielleicht hast du die Befehle zum Klonen einer Figur schon in der Code-Bibliothek gesehen und dich gefragt, wozu sie gut sein könnten. Klonen heißt vervielfältigen oder kopieren – ein Klon ist bei *Scratch* also eine Kopie einer Figur, die während des Programmablaufs erzeugt werden kann – mit allen Eigenschaften und auch mit den Skripten, die zu ihr gehören.

Wozu braucht man Klone?

Stell dir vor, du willst in einem Spiel *99 Luftballons* herumfliegen lassen. Klar, du kannst einen Luftballon erstellen und diese Figur dann 98 Mal von Hand duplizieren. Das ist aber recht mühsam, und es wird schnell sehr unübersichtlich in deiner Bibliothek. Und stell dir vor, du willst jetzt etwas an dem Skript der Figur ändern. Blöd – denn das musst du dann 99 Mal machen. Und stell dir vor, du willst das Programm so umbauen, dass entweder 10, 100 oder 200 Luftballons erscheinen.

Für all das sind Klone eine ungeheuer praktische Erfindung in *Scratch*. Aber genug erklärt: Wir probieren es einfach aus!

Als Erstes startest du ein neues Projekt, löschst die Katze und erstellst als Figur einen einzelnen Luftballon. Mache ihn gleich klein (vielleicht 30 %), damit wir Platz für viele haben.

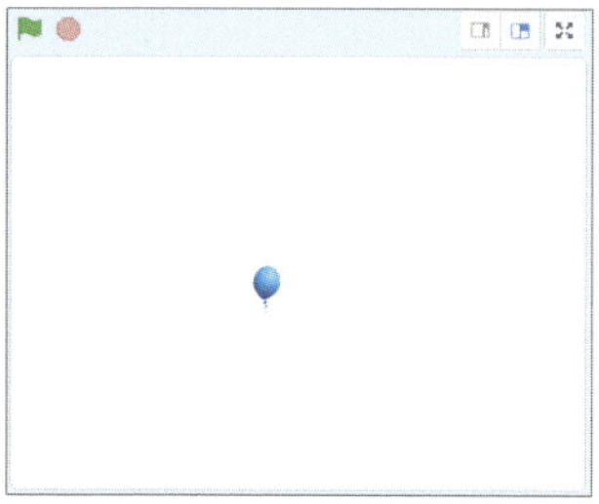

Nun bekommt der Luftballon ein kleines Skript, mit dem er munter über die Bühne fliegt.

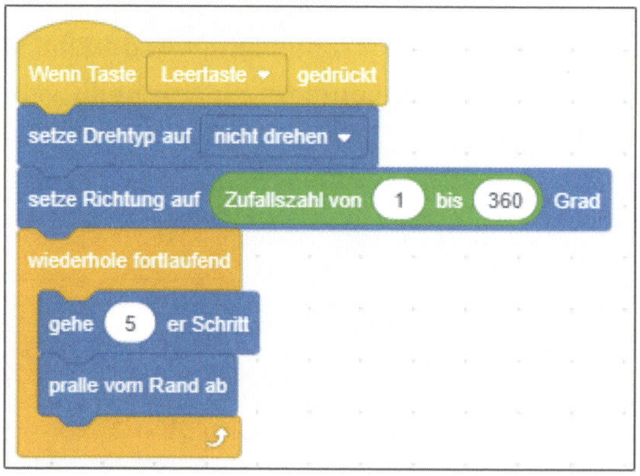

Der Drehtyp wird auf `nicht drehen` gesetzt, weil Luftballons ja in der Regel immer aufrecht schweben, die Richtung wird auf eine *Zufallszahl* zwischen 1 und 360 Grad gesetzt (*Zufallszahl*: siehe Kapitel 15) – und sobald du die Leertaste drückst, wird sich der Luftballon jedes Mal in andere Richtungen bewegen und vom Rand abprallen. So weit, so gut. Probiere die Leertaste-Taste ein paar Mal aus, und stoppe das Programm dann jeweils wieder mit dem Stopp-Button.

Ein Luftballon wird vervielfältigt

Jetzt wollen wir mit diesem Ballon einmal das Klonen probieren.

1. Ziehe dir diesen Block aus dem Bereich **Steuerung** ins Skriptfenster.

2. Klicke einmal auf den Block. Damit hat sich der Ballon verdoppelt. Wenn du ihn auf der Bühne verschiebst, siehst du, dass es zwei sind.

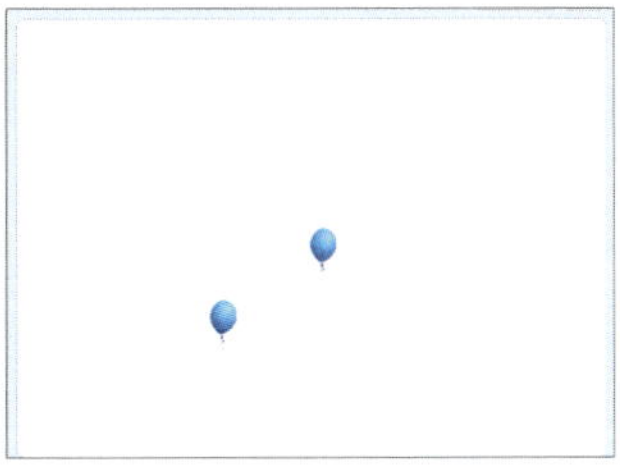

3. Nun klicke einmal auf das rote Stoppschild über der Bühne.

Weg ist der Klon.

4. Füge das folgende Skript hinzu, das den Ballon zehn Mal nacheinander klont:

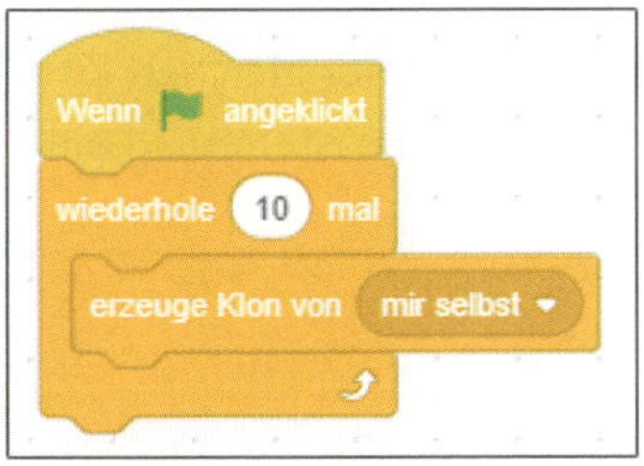

Sobald du die Flagge anklickst, soll zehn Mal nacheinander passieren, dass der Ballon einen Klon von sich selbst erzeugt. Das heißt, er kopiert sich selbst.

Klicke die Flagge – und – nanu? Ist da überhaupt etwas passiert? Es sieht nicht viel anders aus ... woran liegt das? Wir haben jetzt 11 Luftballons. Aber sie liegen alle übereinander. Denn sie haben ja die gleichen Eigenschaften wie der erste Ballon – also haben sie natürlich auch die gleiche Position.

5. Drücke jetzt einmal die Leertaste!

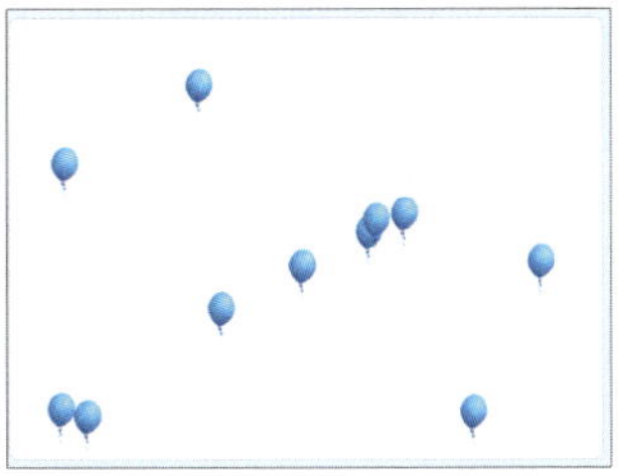

Yes! Jetzt fliegen unsere elf Ballons bunt durcheinander. Für jeden einzelnen wird das Skript durch die Leertaste ausgelöst, und jeder erhält durch sein Skript eine andere Zufallszahl als Flugrichtung.

Wenn du das Programm jetzt mit dem Stop-Button anhältst, dann ist wieder nur ein Ballon vorhanden.

Klone sind nicht dauerhaft

Klone existieren nur, solange das Programm läuft. Beim Beenden verschwinden sie alle wieder.

Das Verwenden von Klonen ist vielleicht ungewohnt, aber du wirst sehen, dass es sehr praktisch ist. Wenn du jetzt eine Änderung am Luftballon vornimmst, dann werden alle Klone dieselbe Änderung übernehmen.

Aber angenommen, du willst nicht, dass die Klone alle an der gleichen Position beginnen. Wie macht man es, dass die Klone schon beim Entstehen an eine zufällige Position gehen? Dafür gibt es diesen Block:

Du findest ihn unter **Steuerung**, obwohl es ja eigentlich ein Ereignis-Block ist, denn er löst ein Skript aus. Und zwar genau dann, wenn dieser Block soeben als Klon entstanden ist. Das heißt, dieses Programm startet jeder Klon automatisch, sobald er zum Leben erweckt wird.

Füge folgendes Skript zum Luftballon hinzu:

Dieses Skript wird für den ersten Ballon, den du erstellt hast, nie ausgeführt, denn der entsteht ja nie als Klon, sondern ist von Anfang an da. Für die weiteren zehn Ballons, die geklont werden, wird es aber immer sofort nach ihrer Entstehung gestartet. Probiere es aus – klicke auf die Flagge.

Der erste Ballon bleibt, wo er ist – aber die zehn entstandenen Klone landen alle auf ganz unterschiedlichen Zufallspositionen.

Das Ereignis `Wenn ich als Klon entstehe` ist also sehr nützlich, denn damit können wir festlegen, was mit einem neuen Klon als Erstes passiert, sobald er entstanden ist.

Zufall in Scratch

Mit dem Befehl 

kannst du eine Figur auf irgendeinen zufälligen Punkt auf der Bühne setzen. Du weißt selber nicht vorher, welcher das sein wird. *Scratch* setzt jedes Mal eine andere nicht vorhersagbare Position. Ebenso kannst du beliebige Zufallszahlen in *Scratch* verwenden, indem du den grünen Operator 

als Wert verwendest (mehr über die Operatoren in Kapitel 15). *Scratch* wird sich dann bei jedem Aufruf eine nicht vorhersagbare Zahl ausdenken, die in dem von dir angegebenen Bereich ist. Zufallszahlen werden in Spielen häufig gebraucht.

Es geht natürlich noch viel mehr. Füge mal Folgendes hinzu:

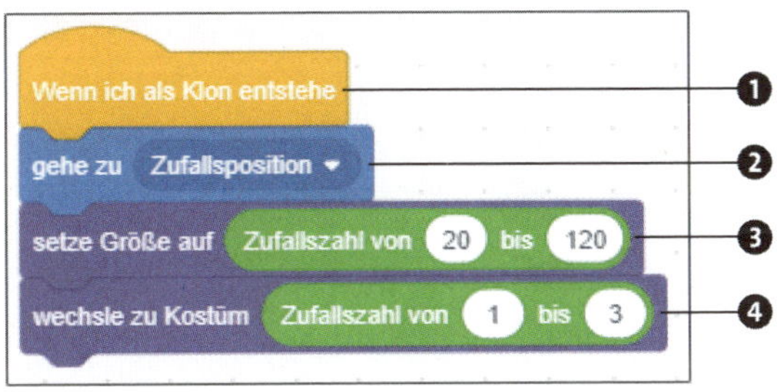

1. Sobald Klon entstanden ist:
2. zufällige Position
3. zufällige Größe setzen
4. zufälliges Kostüm (hier Farbe) auswählen

Nach einem Klick auf die Flagge entstehen jetzt lauter verschieden große und bunte Luftballons.

Die Größe für jeden neu entstehenden Klon wird hier auf eine Zufallszahl zwischen 20 und 120 Prozent gesetzt – damit sind die Luftballons alle verschieden groß, zufällig von sehr klein bis sehr groß – und das Aussehen auf ein zufälliges der drei Kostüme. Statt der Kostümnamen kann man, wie du ja weißt, auch Zahlen einsetzen – von Kostüm 1 bis 3 –, in diesem Fall also eine Zufallszahl. Also wird ein zufälliges Kostüm gewählt, und dadurch erhält der Luftballon eine zufällige Farbe, denn die drei Kostüme unterscheiden sich nur in ihrer Farbe.

Das sieht doch schon mal gut aus. Ändere das Skript jetzt so, dass 98 Klone entstehen.

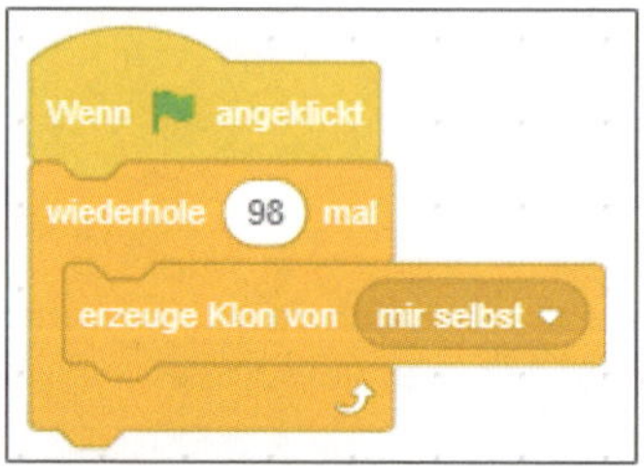

Verrückt, oder? 99 Ballons sind nach dem Klicken der grünen Flagge auf der Bühne und schweben herum, sobald du die Leertaste drückst. Beim Klick auf den Stopp-Button ist der ganze Spuk wieder vorbei.

Was aber, wenn du möchtest, dass die Klone alle in einer geraden Reihe entstehen? Da kommen wir mit der Zufallsposition nicht mehr weiter.

Klone in einer Reihe nebeneinander entstehen lassen

Wenn 10 Ballons in einer Reihe sein sollen, dann muss ihre x-Position sich voneinander unterscheiden. Bei jedem neuen Klon muss sie ein Stück höher sein, damit der Ballon ein Stückchen weiter rechts erscheint. Dafür brauchen wir eine Variable (neue Variable anlegen), die wir xpos nennen.

(Zur Erinnerung: Dazu gehst du auf den Code-Bereich **Variablen** und wählst **Neue Variable** Diese benennst du x-pos.)

Die Skripte ändern wir jetzt so ab:

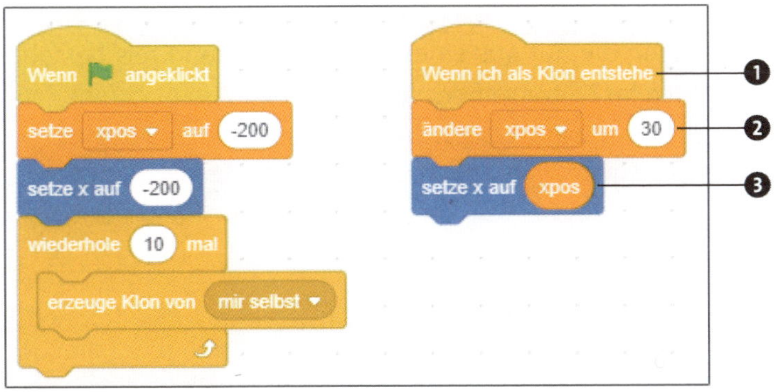

Jedes Mal, wenn ein neuer Luftballon-Klon entsteht ❶, erhöht er den x-Wert um 30 ❷ und setzt den Ballon dorthin ❸.

Klicke die Flagge, und es entsteht eine wunderbare Reihe Luftballons.

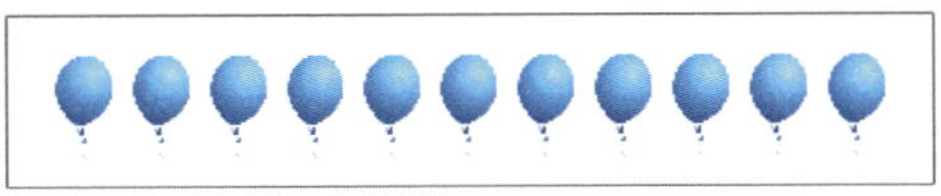

Warum? Die Variable xpos wird hier als *Merkwert* für die *x-Position* des Luftballons verwendet. Jedes Mal, wenn ein neuer Klon entsteht, wird dieser Wert um 30 Punkte erhöht, und der Klon wird damit 30 Punkte weiter nach rechts gesetzt. Der nächste tut es genauso – und auf die Weise entsteht eine ganze Reihe Luftballons.

Das ist sehr praktisch, wenn du ein Spiel schreiben willst, wo eine ganze Reihe Gegner erscheint. Du brauchst dann nur einen einzigen zu erstellen und klonst ihn danach im Programm so oft, wie du willst. Du brauchst ihn dazu also nicht duplizieren, und wenn du etwas an ihm ändern möchtest, musst du es nur ein einziges Mal am Original tun.

Explosionen mit Klonen erzeugen

Mit Klonen kannst du eine Menge spannender Sachen machen. Du kannst damit auch so eine Art Explosion erzeugen, indem deine Figur in lauter kleine Partikel auseinanderfliegt. Wie man das machen kann, probieren wir hier einmal aus.

1. Erstelle ein neues Projekt. Lösche die Katze.
2. Erstelle eine eigene Figur, die nur aus einem farbig gefüllten Kreis besteht. Die zeichnest du einfach im Editor selber.

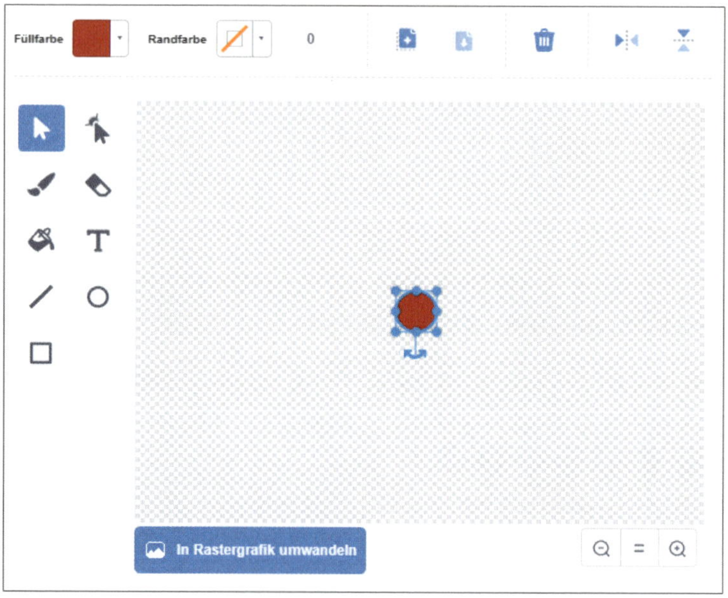

Achte darauf, dass die Randfarbe auf »kein Rand« gesetzt ist.

3. Nenne die Figur **Kugel**.

Wenn man mit der Maus auf die Kugel klickt, soll sie »explodieren«. Dafür braucht sie ein Skript. Erst einmal wird sie 20 Mal geklont, dann wird sie selbst unsichtbar, sodass nur noch die 20 Klone sichtbar sind.

4. Gehe ins Skriptfenster, und baue folgendes Programm:

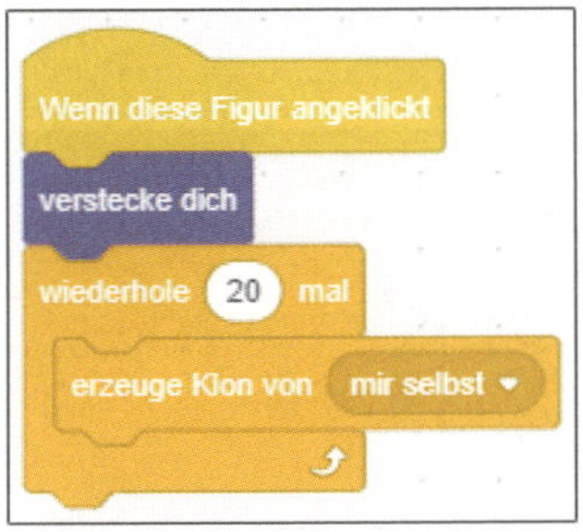

Das reicht natürlich noch nicht. Nach Anklicken wären jetzt einfach nur 21 unsichtbare Kugeln übereinander da – aber für eine Explosion müssen wir jetzt festlegen, was die Klone machen, wenn sie entstehen.

5. Füge folgendes Skript hinzu, das festlegt, was geschieht, wenn die Kugel als Klon entsteht.

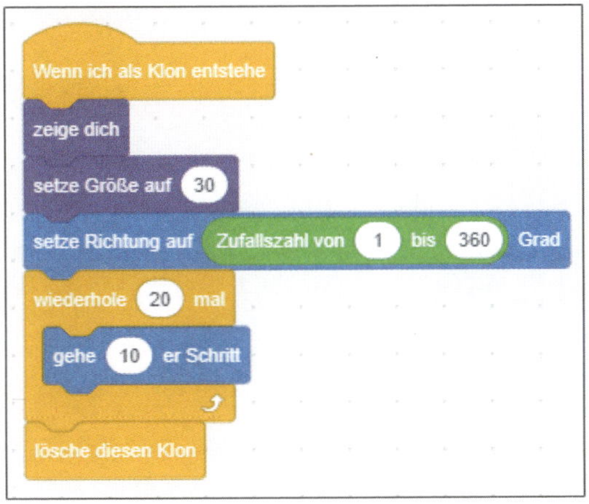

Als Erstes wird die geklonte Kugel sichtbar (sie wurde ja unsichtbar geklont), dann wird sie verkleinert, auf 30 %. Ihre Richtung wird auf einen zufälligen Wert gesetzt. Anschließend fliegt sie 20 mal 10 Punkte in diese zufällige Richtung. Danach wird der Klon wieder gelöscht.

Mache die Kugel sichtbar, und teste, wie es aussieht, wenn du die Kugel anklickst. Die Kugel zerfällt in zufällig auseinanderfliegende kleine Punkte.

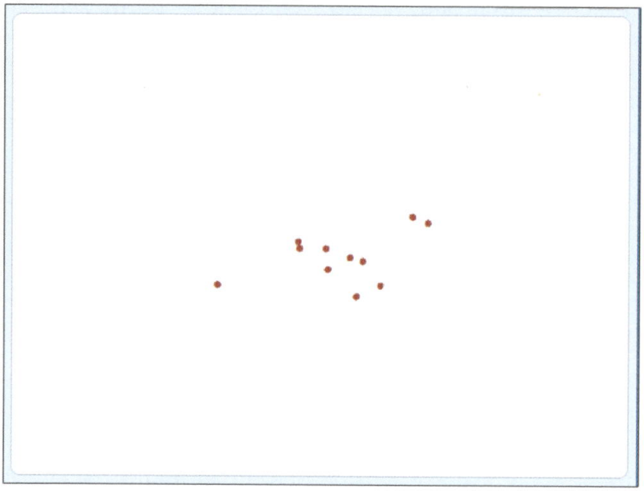

Du kannst den Explosionseffekt auch noch verändern. Zum Beispiel könnte auch noch Schwerkraft hinzukommen. Die Partikel fliegen dann gleichzeitig bei jeder Bewegung auch immer ein Stück nach unten. Dazu änderst du das Skript so ab, dass nach jedem 10er-Schritt die y-Position um 5 verringert wird. Damit bewegt sich der Partikel dann jedes Mal ein Stück abwärts:

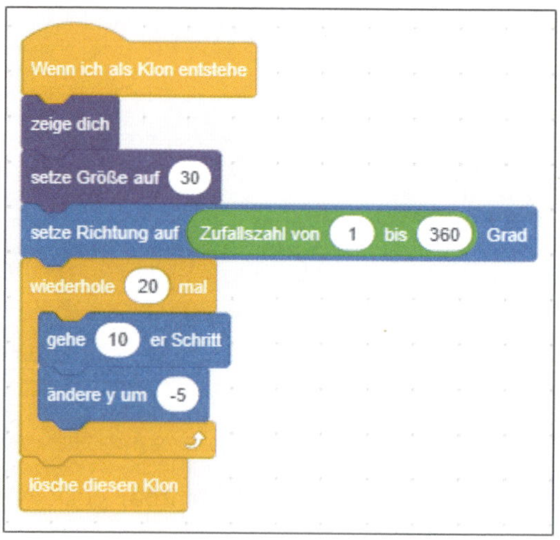

Du kannst hier gerne weiter herumexperimentieren. Es gibt unendlich viele Möglichkeiten, wie du eine Explosion gestalten kannst. Ganz nach deinem eigenen Geschmack.

Klone als Geschosse

Nicht nur für Explosionen sind Klone gut geeignet. Man kann sie sehr gut auch verwenden, wenn man in einem Spiel Geschosse braucht, die zum Beispiel von einem Raumschiff abgefeuert werden. Jedes Mal, wenn ein Geschoss abgefeuert wird, wird der Klon einer kleinen Kugel erzeugt, die kontinuierlich in eine Richtung fliegt.

Das wollen wir gleich mal ausprobieren. Lösche das vorherige Programm nicht, sondern füge noch ein Raumschiff dazu. Ich empfehle die Figur **Rocketship**. Setze die Größe auf 30 %, und wähle das letzte Kostüm dieser Figur aus, sodass unser kleines Raumschiff so aussieht:

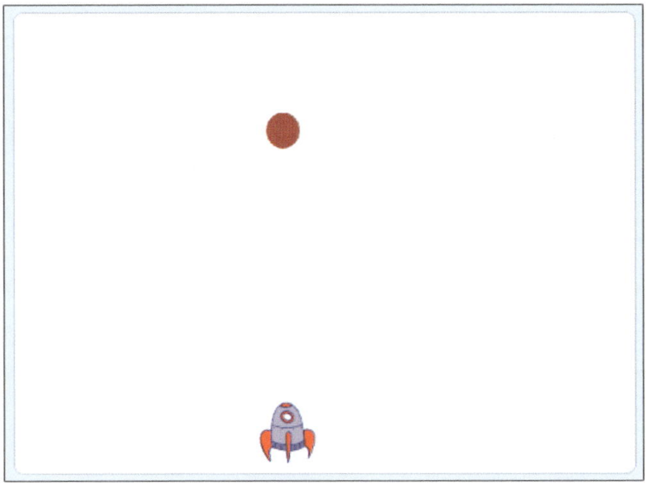

Super – das Raumschiff ist schon fertig. Jetzt brauchst du noch ein kleines Geschoss, das beim Abfeuern geklont werden kann. Das stellst du ganz einfach selbst her.

Erstelle eine neue Figur, indem du den Pinsel wählst und damit im Editor landest. Dort zeichnest du einfach einen ganz kleinen gefüllten Kreis, den du genau in der Mitte der Zeichenfläche aufziehst.

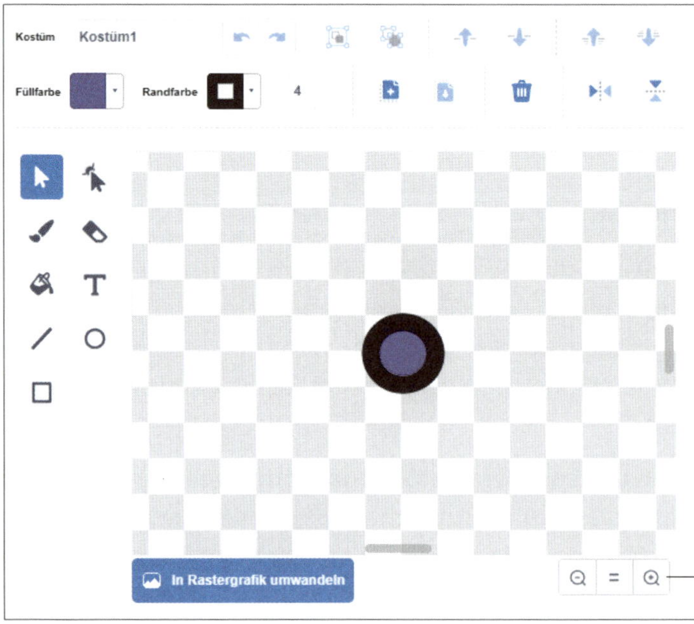

Wenn du die Editoransicht mit Strg + Mausrad oder Klick auf das Lupen-Icon ❶ vergrößerst, geht es am einfachsten.

Nenne die kleine Kugel **Geschoss**, und setze sie exakt über das kleine Raumschiff.

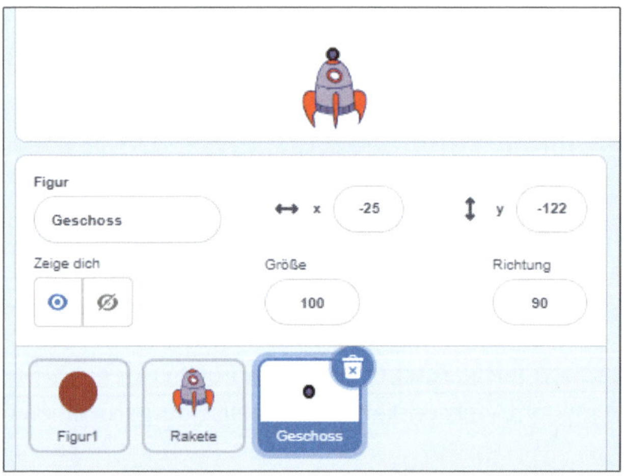

Nun machst du das Geschoss noch unsichtbar, denn es soll ja nicht zu sehen sein, bevor es abgefeuert wird. Am einfachsten geht das, wenn du bei **Zeige dich** im Figuren-Inspektor auf **nicht sichtbar** klickst.

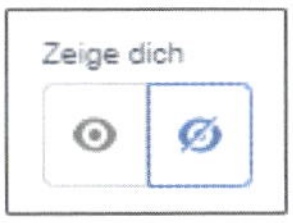

Okay – damit sind die Voraussetzungen geschaffen. In unserem Beispiel soll man ein Geschoss feuern können, indem die Leertaste gedrückt wird. Das Skript dazu gehört zum Bereich **Spielsteuerung** – du kannst es also gerne im Skriptfenster der Bühne erstellen.

Was soll passieren, wenn die Leertaste gedrückt wird? Erst einmal wird einfach nur ein Klon von der Figur **Geschoss** erzeugt. Alles Weitere macht die Figur **Geschoss** dann selbst.

Erstelle also das folgende Programm im Skriptbereich der Bühne:

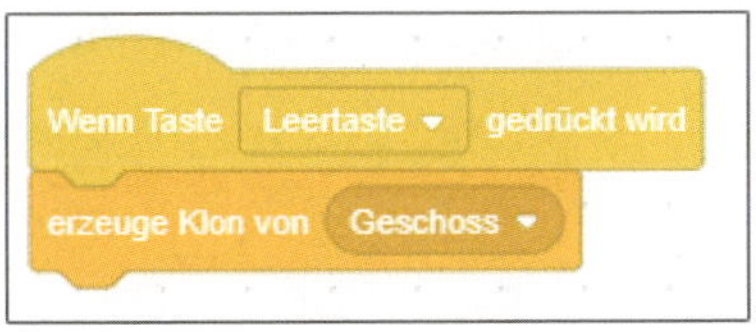

Gut – das brauchst du noch nicht zu testen, denn es ist klar, dass mit diesem Klon bisher noch gar nichts passiert. Dazu gehst du jetzt als Nächstes in das Skriptfenster des Geschosses – und hier legst du fest, was das Geschoss machen soll, wenn es als Klon entsteht.

Als Erstes soll der Klon sichtbar werden (klar, denn bei der Entstehung ist er ja noch unsichtbar wie sein Vorbild). Danach soll er so lange nach oben wandern, bis er den oberen Rand erreicht hat. Anschließend soll er wieder gelöscht werden, denn dann wird er nicht mehr gebraucht.

So kann das Programm dafür aussehen:

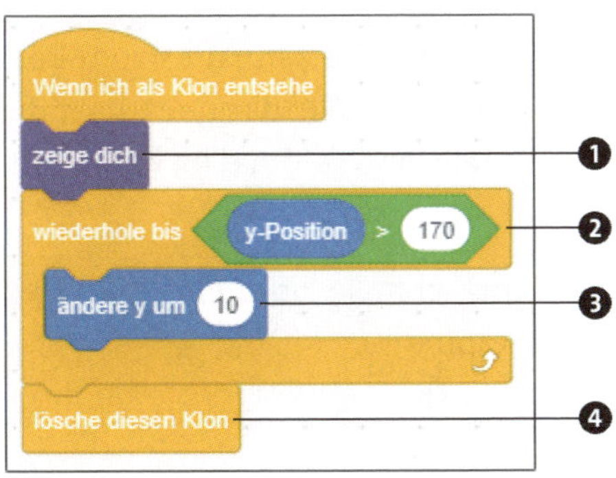

Der Klon des Geschosses wird sichtbar ❶ und wandert dann so lange um 10 Pixel nach oben ❸, bis er 170 überschritten hat ❷. Das ist der oberste Rand. Sobald er oben angekommen ist, wird er wieder gelöscht ❹.

Und jetzt kannst du das Programm schon testen! Drücke ein paar Mal hintereinander die Leertaste, und schon fliegen die Klone des Geschosses schön nacheinander nach oben.

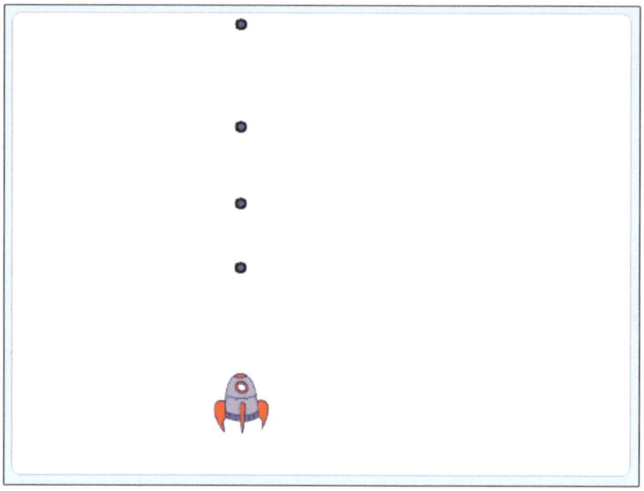

Das Raumschiff feuert kleine Geschosse ab. Da wir mit Klonen arbeiten, die bei jedem Feuern neu erzeugt werden, können es beliebig viele gleichzeitig werden.

Toll! Es funktioniert.

Das Raumschiff steuern

Als Nächstes gibst du dem Raumschiff eine Steuerung. Du kannst es zum Beispiel mit den Pfeiltasten nach links und rechts bewegen. Wie das geht, hast du ja schon im Springball-Spiel gelernt (schlage notfalls noch einmal im Abschnitt »Das Brett nach rechts und links steuern« nach).

Gehe in das Skriptfenster des Raumschiffs, und erstelle dort ein ähnliches Skript wie für das Brett im Springball-Spiel aus Kapitel 10.

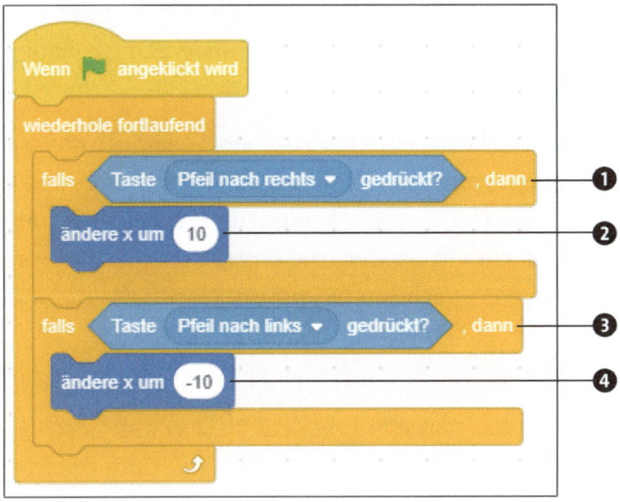

Alles klar? Wenn der Pfeil nach rechts gedrückt wird ❶, erhöht sich die x-Position um 10 ❷, beim Pfeil nach links ❸ werden 10 abgezogen ❹. Das Ganze wird in fortlaufender Wiederholung immer wieder abgefragt, sodass eine gleichmäßige Bewegung entsteht, solange die Taste gedrückt wird.

Wenn du die grüne Flagge klickst, kannst du es sofort ausprobieren und das Raumschiff hin und her bewegen.

Aber jetzt gibt es ein Problem. Wenn du jetzt die Leertaste drückst, wird zwar ein Geschoss abgefeuert, aber es startet immer von derselben Stelle (von dort, wo sich das unsichtbare Geschoss befindet) und ist nicht unbedingt dort, wo das Raumschiff gerade steht.

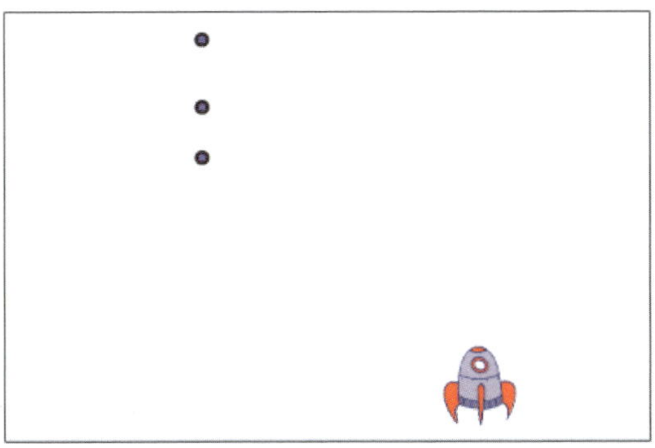

So war es nicht gedacht: Das Geschoss soll ja aus dem Raumschiff kommen und nicht daneben fliegen.

Logisch – denn schließlich wird das Geschoss immer dort geklont, wo das Original sich befindet, und das bewegt sich ja schließlich nicht mit, wenn das Raumschiff sich bewegt.

Es gibt verschiedene Möglichkeiten, dieses Problem zu lösen. So könnte das Geschoss sich jedes Mal mitbewegen, wenn das Raumschiff sich bewegt – allerdings ist das eine etwas komplizierte Lösung, denn dazu müsste das Raumschiff bei jeder Bewegung eine Nachricht senden, die das Geschoss wiederum entgegennimmt. Und es hätte zudem noch unerwünschte Nebeneffekte, weil das Programm verlangsamt würde.

Einfacher ist die folgende Lösung: Das Raumschiff schreibt seine x-Position bei jeder Bewegung immer wieder in die Variable `x-Position`. Und das Geschoss geht dann auf genau diese x-Position, sobald es geklont wird. Damit startet das Geschoss automatisch immer dort, wo sich das Raumschiff befindet.

Dazu erstellst du zuerst eine neue Variable mit dem Namen `x-Position`.

Wichtig ist, dass diese Variable für alle Figuren gilt, denn sonst könnte das Geschoss sie später nicht verwenden.

Nun erweiterst du das Skript des Raumschiffs folgendermaßen:

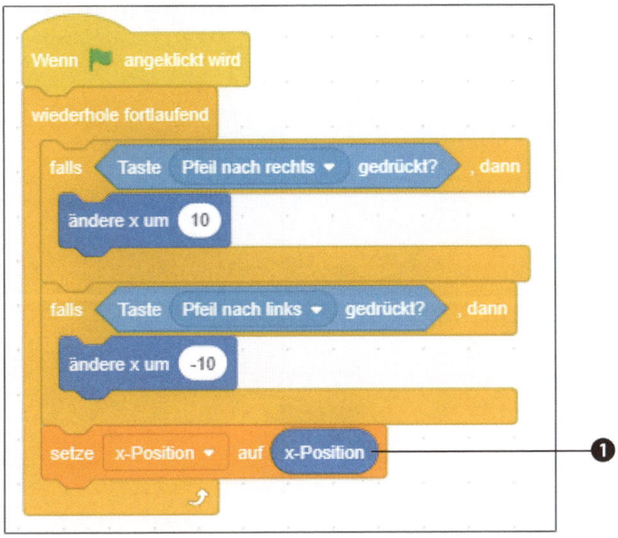

Mit dem letzten Befehl ❶ wird also ständig die aktuelle x-Position des Raumschiffs in die neu erstellte Variable `x-Position` geschrieben. Diese kann das Geschoss nun verwenden, um sich selbst auf diese Position zu setzen.

Das Skript des Geschosses wird ebenfalls um einen Block erweitert, der die x-Position auf den Wert der Variablen `x-Position` setzt:

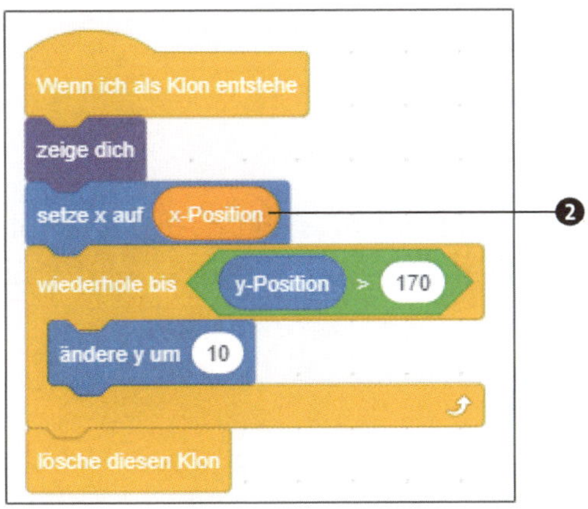

Nachdem das Geschoss als Klon entstanden ist und sichtbar wird, setzt es sich sofort auf die x-Position, die in der Variablen `x-Position` steht ❷ – also dorthin, wo das Raumschiff gerade ist.

Teste es – und du wirst sehen, dass die Geschosse jetzt immer genau aus dem Raumschiff herausfliegen.

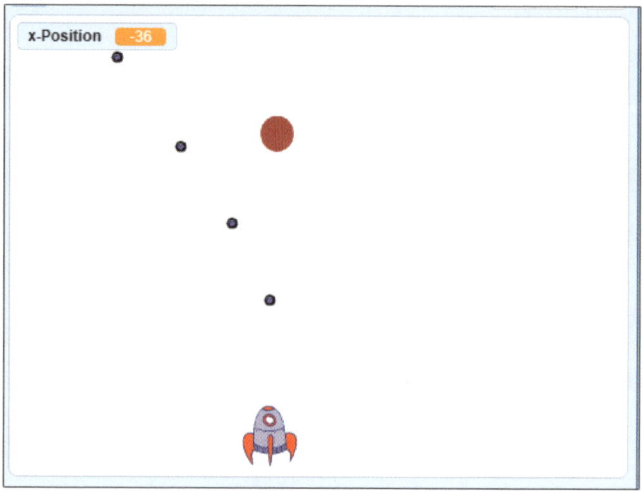

So kannst du sogar während der Bewegung feuern.

Das Raumschiff ist fertig. Es kann sich bewegen und Geschosse abfeuern. Als Nächstes soll es natürlich auch ein Ziel treffen können. Dafür haben wir ja vorher den roten Kreis erstellt, und den werden wir jetzt offiziell ins Spiel einbeziehen.

Der rote Ball als Ziel

Wenn du ins Skriptfenster des Balls gehst, siehst du, dass dort noch das Skript steht, das dafür sorgt, dass der Ball explodiert, sobald er angeklickt wird. Das ist jetzt natürlich nicht mehr erwünscht.

Also änderst du den Block, der damit beginnt:

Diesen Ereignisbefehl brauchst du nicht mehr. Beim Anklicken soll nichts mehr passieren. Stattdessen musst du jetzt ständig abfragen, ob die Figur von einem Geschoss berührt wird. Ändere das Hauptskript des roten Balls folgendermaßen:

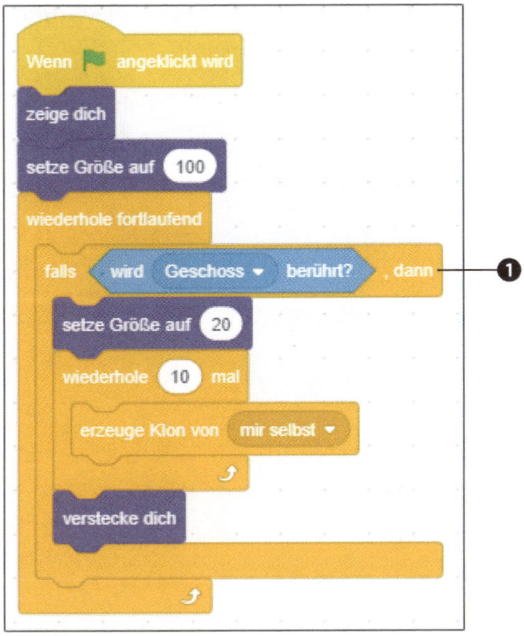

Hier wird jetzt ständig abgefragt, ob das Geschoss den Ball berührt. ❶ Wenn ja, wird die Explosion ausgelöst.

Der andere Skriptblock des Balls – die eigentliche Explosion, die durch das Klonen entsteht – bleibt natürlich gleich, der Explosionseffekt soll sich ja nicht ändern.

Nun solltest du nach Klicken der grünen Flagge mit der Leertaste bereits den roten Ball abschießen können.

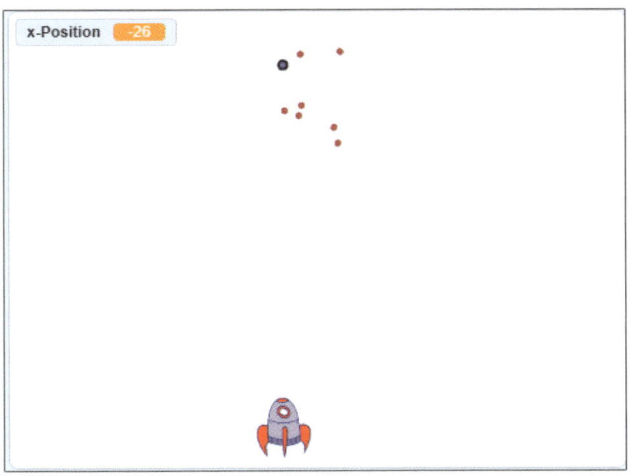

Der Ball zerplatzt, nachdem er getroffen wurde. Großartig! Das ist die Grundlage für ein Space-Shooter-Spiel. So einfach und so wirkungsvoll.

Wenn es ein richtiges Spiel werden soll, muss der Ball sich natürlich auch bewegen, sonst wäre es zu einfach. Am besten lässt du den Ball einfach herumfliegen und vom Rand abprallen. Dazu kannst du das Skript des Balls folgendermaßen abändern:

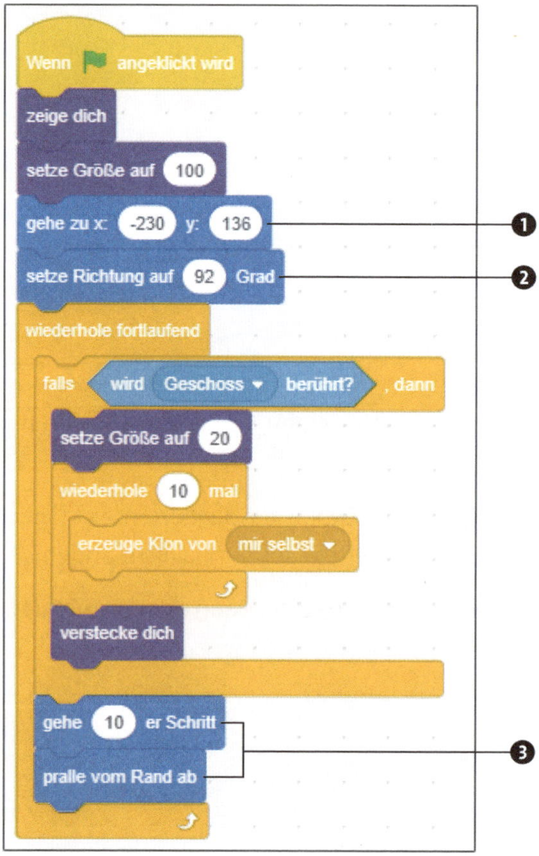

❶ Setze die passende Startposition.

❷ Setze die passende Startrichtung.

❸ Bewege den Ball, und lasse ihn vom Rand abprallen.

Neu ist: Die Position des Balls wird am Anfang auf links oben gesetzt, seine Richtung auf 92 Grad (dadurch fliegt er nach rechts und leicht nach unten), in der Schleife bewegt er sich dann immer einen 10er-Schritt und prallt am Rand ab. Nach und nach wandert er dabei immer tiefer nach unten.

Die Anzeige der Variablen `x-Position` kannst du jetzt auch deaktivieren.

Nun kannst du das Spiel erneut testen: Der Ball fliegt am oberen Rand herum, geht dabei immer ein Stück weiter nach unten und lässt sich von den Geschossen des Raumschiffs abschießen. Genau so soll es sein.

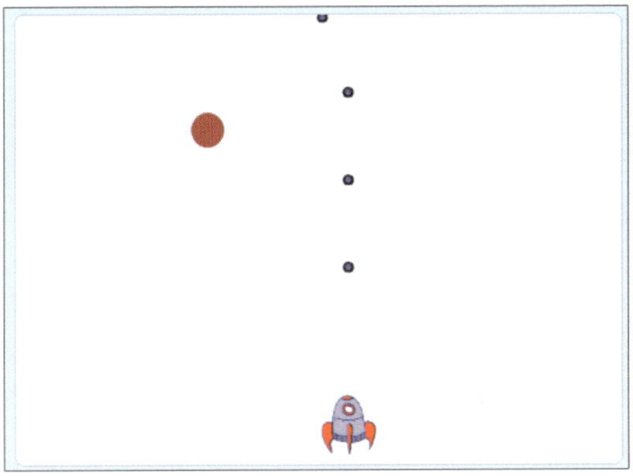

Verlieren bei Berührung

Jetzt kommt wie immer eine Schwierigkeit ins Spiel hinein, damit es auch eine Herausforderung bietet: Wenn die rote Kugel das Raumschiff berührt, hat der Spieler verloren.

Wie wird das programmiert?

Auch hier muss das Skript im Ball erweitert werden. In der Endlosschleife des Balls muss jetzt noch zusätzlich geprüft werden, ob er das Raumschiff berührt. Wenn ja, dann sendet er einfach die Mitteilung `verloren` – so wie wir es auch aus den anderen Spielen kennen.

Es muss also der folgende Block hinzukommen:

Die Nachricht `verloren` musst du natürlich als **neue Nachricht** erstellen.

Diesen Block setzt du am besten ganz an den Schluss der Endlosschleife. Er muss noch innerhalb der Schleife sein, denn es muss ja ständig abgefragt werden, er muss aber natürlich außerhalb der `falls-dann`-Abfrage sein.

Was passiert, wenn die Nachricht »verloren« gesendet wird?

Du kannst die Nachricht am besten auch wieder im Skript der Bühne behandeln, da es hier um die generelle Spielsteuerung geht.

Gehe also auf das Skriptfenster der Bühne, und erstelle dort diesen Block:

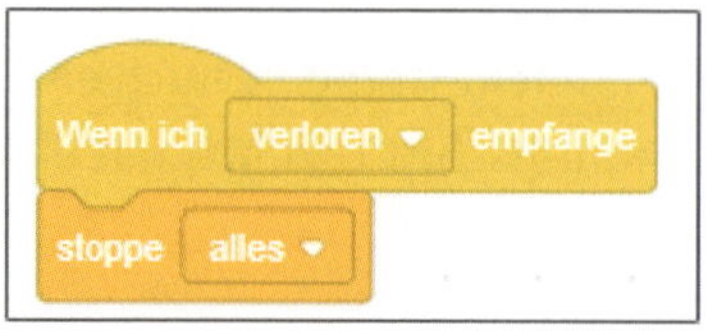

Nun sind alle Grundmechanismen im Spiel: Das Raumschiff kann bewegt werden, das Ziel bewegt sich, es können Geschosse abgefeuert werden. Wenn das Ziel getroffen wird, zerplatzt es – und wenn das Ziel zu weit nach unten gelangt ist und das Raumschiff berührt, ist das Spiel verloren und beendet.

Ein richtiges Spiel draus machen

Damit das Spiel auch wirklich Spaß macht, müssen wie üblich noch ein paar Elemente ergänzt werden.

Klänge hinzufügen

Zumindest der Treffer eines Balls sollte mit einem Geräusch verbunden werden – und eventuell sollte später noch mehr passieren. Sende daher eine Nachricht `getroffen`, wenn ein Ball von einem Geschoss getroffen wird. Diese Nachricht kann dann später in einem anderen Skript (zum Beispiel in der Bühne = Spielsteuerung) weiterverarbeitet werden.

Erstelle also eine neue Nachricht `getroffen`, und füge sie in die Abfrage des Balls ein, wenn er von einem Geschoss berührt wird.

Jetzt gehst du auf das Skript der Bühne und reagierst dort auf die Nachricht `getroffen`. Füge der Bühne einen Sound hinzu (Reiter **Klänge** – du kannst dort einen in Scratch mitgelieferten Sound hinzufügen oder einen eigenen aufnehmen).

Der Klang soll abgespielt werden, wenn die Nachricht `getroffen` empfangen wird. Dazu erstellst du auf der Bühne dieses Skript:

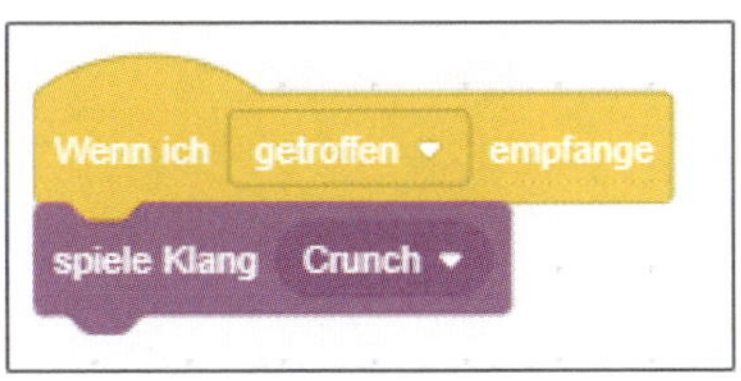

Natürlich kannst du auch einen anderen Klang wählen.

Geschwindigkeit veränderbar machen

Und noch etwas: Es wäre gut, wenn man die Geschwindigkeit des Balls veränderbar machen könnte. Wenn du dann später mehrere Bälle hast, brauchst du nur einmal den Wert für die Geschwindigkeit zu ändern, und alle Bälle sind dann langsamer oder schneller. Ähnlich wie im Spiel mit dem Krebs, der über die Straße geht.

Dazu brauchst du natürlich wieder eine Variable. Nenne sie speed.

Diese Variable setzt du jetzt im Skript des Balls ein – als Wert für den Schritt, den der Ball in jedem Durchgang vorwärtsgeht.

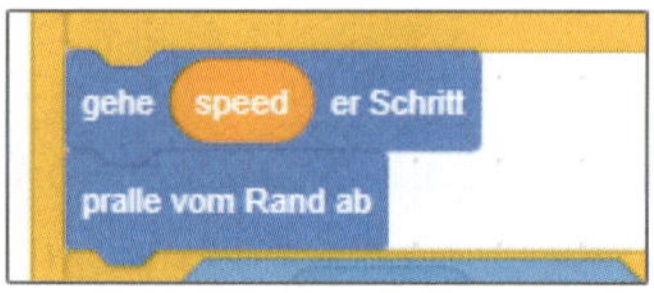

Damit speed nicht 0 ist, musst du diese Variable beim Spielstart natürlich auf einen Wert setzen – am besten erst einmal auf 10.

Auch das geschieht wieder im Skript der Bühne.

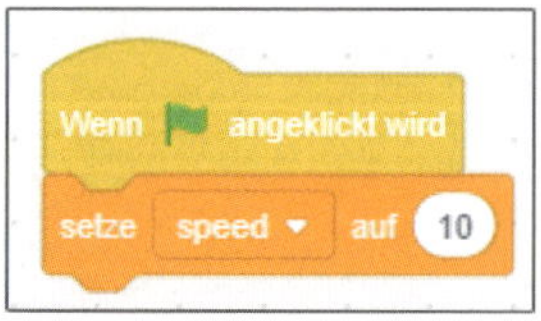

Damit fliegt der Ball dann wieder exakt so schnell wie vorher – nur dass die Geschwindigkeit jetzt jederzeit mit dem Wert der Variablen speed anpassbar ist. Auf der Bühne steht jetzt die Variable speed.

Doppelklicke zwei Mal nacheinander auf diese Anzeige – und du kannst den Wert der Variablen dann jederzeit per Schieberegler ändern.

Wenn du jetzt das Spiel startest, kannst du die Geschwindigkeit des Balls während des Spiels regeln. Bei 0 steht er still, bei höheren Werten wird er immer schneller. Teste ruhig verschiedene Werte aus, bis dir die Geschwindigkeit gefällt. Danach kannst du die Variable auf der Bühne wieder unsichtbar machen (Haken entfernen im Bereich **Variablen**). Setze den Anfangswert von speed im Bühnenskript dann auf den Wert, den du am besten findest – so beginnt der Ball immer mit der besten Geschwindigkeit.

Mehrere Bälle erstellen

Nur ein Ball ist natürlich für ein richtiges Spiel etwas langweilig und zu einfach. Wie wäre es mit 5 Bällen?

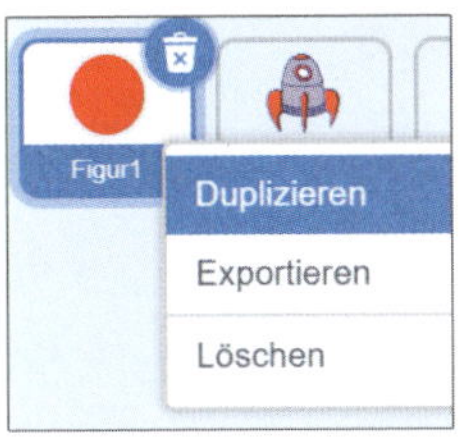

Markiere den Ball, und kopiere ihn vier Mal nacheinander durch Klick mit der rechten Maustaste (`Ctrl` + Klick beim Mac) und **Duplizieren**.

Warum nicht den Ball einfach im Spiel klonen?

Das klingt zuerst nach einer guten Idee, lässt sich aber hier leider nicht machen, denn die Bälle würden sofort explodieren, wenn man sie klonen würde, da ihr Skript es so vorsieht. Aus diesem Grund – und weil du so außerdem viel einfacher ihre ganz eigenen Startpositionen festlegen kannst, werden sie diesmal von Hand dupliziert.

Ordne die fünf Bälle gleichmäßig oben auf der Bühne an, zum Beispiel so:

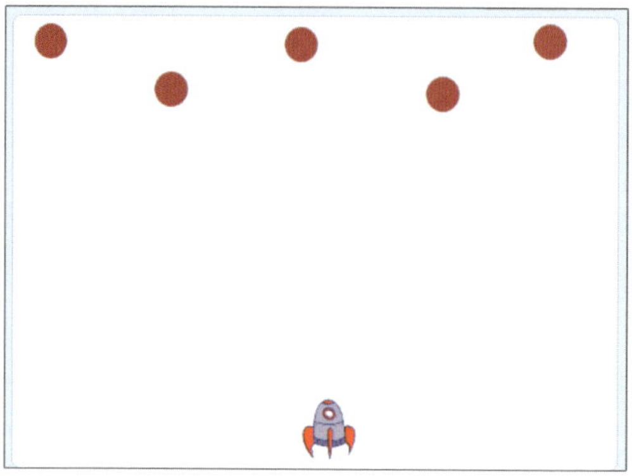

Aber halt – noch nicht testen. Es würde nämlich so noch nicht funktionieren. Warum? Weil jetzt jeder der roten Bälle zu Beginn des Programms an exakt dieselbe Stelle gesetzt wird, sodass dann alle fünf Bälle übereinander liegen würden. So ist es zur Zeit programmiert, aber so soll es natürlich nicht sein. Jeder der Bälle muss also zu Beginn auf die Stelle gesetzt werden, an die du ihn jetzt gezogen hast.

Wie kannst du das am einfachsten machen? Klicke in deiner Bibliothek *alle Bälle nacheinander durch*.

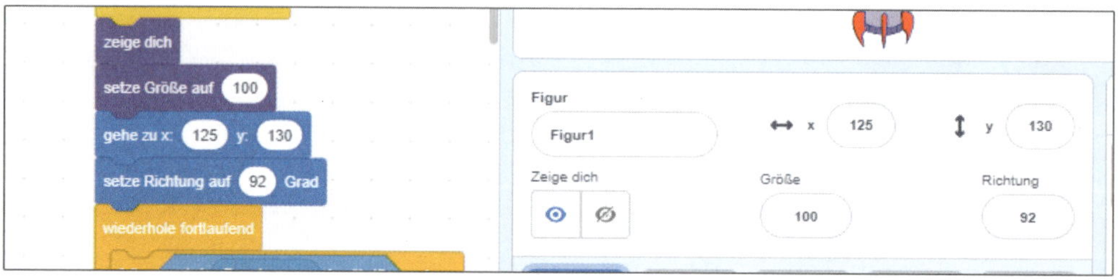

Setze bei jedem Ball den x- und y-Wert von gehe zu auf den aktuellen x- und y-Wert, den du im Inspektor der Figur sehen kannst. So wird der Ball dann jedes Mal zu Beginn wieder exakt dort platziert, wo du ihn gerade hingeschoben hast.

Wenn du willst, kannst du bei den Bällen auch noch unterschiedliche Startrichtungen eintragen. Um das Spiel etwas schwerer zu machen, kannst du bei zwei oder drei Bällen zum Beispiel statt 92 Grad 120 Grad eintragen oder -120 Grad. Ganz so, wie es dir am besten gefällt. Teste das Spiel ausführlich. Es sollte nicht zu leicht sein, aber auch nicht unmöglich zu schaffen.

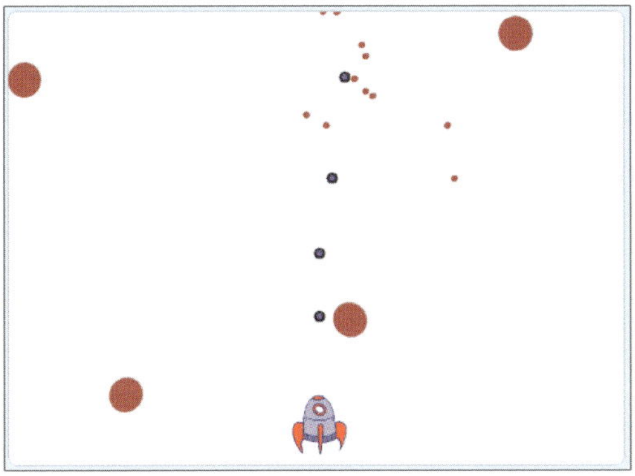

So macht das Spiel doch schon richtig Spaß!

Erkennen, wenn alle Bälle weg sind

Wie gewinnt man das Spiel? Indem man alle Bälle abschießt, klar. Wie erkennt unser Spiel, dass alle Bälle abgeschossen wurden?

Erinnere dich an das Springball-Spiel aus Kapitel 10 und Kapitel 11. Du brauchst dazu eine *Variable*, die du zum Beispiel `zähler` nennen kannst. Am Anfang steht sie auf `5`, jedes Mal, wenn ein Ball getroffen wird, zählt sie runter – wenn sie auf `0` steht, ist das Spiel gewonnen.

Erstelle wieder eine neue Variable – mit dem Namen `zähler`.

Auch diese Variable wird auf einen Anfangswert gesetzt. Nämlich auf `5` – wenn du fünf Bälle hast.

Dazu gehst du wieder auf das Skript der Bühne und erweiterst das Skript, das schon die Geschwindigkeit zu Beginn setzt.

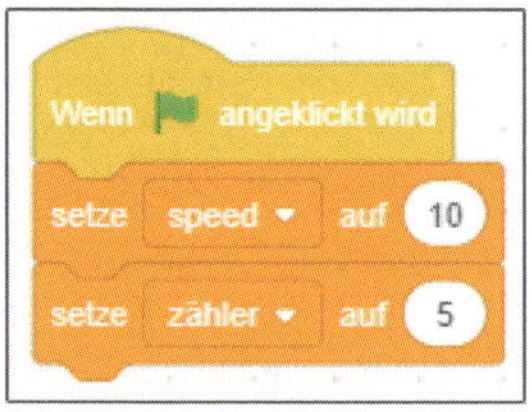

Hier wird jetzt also auch der Zähler zu Anfang gesetzt – und zwar auf `5`.

Bei jedem Treffer soll der Zähler um 1 verringert werden. Auch das setzen wir im Bühnenskript – und zwar dort, wo die `getroffen`-Nachricht empfangen wird.

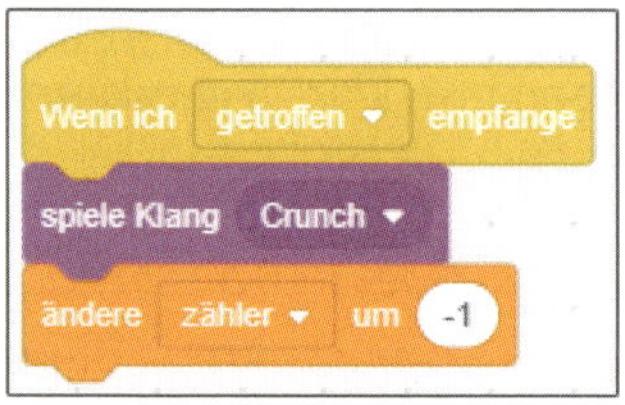

Jetzt wird bei einem Treffer also nicht nur ein Sound abgespielt, sondern auch noch der Zähler um 1 verringert.

Wenn du das Spiel jetzt testest, siehst du auf der Bühne, wie sich die Variable `zähler` jedes Mal um 1 verringert, wenn ein Ball getroffen wurde.

Wenn kein Ball mehr da ist, steht die Variable `zähler` auf `0`.

Du kannst die Variable jetzt gern unsichtbar machen – sie muss fortan nicht mehr auf der Bühne zu sehen sein.

Der nächste Schritt ist klar, oder? Wenn der Zähler auf 0 steht, muss reagiert werden, indem das Spiel beendet wird – am besten mit einer Nachricht und vielleicht auch einer Musik. Also noch mal das Bühnenskript erweitern:

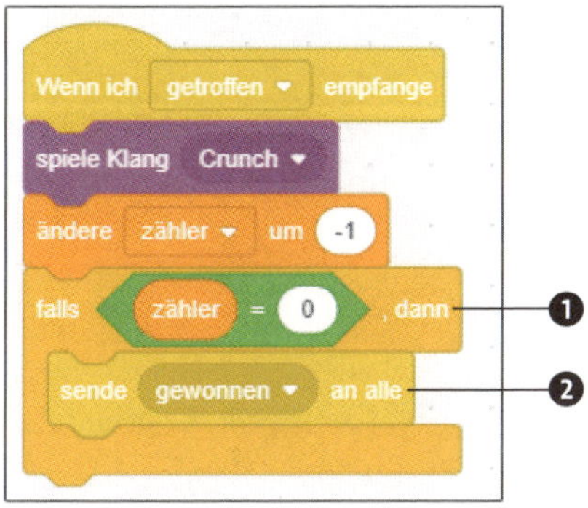

Falls der Zähler auf 0 heruntergezählt ist ❶, wird die Nachricht »gewonnen« gesendet ❷.

Und wenn die Nachricht gewonnen geschickt wird, kann zum Beispiel ein »Gewonnen«-Schild erscheinen – und vielleicht noch eine Melodie oder ein Klang ertönen.

Erstelle also eine Figur, die wie ein Schild mit der Aufschrift »Gewonnen!« aussieht.

Dieses Schild platzierst du in der Mitte der Bühne. Zu Beginn des Spiels soll es natürlich nicht zu sehen sein. Also kriegt es erst einmal dieses Skript:

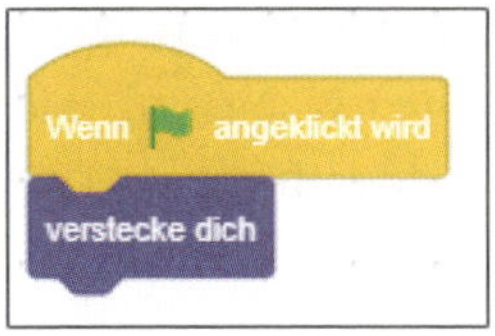

Sobald das Spiel gewonnen wurde (Nachricht gewonnen wurde gesendet), soll das Schild erscheinen. Vielleicht spielt es auch noch eine Melodie und verschwindet dann wieder.

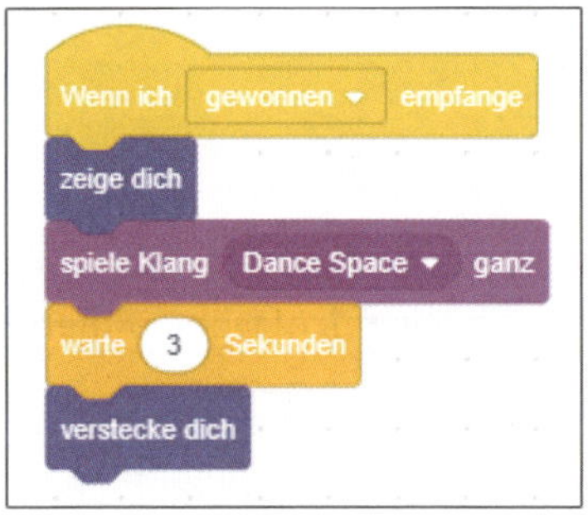

Das wäre zum Beispiel eine Möglichkeit. Der Klang **Dance Space** (oder welchen du auch immer gut findest) muss natürlich wie immer zuerst der Figur unter **Klänge** zugeordnet werden.

Um das Spiel schöner zu machen, kannst du jetzt auch noch ein Bühnenbild festlegen – wie wäre es zum Beispiel mit dem Weltraumbild?

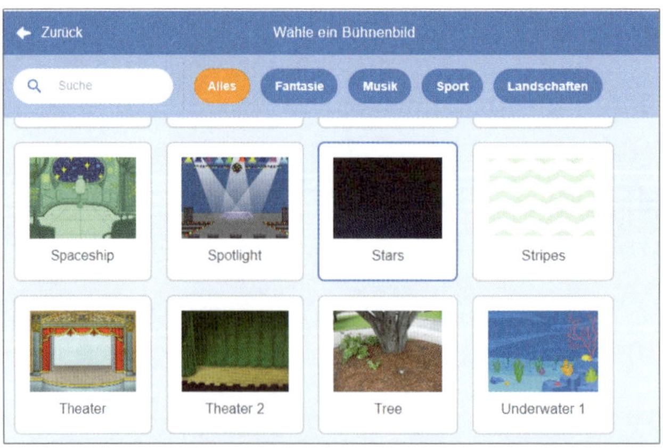

Das macht doch was her! Fehlt am Schluss nur noch das »Verloren«-Schild. Zur Zeit stoppt das Spiel einfach komplett, wenn ein Ball das Raumschiff berührt. Hier könnte man auch noch eine Melodie spielen, ein Schild zeigen usw.

Erstelle also auch noch ein »Verloren«-Schild.

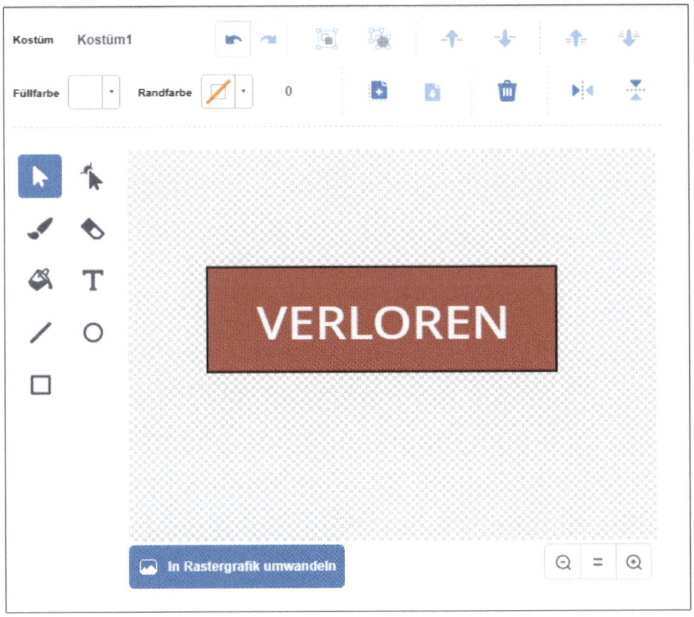

Und hier gilt für das Skript mehr oder weniger das Gleiche wie bei »Gewonnen«.

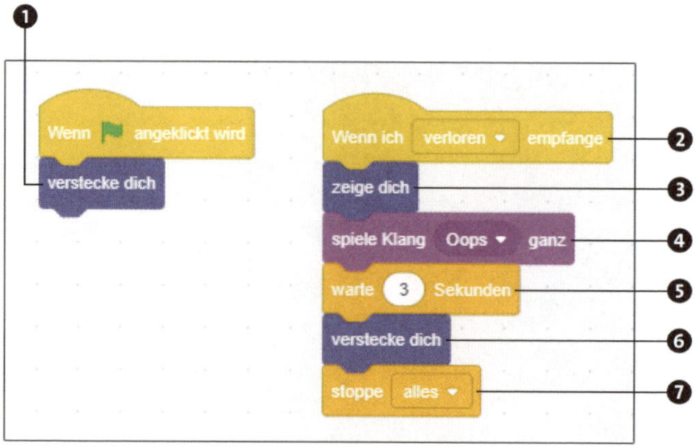

Zu Beginn des Spiels wird das Schild unsichtbar geschaltet ❶ – und sobald die Nachricht `verloren` empfangen wird ❷, zeigt es sich ❸, spielt einen Klang ❹, wartet noch ein bisschen ❺ und verschwindet dann wieder ❻. Danach beendet sich das Spiel ❼. Aber noch funktioniert es nicht. Denk dran, dass du noch das alte `verloren`-Skript im Skriptfenster der Bühne entfernen musst, denn sonst beendet sich das Spiel sofort automatisch und kann auch keinen Klang mehr spielen.

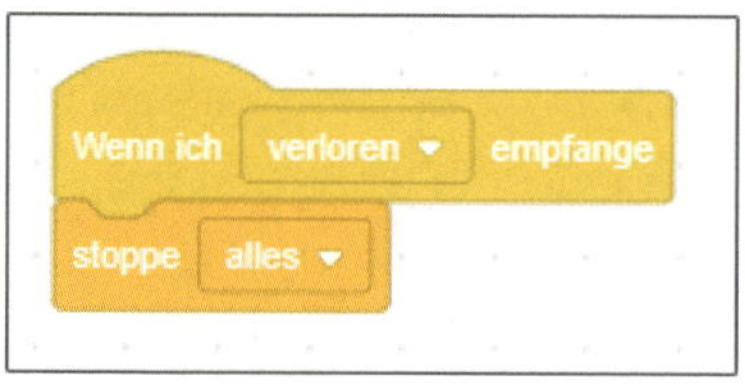

Alles perfekt?

Nein, immer noch nicht ganz. Wenn das Spiel verloren ist, das Schild erscheint und die Melodie ertönt, fliegen die Bälle und Geschosse noch weiter. Das sieht nicht gut aus – schließlich soll das Spiel zu Ende sein. Und es kann auch zu Fehlern führen – zum Beispiel, dass man das Spiel plötzlich doch noch gewinnt, obwohl es schon verloren war.

Wie stoppt man die Bewegung der Bälle, wenn das Spiel verloren ist?

Wenn du `stoppe alles` ausführst, bleibt zwar alles stehen, aber du kannst auch keine Melodie mehr spielen.

Setze stattdessen einfach die Variable speed auf 0. Dann bewegen die Bälle sich nicht weiter, mit 0-Geschwindigkeit bleiben sie stehen.

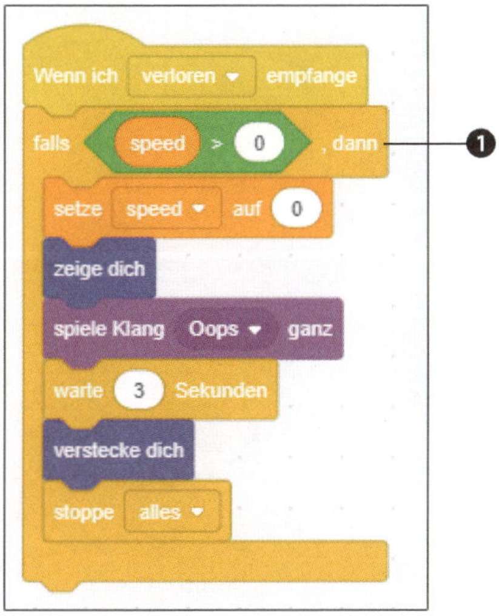

Mit diesem Befehl, der »speed« auf 0 setzt, bleibt alles stehen, sobald die Kugel das Raumschiff berührt ❶.

Jetzt soll auch noch das Abfeuern der Geschosse unmöglich sein, wenn alles stillsteht. Gehe dazu auf das Bühnenskript: Ändere dort das Skript für das Abfeuern der Geschosse mit der Leertaste.

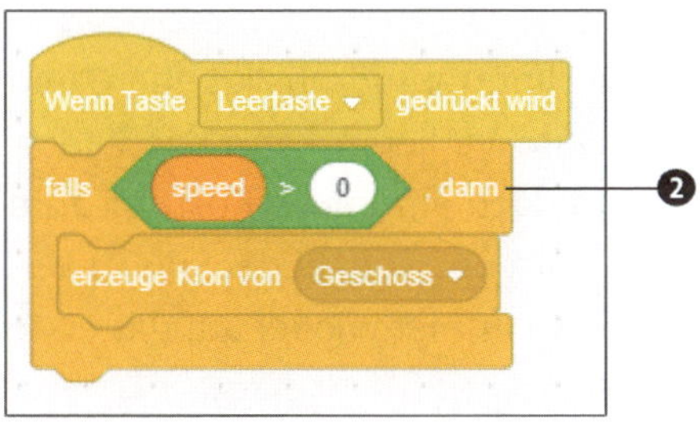

Die »falls-dann«-Abfrage ❷ sorgt dafür, dass das Abfeuern nur funktioniert, wenn das Spiel läuft.

So – jetzt kann man nur noch dann Geschosse abfeuern, wenn die Geschwindigkeit größer als 0 ist. Wenn das Spiel angehalten wurde (speed = 0), dann geht nichts mehr.

Das Spiel ist jetzt fertig! Also nichts wie spielen und testen!

Das Spiel erweitern und optimieren

Wie immer liegt es an dir selbst, was du aus diesem Spiel noch machen möchtest. In diesem Buch lernst du, eine Basisversion von jedem Spiel herzustellen. Mit dem, was du gelernt hast, kannst du es jetzt weiter ausbauen.

Ideen für den Ausbau:

- Mehr Bälle: Dupliziere einfach noch ein paar der Bälle, dann wird das Spiel noch lebendiger. Vergiss nicht, ihnen neue Startpositionen und -richtungen einzutragen, damit sie an der richtigen Stelle beginnen.
- Mehr Geräusche und Effekte: Es kann eine Hintergrundmusik geben, und jeder Schuss kann ein Geräusch machen. Beim Verlieren kann das Raumschiff auch optisch explodieren. Erstelle ihm dazu ein neues Kostüm, zum Beispiel einen Feuerball, und schalte das Kostüm um, sobald der Spieler verloren hat. Vergiss nicht, es zu Beginn des Spieles immer wieder auf das erste Kostüm zurückzusetzen.
- Spiel wird schneller: Mache den Flug der Bälle nach jedem Abschuss ein bisschen schneller. Zum Beispiel, indem du im Bühnenskript, wo `getroffen` empfangen wird, die Variable `speed` um 2 änderst (vergrößerst).
- Mehrere Level: Lass das Spiel neu beginnen, wenn alle Bälle abgeschossen wurden – aber jetzt mit höherer Geschwindigkeit, vielleicht sogar mit mehr Bällen. Das zu programmieren, ist ein bisschen aufwendiger – aber auch eine tolle Herausforderung, die du mit dem, was du jetzt weißt, schaffen kannst.

Kapitel 17
Flapdragon – lass den Drachen fliegen

Nach Ballspielen, Labyrinthspielen und Weltraum-Shooter jetzt einmal ein Spiel, in dem es vor allem um Geschicklichkeit geht. Auch hier gibt es ein paar wichtige neue Techniken zu erlernen!

Ein neues Spiel steht an, bei dem du die Kenntnisse verwenden kannst, die du schon hast – und ein paar neue Dinge dazulernen wirst. Kennst du das Spiel *Flappy Bird*? Das war vor einigen Jahren auf Handys und Tablets sehr beliebt. Es ging darum, einen Vogel, den man per Tippen auf den Bildschirm hochflattern ließ, durch geschicktes Manövrieren durch vorbeifliegende Säulen zu steuern.

Die Spielidee

Wir wollen etwas Ähnliches bauen. Statt eines Vogels steuern wir einen Drachen, aber die Grundidee bleibt die gleiche: Mit einem Flügelschlag, also dem Drücken auf eine Taste, wird die Figur ein Stück nach oben geschossen, fällt dann aber wieder herunter und muss erneut mit den Flügeln schlagen, um wieder höher zu kommen. Von rechts nach links wandern Säulen durch das Bild, die immer nur eine Lücke haben, durch die der Drache durchfliegen muss. Berührt er eine Säule, hat der Spieler verloren. Pro Säule, die er durchfliegt, gibt es einen Punkt.

Was brauchen wir dazu?

- erstens eine Drachenfigur und ein Skript, mit dem wir sie organisch vertikal hochfliegen und herunterfallen lassen können
- zweitens Säulen, die im Hintergrund in bestimmter Geschwindigkeit von rechts nach links schweben
- optional: eine Landschaft, die sich von rechts nach links bewegt und den Eindruck der Bewegung des Drachen verstärkt

Der Drache und seine Steuerung

Auf geht's. Starte ein neues Projekt, und lösche die Katze. Nimm stattdessen den Drachen **Dragon** aus den mitgelieferten Figuren in dein Projekt.

Er ist natürlich viel zu groß. Setze seine Größe auf 15 % – dann sollte es funktionieren.

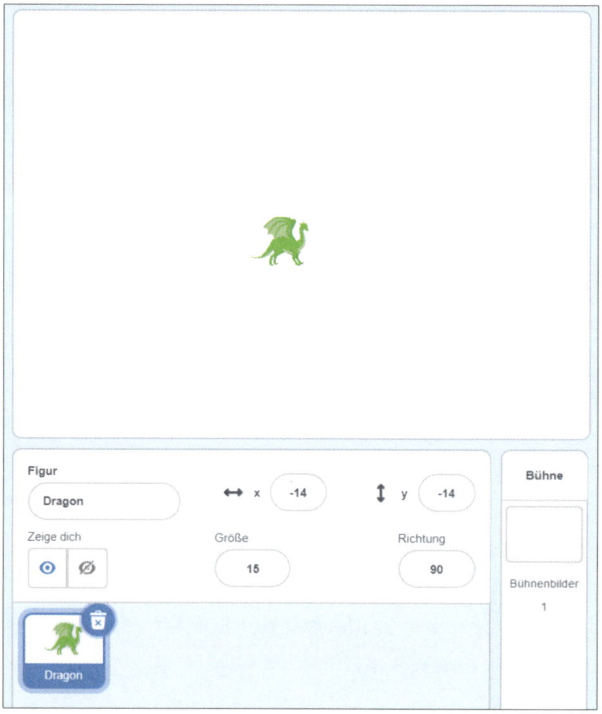

Springen und fallen

Nun geht es an die Bewegung des Drachen. Der Drache soll hochspringen und von selbst wieder herunterfallen. Wir müssen dazu also zwei Kräfte berücksichtigen, die wir nachbauen müssen, damit das Programm physikalisch realistisch wirkt: Die Sprungkraft, mit der der Drache hochfliegt, wenn er »hüpft« – sie nimmt beim Hochfliegen ständig ab. Und die Gegenkraft, die den Drachen auf die Erde herunterzieht. Das ist die Schwerkraft.

Da beide Kräfte gleichzeitig gegeneinander wirken, wird die Schwerkraft in jedem Schritt von der aktuellen Sprungkraft abgezogen. Damit erhalten wir dann die Kraft, die gerade auf den Drachen wirkt.

Ist die Sprungkraft 0, dann fällt der Drache nach unten, weil nur noch die Schwerkraft wirkt. Ist die Sprungkraft gleich hoch wie die Schwerkraft, dann bleibt der Drache in der Luft stehen. Ist aber die Sprungkraft höher als die Schwerkraft (am Anfang jedes Sprungs), dann fliegt der Drache ein Stück nach oben – bis die Sprungkraft dann wieder niedriger ist als die Schwerkraft, woraufhin es wieder abwärts geht.

Erstelle also erst einmal die beiden Variablen, die wir brauchen: Sprungkraft und Schwerkraft.

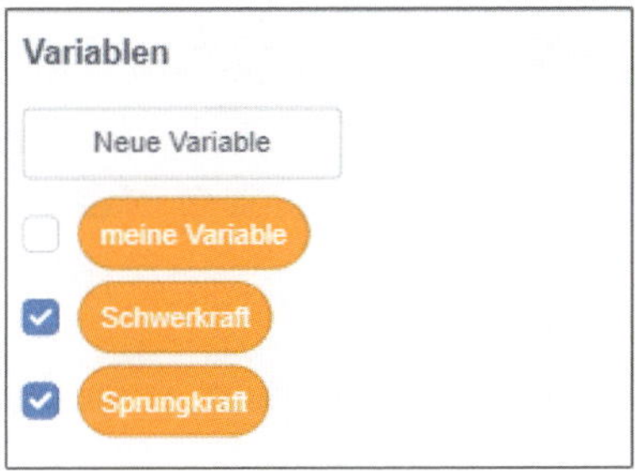

Nun brauchen wir eine dauerhafte Bewegungsschleife für den Drachen, denn wenn das Spiel läuft, wirken die Kräfte ständig auf ihn.

Baue also erst einmal das folgende Skript für den Drachen:

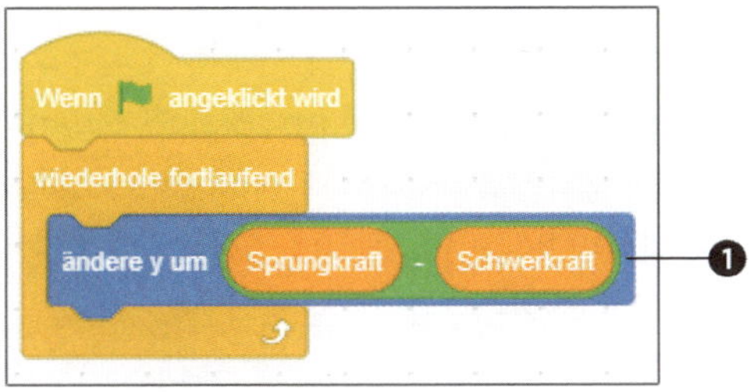

Hier musst du einen Minus-Operator verwenden, damit die Schwerkraft von der Sprungkraft abgezogen werden kann ❶.

Die vertikale Bewegung des Drachen wird also ständig neu berechnet aus Sprungkraft (Kraft nach oben) minus Schwerkraft (Kraft nach unten). Wenn du jetzt die grüne Flagge klickst, passiert erst einmal gar nichts. Das liegt daran, dass die Sprungkraft 0 ist und die Schwerkraft auch. Also geht es weder nach oben noch nach unten. Der Drache steht still in der Luft.

Das wird sich ändern, wenn du die Kräfte auf einen Wert setzt. Doppelklicke die beiden Variablen auf der Bühne zwei Mal, und probiere aus, was passiert, wenn du die Werte änderst. Erhöhe zuerst die Schwerkraft.

Wenn die Schwerkraft größer als 0 ist und die Sprungkraft 0, dann sinkt der Drache zu Boden.

Nun erhöhe auch einmal die Sprungkraft. Sobald sie größer ist als die Schwerkraft, wird der Drache steigen, wenn sie wieder kleiner wird, sinkt er wieder hinunter. Sind beide gleich groß, bleibt er stehen.

Wie sieht ein realistischer Sprung des Drachen aus?

Die Sprungkraft sollte auf einen Wert gesetzt werden, zum Beispiel 15 – dann sollte sie automatisch in jeder Wiederholung um 1 reduziert werden, sodass der Drache irgendwann stehen bleibt und dann beginnt, wieder herunterzufallen. Dazu brauchst du erst einmal den Sprung-Auslöser:

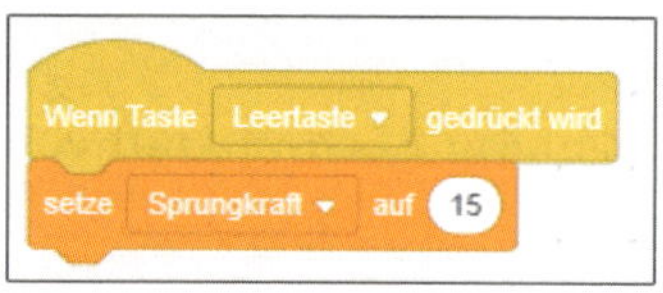

Durch das Drücken der Leertaste wird der Sprung ausgelöst – und das geschieht, indem die Sprungkraft auf 15 gesetzt wird.

Nun muss auch noch das Hauptskript des Drachen geändert werden, damit die Sprungkraft mit der Zeit abnimmt. In jeder Runde soll die Sprungkraft um 1 verringert werden. Aber Achtung: Wenn sie auf 0 ist, darf sie nicht mehr kleiner werden, denn sonst hätte man eine negative Sprungkraft nach unten. Also machen wir das in etwa so:

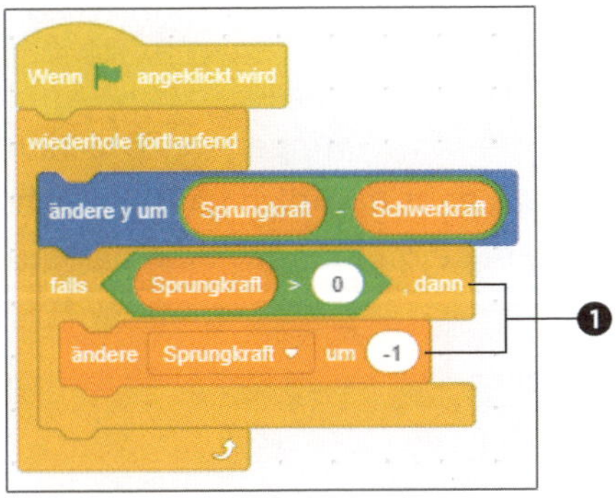

Nur wenn die Sprungkraft ❶ größer als 0 ist, wird sie in jedem Durchlauf um 1 verringert.

Jetzt kannst du den Drachen richtig testen. Klicke die grüne Flagge, und der Drache sinkt. Immer wenn du die Leertaste drückst, macht er einen Schub nach oben und fällt dann wieder langsam herunter. Das ist die Basis für das Spiel. Wenn dir die Bewegung noch komisch vorkommt, kannst du den Wert für die Sprungkraft auch leicht abwandeln.

Ach, und eine optische Kleinigkeit noch – musst du nicht machen, sieht aber cooler aus. Immer wenn der Drache aufwärts fliegt, soll er das zweite Kostüm zeigen, ansonsten das erste – sodass es aussieht, als wenn er sich beim Hochflattern streckt. Das machst du, indem du zwei Kostümwechselbefehle einbaust. Die Variablen kannst du jetzt unsichtbar machen.

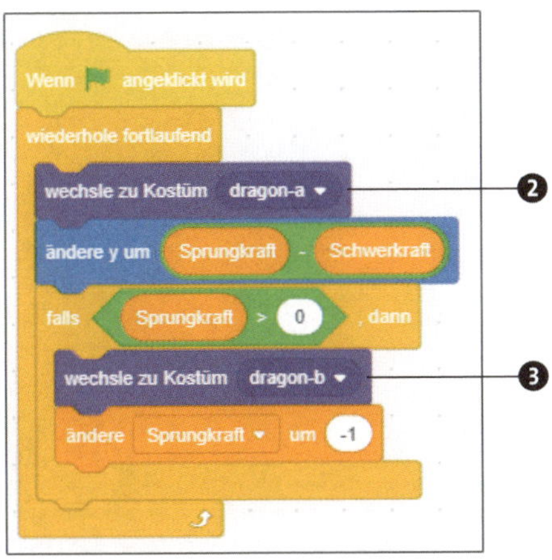

Das erste Kostüm wird gezeigt, wenn der Drache nicht springt ❷, das zweite erscheint, solange der Sprung andauert ❸.

Einen Sound zum Springen hinzufügen

Schön wäre es jetzt noch, wenn man das Flattern bzw. Springen des Drachen nicht nur sehen, sondern auch hören könnte. Das geht natürlich ganz einfach. Wähle den Drachen aus, und füge ihm unter dem Reiter **Klänge** einen passenden Sound hinzu. Zum Beispiel **High Whoosh**.

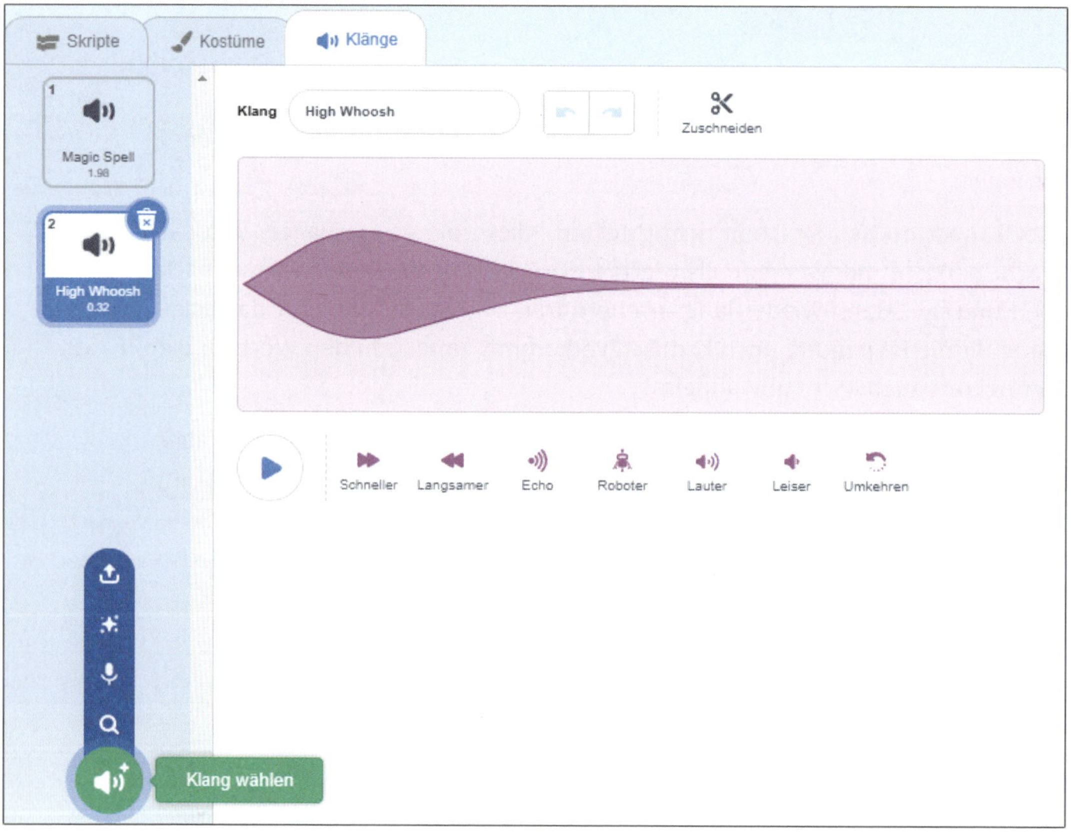

Nun musst du den Klang im Skript des Drachen nur noch an der Stelle abspielen, an der die Leertaste gedrückt wird.

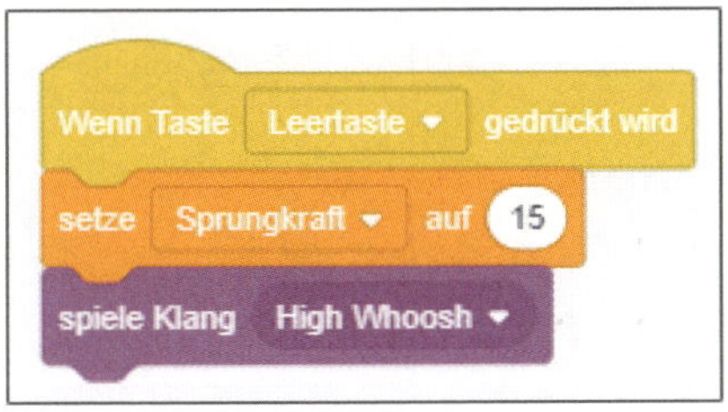

Der Klang kommt direkt dorthin, wo der Sprung ausgelöst wird.

Das war's. Klingt nett, oder?

Die Säulen kommen

Der Drache springt jetzt also mit einem Sound nach oben und sinkt wieder nach unten. Damit auch der Eindruck entsteht, dass er nach rechts fliegt, lassen wir als Nächstes die Säulen, durch deren Lücken er fliegen soll, von rechts nach links wandern. Aber erst einmal müssen wir die Säulen erstellen.

1. Erstelle eine neue Figur mit dem Pinsel (Malen):

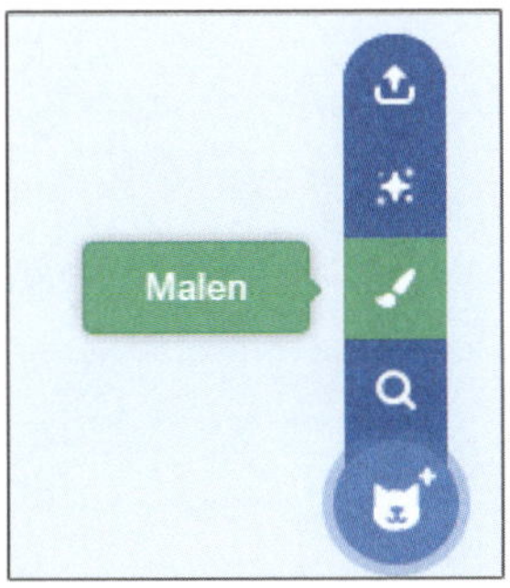

2. Zeichne ein Rechteck, das deutlich höher als die Hälfte der Zeichenfläche ist.

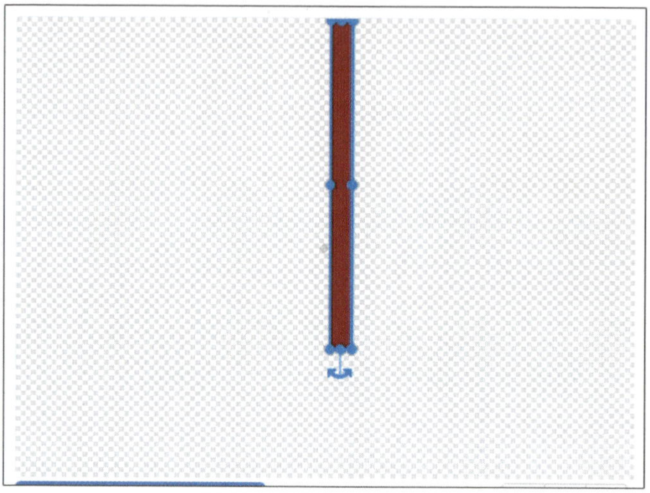

3. Schiebe das Rechteck nach oben. Markiere es, klicke dann auf **Kopieren** und danach auf **Einfügen**. Dadurch verdoppelst du es.

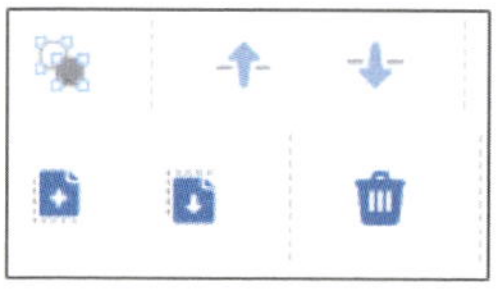

4. Schiebe das zweite Rechteck nach unten, sodass eine Lücke bleibt.

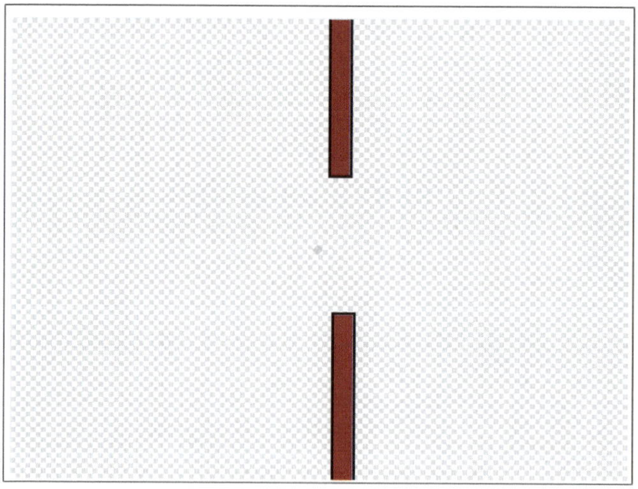

5. Erstelle nun noch ein Oval (mit der Kreisform), und setze es an die obere Säule.

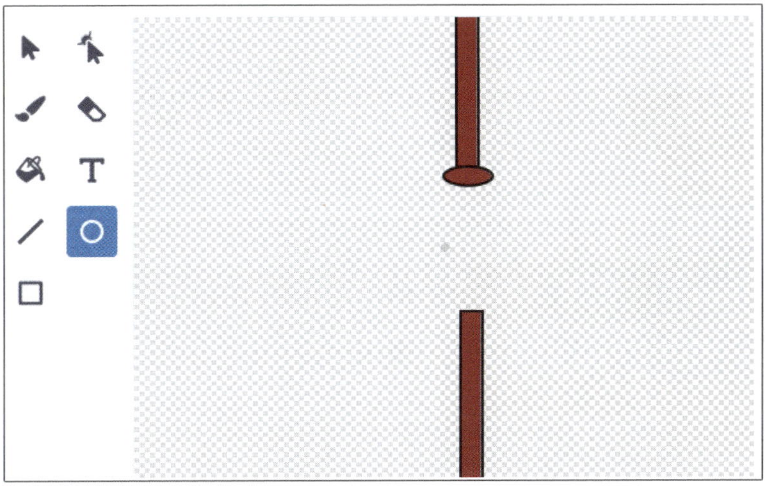

6. Kopiere das Oval wie den Balken zuvor, und setze das zweite Oval an die untere Säule.

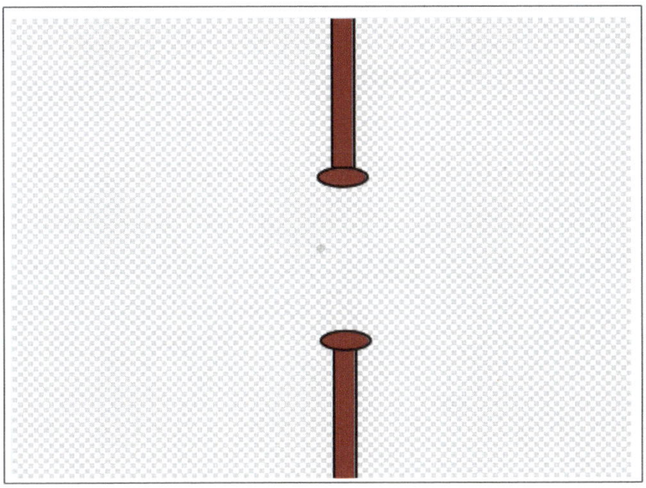

So. Damit ist unsere Säule fertig. Verschiebe sie so, dass ein genügend großer Abstand in der Mitte entsteht. Später kannst du diesen noch weiter anpassen. Die Farben kannst du natürlich ganz nach deinen eigenen Vorstellungen setzen, wenn du willst.

Die Säulen bewegen sich durchs Bild

Okay, jetzt kannst du die Säule in Bewegung setzen. Sie soll von rechts nach links gleiten. Gib ihr erst einmal das folgende Skript:

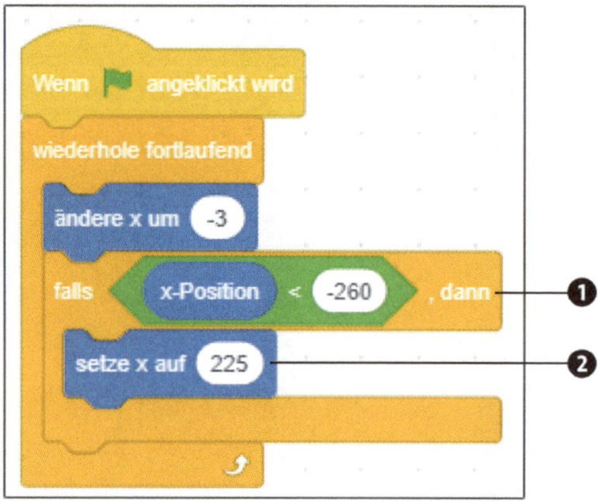

Wenn die Säule am linken Rand ist ❶, springt sie automatisch wieder an den rechten Rand ❷. Falls die Säule links stehen bleibt, musst du eventuell den Vergleichswert (225) niedriger machen.

Klicke die grüne Flagge, und du kannst schon ausprobieren, ob es dir gelingt, den Drachen sauber durch die Lücke zu steuern.

Falls es zu schwierig ist, kannst du auch die Sprunghöhe des Drachen noch anpassen. Gehe dazu auf das Drachenskript, und ändere die Sprungkraft auf einen niedrigeren Wert, zum Beispiel 12. Achte aber auch darauf, dass es nicht zu einfach wird.

Nun soll die Lücke natürlich nicht immer nur in der Mitte sein. Sie soll mal oben und mal unten sein, damit das Spiel mehr Herausforderung bietet. Am einfachsten ist es, wenn die Säule jedes Mal, wenn sie vom linken Rand nach rechts gesetzt wird, gleichzeitig ihre vertikale Position auf einen Zufallswert setzt. Schiebe dazu die Säule auf der Bühne weit nach unten, und schau nach, welchen y-Wert sie hat. Dann schiebst du sie nach oben und prüfst erneut den y-Wert. Damit hast du den minimalen und den maximalen Wert für y, der dann zufällig gesetzt wird.

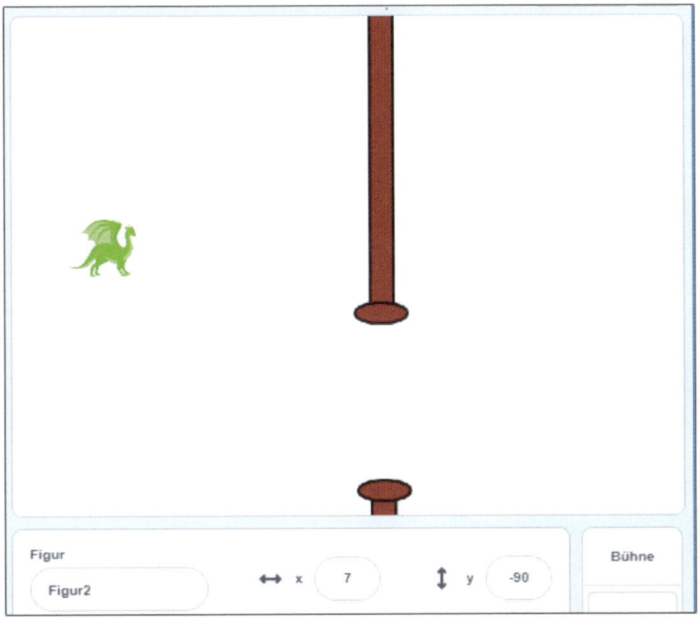

Unten ist der y-Wert hier -90 (prüfe aber bitte deine eigenen Werte).

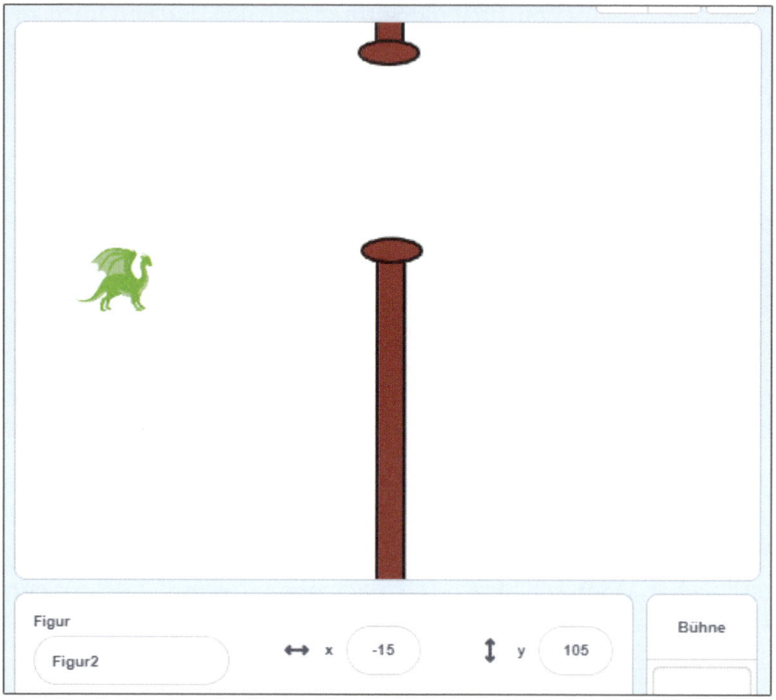

Oben ist y bei 105 (bei dir kann es ein anderer Wert sein). Nun kannst du die y-Position der Säule bei jedem Durchlauf auf eine Zufallszahl setzen, die zwischen den beiden gemessenen Werten liegt.

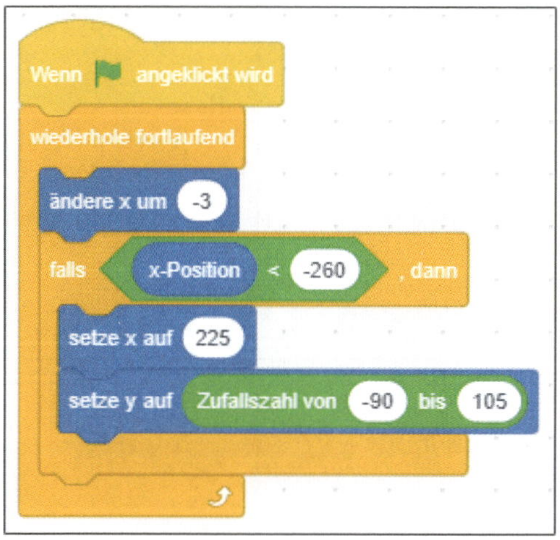

Du darfst wieder testen. Klappt es mit dem Durchkommen?

Nun gibst du der Säule eine Startposition, bevor es losgeht. Setze sie einfach mal auf x: 250, y: 0 – dann beginnt sie ganz am rechten Rand in der Mitte.

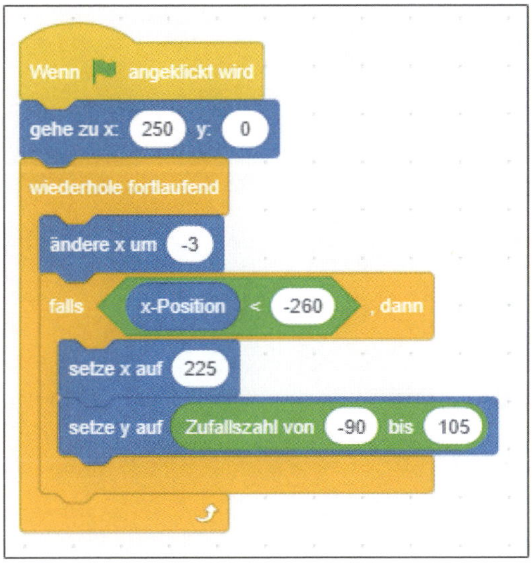

Kollision erkennen

Wie in vielen anderen Spielen auch ist es irgendwann an der Zeit, dass das Programm auf Kollisionen reagieren kann. In diesem Fall ist es die Kollision von Säule und Drache.

Geprüft werden muss die Kollision im Skript der Säule. Wie das geht, weißt du ja sicherlich inzwischen. In die fortlaufende Wiederholung wird einfach eine falls-dann-Abfrage eingebaut. falls wird Drache berührt - dann – ja was dann? Dann sende verloren an alle. Wir schicken also in dem Fall wieder eine Nachricht an alle, die später empfangen und entsprechend verarbeitet wird.

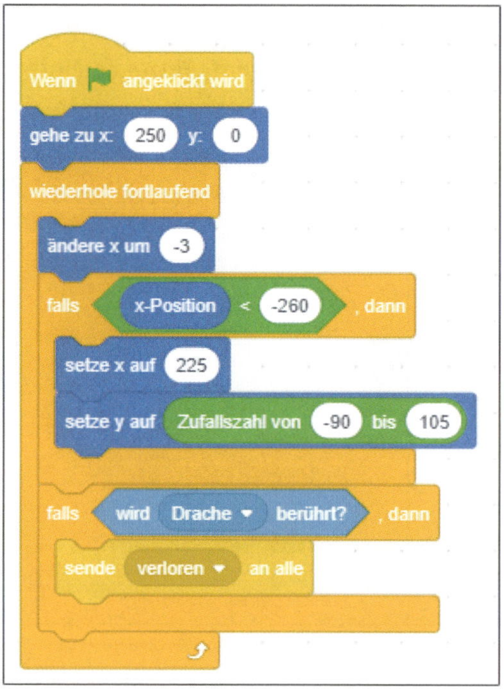

Damit können wir später auch das Ereignis `verloren` behandeln. Noch eine Sache: Die Geschwindigkeit der Säule ist jetzt auf –3 Punkte pro Durchgang festgelegt. Das funktioniert ganz gut – aber es könnte genug Gründe geben, diese Geschwindigkeit im Spiel zu ändern (Säulen werden mit der Zeit immer schneller) oder sie probeweise ab und zu auf einen anderen Wert zu setzen.

Auch dafür hast du ja schon ein Rezept. Du brauchst eine Variable `speed`, die die Geschwindigkeit der Säule(n) steuert. Also los: Erstelle eine neue Variable `speed`.

Nun fügst du diese Variable an der richtigen Stelle im Skript der Säule ein. Du könntest einfach `speed` dort einsetzen, wo jetzt `-3` steht. Ich empfehle aber, hier `0 - speed` einzusetzen. Warum? Weil die Säule nach links wandert, muss sie immer einen negativen Schritt machen. Schreibt man `0 - speed` statt nur `speed` hinein, dann kann man für `speed` eine positive Zahl (zum Beispiel von 1–10) verwenden, und die Säule wandert trotzdem nach links.

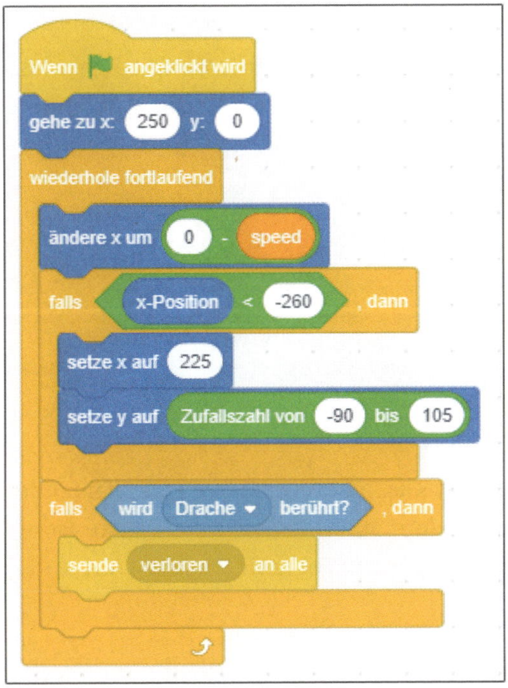

So sieht das Säulenskript dann aus, nachdem die Variable speed statt einer festgelegten Geschwindigkeit verwendet wird.

Und damit speed nicht am Anfang einfach 0 ist, setzen wir die Variable zu Spielbeginn auf einen Wert – zum Beispiel 3 oder auch 4. Das machst du am besten im Skript der Bühne – du erinnerst dich? Die Spielsteuerung wird der Übersicht halber im Bühnenskript erledigt. Bei dieser Gelegenheit solltest du auch gleich den Wert für die Schwerkraft festlegen, damit er beim Start des Spiels korrekt gesetzt ist.

Und so kann dann das Skript der Bühne aussehen:

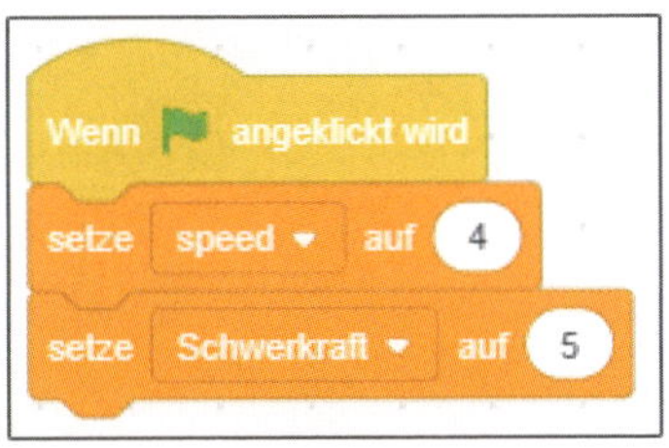

Die zweite Säule kommt hinzu

Eine Säule ist definitiv zu einfach und zu langweilig. Eine zweite Säule muss jetzt dazukommen. Die erstellst du ganz einfach, indem du die vorhandene Säule duplizierst.

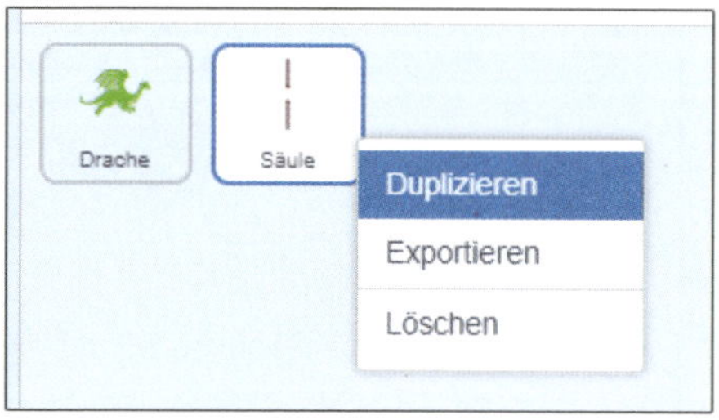

Nun hast du zwei Säulen. Damit diese in gleichmäßigem Abstand zueinander stehen, braucht die zweite Säule eine andere Startposition als die erste (sonst würden sie ja auch genau übereinander beginnen). Setze sie vielleicht auf x:-20, y:0.

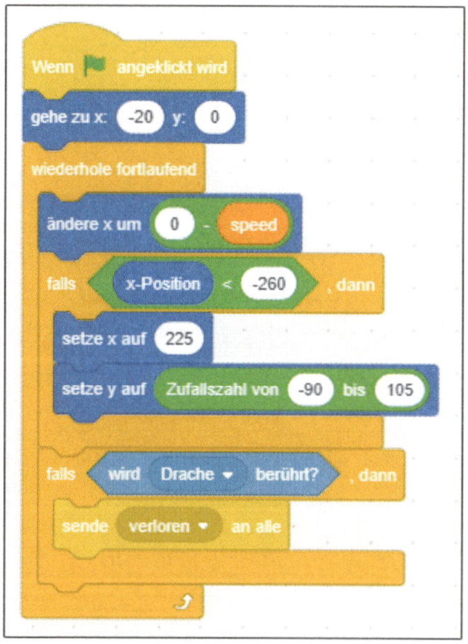

Nun kannst du es ausprobieren. Stimmt der Abstand? Stimmen die Geschwindigkeiten? Kommt der Drache durch? Ist es zu schwer oder zu einfach?

Du kannst jederzeit die Variable speed (im Bühnenskript) anpassen oder die Anfangspositionen neu setzen – bis alles okay ist.

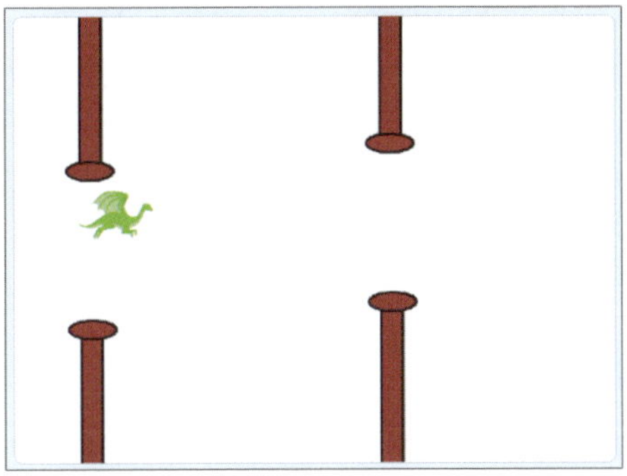

Noch etwas: Vielleicht möchtest du, dass die Säule in der Mitte am Anfang noch nicht erscheint, damit man zu Beginn des Spiels etwas mehr Zeit hat, um den Drachen in den Griff zu bekommen. Dann setze die zweite (mittlere) Säule doch einfach auf unsichtbar, und erst wenn sie zum rechten Rand wandert, wird sie sichtbar. Ändere dazu das Skript der zweiten Säule, indem du einen `verstecke dich`-Befehl an den Anfang setzt und einen `zeige dich`-Befehl dorthin, wo die Säule das erste Mal wieder an den rechten Rand gesetzt wird. Dadurch beginnt sie unsichtbar und erscheint erst ab dem zweiten Durchgang:

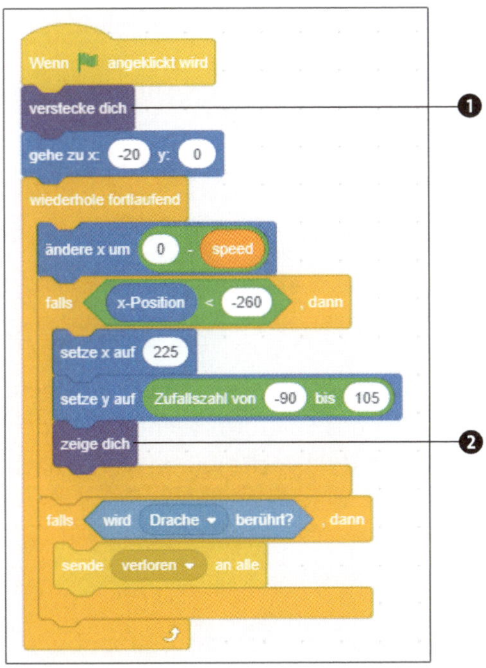

So beginnt das Spiel etwas entspannter: Am Anfang wird die erste Säule unsichtbar gesetzt ❶, und erst wenn sie einmal durch ist, wird sie sichtbar ❷ und bleibt es dann auch. Der Effekt: Eine Säule kommt von ganz rechts – und erst nach ihr erscheint die zweite Säule dann ebenfalls von rechts.

Spielende beim Berühren

Nun musst du noch programmieren, was passiert, wenn der Drache die Säule berührt. Es wird bereits die Nachricht `verloren` gesendet. Wir brauchen jetzt nur noch ein Programm, das darauf reagiert. Da das zur generellen Spielsteuerung gehört, empfehle ich, das Programm wieder einmal im Skriptbereich der Bühne anzulegen.

Was passiert, wenn der Drache die Säule berührt?

Das kannst du selbst bestimmen. Es gibt vielleicht einen Klang, das Spiel hält an – vielleicht erscheint noch ein Schild usw. ...

Wie bringe ich das Spiel zum Anhalten?

Am einfachsten wäre es, das gesamte Programm zu stoppen, wenn eine Säule berührt wird. Im Bühnenskript würde das dann so aussehen:

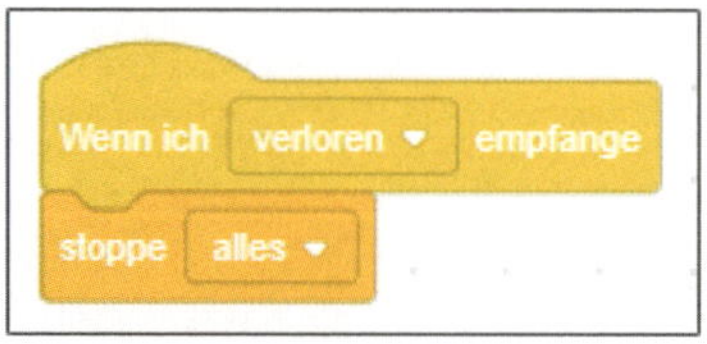

Das hätte aber einige Nachteile. Es würde zum Beispiel kein Geräusch ertönen. Würdest du aber ein Geräusch abspielen, bevor das Spiel sich beendet, würden die Säulen sich dabei weiter bewegen, und auch der Drache würde weiter nach unten sinken.

Das Spiel stoppen, ohne das Programm zu beenden

Wie kann ich das Spiel zum Anhalten bringen, ohne dass alles gestoppt wird, sodass noch eine Melodie gespielt werden kann und das Spiel eventuell sogar wieder neu begonnen werden kann? Wir hatten dieses Problem ja auch schon in den vorherigen Spielen.

Um die Säulen anzuhalten, genügt es, die Variable speed auf 0 zu setzen. Dann bewegen sie sich mit der Geschwindigkeit 0, bleiben also stehen.

Was machen wir mit dem Drachen? Nun, wir könnten auch die Sprungkraft und die Schwerkraft auf 0 setzen – dann bewegt er sich auch nicht mehr. Ein Problem gibt es aber noch – probieren wir es einfach mal aus, dann wird klar, was das Problem ist.

Setze die Variablen im Bühnenskript auf 0:

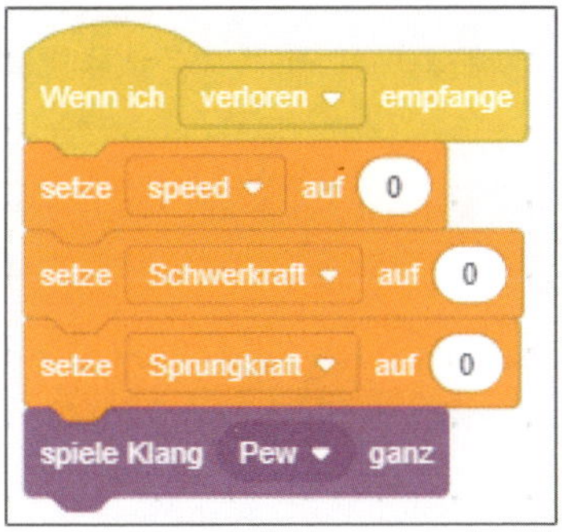

Nun probiere es. Was funktioniert: Alles hält an, wenn der Drache eine Säule berührt. Der Sound wird gespielt.

Das Problem: Der Sound wird immer wieder gespielt. Warum? Weil die Endlosschleife, in der geprüft wird, ob der Drache die Säule berührt, ja immer noch weiterläuft und der Drache jetzt ständig die Säule berührt. Dadurch wird die Nachricht verloren bei jedem Durchlauf immer wieder gesendet, und der Sound wird immer wieder gestartet.

Wie kann man das verhindern?

Es gibt natürlich verschiedene Möglichkeiten. Eine besteht darin, die verloren-Nachricht nur dann zu senden, wenn die Variable speed größer als 0 ist. Dann wird die Nachricht nicht mehr gesendet, sobald das Bild angehalten ist, und der Sound ertönt auch nur einmal.

Gehe zum Skript der ersten Säule, und ändere den Code für die Erkennung der Kollision mit dem Drachen, indem du in die vorhandene Abfrage, ob der

Drache berührt wird, eine weitere Abfrage einbaust, ob der Wert von speed größer als 0 ist.

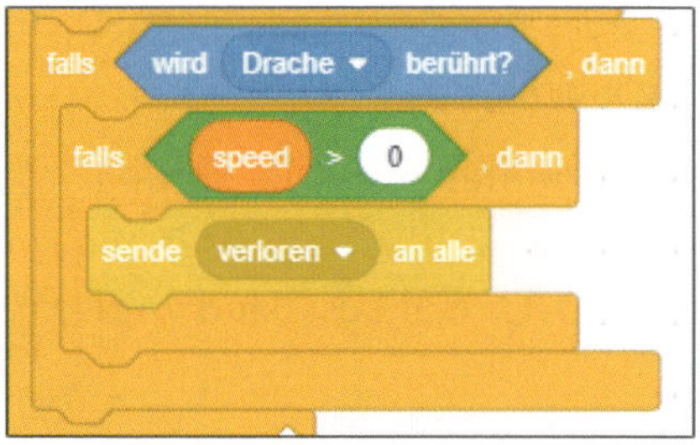

Du benutzt also zwei ineinander verschachtelte falls-dann-Abfragen. Falls der Drache berührt wird und dann auch noch der speed größer als 0 ist – sende verloren an alle.

Anstatt zwei Abfragen ineinander zu verschachteln, kannst du auch *beide Bedingungen gleichzeitig abfragen*:

Also falls der Drache berührt wird UND speed größer als 0 ist. Dazu kannst du einen UND-Verknüpfungsoperator verwenden, um zwei Bedingungen zu verknüpfen.

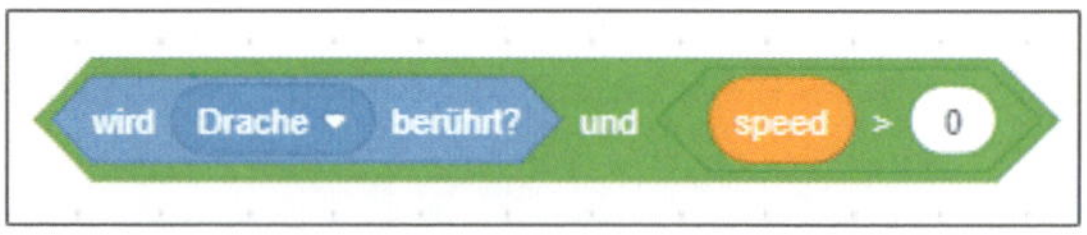

So fragst du beide Bedingungen gleichzeitig ab.

Im Säulenskript sieht es dann stattdessen so aus:

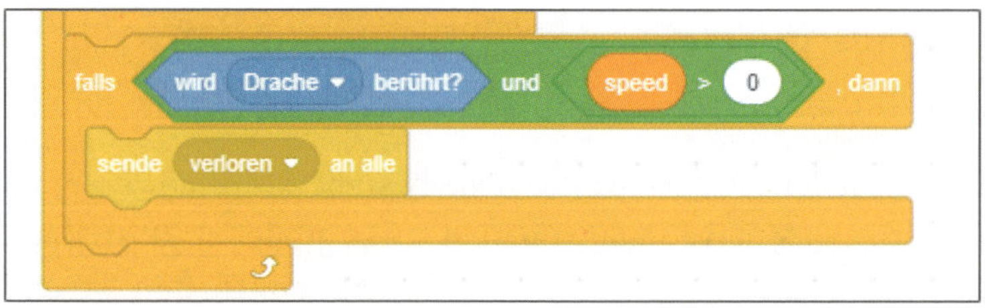

Denk dran, dass die zweite Säule ebenfalls so geändert werden muss, damit es im Spiel funktioniert. So, nun läuft es!

Das Spiel ist verloren. Der Klang ertönt, und alles bleibt stehen!

Nur noch ein Schönheitsfehler, den du auch noch beheben kannst, wenn du willst: Wenn alles stehen bleibt, ist es immer noch möglich, die Leertaste zu drücken und den Drachen hochzuschießen. Das soll natürlich dann auch nicht mehr gehen. Also änderst du das Drachenskript für das Hochschießen so ab, dass auch der Sprung nur stattfindet, wenn der Wert von speed größer als 0 ist – bei Stillstand gibt es dann auch kein Springen mehr:

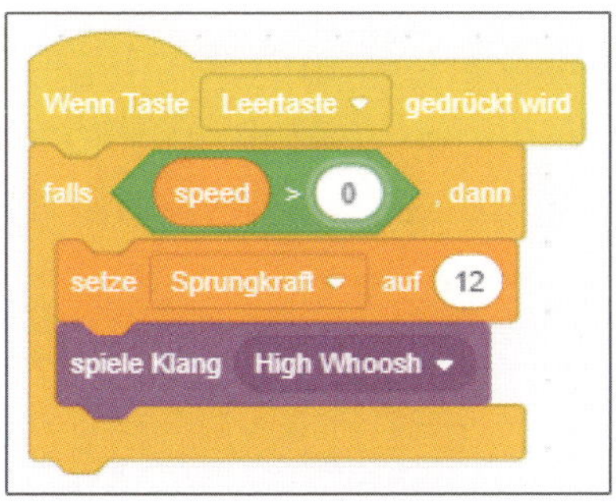

Nur wenn speed größer ist als 0 – also wenn das Spiel noch läuft –, ist jetzt das Hochschießen möglich. Du merkst, die Feinheiten können bei so einem Spiel schon richtig kompliziert werden. Man muss wirklich an alles denken.

Teste jetzt einmal wieder, ob alles funktioniert, wie es soll.

Punkte zählen

Man kann verlieren, wenn man die Säule berührt. Aber was kann man gewinnen? Natürlich Punkte. Du kannst dir an dieser Stelle sicherlich schon denken, wie du vorgehen musst, oder? Erst einmal brauchst du eine Variable mit dem Namen Punkte. Die darf ruhig auf dem Bildschirm sichtbar sein. Erstelle sie also, und schiebe sie auf der Bühne nach rechts oben.

Wann gibt es einen Punkt? Der Einfachheit halber würde ich vorschlagen, jedes Mal einen Punkt zu geben, wenn eine Säule von links wieder nach rechts gesetzt wird.

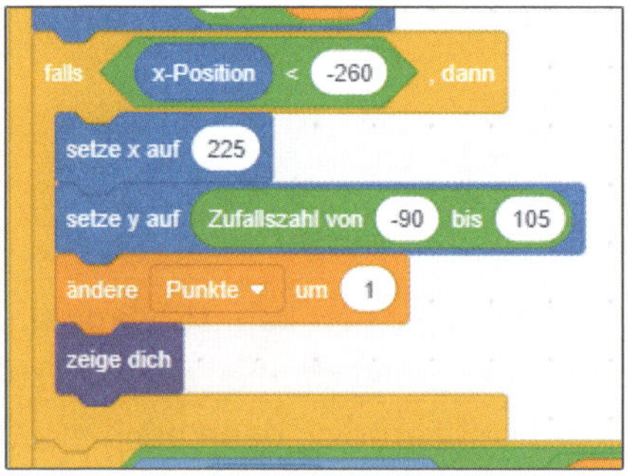

Die Anweisung ändere Punkte um 1 muss in die beiden Skripte der Säulen eingesetzt werden. Und im Skript der Bühne muss Punkte zu Beginn des Spiels auch auf 0 gesetzt werden.

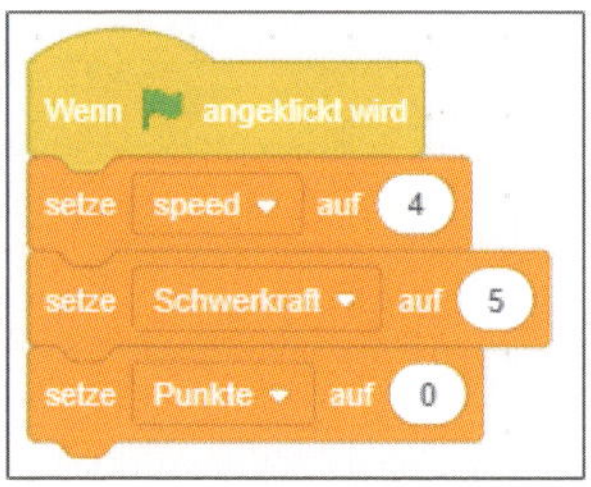

Spiel per Button neu starten

Wie wäre es, wenn man das Spiel, nachdem du eine Säule berührt hast und es stillsteht, per Klick auf einen Button neu starten kann – also nicht nur über die Fahne? Es soll sich also nicht komplett beenden, sondern nur so lange stillstehen, bis du es wieder startest.

Was musst du verändern? Damit es möglich ist, das Spiel per Befehl zu starten, muss es mit einer Nachricht gestartet werden können. Diese Nachricht nennen wir `Spielstart`. Fange mit dem Skript des Drachen an: Ersetze das Flaggen-Ereignis durch `Wenn ich Spielstart empfange`.

Dasselbe machst du mit den beiden Säulen. Der erste Block, das Flaggenereignis, wird ersetzt durch:

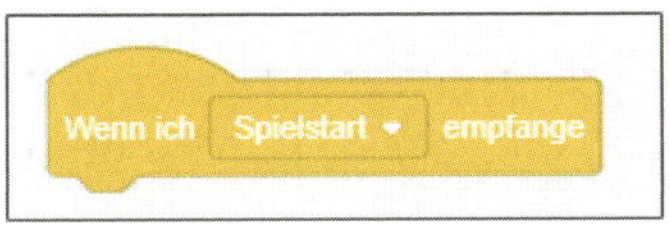

Zuletzt änderst du auch das Skript der Bühne, das mit der Flagge beginnt:

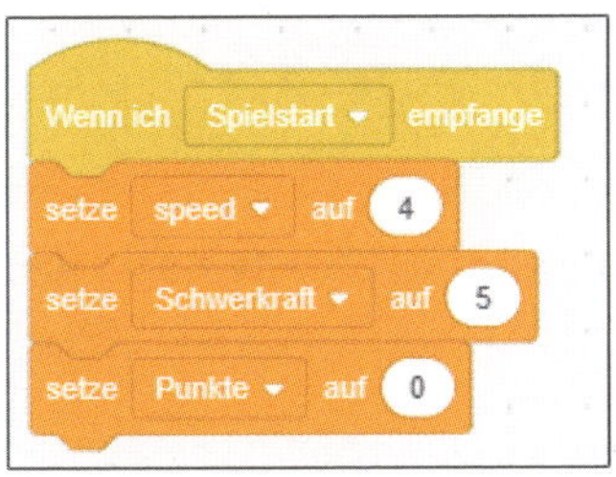

So. Ab jetzt beginnt das Spiel nicht mehr durch Klick auf die Flagge, sondern mit der Nachricht `Spielstart`, die man im Skript jederzeit senden kann. Aber ganz am Anfang soll es ja trotzdem noch mit der Flagge gestartet werden können. Wie sorgst du dafür? Ganz einfach: Füge jetzt im Bühnenskript die Nachricht `Spielstart` zu Beginn des Spiels hinzu:

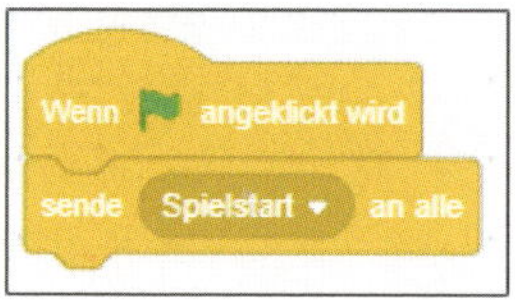

Damit ist jetzt erst einmal wieder alles wie vorher: Per grüner Flagge wird die Nachricht `Spielstart` gesendet, und dann geht das Spiel los.

Jetzt wird es aber interessant: Erstelle ein Schild, das erscheinen soll, wenn das Spiel verloren wurde. Gehe dazu auf **Figur • Malen**, und zeichne dort das Schild, etwa so oder ähnlich:

Die Figur nennst du **Schild**. Du kannst das Schild natürlich auch noch viel kunstvoller verzieren – ganz nach Lust und Laune.

Platziere es auf der Bühne.

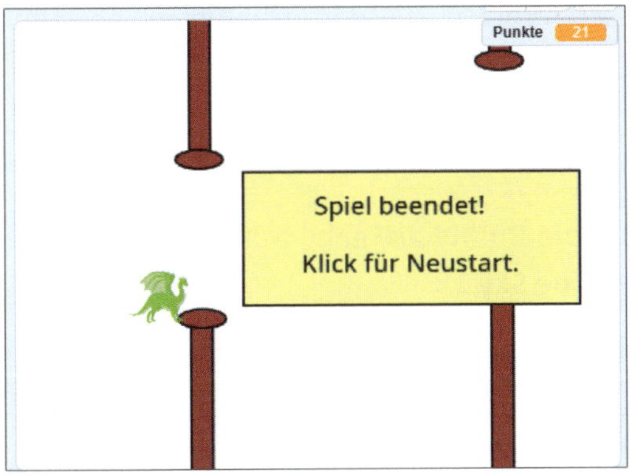

Jetzt gehe in den Skriptbereich des Schilds. Das Schild erhält drei kleine Skripte, die alle notwendig sind.

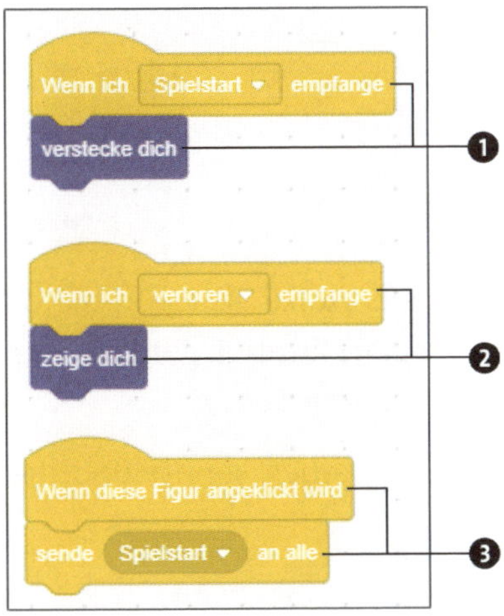

Bei Spielstart soll es natürlich nicht sichtbar sein, wird daher zu Beginn auf unsichtbar gesetzt ❶. Es erscheint erst dann, wenn der Spieler verloren hat ❷. Und wenn man draufklickt, dann soll das Spiel neu gestartet werden ❸. Alle diese Mechanismen funktionieren nur durch das Senden und Empfangen von Nachrichten. Clever, oder?

Optische Verbesserungen

Das Spiel ist eigentlich fertig. Jetzt geht es einmal wieder nur um kleine Erweiterungen, mit denen es noch besser aussieht. Wie wäre es mit einem blauen

Himmel als Hintergrund und ein paar Wolken, die darauf langsam entlangziehen?

Blauer Himmel

Der ist sehr einfach gemacht: Wähle die Bühne an, gehe auf den Reiter **Bühnenbilder**, und wähle als Bühnenbild **Blue Sky 2**.

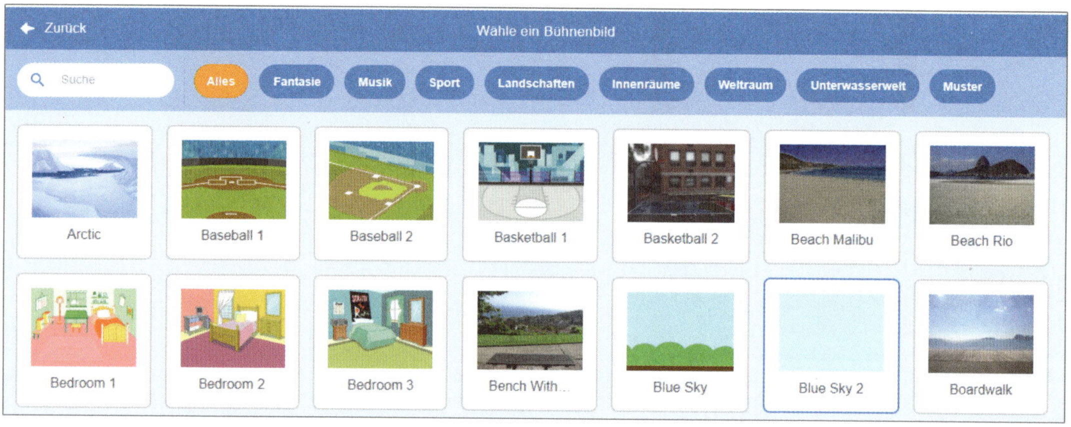

Jetzt noch die Wolken. Dazu erstellst du einfach eine Wolke als Figur, die du langsam am Himmel entlangziehen lässt. Wenn sie ganz links ist, geht sie wieder nach rechts. Dann kann die Wolke vervielfältigt werden. Fertig.

Wähle als Figur **Cloud**. Hier ist ein Skript, das du ihr geben kannst und das schon ein paar Extras enthält:

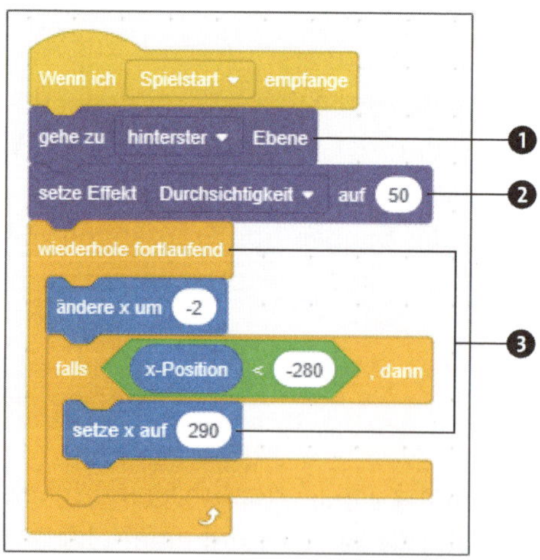

Zuerst wird die Wolke auf die hinterste Ebene gesetzt, damit sie nicht vor den anderen Figuren liegt ❶. Dann wird sie auf halb durchsichtig gesetzt ❷. Damit sieht sie etwas realistischer aus.

Nun wird sie langsam nach links geschoben, und immer, wenn sie am linken Rand ist, erscheint sie wieder ganz rechts ❸. Teste es mal mit der Wolke. Bist du zufrieden?

Wenn ja, dann kannst du die Wolke jetzt noch zwei oder drei Mal duplizieren und dann schön gleichmäßig auf dem Bild verteilen. Du kannst den Wolken auch unterschiedliche Größen geben. (Achte darauf, dass kleinere Wolken vielleicht auch einen anderen Wert brauchen, um am linken Rand abgefangen zu werden, sonst bleiben sie links hängen. Versuche es bei ihnen mit -270 oder -260.)

Jetzt ist es wirklich ein richtiges Spiel! Teste noch einmal genau, ob alles funktioniert und dann: Viel Spaß beim Spielen!

Das Spiel erweitern und optimieren

Auch dieses Spiel ist niemals ganz fertig. Mit deinen eigenen Ideen kannst du es jetzt ebenso wie die vorherigen Spiele erweitern und deinen Wünschen und Vorstellungen anpassen.

Ideen für den Ausbau:

- Mehr Säulen: Dupliziere einfach noch einmal eine Säule, dann wird das Spiel noch schwieriger.
- Mehr Geräusche und Effekte: Füge eine Hintergrundmusik ein, eine Melodie zum Start und Ende, vielleicht spricht das Programm ja auch einen Kommentar und sagt, wie viele Punkte du geschafft hast.
- Spiel wird schneller: Du kannst die Säulen nach jedem Bilddurchlauf ein kleines bisschen schneller machen. Erhöhe dazu die Variable speed – vielleicht nur um 0.2 oder so. Damit wird das Spiel dann immer schwerer, bis es unschaffbar wird.
- Mehrere Leben: Gib dem Drachen drei Leben. Du brauchst dafür eine Variable Leben, die am Anfang auf 3 steht. Nach jeder Kollision geht sie um 1 runter. Wenn die Leben auf 0 sind, ist das Spiel endgültig beendet.

Kapitel 18
Videoerfassung: Spiele steuern mit Handgesten

Du hast in den bisherigen Spielen Steuerungen mit der Maus und mit der Tastatur kennengelernt. Wusstest du, dass es noch eine dritte Möglichkeit gibt, die richtig spektakulär ist? Steuere das nächste Spiel mit Bewegungen deiner Hand in der Luft!

Es gibt ein paar richtig coole Besonderheiten in *Scratch 3*. Eine davon wirst du jetzt kennenlernen. Du brauchst dafür einen Laptop mit eingebauter kleiner Kamera – die meisten Laptops haben das. Es geht aber auch mit einem Desktop-Computer, wenn eine Webcam angeschlossen ist, und es funktioniert sogar mit einem Tablet. *Scratch* kann nämlich nicht nur auf Tastatur oder Maus reagieren, sondern auch auf deutliche Bewegungen, die eine Kamera empfängt. Probieren wir es aus.

Die Erweiterung »Videoerfassung«

Starte ein neues Projekt. Lass die Katze auf der Bühne. Um Videosignale in Scratch auswerten zu können, musst du eine Erweiterung aktivieren. Aber das geht wie immer ganz einfach.

1. Klicke auf das Symbol ganz links unten für die Auswahl der Erweiterungen.

2. Wähle die Erweiterung **Video-Erfassung** aus, und klicke drauf.

Wenn du eine korrekt funktionierende Kamera in deinem Gerät hast (das ist Bedingung) dann sollte auf deiner Bühne nach ein paar Sekunden auch ein halb durchsichtiges Bild von dir selbst erscheinen – das Bild deiner Webcam.

Was hat das zu bedeuten? Warum siehst du dich selbst auf der Bühne als Kameravideo – und wozu soll das gut sein? Gleichzeitig hast du vier neue Befehle zur Verfügung:

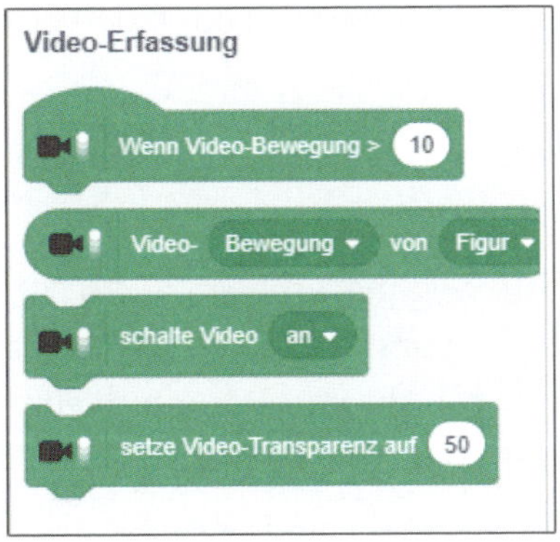

Am wichtigsten ist der oberste Befehl: Ein Ereignis, das ausgelöst wird, wenn die Videobewegung einen bestimmten Wert überschreitet.

Was ist die Videobewegung?

Am einfachsten ist es, wenn du es gleich ausprobierst. Gib der Katze das folgende Skript:

Nun bewege deine Hand langsam über die Katze – wenn nichts passiert, dann vielleicht auch etwas schneller.

Ab einer bestimmten Bewegungsgeschwindigkeit der Hand auf der Katze beginnt die Katze zu miauen.

Du kannst die Katze also mit der Hand streicheln, und sie miaut! Wirklich cool, oder? Du steuerst ein Programm mit Handbewegungen!

Experimentiere ruhig mit den Werten der Videobewegung. Probiere 10, 20, 30, 40 usw. Wedle mit der Hand, und teste, welches der passende Wert ist, damit die Katze nicht ununterbrochen schreit, aber auch nicht ganz stumm bleibt. Der Wert ist je nach Helligkeit und Kameratyp bei jedem unterschiedlich.

Vielleicht fällt dir ein Spiel ein, das man daraus machen könnte. Wenn nicht, dann hätte ich einen Vorschlag für ein ganz einfaches kleines Spiel.

Spielidee:
Auf dem Bildschirm erscheint die Katze immer wieder für nur eine Sekunde an zufälliger Position. Aufgabe ist es, sie schnell mit der wedelnden Hand zu berühren, bevor sie wieder weg ist. Das gibt jeweils einen Punkt. Ab und zu erscheint aber auch ein Hund. Berührt man den, hat man das Spiel verloren.

Als Erstes brauchst du eine Variable für die Punkte. Erzeuge also im Bereich **Variablen** eine **Neue Variable**, und nenne sie `Punkte`. Im Skriptbereich der Bühne wird sie zu Anfang auf `0` gesetzt.

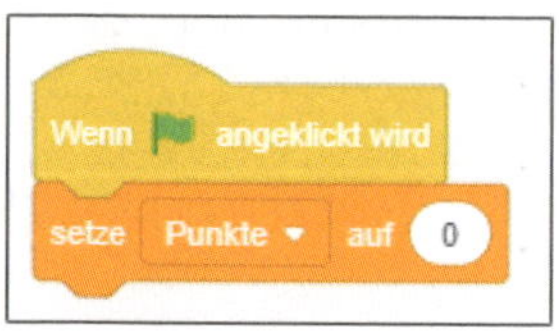

Nun bekommt die Katze ihr Skript: Zu Beginn ist sie unsichtbar, auf Kommando (`Katze zeigen`, das ist eine neue Nachricht, die du erstellst) erscheint sie für eine Sekunde an einer Zufallsposition, verschwindet dann wieder und ruft die nächste Runde auf.

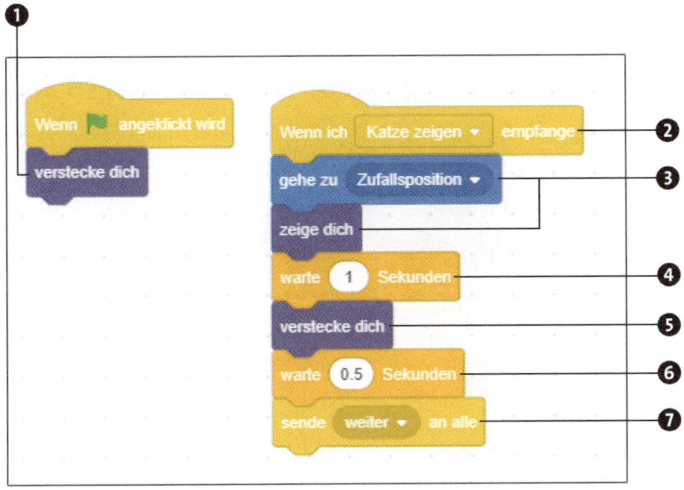

Zu Beginn ist die Katze unsichtbar ❶. Beim Empfang der Nachricht »Katze zeigen« ❷ geht sie auf eine zufällige Position und wird sichtbar ❸, dann bleibt sie dort eine Sekunde ❹ und wird wieder unsichtbar ❺. Nach einer weiteren halben Sekunde ❻ sendet sie die Nachricht »weiter« ❼ – diese Nachricht wird später im Bühnenskript weiterbehandelt.

Außerdem muss im Skript der Katze jetzt auch geprüft werden, ob die Hand über die Katze wedelt. Das geschieht nur, wenn die Katze gerade sichtbar ist. Wenn ja, dann werden die Punkte um 1 erhöht, und es ertönt ein Miau-Klang. Danach muss die Katze sofort verschwinden – sonst würde das Skript ja immer wieder ausgelöst.

Als Wert für die Videobewegung gibst du am besten die Zahl ein, die du vorher als gut funktionierend ermittelt hast.

So. Jetzt kommt der Hund. Erstelle eine Hundefigur, und kopiere die Skripte der Katze in ihn hinein (wie das geht: siehe Abschnitt »Wie kopiert man ein Skript von einer Figur in eine andere?«). Auch der Hund soll, wenn er seine Nachricht empfängt, kurz erscheinen und dann wieder verschwinden. Diese beiden Skripte sind fast identisch mit der Katze, nur dass das Skript mit `Hund zeigen` gestartet wird ❶.

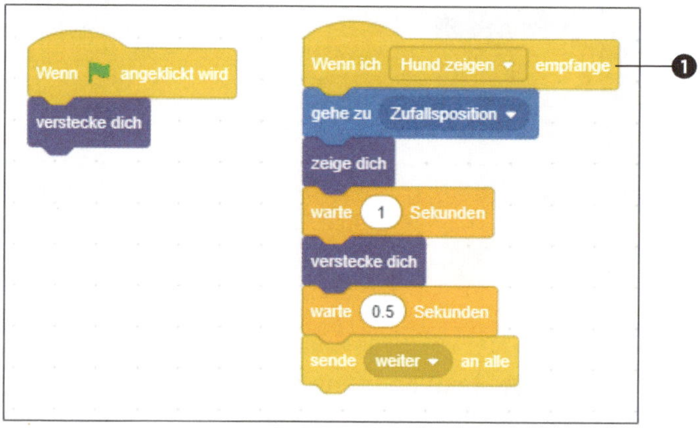

Aber wenn der Hund mit der Hand getroffen wird, soll er »bellen« und das Programm anhalten. Das dritte Skript musst du abändern:

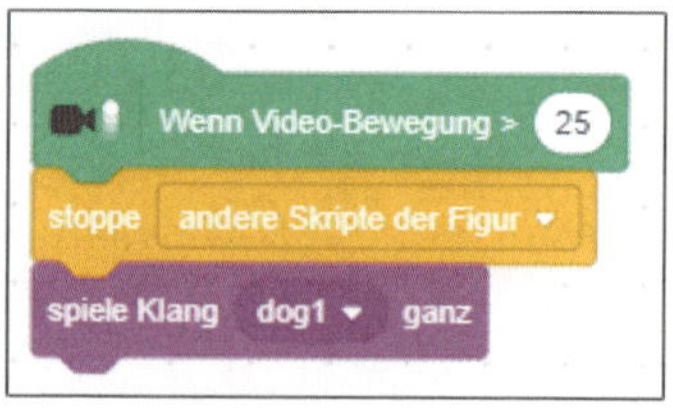

Hier werden die anderen `Skripte der Figur` gestoppt. Damit wird verhindert, dass der Hund wieder verschwindet und die nächste Figur aufruft. Nun noch zur Spielsteuerung:

Was soll passieren, wenn die Nachricht »weiter« gesendet wird?

Es soll entweder die Katze aufgerufen werden, die dann irgendwo für eine Sekunde erscheint, oder eben der Hund. Der Hund soll seltener erscheinen, aber man soll vorher nicht wissen, ob als Nächstes die Katze oder der Hund kommt.

Das ist ein gutes Beispiel für eine *Zufallsentscheidung*. Lass *Scratch* einfach »würfeln«: Wird eine 6 gewürfelt, dann kommt der Hund – anderenfalls (also bei 1, 2, 3, 4, 5) kommt die Katze. Damit taucht der Hund im Schnitt nur jedes 6. Mal auf – aber trotzdem weiß man nie vorher, wann er erscheint.

Die Spielsteuerung schreibst du wie immer ins Bühnenskript. Vollständig sieht sie etwa so aus:

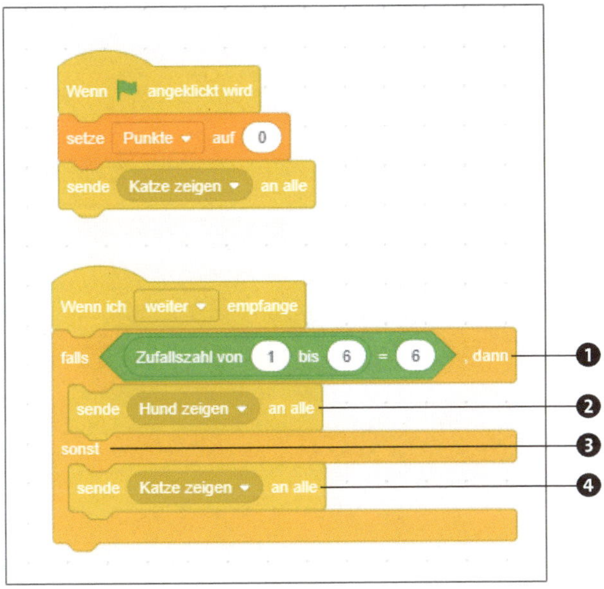

Wie du siehst, wird hier eine `falls-dann-sonst`-Schleife verwendet. Die haben wir bisher nicht oft gebraucht, aber hier ist sie wirklich sinnvoll. Falls eine 6 gewürfelt wird ❶, wird der Hund gezeigt ❷, in jedem anderen Fall ❸ wird die Katze gestartet ❹.

Nun kannst du spielen. Passe die Werte (Videobewegung, Pausendauer, Anzeigedauer) an, bis das Spiel richtig gut spielbar ist.

Und wenn du neue Ideen hast, wie man das Spiel erweitern, verbessern, ändern oder umbauen kann – dann nur zu! Spielideen mit Videoerfassung sind etwas ganz Besonderes!

Kapitel 19
Arbeiten mit Sound und Musik

Jetzt hast du schon mehrere richtige Spiele geschrieben. Zur Abwechslung wollen wir uns jetzt noch einmal richtig mit den Klängen und der Musik in Scratch beschäftigen, denn auch auf diesem Gebiet kann man eine Menge machen.

Was kann ich mit Sound alles machen? Sound ist in Programmen und Spielen ganz wichtig. Es gibt vier Typen von Klängen, die man in Scratch einsetzen kann:

- *Geräusche*
  Zum einen sind da die Geräusche, die man Aktionen hinzufügen kann, sodass es »plopp«, »peng« und »boing« macht, wenn der Spieler springt, schießt, getroffen wird usw. ... Diese Klänge sind sehr wichtig, damit ein Spiel lebendig wird und der Spieler nicht nur sieht, sondern auch hört, was passiert.
- *Musik*
  Musik kann eine Startmelodie sein, eine Hintergrundmusik, die sich durch das ganze Spiel zieht, oder eine kurze Fanfare, die zu bestimmten Ereignissen ertönt. Man kann Musik einmalig abspielen oder als Dauerschleife immer weiterlaufen lassen. In der *Scratch*-Bibliothek sind zahlreiche Instrumententöne, Melodien und auch ganze Rhythmen mit verschiedenen Instrumenten vorhanden, die du gerne verwenden, abspielen und miteinander kombinieren kannst. Man kann jederzeit mehrere Musiktracks übereinanderlegen, sodass daraus ein cooler Mix entsteht.
- *Sprache*
  Mit Klängen kann man *Scratch* natürlich auch sprechen lassen. So kann man die Anleitung oder Einführung zu seinem Spiel einfach selbst aufnehmen und am Anfang abspielen. Oder sogar eine interaktive Geschichte programmieren, die von einem Erzähler gesprochen wird. Außerdem kann man, wie wir bereits am Anfang des Buches gelernt haben, mit der Erweiterung **Text zu Sprache** jeden beliebigen Text als computergesprochene Sprache ausgeben.

- *Instrumente*
  Scratch hat auch eine Instrumenten-Erweiterung, die man leicht aktivieren kann. Das sind eingebaute kleine, wählbare Musikinstrumente, mit denen man Musiknoten wie C, D, E oder auch bestimmte Drums (Bass Drum, Snare Drum) per Befehl abspielen kann. Man kann Instrument, Tonhöhe und Länge festlegen. So kann man also nur mit Skripten eigene Schlagzeugrhythmen erzeugen oder Melodien und Harmonien programmieren. Das macht Spaß und eröffnet ganz besondere Möglichkeiten!

Eigene Klänge aufnehmen und benutzen

Als Erstes eine ganz einfache Übung: Die Scratch-Katze soll mit deiner Stimme sprechen, wenn du sie anklickst. Dazu musst du vorher selbst einen Klang aufnehmen, den du dann im Skript verwenden kannst. Es ist sehr einfach. Du musst nur ein Mikrofon an deinem Computer haben (Laptops haben heutzutage meistens sowieso eingebaute Mikrofone, am Desktop-PC muss ein Mikrofon angeschlossen sein, das als Standard-Aufnahmegerät gewählt ist).

1. Starte ein neues Scratch-Projekt, wähle die Katze aus, und gehe auf **Klänge**. Du findest dort schon den Klang **Miau**. Jetzt soll deine eigene Aufnahme dazukommen.
2. Klicke dazu auf das kleine Mikrofon unter **Neuer Klang**. Eine neue Aufnahme wird angelegt.

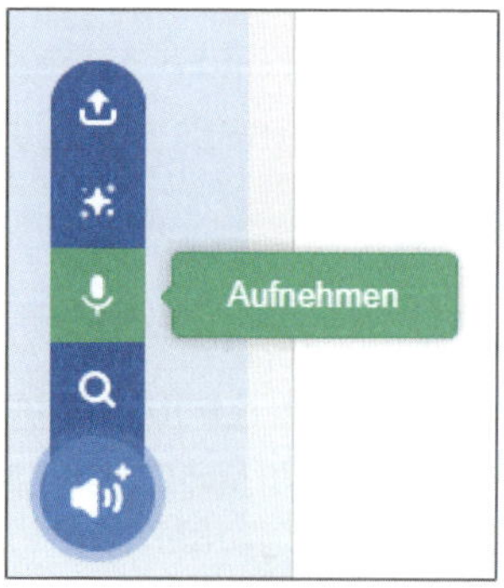

3. Um etwas aufzunehmen, klickst du die rote Aufnahmetaste, sprichst etwas in das Mikrofon (zum Beispiel »Hallo«) und klickst danach die Aufnahmetaste erneut, um die Aufnahme zu beenden.

4. Danach kannst du den Anfangs- und Endpunkt deines aufgenommenen Klangs mit den roten Linien setzen und die Aufnahme speichern.

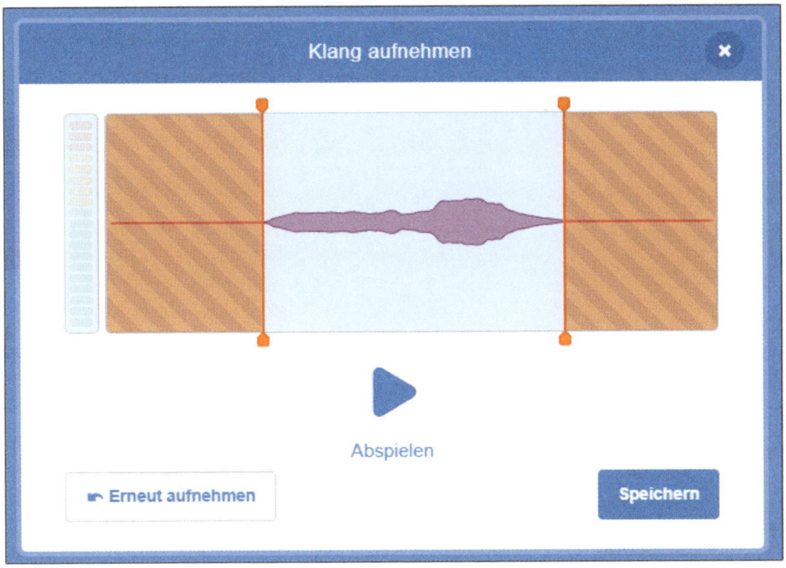

Die gespeicherte Aufnahme kannst du jetzt benennen und auch, wenn du möchtest, noch weiterbearbeiten. So kannst du die Aufnahme schneller, langsamer, lauter, leiser machen, du kannst sie umkehren oder ein Echo hinzufügen. Oder sie wie einen Roboter klingen lassen.

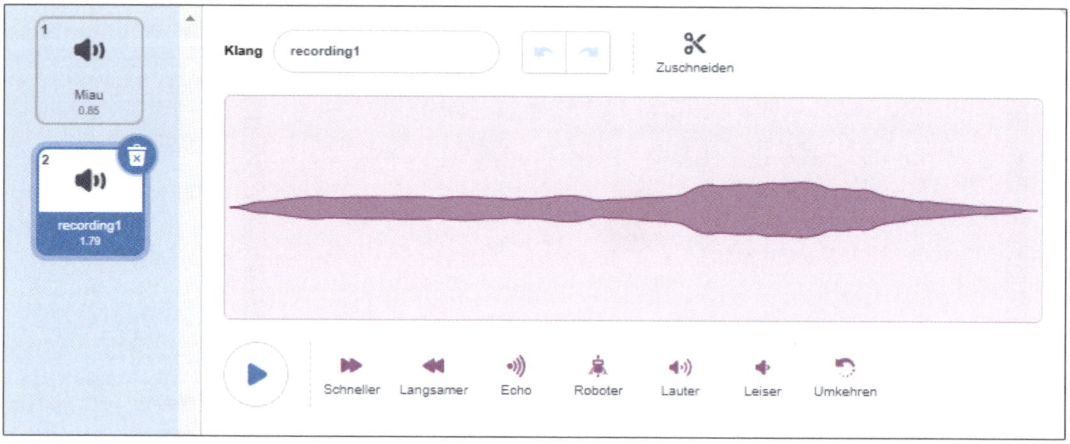

Wenn du zufrieden bist, ist dein neuer Klang fertig und kann dann jederzeit vom Skript verwendet werden.

Jetzt musst du nur noch ein kleines Skript für die Katze schreiben, das diesen Klang abspielt. Sehr einfach. Zum Beispiel wie hier: Wenn die Katze angeklickt wird, soll sie den neuen Klang `Hallo` abspielen. Wechsle auf den Reiter **Skripte**, und baue dein kleines Skript zusammen.

Hast du eigene Ideen?

Du könntest Buttons bauen, die jeweils einen lustigen Spruch oder Satz abspielen, und daraus eine ganze Geschichte machen. Oder du könntest Tiere oder eigene Figuren basteln, die ihre ganz eigenen Geräusche machen. Oder du nimmst einfach nur eigene Geräusche und Effekte auf und fügst sie deinen Spielen als Sounds hinzu. Die Möglichkeiten sind unbegrenzt.

Jedes Mal, wenn du jetzt auf die Katze klickst, spricht sie das, was du vorher aufgenommen hast. Daraus kann man eine Menge machen.

Ein selbst gebautes Keyboard

Mit Scratch kannst du nicht nur vorgefertigte oder selbst aufgenommene Klänge abspielen, sondern du kannst auch richtig Musik machen. Es gibt dazu 21 eingebaute Musikinstrumente, mit denen du beliebige Töne spielen kannst, und zusätzlich 18 Schlagzeugklänge. Damit kann man echte Melodien spielen.

Wie wäre es, wenn du ein eigenes Keyboard baust, mit dem man alle Instrumente spielen kann? Es ist nicht schwer. Starte ein neues Scratch-Projekt, und lösche die Katze.

1. Für das Instrument brauchen wir zuerst eine Variable mit der aktuellen Instrumentennummer. Zumindest ist das praktischer, damit wir später leicht das Instrument wechseln können. Ohne das Skript zu verändern. Nenne die neue Variable `Instrument-Nr.`.

2. Wenn du zwei Mal auf die Variablenanzeige auf der Bühne doppelklickst, erhältst du den praktischen Schieberegler, mit dem du später sehr einfach das Instrument auswählen kannst.

3. Nun geht es an die Keyboard-Tasten. Erst einmal erstellst du nur eine weiße Taste. Male dazu eine Figur:

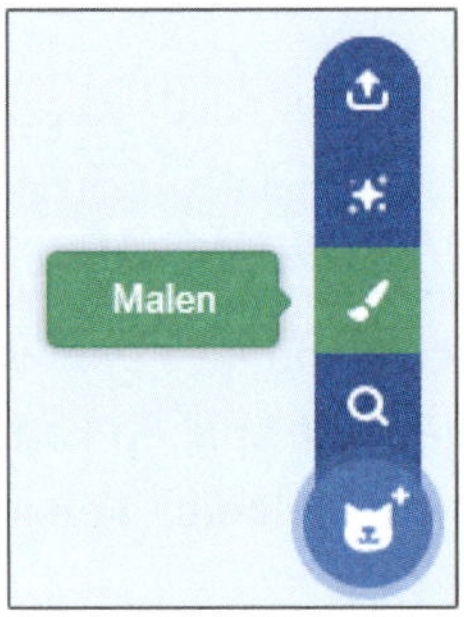

So in etwa kann deine erste Taste aussehen – weißer Hintergrund, schwarzer Rand.

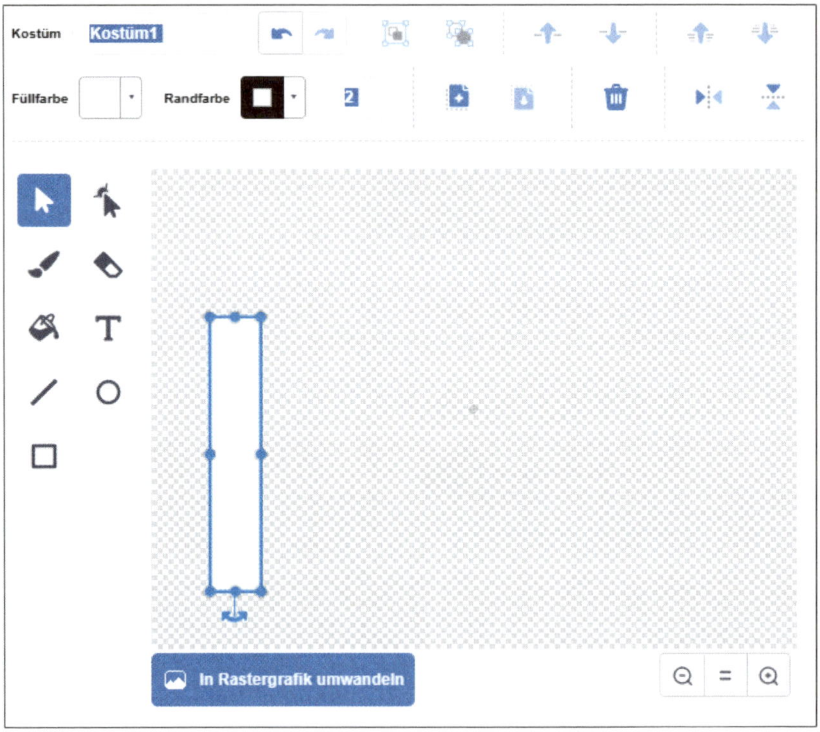

Nun kommt ein einfaches Skript hinzu: Die Taste soll einen Ton spielen. Vor dem Abspielen des Tons muss immer das Abspielinstrument gewählt werden. Sonst ertönt nämlich automatisch das Klavier.

4. Wähle die Taste, und schreibe folgendes Skript:

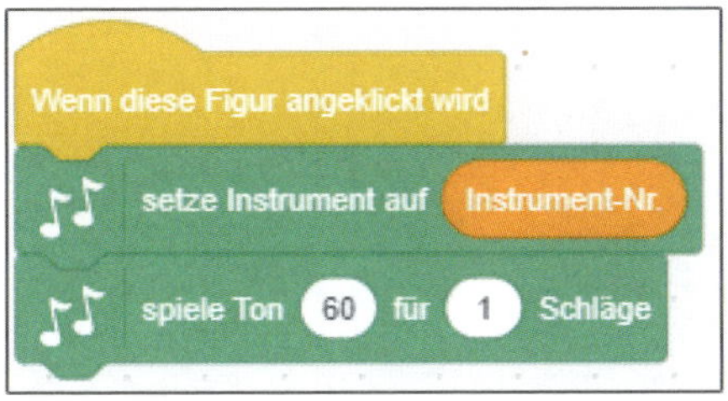

Als Instrument setzt du deine neue Variable `Instrument-Nr.` ein. Dann kannst du das Instrument jederzeit über den Schieberegler oben auf der Bühne wählen.

5. Beim Anklicken der Taste wird der Ton 60 gespielt. Das ist ein C.

Probiere es aus. Verstelle die Instrumente von 1–21 – jedes Mal ertönt ein anderes Instrument und spielt den Ton C, sobald die Taste geklickt wird.

6. Nächster Schritt: Nenne die Figur **Taste1**, und dupliziere die Taste. Schiebe sie auf der Bühne genau neben die erste Taste.

7. Verändere das Skript, sodass hier der Ton D (62) gespielt wird. Du kannst die Töne bequem passend zur Taste auswählen, weil hier beim Einstellen eine Klaviertastatur angezeigt wird.

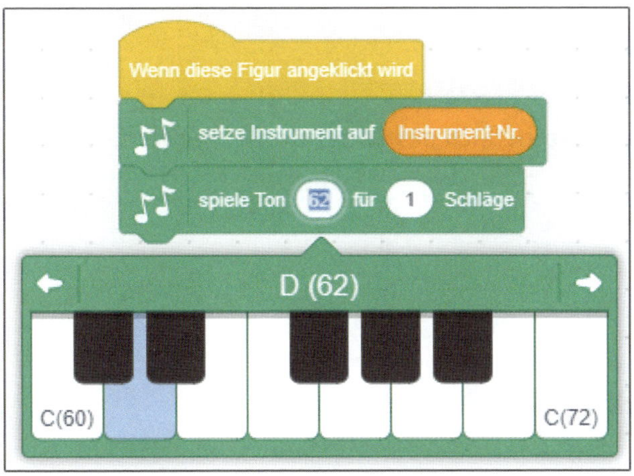

8. Dasselbe machst du noch sechs Mal nacheinander, wobei jedes Mal eine weiße Taste höher im Skript gewählt wird.

Am Ende hast du eine Klaviatur mit weißen Tasten, die ungefähr so aussieht:

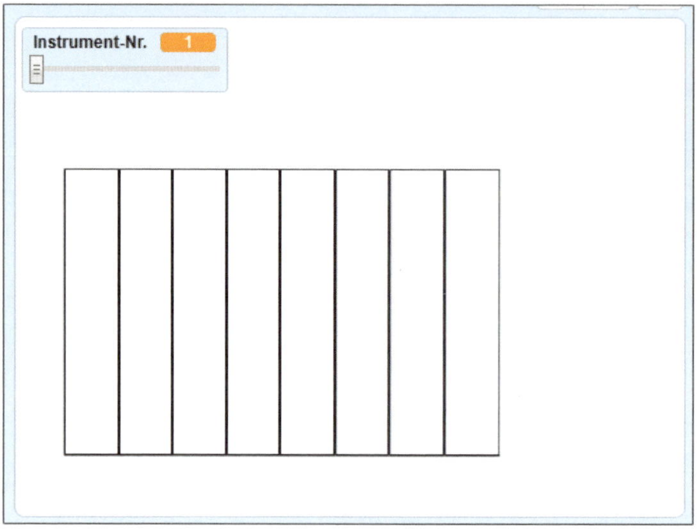

Und wenn du die Töne alle richtig eingestellt hast, kannst du jetzt schon »Alle meine Entchen« oder »Freude schöner Götterfunken« darauf spielen. Zum Testen setzt du die Bühne am besten auf **Vollbild**, dann passiert es beim Spielen nicht, dass die Tasten aus Versehen verschoben werden.

Übrigens kannst du den Wertebereich des Schiebereglers einstellen. Es gibt nur die Instrumente von 1–21 – also setzt du auch den Bereich des Schiebereglers von 1 bis 21.

Klicke dazu mit der rechten Maustaste (`Ctrl` + Klick auf dem Mac) auf den Schieberegler, und wähle **Wertebereich des Schiebereglers ändern**.

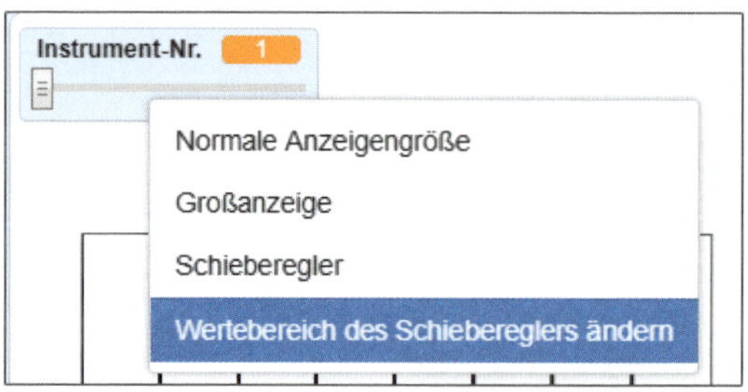

Der kleinste Wert ist 1, der größte 21. Nun fehlen für das perfekte Keyboard nur noch die schwarzen Tasten. Davon brauchen wir fünf.

1. Dupliziere eine weiße Taste, und bearbeite ihr Kostüm im Editor, sodass sie kleiner wird und schwarz gefüllt ist.

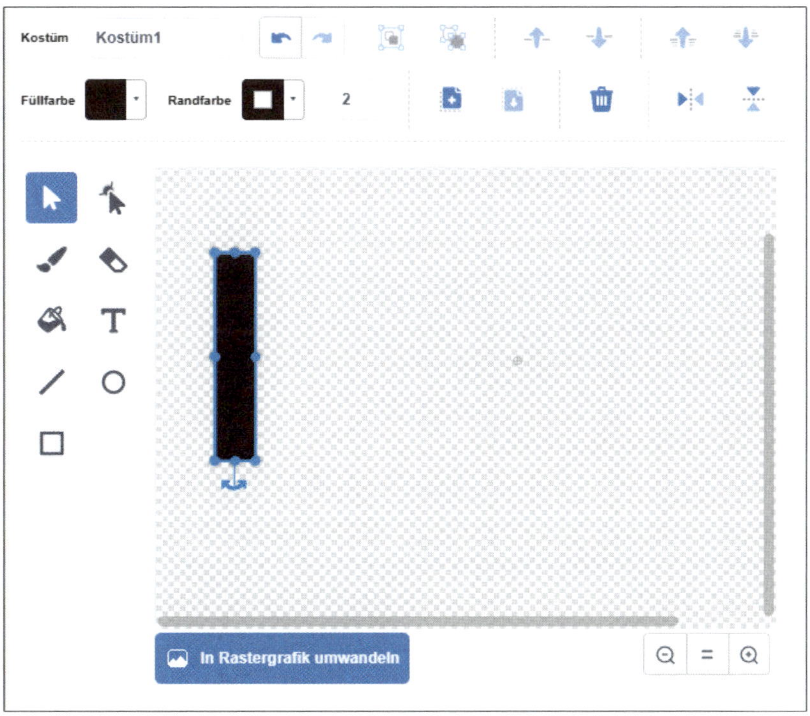

2. Das Skript änderst du jetzt so, dass die erste schwarze Taste (Cis) gespielt wird.

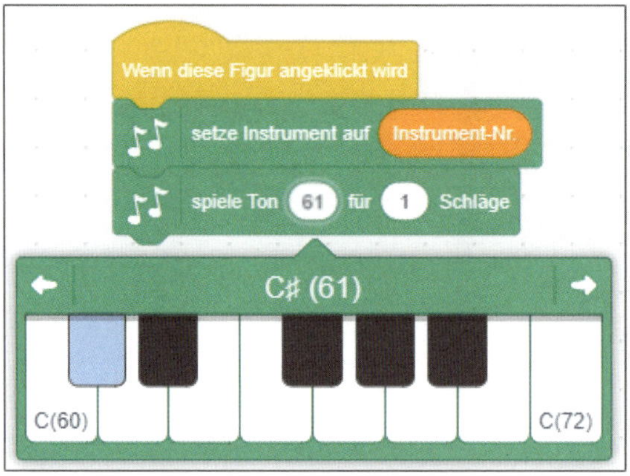

3. Diesen Vorgang wiederholst du jetzt noch vier Mal für die weiteren schwarzen Tasten. Platziere die schwarzen Tasten genauso, wie sie auf einer echten Keyboard-Tastatur angeordnet sind.

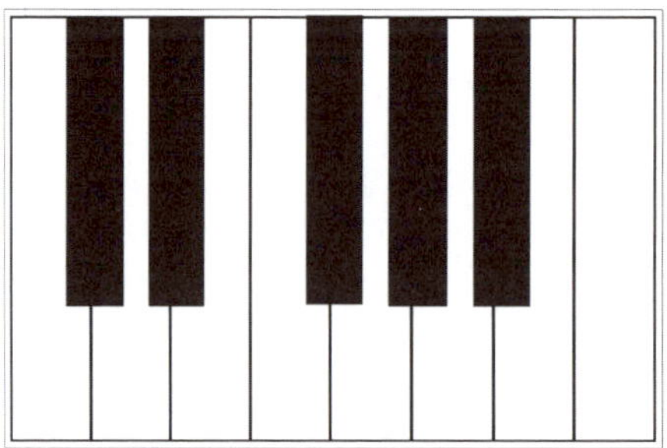

4. Vergiss nicht, jeder schwarzen Taste im Skript die richtige Tonhöhe zu geben. Wenn du das geschafft hast, ist dein Keyboard fertig – du kannst damit eine Menge Melodien spielen. Und alles mit 21 auswählbaren Instrumenten. Teste immer im Vollbildmodus.

Auch dieses Projekt kannst du natürlich weiter ausbauen. So kannst du zum Beispiel noch mehr Tasten hinzufügen, um noch höhere oder tiefere Töne spielen zu können, du kannst es grafisch erweitern mit einem schönen Hintergrund, in den die Tasten sich einpassen. Du könntest jede Taste beim Abspielen in einer Farbe aufleuchten lassen, indem du den Tasten ein zweites Kostüm gibst, das beim Klicken gesetzt wird (und nach dem Abspielen zurückgesetzt wird), du kannst Buttons erstellen, die ein bestimmtes Instrument anwählen und so weiter ... Setze deine eigenen Ideen um.

Du kannst auch einen Schlagzeugrhythmus erstellen, der auf Knopfdruck abgespielt wird, sodass du deine Melodie dazu spielen kannst. Wie das geht, erfährst du jetzt.

Melodien und Rhythmen programmieren

Scratch kann komplett eigene Musik machen, die durch dein Skript gespielt wird. Dabei können auch mehrere Töne oder Drums gleichzeitig abgespielt werden, sodass Harmonien und Rhythmen entstehen. Wie das geht, kannst du jetzt einmal im folgenden Skript ausprobieren.

1. Starte ein neues Projekt. Lösche die Katze.
2. Gehe in den Skripten auf **Ereignisse**, und ziehe den Block `Wenn ich Nachricht1 empfange` ins Skriptfenster. Hier erstellst du eine neue Nachricht, nämlich `Melodie 1`.

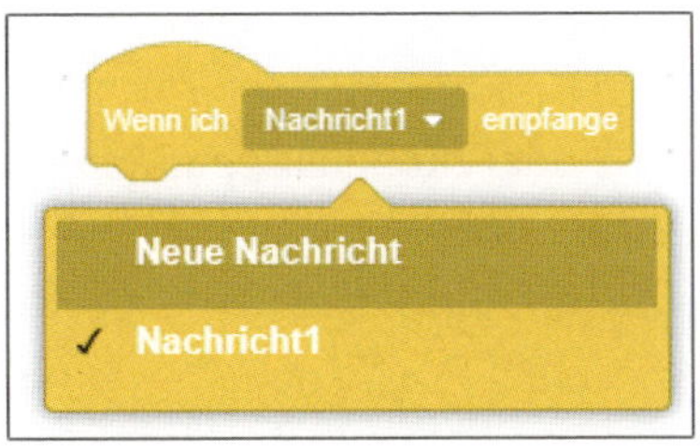

3. Unter diesem Ereignis bauen wir jetzt die erste Melodie. Diese muss Ton für Ton programmiert werden. Baue einfach mal diese Melodie nach:

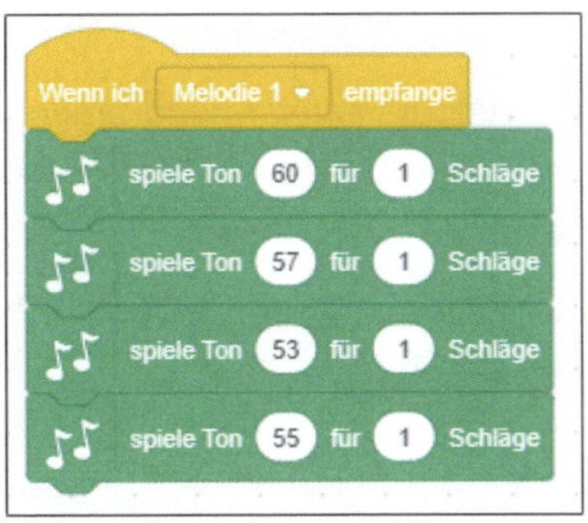

4. Wenn du das Skript anklickst, kannst du die Melodie hören. C, A, F, G. Ganz einfach – unser Grundgerüst.

5. Jetzt kommt eine zweite Melodie dazu, die später gleichzeitig gespielt werden soll. Erstelle eine Nachricht `Melodie 2`, und baue das Skript dazu wie hier dargestellt nach (du kannst dazu das komplette erste Skript duplizieren und die Werte anpassen):

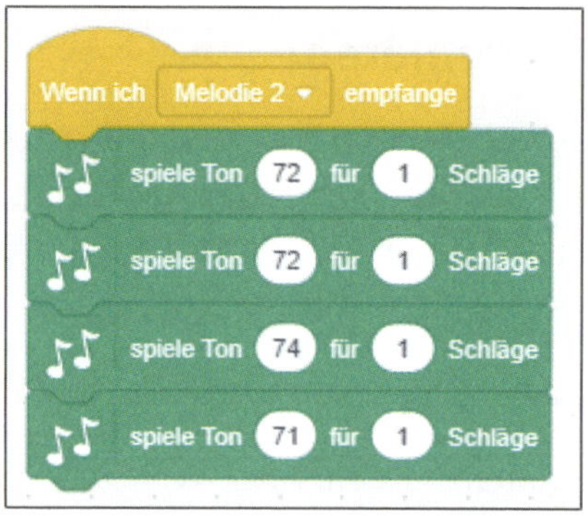

6. Auch diese kannst du dir durch Klicken auf das Skript anhören. Um jetzt beide Melodien gleichzeitig zu hören, brauchst du ein Skript, das sie gleichzeitig startet.

   Das Skript kannst du mit der Flagge starten – oder du baust dir einen Startknopf, mit dem es gestartet wird.

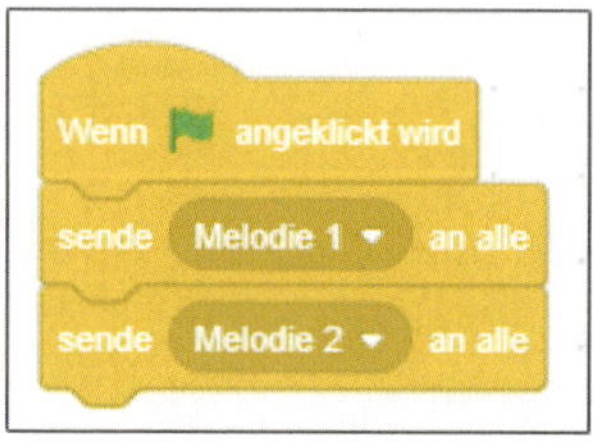

Wir haben jetzt also zwei Blöcke, die eine Melodie spielen, und einen Abspielsteuerungsblock, der beide Melodien gleichzeitig startet. Klicke auf die Flagge, und du hörst: eine zweistimmige Melodie.

Super. Wir fügen jetzt noch eine weitere Melodiestimme mit schnelleren und mehr Noten hinzu, um das Stück interessanter zu machen.

7. Erstelle ein Ereignis `Melodie 3`, und baue die Melodie wie hier angegeben nach. Wenn du eigene Musikideen hast, kannst du natürlich auch gerne andere Töne nach deinen Vorstellungen verwenden.

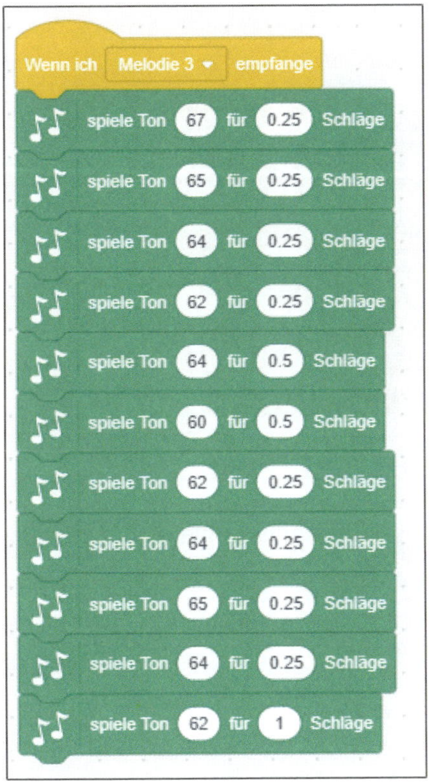

8. Als letztes Element soll noch ein Schlagzeug hinzukommen.

Ein simpler Rhythmus ginge zum Beispiel so:

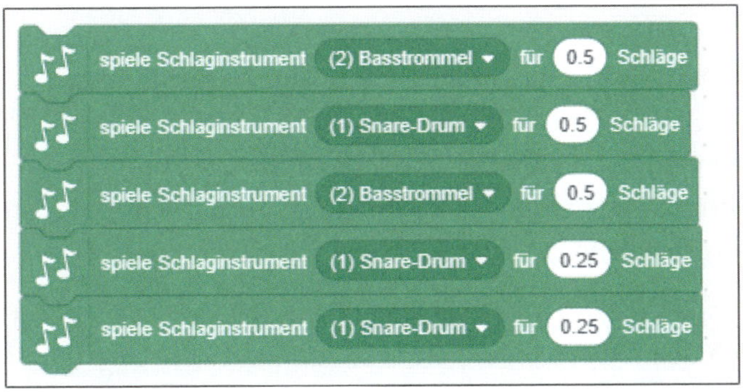

9. Da der Rhythmus sich hier wiederholt, können wir hier eine Schleife verwenden und dasselbe zwei Mal abspielen.

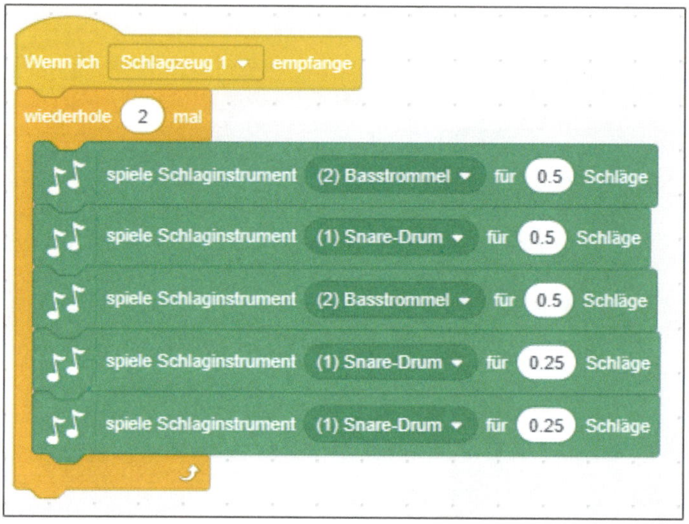

10. Um alles gleichzeitig zu hören, kannst du es alles zugleich mit der Flagge starten.

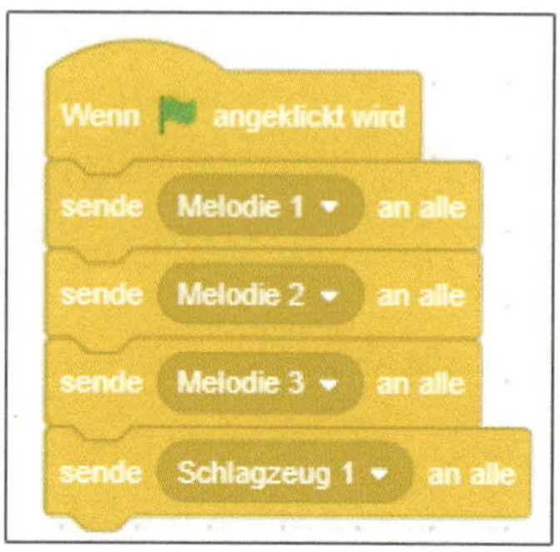

Klingt doch schon mal cool zusammen – sofern alle Werte stimmen.

Um daraus jetzt aber ein richtig komplettes Stück zu machen, müssen die einzelnen Tracks noch *arrangiert* werden, das heißt, unser Abspielskript muss festlegen, wann und wie oft welcher Teil mit welchem abgespielt wird.

Probiere es zum Beispiel mal so wie hier abgebildet. Du kannst es natürlich dann auch gern nach deinen Vorstellungen abändern. Mit dem zweiten Block kannst du das Instrument jederzeit umstellen. Das verändert den Klang des Stückes ganz erheblich.

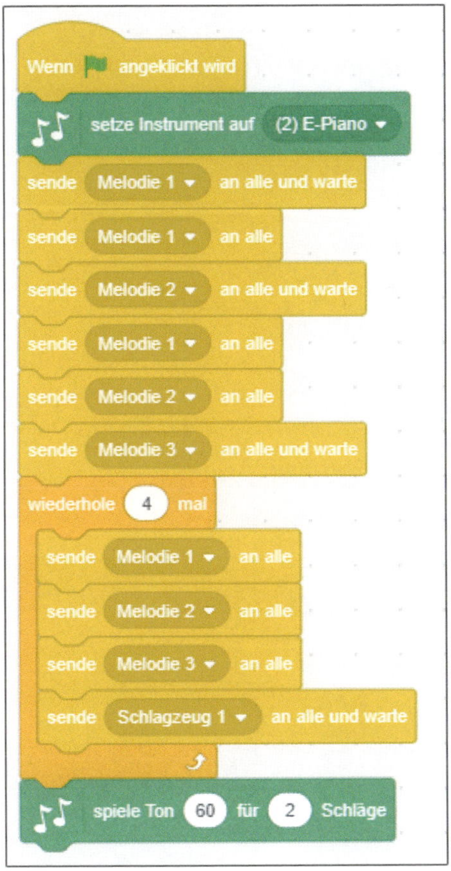

Alle Nachrichten werden direkt nacheinander gesendet – nur bei »Sende Nachricht und warte« wartet das Skript, bis die Melodie abgespielt wurde und geht erst dann weiter.

Klicke die Flagge an, und genieße die Musik. Danach bist du dran, dein eigenes Musikstück in *Scratch* zu programmieren! Oder wie wäre es mit einer Rhythmusmaschine?

Kapitel 20
Hindernislauf: Die Katze überwindet jede Hürde

Nach Breakoutspielen, Shootern, Labyrinthspielen, Ausweich- und Flatterspielen sowie Musik- und Zahlenspielen fehlt noch ein wichtiges Genre, das wir hier natürlich auch noch vorstellen wollen: Jump and Run. Im letzten Projekt dieses Buches soll die Katze herumlaufen, auf Plattformen springen und schwierigen Hindernissen ausweichen können.

Die Spielidee

Die Katze bewegt sich in einer Landschaft mit grünem Grasboden. Sie kann sich nach links und rechts bewegen – und sie kann springen. Von rechts nach links kommen dann verschiedenartige Hindernisse ins Spiel, denen sie durch Springen ausweichen muss. Auf grüne Flächen kann sie draufspringen, rote Gegenstände oder Flächen darf sie allerdings nicht berühren – dann ist das Spiel zu Ende.

Klingt erst einmal simpel – es steckt aber einiges drin in diesem Spiel. Und das Beste: Du kannst die hier entwickelte Basisversion selbst später jederzeit durch neue Ideen und selbst gestaltete Hindernisse erweitern.

Starte ein neues Projekt. Setze die Größe der Katze auf 50 % – dann kann es losgehen.

Das Bühnenbild

Das Bühnenbild ist sehr einfach. Eine grüne Rasenfläche und ein hellblauer Himmel. Weil wir aber in diesem Spiel die Berührung bestimmter Farben testen, ist es wichtig, dass du immer exakt dasselbe Grün und später dasselbe Rot verwendest. Denn auf Grün kann deine Figur (die Katze) später landen und sich bewegen, wenn sie aber Rot berührt, ist das Spiel zu Ende. Weil die Katze ständig auf Berührungen mit diesen Farben getestet werden muss, ist es absolut notwendig, dass die Farben immer den gleichen Wert haben.

Erstelle im Bühnenbild-Editor ein ganz simples Hintergrundbild mit zwei Rechtecken, ein hellblaues für den Himmel und ein grünes für den Rasen.

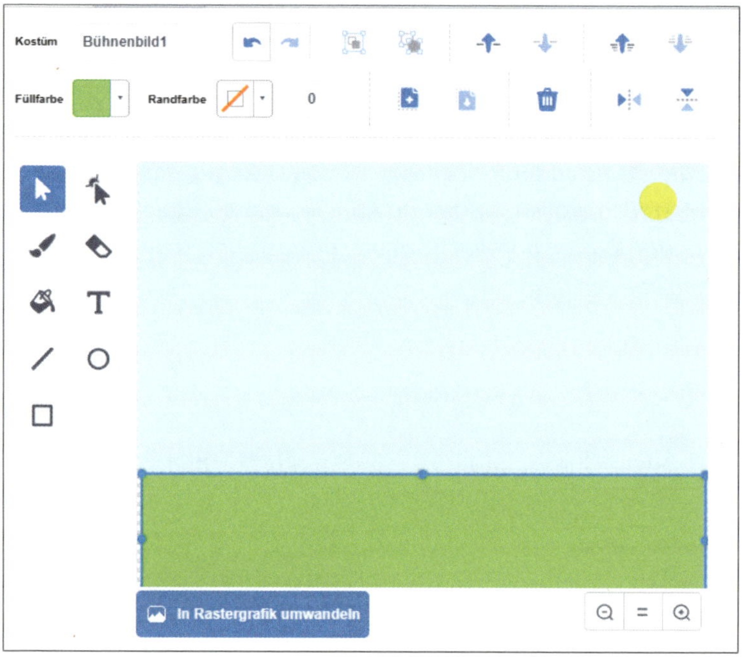

Der Himmel kann irgendein Hellblau haben, aber der Rasen braucht ein exaktes Grün: Klicke auf **Füllfarbe**, und stelle mit den Reglern diese Werte ein:

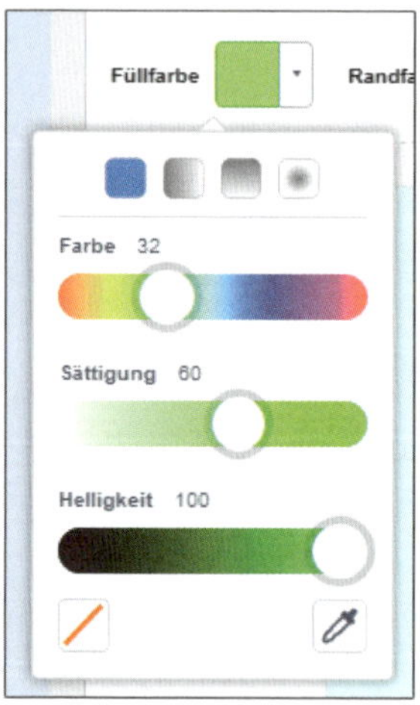

Farbe: 32, Sättigung: 60, Helligkeit: 100

Dieses Grün wirst du jetzt immer für alle grünen Spielobjekte verwenden. Wenn du willst, kannst du als Deko noch rechts oben eine kleine gelbe Sonne einfügen. Oder Wolken – ganz, wie du möchtest.

Die Katze läuft und springt

Als Erstes kümmern wir uns um die Bewegungen der Katze. Mit der rechten Pfeiltaste soll sie nach rechts laufen, mit der linken nach links. Damit es schön aussieht, soll sie sich auch dabei nach rechts oder links drehen.

Denk dran, dass der *Drehtyp* der Katze hier auf `links-rechts` gestellt werden muss, damit sie bei der Linksdrehung nicht auf dem Kopf steht. Ansonsten funktioniert die Steuerung so, wie du sie schon mehrfach kennengelernt hast: In einer fortlaufenden Schleife wird immer wieder abgefragt, ob die Pfeiltasten gedrückt werden – entsprechend wird die Katze beim Drücken der Pfeiltasten einen 5er-Schritt nach links oder rechts bewegt.

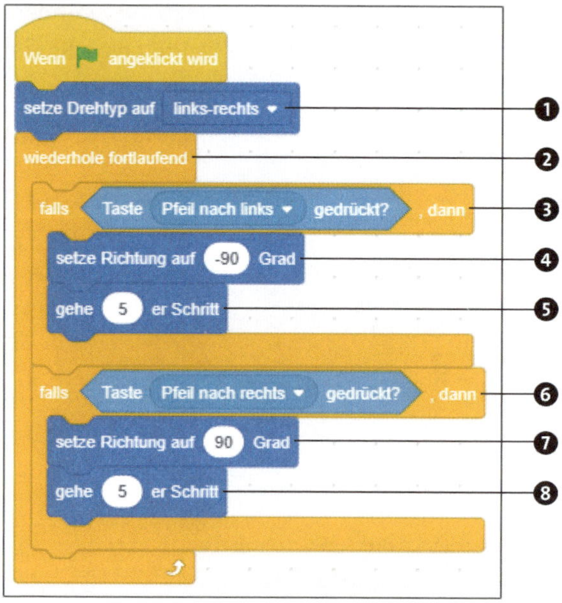

Der Drehtyp wird auf »links-rechts« gesetzt ❶, dann wird ständig abgefragt ❷. Wenn »Pfeil nach links« gedrückt wird ❸, dann dreht sich die Katze nach links ❹ und geht einen 5er-Schritt ❺. Beim Drücken der Taste »Pfeil nach rechts« ❻ dreht sie sich entsprechend nach rechts ❼ und geht ebenfalls einen 5er-Schritt ❽.

Klicke auf die Flagge, und teste, wie die Katze sich sauber nach links und rechts bewegen kann, wenn du die Pfeiltasten drückst. Achte darauf, dass die Katze sich dabei auf dem grünen Boden befindet.

Die Katze lernt springen und fallen

Nun kommt der Sprung der Katze. Der ist etwas komplizierter. Ein ganz simpler Sprung würde die Katze einfach um ein Stück nach oben und dann wieder genauso weit nach unten bewegen. In unserem Spiel soll sich die Katze aber beim Springen mit einer bestimmten Geschwindigkeit nach oben bewegen, dann wieder herunterfallen und erst stehen bleiben, wenn sie wieder auf einer grünen Fläche ankommt.

Wie im Spiel *Flapdragon* (in Kapitel 17) gibt es hier zwei Kräfte, die wir berücksichtigen müssen, um einen realistischen Sprung zu erzeugen: einmal die Geschwindigkeit des Sprungs (Sprungkraft), die die Katze nach oben bewegt, und einmal die Gravitationskraft, die dagegenwirkt und die Katze nach unten zieht.

Beginnen wir mit der Gravitation: Die Katze soll in jeder Runde unserer Schleife automatisch immer weiter und schneller nach unten fallen, solange sie keine grüne Fläche berührt. Sobald sie eine grüne Fläche berührt, steht sie aber auf dem Boden und fällt nicht mehr weiter.

Wir brauchen als Erstes eine neue Variable, die uns sagt, mit welcher *vertikalen Geschwindigkeit* sich die Katze gerade nach oben oder unten bewegt. Erstelle diese Variable, und nenne sie `y-speed` – also die y-Geschwindigkeit der Katze.

Wenn `y-speed` kleiner als 0 ist (also einen Minuswert hat), fällt die Katze nach unten, wenn dieser Wert aber positiv wird (also beim Sprung), dann fliegt die Katze in die Höhe. Und wenn die Katze eine grüne Fläche berührt, steht sie fest auf dem Boden und bewegt sich weder hoch noch runter.

Erweitere jetzt das Skript, indem du die Gravitationskraft einbaust. Zu Beginn des Skripts wird die Variable `y-speed` auf den Startwert 0 gesetzt. Am Anfang der Schleife dann wird sie jedes Mal um 1 verringert, und am Ende der Schleife wird der y-Wert der Katze um `y-speed` geändert. Damit fällt die Katze herunter, wenn `y-speed` kleiner als 0 ist.

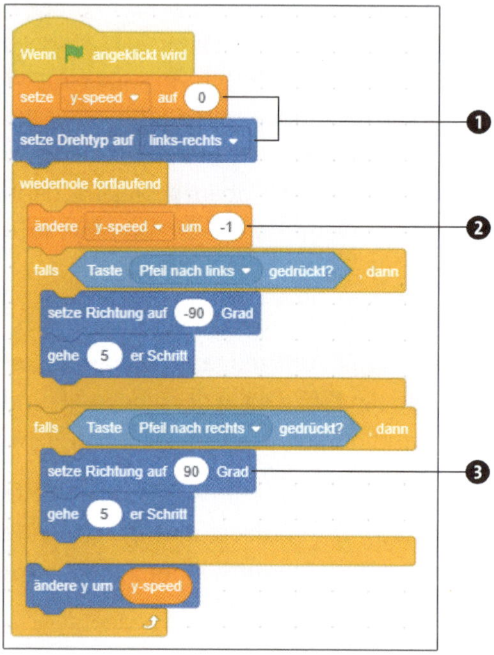

1. Voreinstellungen setzen
2. Negative Fallgeschwindigkeit erhöhen (minus 1)
3. Die vertikale Position wird verändert.

Teste es jetzt. Schiebe die Katze auf der Bühne nach oben, und klicke die grüne Flagge. Was passiert? Sie fällt herunter, bis an den unteren Rand.

Sie soll aber auf grünen Flächen anhalten. Das bauen wir als Nächstes ein. Du brauchst dafür eine Farbabfrage:

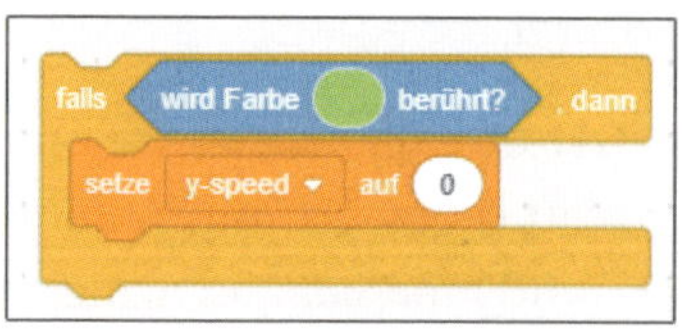

Wenn die Farbe Grün berührt wird, soll `y-speed` (also die Fallgeschwindigkeit) auf `0` gesetzt werden – die Katze soll also weder nach oben noch nach unten fliegen, sie bleibt stehen. Damit das abgefragte Grün nun genau stimmt, klicke auf die Farbe im Abfrageblock.

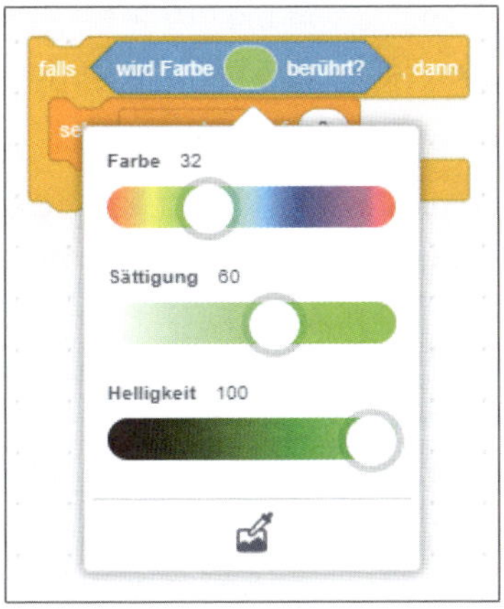

Stelle dort exakt dieselben Werte ein wie für das Grün des Rasens (32, 60, 100). Du kannst auch auf das Pipettensymbol unter den Farbfeldern klicken und dann auf der Bühne auf den Rasen, dann wird das Grün automatisch übernommen.

Baue diese Abfrage jetzt in das Skript der Katze ein.

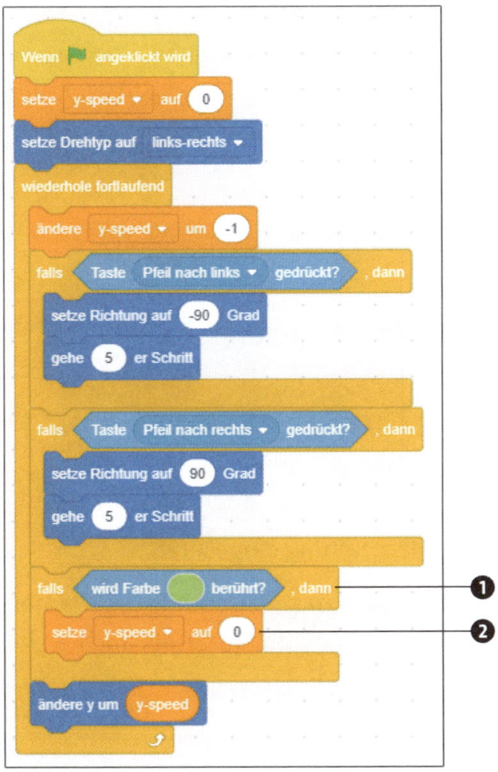

Wenn du jetzt die Katze auf der Bühne nach oben ziehst, dann die grüne Flagge klickst, wird die Katze nur noch bis zum grünen Rasen fallen ❶ und dort stehen bleiben ❷. Probiere aus, ob das funktioniert!

Nun kommt der Sprung. Der ist jetzt dank unserer Vorarbeit sehr einfach. Wenn die Leertaste gedrückt wird, soll die Katze springen. Du setzt dafür ihre y-speed einfach auf einen entsprechend hohen Wert, ich schlage einmal vor, auf 13. Der Rest geht dann automatisch, denn die Gravitation schlägt automatisch wieder zu, wenn die Katze in der Luft ist, verringert ihre vertikale Geschwindigkeit und sorgt dafür, dass sie nach kurzer Zeit allmählich wieder herunterfällt.

Wir brauchen also diese Abfrage, die die Sprungkraft beim Drücken der Leertaste auf einen passenden Wert setzt (zum Beispiel 13):

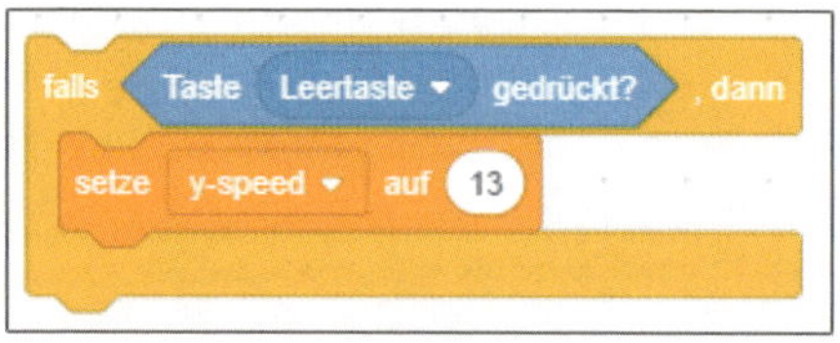

Wo muss sie eingesetzt werden? Am besten innerhalb der Abfrage, ob die grüne Fläche berührt wird – denn Springen soll nur möglich sein, wenn die Katze steht und gerade nicht in der Luft ist.

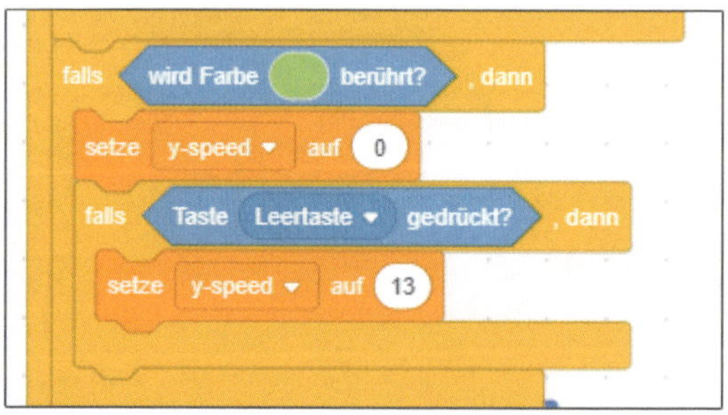

Hier wird die Abfrage für die Leertaste mit dem Sprung eingesetzt.

Und jetzt kannst du wieder testen: Die Katze kann nach rechts und links laufen und wunderschöne Sprünge machen – und zwar sowohl kurze als auch weite Sprünge!

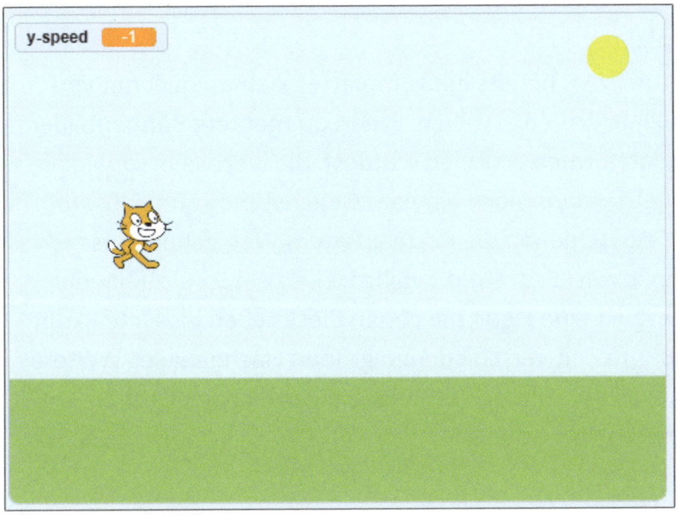

Hurra, die Katze springt!

Wenn du willst, kannst du jetzt noch kurz zum Spaß zwei grüne Balken auf das Bühnenbild zeichnen. Dann kann die Katze zwischen ihnen herumspringen, und du siehst, wie schön das jetzt schon alles von selber funktioniert – ohne dass du das Skript noch verändern musst. Es ist alles schon angelegt.

Idee für ein Extraspiel

Auf dieser Basis könnte man bereits ein komplettes kleines Spiel mit verschiedenen grünen Plattformen erstellen. Wenn du mehrere Bühnenbilder mit verschiedenen Plattformen erstellen würdest, die wechseln, sobald die Katze an den Rand geht – dann noch ein paar Gegenstände zum Einsammeln und ein paar Gegner, denen die Katze aus dem Weg gehen muss –, das wäre doch schon etwas! Es steht dir völlig frei, so ein Spiel zu bauen. Alles, was du brauchst, ist eine Figur, die genau dieses eben gezeigte Skript besitzt, sowie eine Bühne mit verschiedenen grünen Flächen. Alles Weitere kannst du mit dem, was du bisher gelernt hast, eigentlich auch schon. Du brauchst nur noch etwas Fantasie.

Aber unser Spiel soll sich hier etwas anders entwickeln. Lösche, jetzt die zwei kleinen grünen Plattformen wieder aus dem Bühnenbild, wenn du dieses Projekt weitermachen möchtest. Du brauchst sie hier nicht mehr, denn alle Elemente, die jetzt dazukommen, werden nicht Bühnenbilder, sondern Figuren sein.

Hindernisse wandern durchs Bild

Nun sollen also die Hindernisse ins Spiel kommen, denen die Katze ausweichen muss. Hindernisse sind rot – bei Berührung hat die Katze verloren. Plattformen, auf die die Katze springen kann, sind grün. Beides kann man auch kombinieren. Die korrekten Farben sind dabei wichtig, denn wir werden die Kollisionen durch Farbabfragen prüfen.

Beginnen wir mit einem einfachen roten Ball.

1. Erstelle eine neue Figur durch Malen, und zeichne einen einfachen roten Kreis, der seinen Mittelpunkt möglichst exakt in der Mitte des Bildes hat.

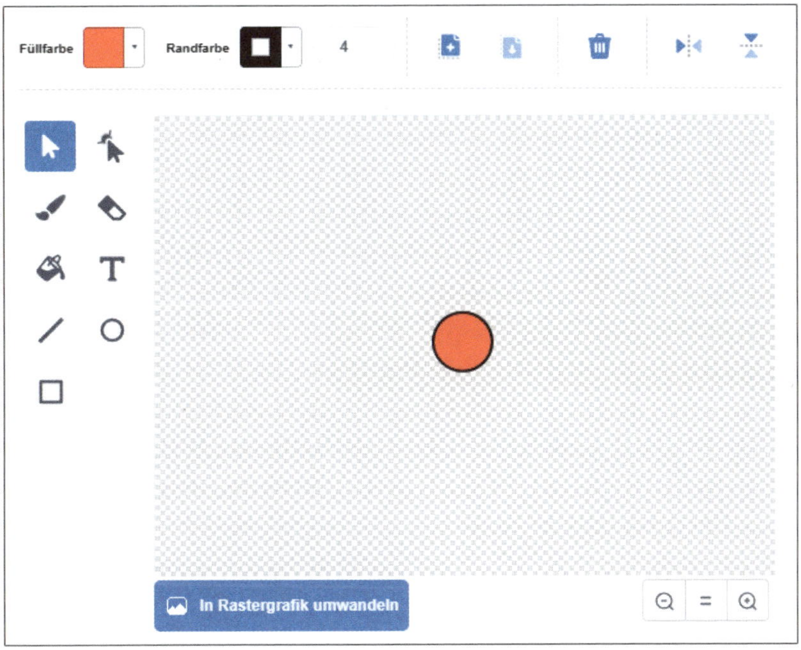

Die Füllfarbe des Kreises ist hier wieder wichtig – wegen der Farbberührungsabfrage.

2. Setze die Farbe des Kreises auf Farbe: 0, Sättigung: 60, Helligkeit: 100.

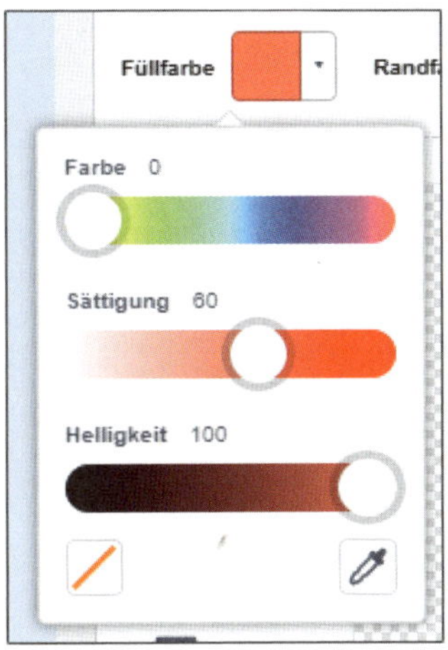

3. Nenne die Figur **Hindernis 1**, und platziere sie halb im grünen Feld auf der Bühne.

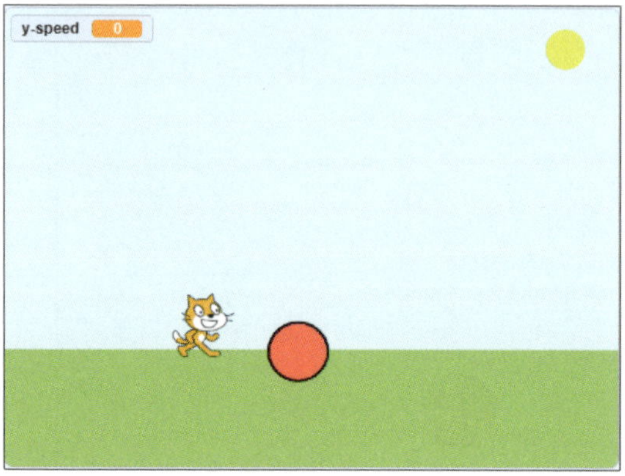

Die Katze kann jetzt loslaufen und die Kugel berühren, aber es passiert noch nichts. Schließlich müssen wir noch programmieren, dass das Spiel endet, wenn die Farbe Rot berührt wird.

4. Das bauen wir ins Skript der Katze mit ein, ganz ans Ende:

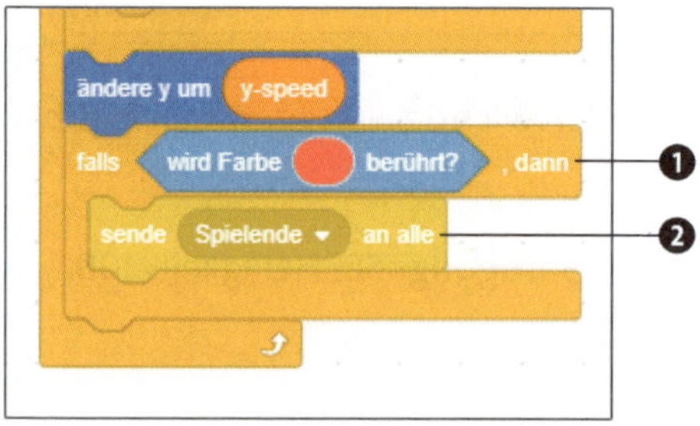

Wenn die Farbe Rot berührt wird ❶, sende die Nachricht `Spielende` ❷.

Dabei musst du auf eines achten: Die Farbe, die geprüft wird, muss *genau identisch mit dem Rot des Balls sein* (0, 60, 100).

Außerdem musst du eine neue Nachricht `Spielende` erzeugen. Die wird an dieser Stelle gesendet und im Skript der Bühne (wo wir die Spielsteuerung haben) empfangen.

5. Erstelle erst einmal Folgendes im Bühnenskript:

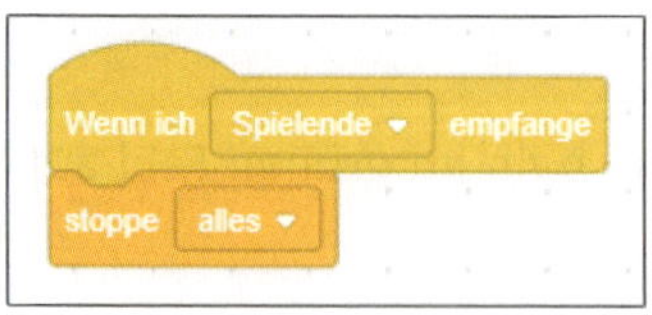

Für jetzt und unseren Test reicht das erst einmal: Wenn Rot berührt wird, stoppt das Spiel. Und Schluss.

Nun kannst du testen: Bewege die Katze über den roten Ball. Die Berührung mit dem Ball sollte das Spiel sofort beenden. Wenn nicht, dann überprüfe noch einmal genau, ob die Farbwerte für rot genau denen des Balls entsprechen. Das ist wichtig!

Okay, wenn es geklappt hat, dann ist alles, was rot ist, jetzt automatisch ein Gegner der Katze.

Nun sollen die Hindernisse aber natürlich nicht einfach so auf der Bühne herumstehen, sondern sie sollen der Katze entgegenkommen, sodass diese gezwungen ist, ihnen durch geschicktes Springen auszuweichen.

Wir werden jetzt gleich zahlreiche verschiedene Hindernisse erstellen, die nacheinander auf die Katze zukommen sollen, eines nach dem anderen. Jedes der Hindernisse soll also zu Beginn am rechten Rand sichtbar werden, dann in einer Schleife mit einer vorgegebenen Geschwindigkeit immer weiter nach links wandern und dann – am linken Rand – unsichtbar werden und das nächste Hindernis aufrufen.

Fangen wir mit der Geschwindigkeit an. Dafür erstelle bitte eine Variable mit dem Namen x-speed – das ist die Geschwindigkeit, mit der die Hindernisse von rechts nach links wandern. Im Lauf des Spiels kann sie höher werden.

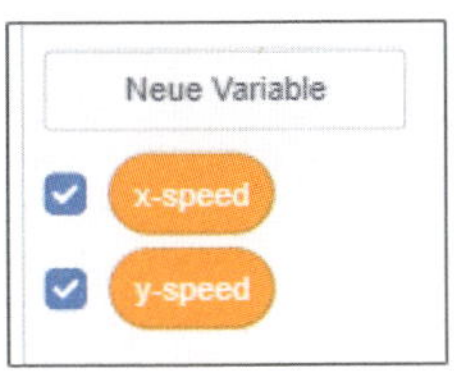

Zu Beginn des Spiels soll das Hindernis unsichtbar sein. Also geben wir ihm schon mal folgendes kleines Skript:

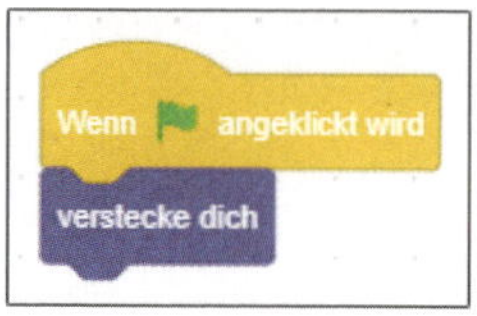

Das Hindernis soll dann, wenn es durch eine eigene Nachricht aufgerufen wird:

- sichtbar werden
- ganz am rechten Rand beginnen
- mit der Geschwindigkeit `x-speed` nach links wandern

Wenn es am linken Rand angekommen ist:

- unsichtbar werden
- das nächste Hindernis mit einer Nachricht aufrufen
- sein eigenes Skript stoppen

Also los:

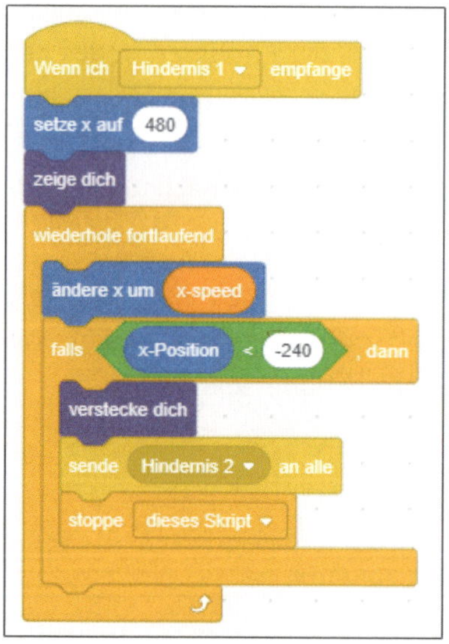

Das Hindernis beginnt, wenn es mit der Nachricht `Hindernis 1` aufgerufen wird. Es geht nach ganz rechts, wird sichtbar und beginnt dann, in einer Schleife immer weiter nach links zu wandern, bis es fast nach links aus dem Bild gewandert ist.

Die x-Position, bei der das Hindernis fast aus dem Bild gewandert ist, hängt ganz davon ab, wie breit das Objekt ist. Du musst diese Position für jedes Hindernis herausfinden. Ziehe in diesem Beispiel den roten Kreis einmal ganz links an den Rand der Bühne, und schau nach, wie seine x-Position ist. Addiere etwa 10, dann hast du ungefähr die x-Position, die du prüfen musst. Hier war die ganz linke Position etwa `-250` – daher wird `-240` eingetragen, dann sollte es passen.

Am Ende wird die Nachricht `Hindernis 2` gesendet (diese Nachricht musst du ebenfalls erstellen). Damit wird dann also das nächste Hindernis aufgerufen.

Gut – Testen geht noch nicht, denn es fehlt noch einiges. So muss die Geschwindigkeit des Hindernisses `x-speed` zu Anfang auf einen Wert gesetzt werden, denn sonst wird sich das Hindernis nicht bewegen. Das machen wir am besten in der Spielsteuerung, also im Skript der Bühne:

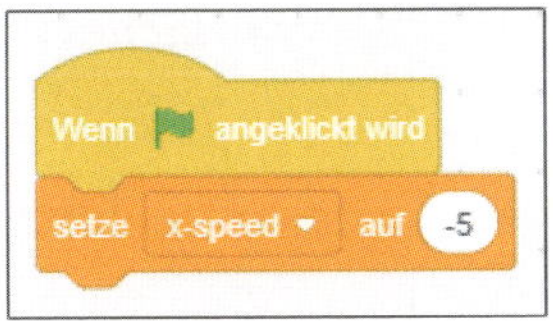

`-5` ist ein guter Anfangswert.

Und damit das Hindernis überhaupt erscheint und startet, muss es ja zu Beginn seine Startnachricht `Hindernis 1` empfangen.

Auch das sollte in der Spielsteuerung zu Beginn geschehen. Vielleicht mit ein paar Sekunden Verzögerung, damit der Spieler ein bisschen Zeit hat, bevor das Hindernis erscheint.

Wir erweitern das Skript in der Spielsteuerung also:

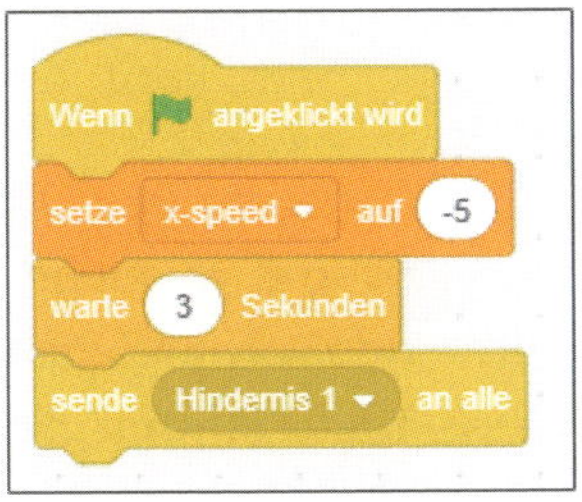

Okay – zum Testen wird das reichen. Probiere es mal aus!

Wenn das Hindernis durchgelaufen ist, erscheint kein neues mehr. Warum? Natürlich weil es noch kein weiteres Hindernis gibt, das sich bei der Nachricht `Hindernis 2` angesprochen fühlt und startet.

Das ändern wir jetzt. Erstelle ein weiteres Hindernis, indem du das erste duplizierst.

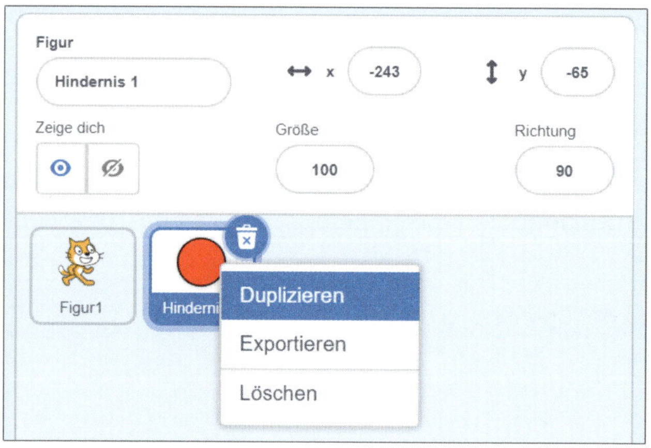

Das nächste Hindernis besteht aus zwei Bällen, die etwas Abstand voneinander haben. Am einfachsten ist es, wenn du im Kostümeditor den vorhandenen Ball auswählst und mit **Kopieren** und **Einfügen** duplizierst. Dann stimmt die Farbe beim zweiten Ball ebenso.

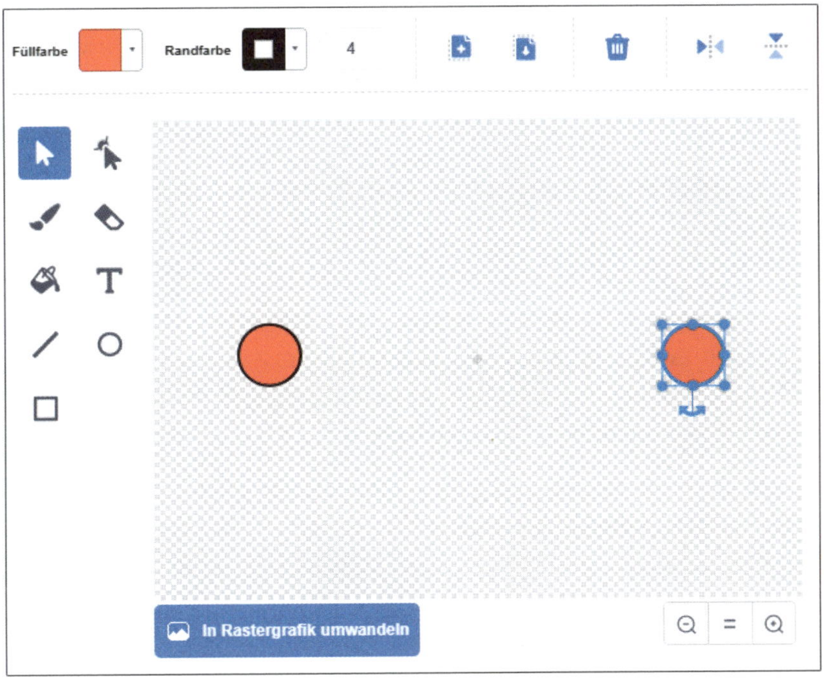

Im Skript musst du Folgendes ändern:

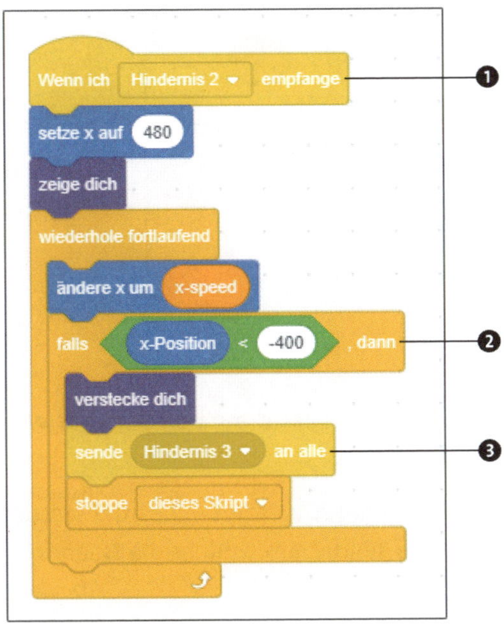

❶ Hier muss jetzt `Hindernis 2` stehen.

❷ Die Position ganz links muss angepasst werden.

❸ Hier wird jetzt `Hindernis 3` aufgerufen – erstelle diese Nachricht neu.

Um die richtige Position für das Ende herauszufinden, mache die Figur kurz sichtbar, ziehe sie auf der Bühne ganz nach links, bis sie fast nicht mehr zu sehen ist, und merke dir die x-Position. Addiere 10, und trage den Wert in die Abfrage ein.

Du kannst, wenn du willst, jetzt noch ein paar Hindernisse dieser Art erstellen. Das nächste Hindernis bei uns soll allerdings eines mit grüner Plattform sein. Das ist noch ein bisschen interessanter, weil die Katze draufspringen muss.

Dupliziere das Hindernis erneut, und gehe in den Kostümeditor: Zeichne einen grünen Balken zwischen die beiden Bälle.

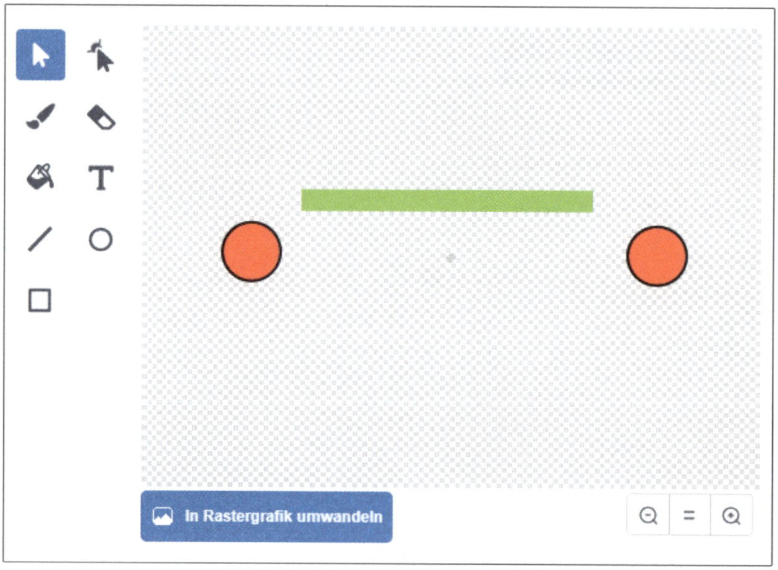

Achte darauf, dass das Grün des Balkens wieder exakt dieselbe Farbe hat wie das Grasgrün: 32, 60, 100.

So, nun muss natürlich wieder das Skript angepasst werden – diesmal startet das Skript mit der Nachricht `Hindernis 3` und sendet am Schluss die Nachricht `Hindernis 4`.

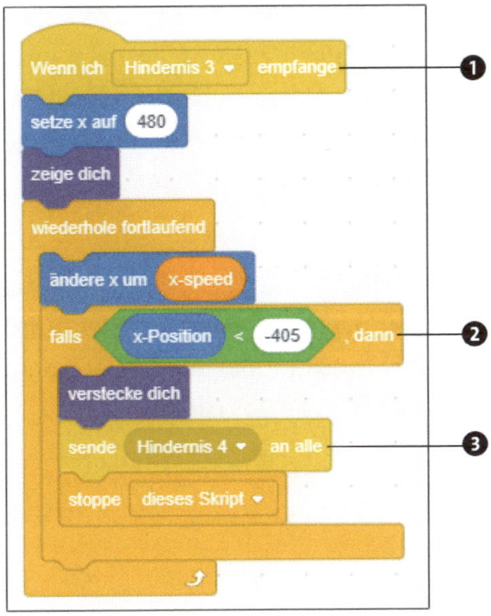

❶ Hier steht jetzt `Hindernis 3`.

❷ Bei gleicher Breite der Figur kann dieser Wert wieder etwa bei –400 oder –405 liegen.

❸ Hier steht jetzt `Hindernis 4` (neue Nachricht erstellen).

Jetzt kannst du wieder testen. Beim dritten Hindernis springt die Katze auf den grünen Balken und bleibt dort oben, bis sie wieder weiterspringt.

Aber eines fällt dir vielleicht noch auf: Es wirkt unrealistisch, dass die Katze, wenn sie auf dem Balken steht, nicht mit dem Balken zusammen nach links wandert. Stattdessen gleitet der Balken unter der Katze nach links, und die Katze bleibt, wo sie ist. Das ist klar, denn das Programm bewegt die Katze ja nicht mit dem Balken mit. Aber es sähe besser aus, wenn es so wäre.

Wie lässt du die Katze mit dem Balken mitgleiten?

Die Katze müsste, wenn sie Grün berührt, *aber nicht auf dem Gras steht* (das heißt, sie steht höher als das Gras – ihr y-Wert muss größer sein als auf dem Gras), in jeder Runde genauso weit nach links gehen wie das Hindernis.

Baue die folgenden Blöcke in das Katzenskript ein:

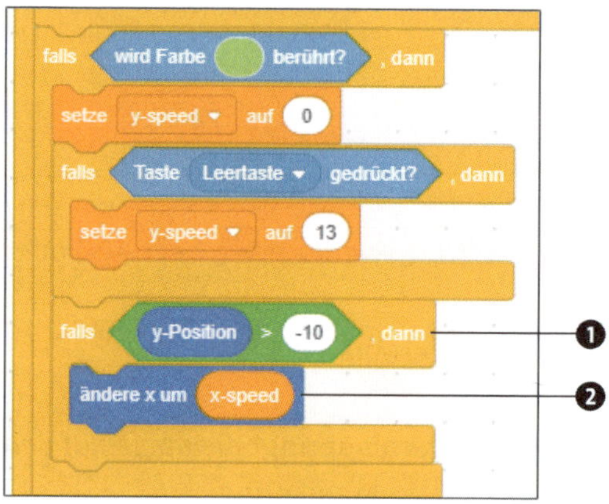

❶ Innerhalb der schon bestehenden Abfrage, ob Grün berührt wird, wird jetzt noch einmal abgefragt, ob die y-Position der Katze kleiner als –10 ist – dann steht die Katze nämlich nicht auf dem Grasboden, sondern höher – auf einer Plattform.

❷ In dem Fall wird ihr x-Wert jedes Mal um `x-speed` geändert – genauso wie das Hindernis. Die Katze fährt dann auf der Plattform des Hindernisses nach links. Probiere es gleich aus: Cool, oder?

Beliebig viele weitere Hindernisse erstellen

Jetzt ist es an dir, noch beliebig viele weitere Hindernisse hinzuzufügen. Du gehst genauso vor, wie bei den letzten zwei Beispielen beschrieben:

- Dupliziere das letzte Hindernis.
- Verändere oder erweitere das Hindernis im Kostüm-Editor mit roten Elementen, die nicht berührt werden dürfen und/oder grünen Plattformen (auch mehrere sind möglich). Achte darauf, immer das korrekte Rot und das korrekte Grün zu verwenden, damit es funktioniert.
- Passe das Skript des Hindernisses an – die Nachrichten müssen immer um 1 erhöht werden, und die Abfrage, ob das Hindernis ganz links aus dem Bild ist, muss angepasst werden, damit es funktioniert.
- Die Hindernisse können dabei von Mal zu Mal schwerer werden.

In meinem Beispiel erstelle ich noch zwei weitere Hindernisse.

Mein viertes Hindernis

Mein fünftes Hindernis

Du kannst die Hindernisse bauen, wie immer du möchtest. Achte nur darauf, dass sie zu schaffen sind. Aber das kannst du ja in Ruhe ausprobieren.

Was passiert nach dem letzten Hindernis?

Egal wie viele Hindernisse du erstellst – das entscheidest du ganz allein, je nach Lust und Geduld –, irgendwann hast du das letzte Hindernis erreicht. Was passiert, wenn das letzte Hindernis durch ist?

Nun, es gibt verschiedene Möglichkeiten. Du könntest das Spiel dann einfach erfolgreich beenden. Sende die Nachricht `Gewonnen`, und blende mittels dieser Nachricht eine Schrift »Herzlichen Glückwunsch!« ein. Und Schluss.

Oder du lässt das Spiel wieder beim ersten Hindernis beginnen. Dazu musst du am Schluss einfach nur wieder die Nachricht `Hindernis 1` an alle senden, und schon geht es erneut von vorne los.

Da es aber langweilig wäre, wenn einfach alles nur von vorne beginnt wie vorher, könntest du das Spiel in der nächsten Runde schwieriger machen. Erhöhe dazu einfach die `x-speed`, mit der die Hindernisse durchs Bild gleiten. Damit werden die Hindernisse in jeder Runde ein Stück schneller – bis es irgendwann nicht mehr zu schaffen ist. Dadurch läuft das Spiel auch nicht endlos.

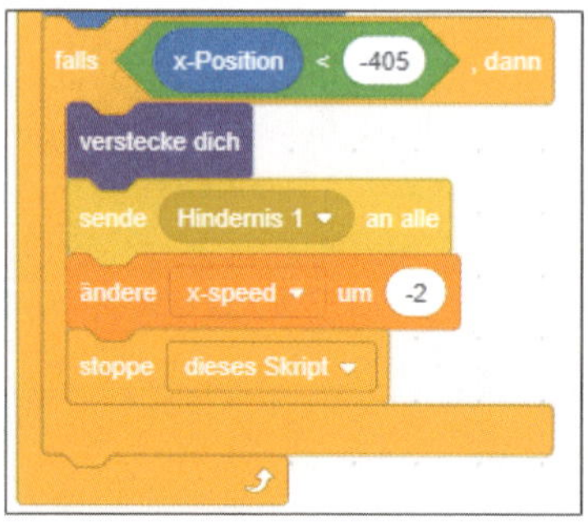

So könnte der Schluss des letzten Hindernisses aussehen.

Punkte zählen

Punkte zu zählen, wäre hier natürlich auch sinnvoll, wenn man wissen will, wie viel man geschafft hat. Das ist, wie du ja inzwischen sicherlich weißt, sehr einfach.

Erstelle eine Variable mit dem Namen Punkte. Mache sie nicht unsichtbar, denn sie soll ja auf der Bühne zu sehen sein. Zu Anfang soll die Variable auf 0 gesetzt werden, denn man soll natürlich jedes Spiel mit 0 Punkten beginnen. Dies setzt du am besten auch im Skript der Bühne, also in der Spielsteuerung.

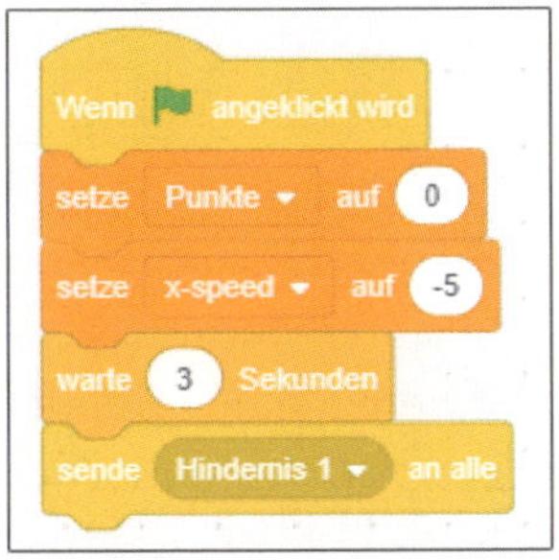

Wann soll es einen Punkt geben? Einfach wäre es natürlich, für jedes überwundene Hindernis einen Punkt zu geben. Dann müsstest du diesen Befehl an das Ende von jedem Hindernis setzen (direkt bevor das nächste Hindernis aufgerufen wird):

Das einzige Mühsame ist, dass du es für jedes Hindernis einzeln machen musst. Aber das ist auch schnell getan.

Eine andere Möglichkeit besteht darin, Punkte für die Überlebenszeit zu geben. Zum Beispiel könntest du für jede Sekunde, die läuft, einen Punkt geben. Auch das hätte seinen Reiz. Dazu solltest du in der Spielsteuerung ein zusätzliches Skript anlegen:

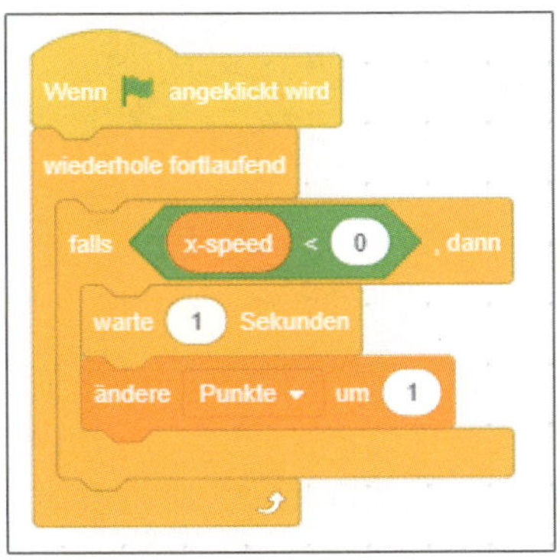

Eigentlich ist das Skript ganz simpel. Es wartet eine Sekunde, erhöht dann die Punkte um 1, und danach geht die Schleife von vorne los. Als Bedingung wird abgefragt, ob die x-speed kleiner als 0 ist, ob sich die Hindernisse also noch bewegen. Bei Kollision sollte die x-speed auf 0 gesetzt werden, und dann gibt es auch keine weiteren Punkte mehr.

Spielanfang und Spielende

Nun noch ein richtiger Spielanfang und ein richtiges Spielende, dann ist das Spiel erst einmal fertig. Wie wäre es für den Anfang mit einem kleinen Countdown, der von 3 bis 0 herunterzählt, und dann beginnt das Spiel? Dazu machst du einfach eine Figur, die du **Countdown** nennst, und gibst ihr als Kostüm die Zahl 3 aus der Bibliothek.

Im Kostümeditor lädst du jetzt noch die Zahlen 2, 1 und 0 als zusätzliche Kostüme dazu.

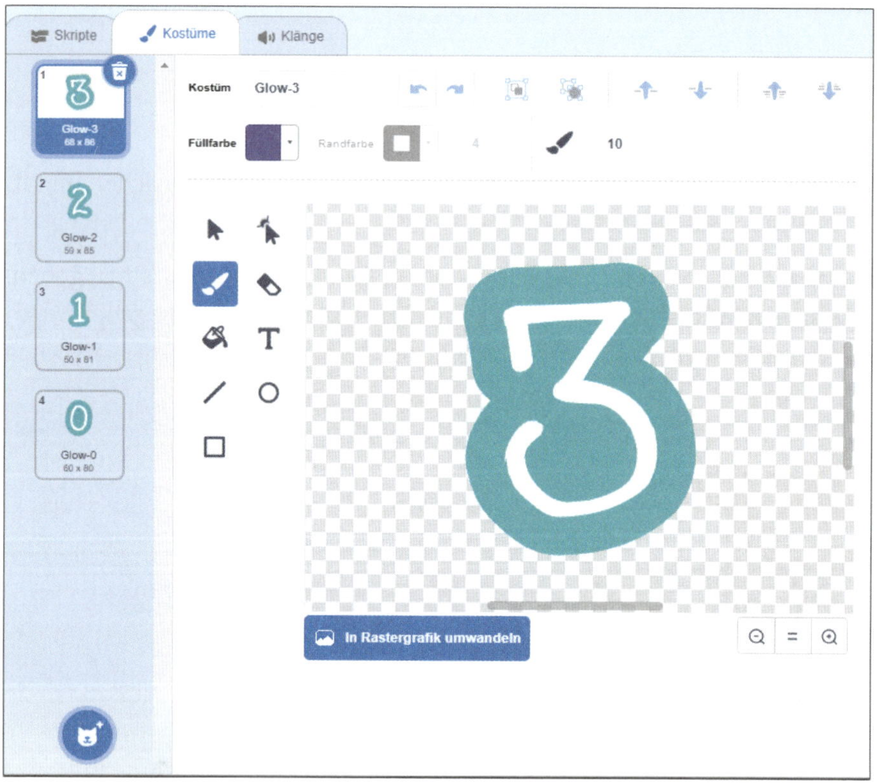

Gut, das Skript für den Countdown wird auch nicht sonderlich kompliziert:

Fertig ist der Start-Countdown. Gut für den Spielanfang wäre es vielleicht auch noch, dass die Katze zu Beginn immer an der gleichen Startposition links, mit dem Blick nach rechts, beginnt. Dazu fügst du gleich am Anfang des Katzenskripts einfach diese zwei Befehle ein:

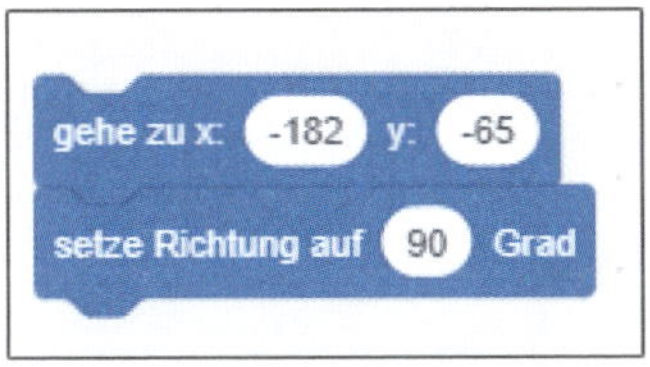

Die Position musst du natürlich an deine Bühne anpassen, damit die Katze sauber auf dem Grün steht.

Spielende

Bei Spielende kannst du ein GAME OVER einblenden, außerdem wird die x-speed sofort auf 0 gesetzt. Das ist ebenfalls sehr schnell gemacht.

Erstelle eine Figur mit dem Namen **GAME OVER** durch Malen, und schreibe einen entsprechenden Text im Editor.

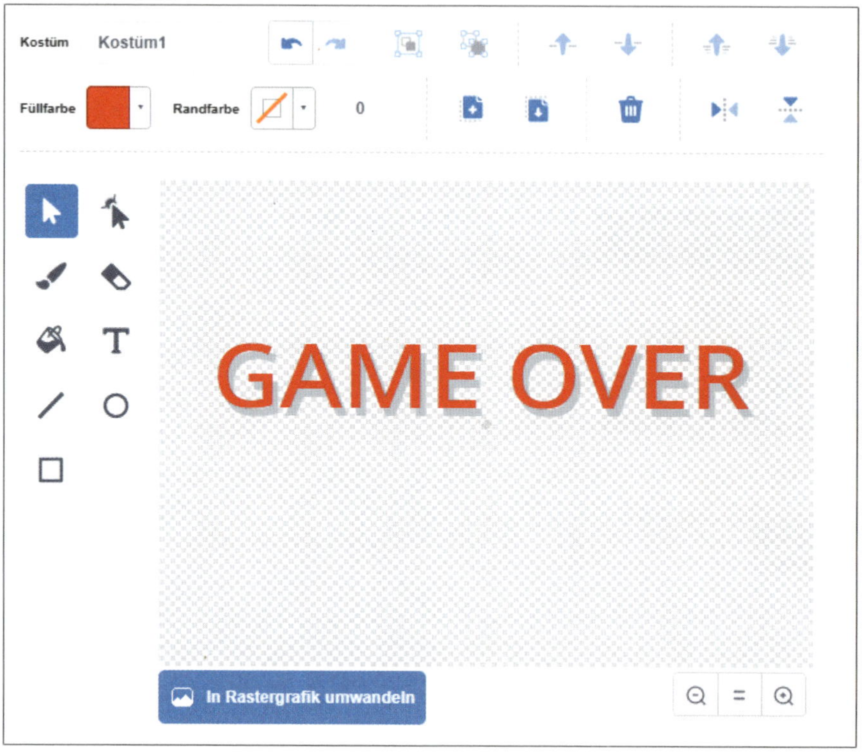

Hier wurde durch Duplizieren des Textes ein grauer Schatten erzeugt.

Bei Spielende soll dieser Text erscheinen. Zu Beginn des Spiels wird er natürlich unsichtbar – also erhält er folgende Skripte.

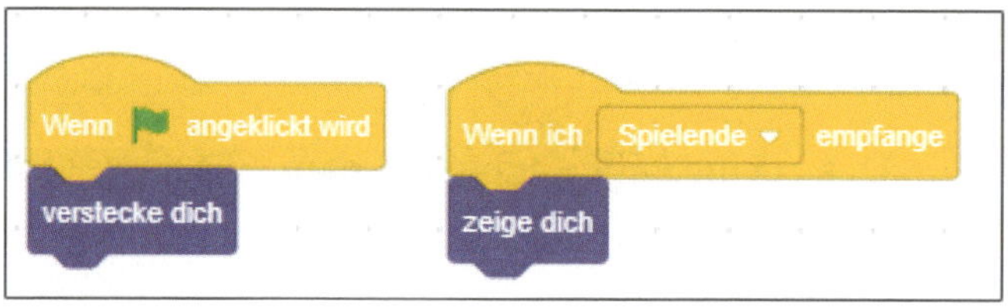

Jetzt kannst du wieder testen. Macht doch schon richtig Spaß, oder?

Soundeffekte machen das Spiel komplett

Als Letztes soll es noch um den Klang gehen, denn bisher ist das Spiel stumm. Ein gutes Spiel sollte jede Aktion mit einem passenden Klang begleiten. Zumindest sollte es einen Anfangsklang geben, einen Sprungsound und einen Sound, wenn der Spieler verloren hat. Dazu könnte man vielleicht noch eine Melodie leise im Hintergrund abspielen, solange das Spiel läuft.

Wie das geht? Weißt du ja inzwischen sehr gut. Du kannst die Klänge zunächst der Bühne zuordnen und sie dann dort auch abspielen, sobald die entsprechende Nachricht kommt. Nur der Sprungklang muss der Katze zugeordnet werden, denn nur im Skript der Katze wird der Sprung ausgeführt.

Beginne einfach mit der Katze, und ordne ihr den Klang **Boing** zu (oder, falls der dich nervt, auch gerne einen anderen, zum Beispiel einen selbst aufgenommenen).

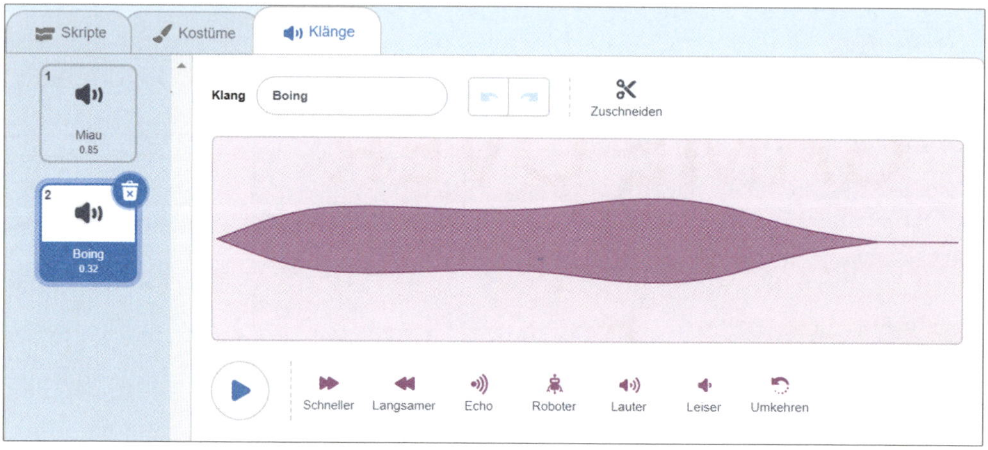

Hier wird der Klang »Boing« der Katze zugeordnet.

Nun spielst du ihn im Skript der Katze einfach ab, sobald der Sprung ausgeführt wird.

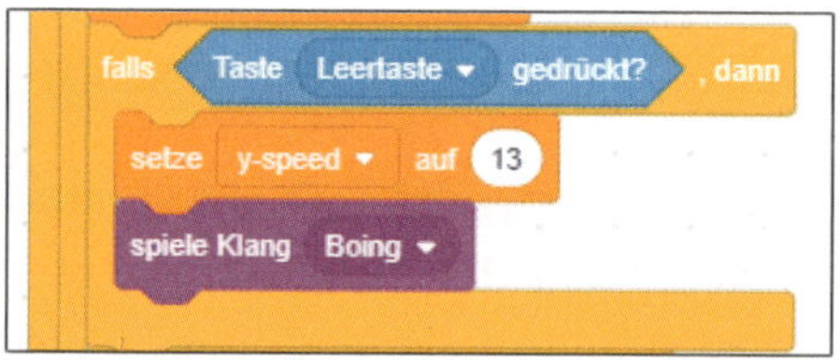

Danach kannst du der Bühne einen Klang für Start und Ende des Spiels hinzufügen. Ich habe mich hier für **Magic Spell** und **Lose** entschieden, aber das ist deine freie Wahl.

Im Skript der Bühne spielst du die entsprechenden Klänge dann einfach beim Start und bei der Nachricht `Spielende` ab.

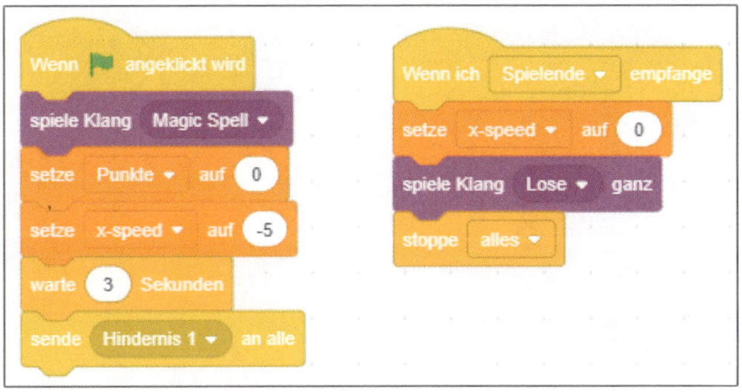

Beim Testen wirst du allerdings merken, dass es da noch ein ernstes Problem gibt: Die Katze kann sich trotz Spielende noch immer bewegen, und die Nachricht `Spielende` wird immer wieder ausgelöst, sodass auch die Musik immer wieder startet.

Das kommt daher, weil bei `Spielende` jetzt nicht mehr wie bisher sofort alle Skripte abgebrochen werden, sondern es wird zuerst die Musik gespielt, während alles andere weiterläuft. Zwar bewegen sich die Hindernisse nicht mehr, weil die Geschwindigkeit `x-speed` auf `0` gesetzt wurde, aber die anderen Skripte laufen noch weiter und lösen die Nachricht `Spielende` immer wieder aus. Um das zu verhindern, sollten alle Abfragen der Katze (Sprung, Laufen, Berühren) nur noch stattfinden, wenn `x-speed` kleiner als 0 ist (also das Spiel noch aktiv läuft).

Das heißt, du musst im Katzenskript *alles, was in der fortlaufenden Wiederholung steckt*, noch einmal hiermit umklammern:

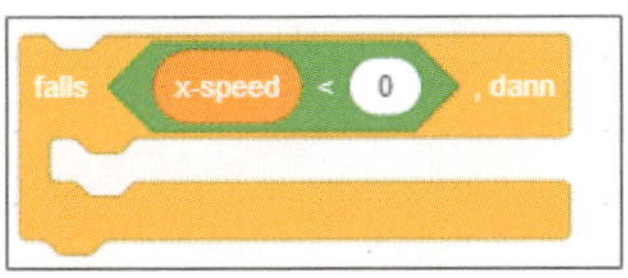

Insgesamt sieht das lange Katzenskript jetzt folgendermaßen aus:

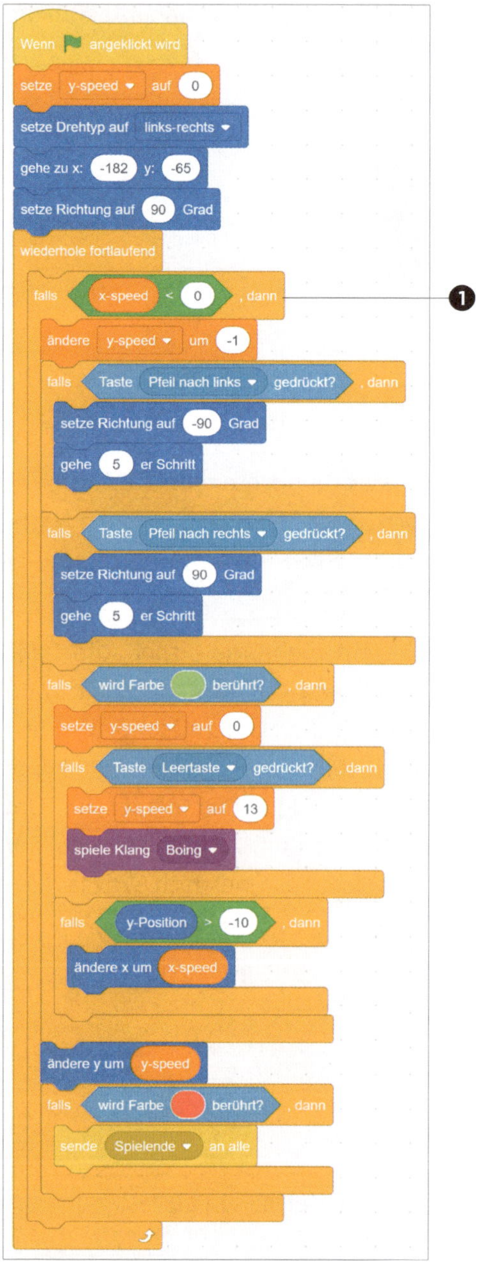

Hiermit wird die ganze Steuerung der Katze in die Bedingung x-speed<0 eingeschlossen ❶. Dann läuft die gesamte Spielmechanik nur, solange sich die Hindernisse bewegen. Bei Spielende steht alles still.

Und – das war's jetzt! Ein komplettes Spiel ist fertig. Na ja, wie du weißt – wirklich fertig ist ein Spiel nie. Du kannst es erweitern, so viel du möchtest, kannst neue Hindernisse erfinden und hinzufügen, Geschwindigkeiten anpassen, Figuren hinzufügen – alles ist möglich. Aber in dieser Form ist das Projekt *Hindernislauf* hier in diesem Buch abgeschlossen. Viel Spaß beim Testen, Spielen und Erweitern!

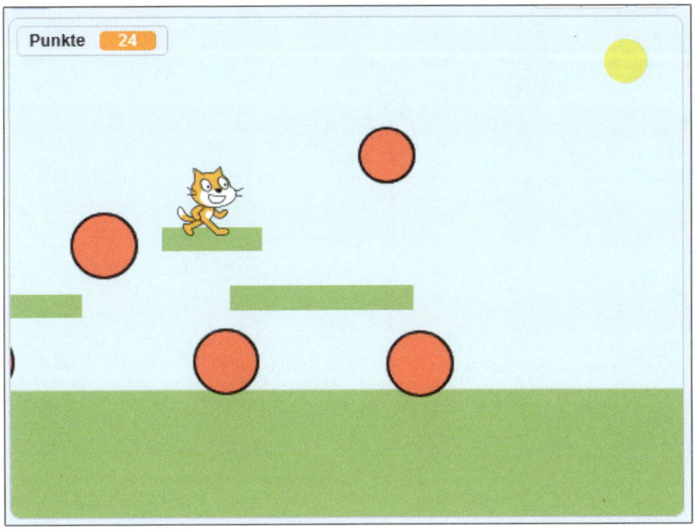

Kapitel 21
Wie geht es jetzt weiter?

Jetzt hast du eine große Menge wichtiger Grundlagenkenntnisse in Scratch erworben. Wenn du alle Projekte in diesem Buch durchgearbeitet hast, sind dir schon so viele nützliche Techniken vertraut, dass du dich jetzt ohne Weiteres an deine eigenen Ideen machen kannst. Wie geht es denn jetzt am besten weiter?

Programmieren ist eine sehr kreative Sache. Was du mit Scratch umsetzen kannst, welche Spiele, Programme und Ideen du verwirklichst, ist unbegrenzt und hängt nur von deiner Motivation und Fantasie ab – natürlich im Rahmen der Möglichkeiten, die Scratch bereitstellt. Und das ist nicht wenig. Dieses Buch hat dir nur einen ersten Einblick gegeben in das, was möglich ist. Natürlich gibt es unendlich viel mehr Spielideen, Programme, Projekte, an die du dich jetzt heranwagen kannst. Und auch die Techniken, die du in diesem Buch gelernt hast, sind keineswegs alle, die es gibt. Auch in der Methode gibt es ungeheuer viele Möglichkeiten, wie man an ein Problem herangehen und es mit einem Skript lösen kann.

Du hast jetzt bereits eine Menge solider und funktionsfähiger Rezepte erarbeitet, die dir als Basis dienen können, selbst weiterzumachen. Wenn du alles (oder das meiste), was in diesem Buch vorkommt, verstanden hast, nachbauen kannst und weißt, wie es funktioniert – dann, ja dann darfst du dich Programmierer nennen. *Herzlichen Glückwunsch, du bist jetzt Programmierer!* Genauer gesagt bist du ein echter *Scratcher*.

Auch die Programmierprofis arbeiten mit genau den gleichen Methoden wie du in Scratch: Sie erschaffen Objekte, reihen Befehle aneinander, prüfen Bedingungen, lassen Schleifen durchlaufen, verändern Objekteigenschaften und bauen alles nach und nach so auf, dass es am Schluss perfekt zusammenspielt. Nicht mehr und nicht weniger – nur mit unterschiedlichem Umfang und in unterschiedlichen Anwendungsgebieten.

Du kannst jetzt natürlich versuchen, die Projekte in diesem Buch noch einmal selbst nachzubauen – vielleicht ein bisschen verändert, mit eigenen Figuren oder mit eigenen Regeln und neuen Ideen. Das trainiert sehr gut und gibt dir noch mehr Gefühl für gutes Programmieren.

Du kannst aber auch ganz neue, eigene Ideen umsetzen und neue Fertigkeiten hinzulernen. *Scratch* bietet noch so viel mehr, als dieses Buch überhaupt abdecken kann. Du kannst mit Scratch sogar einen Lego-Mindstorms-Roboter steuern oder andere Lego-Robotik-Elemente. Dafür gibt es Erweiterungen in Scratch, die du jederzeit aktivieren kannst. Ebenso kannst du Experimentierplatinen wie *Makey Makey* oder *micro:bit* mit *Scratch* steuern. Die sind zumindest günstig zu erwerben. Aber auch ohne zusätzliche Hardware gibt es noch unzählige Möglichkeiten, was man mit *Scratch* so anstellen kann, die alle auf dich warten.

Stöbern und remixen – die Scratch-Community

Wenn du sehen willst, was andere Scratcher alles programmiert haben und dich dadurch inspirieren lassen willst, kann ich dir nur dringend empfehlen, dich in der Scratch-Community umzusehen. Du hast dort Zugriff auf Tausende von *Scratch*-Programmen, die von Leuten wie dir – manche Anfänger, manche Profis – hochgeladen worden sind. Du kannst ihre Spiele nicht nur anschauen und spielen, sondern du kannst sogar die Skripte der Programme sehen und verändern. Das nennt man *remixen*. Dadurch lernst du wirklich enorm viel und erweiterst deine Fähigkeiten von Mal zu Mal.

Um andere Scratch-Projekte auszuprobieren, zu untersuchen und zu verändern, musst du dich nicht einmal anmelden oder registrieren.

Gehe einfach nur auf die folgende Webseite:

https://scratch.mit.edu

Klicke dort auf den oberen Menüpunkt **Entdecke**.

Sofort siehst du eine Menge Scratch-Projekte. Die auf der Titelseite sind schon vorausgewählt, und einige davon sind wirklich genial. Es gibt aber insgesamt zigtausend Projekte auf dieser Seite – darunter ebenso schwache wie großartige. Du kannst sie nach Namen suchen oder einfach durchstöbern. Schau dir die Seite mal an. Ihr Layout ändert sich regelmäßig, und vieles dort ist nur auf Englisch beschrieben. Klar – denn Scratcher sind international und kommen aus allen Ländern der Welt. Aber die meisten Programme erklären sich ohnehin von selbst, wenn man sie ausprobiert.

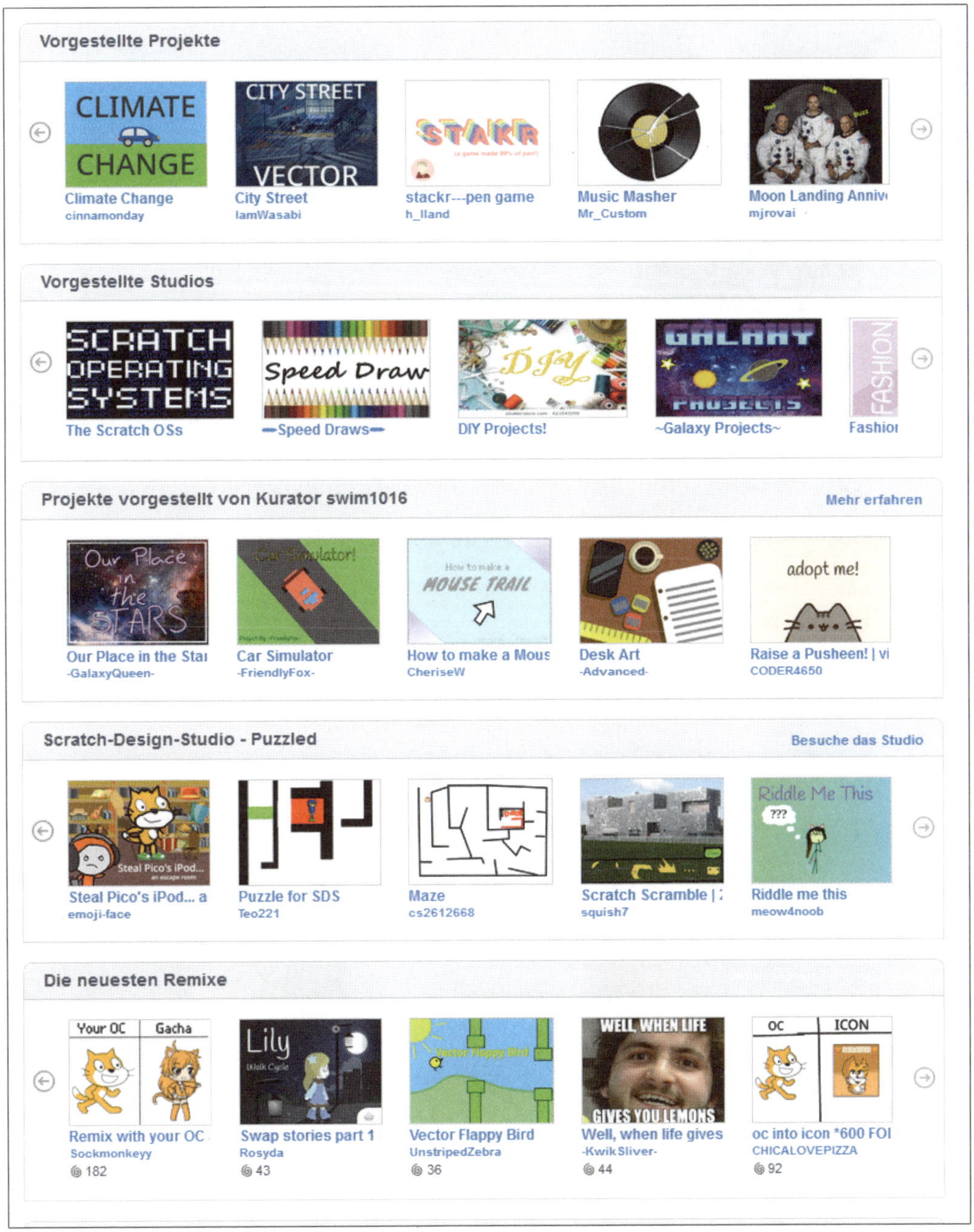

Du kannst jedes dieser Projekte anklicken und sofort anschauen und testen.

Wähle ein Projekt, klicke mit der Maus drauf.

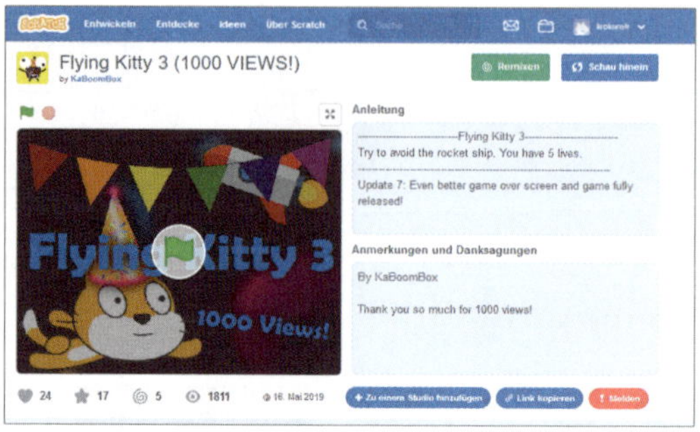

Hier irgendein Beispielprojekt, das cool aussieht

Klicke mit der Maus auf die grüne Flagge in der Mitte der Bühne, und spiele das Spiel. Du siehst sofort, was es macht und wie es funktioniert.

Oben rechts siehst du zwei Buttons **Remixen** und **Schau hinein**.

Code anschauen

Wenn du auf **Schau hinein** klickst, öffnet das Projekt sich im Scratch-Editor. Jetzt kannst du die gesamten Skripte des Programms anschauen und testen.

Und nicht nur das: Du kannst auch alles bearbeiten und verändern – vom Bühnenbild über die Figuren bis hin zu allen Skripten! So, als wäre es dein eigenes Programm. Du kannst also mit diesem Programm herumspielen, wie du möchtest, und dabei nach und nach verstehen, wie der Programmierer es gemacht hat, dass es so funktioniert. Vielleicht hast du Ideen, wie man etwas auf coole Weise verändern oder sogar verbessern kann. Oder du baust noch einen Gegner oder einen Level dazu.

Remixen

Wenn du das Programm so verändert hast, dass etwas Neues daraus geworden ist, das dir richtig gut gefällt, kannst du es *remixen* und veröffentlichen. Wie ein DJ, der bestehende Songs nimmt, neu abmischt und vielleicht einen Track dazuspielt, können Scratcher auch Spiele oder Programme in *Scratch* remixen und neu veröffentlichen. Das ist nicht nur legal, sondern auch sehr erwünscht. *Scratch*-Programmierer sind Teamworker. Durch Gemeinschaftsarbeit entstehen neue und immer spannendere Projekte.

Um ein remixtes Projekt hochzuladen, sodass andere Scratcher es sehen und kommentieren können, musst du allerdings angemeldet sein. Dazu solltest du dich einmal als Scratcher registrieren. Das ist einfach, kostenlos und hat keine Nachteile.

Wie meldest du dich bei der Scratch-Community an?

Dazu musst du online sein und auf die Scratch-Webseite gehen:

https://scratch.mit.edu

Hier wählst du den oberen Menüpunkt **Scratcher werden**.

Darauf öffnet sich ein Dialog, in dem du deinen eigenen Scratcher-Namen wählst. Verwende nicht deinen richtigen Namen, sondern denke dir einen Fantasienamen aus. Viele Namen sind schon vergeben, du musst also eine originelle Kombination wählen, zum Beispiel *Scratcher_0815_X* – oder was dir auch immer gefällt.

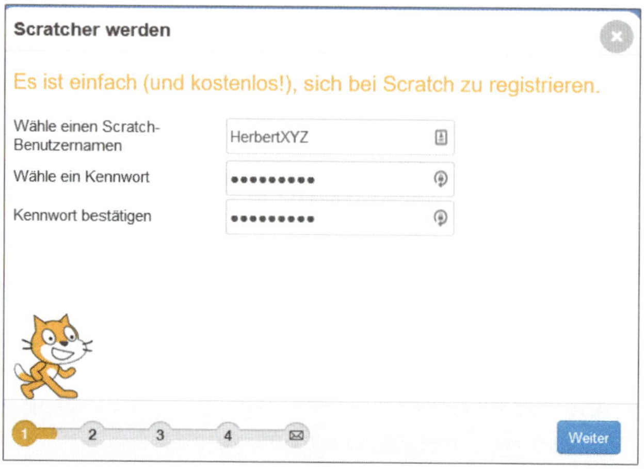

Darunter gibst du ein Kennwort ein, das du dir gut merken solltest. In der letzten Zeile wiederholst du es noch einmal.

Im nächsten Fenster musst du deinen Geburtsmonat und dein Geburtsjahr eingeben und ob du männlich oder weiblich bist sowie aus welchem Land du kommst. Deine Daten werden vertraulich behandelt. Am Schluss gibst du deine reale E-Mail-Adresse ein und wiederholst sie noch einmal. Du erhältst dann eine E-Mail, mit der du dein Konto bestätigen musst – und dann bist du registriert und kannst dich jederzeit anmelden.

In Zukunft musst du dich auf der Scratch-Webseite dann nur noch **Anmelden**, deinen Namen und dein Passwort eingeben, und schon bist du als registriertes Mitglied mittendrin in der Scratch-Community.

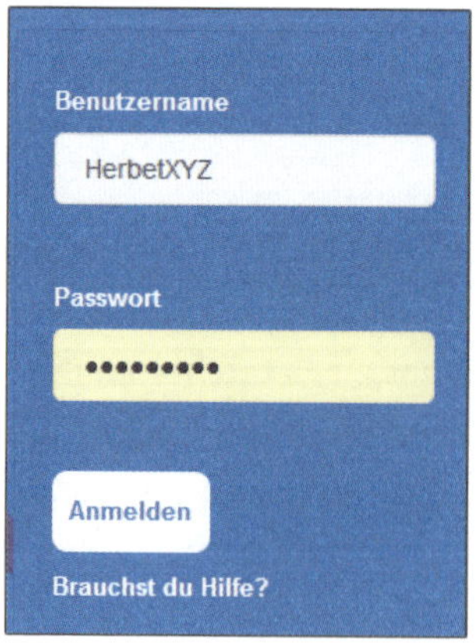

Um ein von dir bearbeitetes Programm zu remixen (wenn du angemeldet bist), klicke einfach auf den Button **Remixen** ganz oben. Dann wird eine Kopie deiner Version in deinem Konto gespeichert. Wenn du deine Remix-Version veröffentlichen willst, klickst du auf den orangefarbigen Button **Veröffentlichen**. Und schon ist deine eigene Version eines Scratch-Programms online für alle verfügbar. Andere können es sich anschauen, ausprobieren, damit weiter herumspielen oder ihre Kommentare dazu abgeben. Probiere das unbedingt aus – es macht Spaß!

Eigene Projekte hochladen

Und natürlich kannst du als registrierter Scratcher nicht nur bestehende Projekte remixen, sondern auch jederzeit deine ganz eigenen Spiele und Programme in die Community hochladen. Dann kannst du Beschreibung, Anleitung und Kommentare dazu verfassen und das Programm zur Verfügung stellen. Vielleicht geben andere Scratcher dir dann Tipps, oder sie remixen es – oder sie weisen darauf hin, was man anders hätte machen können. Wenn du Glück hast, wird dein Spiel oder Programm entdeckt und empfohlen. In Scratch bewegst du dich jederzeit innerhalb einer großen Gemeinschaft von Programmierern, die sich gegenseitig inspirieren können. Besser kann man gar nicht lernen!

Und was kommt nach Scratch?

Scratch ist ideal für den Einstieg in die Welt des Programmierens. Mit *Scratch* kann man sehr lange Spaß haben und immer wieder neue Ideen umsetzen. Auf jedem Level – vom einfachsten Klickprogramm bis hin zu richtig anspruchsvollen Projekten, an denen man Monate herumbasteln kann. Sogar Informatikprofis beschäftigen sich mitunter begeistert mit diesem simplen, aber starken Spiele-Konstruktionssystem. Ich empfehle dir, *Scratch* wirklich auszureizen, bevor du weitergehst.

Wenn dich aber das Programmiervirus richtig gepackt hat und du irgendwann über den Spielebaukasten hinaus bist und in die Welt der »richtigen« professionellen Programmierung aufbrechen willst, dann ist es wohl an der Zeit, einen Level weiter zu gehen. *Scratch* ist toll – aber es hat Grenzen. Es ist ideal, um das Programmieren zu lernen, schnelle und coole Programme zu bauen, Spielideen auszuprobieren und so weiter ... aber es kann nur das, wofür es gemacht ist.

Wenn du eigenständige Programme schreiben willst, die in der »großen Welt« bestehen können, die Aufgaben lösen, die über eine Bühne mit Figuren hinausgehen, die Daten analysieren, Dateien schreiben, im Internet kommunizieren, Bilder editieren, 3D-Animationen erstellen, die auf Tablets, Handys und Smartwatches laufen ... mit denen du später Geld verdienen kannst ... – dann kommt der nächste Schritt.

Profis programmieren traditionell oft in den Sprachen Java oder C++. Dorthin zu gelangen, ist doch noch mal ein ganz schöner Schritt von *Scratch*. Aber die Grundprinzipien, die du jetzt gelernt hast, gelten auch dort – wie überhaupt in allen Programmiersprachen und Entwicklungssystemen: Programme sind aneinandergehängte Befehle mit Abfragen und Schleifen, Ein- und Ausgaben, Variablen und Werten, die Eigenschaften von Objekten testen und verändern sowie Berechnungen machen. Alles das, was du auch schon in *Scratch* gelernt hast. Nur eben ohne vorgefertigte Elemente, sehr effizient und maschinennah – und deshalb um einiges komplexer.

Wenn du aber nicht gleich in die allerhöchsten Schwierigkeitsstufen vordringen willst, sondern den nächsten gut erreichbaren Gipfel nach *Scratch* erklimmen willst, auf dem du als Programmierer bereits so gut wie alles machen kannst, was man in normalen Programmen, Apps und Spielen braucht, dann habe ich zwei Empfehlungen für dich: *LiveCode* und *Python*.

LiveCode

Wenn man von *Scratch* kommt, kann man sich in LiveCode relativ einfach hineinversetzen, denn auch LiveCode bietet einen grafischen Editor, in den man Objekte hineinzieht, platziert und mit Skripten versieht. Ja, man könnte fast sagen: LiveCode ist der logische nächste Schritt, wie ein großes »Scratch für Erwachsene« – nur ohne die Beschränkungen von *Scratch*. In LiveCode gibt es keine Bühne, sondern ein (oder mehrere) Programmfenster beliebiger Größe. Darauf befinden sich keine »Figuren«, sondern typische App-Objekte wie Buttons, Eingabefelder, Tabellen, Checkboxen, Textfelder, Grafikfelder usw. – also alles, was »richtige« Anwenderprogramme so an Elementen brauchen. Die Skripte werden zwar nicht zusammengeklickt, sondern wirklich geschrieben, aber sie kommen ebenso wie bei *Scratch* auch einfach ins Skriptfenster des jeweiligen Objekts und bestehen aus denselben Grundbefehlen: Schleifen, Bedingungen, Ereignisse, Variablen, Nachrichten – alles das gibt es in LiveCode natürlich auch. Und ebenso wie in *Scratch* kann man ein Programm, während man es baut, jederzeit direkt testen und sehen, wie es funktioniert.

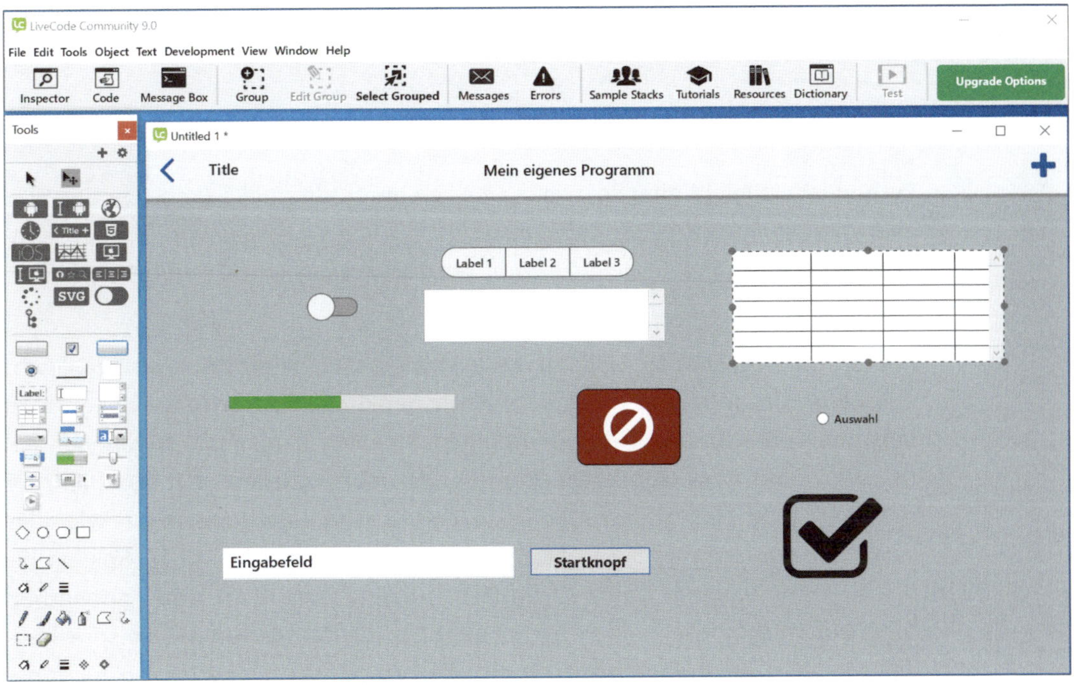

Das Beste aber: LiveCode-Programme können als selbstständige Apps für Windows, Mac oder Linux sowie für Android und (teilweise) auch für iOS direkt konvertiert und weiterverbreitet werden. Damit kann man mit LiveCode eigentlich alles machen, was Programme überhaupt brauchen, schnell und einfach – vom Handy-Weltraum-Spiel bis hin zur kompletten kommerziellen Firmenverwaltung.

Der Nachteil: LiveCode hat eine ganz eigene Sprache, ähnlich wie ein vereinfachtes Englisch, die man erst einmal lernen muss, und das System sowie die Dokumentation sind größtenteils nur auf Englisch erhältlich. Allerdings gibt es für LiveCode ein umfassendes deutschsprachiges Lehrbuch, das dich in alle Grundlagen einführt (»Eigene Apps programmieren«, Rheinwerk Verlag).

Fazit: LiveCode ist eine ganz starke Empfehlung für alle, die von *Scratch* aus die Stufe in die große Welt der Profiprogramme gehen wollen, ohne die ebenso einfachen wie starken Grundprinzipien von *Scratch* aufzugeben. Wer *Scratch* kann, lernt LiveCode ziemlich schnell und hat auf einmal ein tausendfach mächtigeres System vor sich, mit dem nach einer gewissen Einarbeitung so gut wie alles geht.

LiveCode gibt es als komplett kostenloses OpenSource-System hier: *https://livecode.org*

Python

Python ist vielleicht eher so, wie man sich eine traditionelle Programmiersprache vorstellt. Es gibt in der Regel bei Python keinen grafischen Baukasten, sondern alles, was man verwendet, wird per Skript erst einmal definiert und programmiert.

Aber Python ist ebenso schlicht wie leistungsstark. Es gibt nur wenige, leicht erlernbare Grundbefehle – die dir in ähnlicher Form fast alle schon aus Scratch bekannt sind –, und mit diesen wenigen Befehlen kann man ungeheuer viel machen, denn dank Hunderter umfassender »Bibliotheken« mit Modulen, die man in Python einbinden kann, lässt sich in Python am Ende so gut wie alles bewirken, steuern und kontrollieren. Angefangen von 2D- und 3D-Spielen bis hin zu Datenbanken, Internetzugriffen, Analysetools, Bild- und Tonbearbeitung, künstlicher Intelligenz – es gibt kein Gebiet, das Python mit entsprechenden Modulen, die man sich auch noch jederzeit selbst erweitern kann, nicht beherrschen könnte. Insofern kann man vielleicht sagen, dass Python die simpelste der klassischen Programmiersprachen ist, aber gleichzeitig so universell verwendbar, dass sie in der Lage ist, alles zu beherrschen, was Software überhaupt leisten kann.

Python wird wegen seiner eher leichten Verständlichkeit gern von Einsteigern gelernt, gleichzeitig gibt es unzählige Profis, die lebenslang auf Python schwören. Man kann es auf jedem Level einsetzen. Es ist eine einfach zu erlernende, elegante und gleichzeitig enorm leistungsfähige Programmiersprache. Und daher die zweite Empfehlung für alle, die über Scratch hinausgekommen sind und einen starken Nachfolger suchen.

Python-Systeme gibt es viele. Für den Einstieg empfehle ich insbesondere *TigerJython* – ein kostenloses, anfängerfreundlich vorkonfiguriertes Python-System mit zahlreichen mitgelieferten Modulen für alle möglichen Anwendungsgebiete:

www.tigerjython.ch

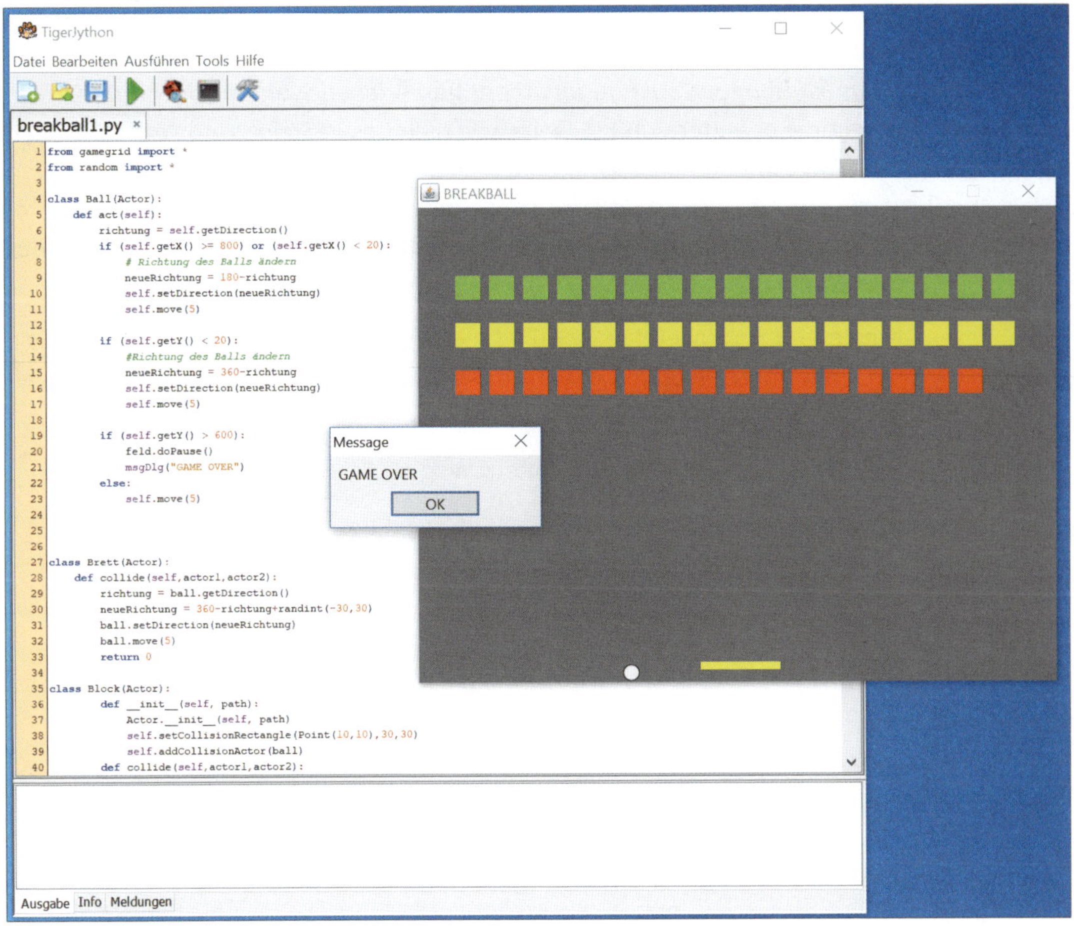

Die dazugehörige Buchempfehlung lautet: »Let's Code Python«, Rheinwerk Verlag.

Sonstiges

Die ganze Welt der Programmierung steht dir offen. Neben den genannten Sprachen und Systemen gibt es auch viele weitere – und dazu zahlreiche Spezialsysteme für verschiedenste Bereiche. Wenn du zum Beispiel 2D- oder 3D-Spiele auf Profiniveau bauen willst, dann ist vielleicht *Unity 3D* das richtige System für dich (einfach mal googeln) – das ist das am weitesten verbreitete System. Aber es gibt auch Alternativen wie zum Beispiel das zunehmend interessante Open-Source-System Godot. Wenn du hingegen Apps und Spiele, die in

Webbrowsern laufen, bauen willst (sehr populär zur Zeit und sehr leistungsfähig) dann solltest du dich mit *JavaScript* und *PHP* beschäftigen. (Das Scratch-3-System ist übrigens auch in *JavaScript* geschrieben worden.) Wenn du Office-Programme erweitern und steuern willst, gibt es *VBScript*. Und so gibt es noch eine Menge anderer Programmiersprachen und -systeme, die allesamt in ihren jeweiligen Bereichen am Ende dasselbe bewirken: nämlich Programme ausführen, die genau das tun, was du dir ausgedacht hast. Das ist das »Wunder des Programmierens«.

Als gelernter Scratcher kannst du jetzt auf jeden Fall mitreden und weißt, wie man Programme erstellt und wie ein Programmierer denkt. Wohin es jetzt weitergeht, entscheidest du selbst.

Ich wünsche dir viel Erfolg auf deinem Weg als Programmierer!

Stichwortverzeichnis

A

B

D

E

F

G

H

I

K

L

M

N

O

P

R

S

T

U

V

W

X

Y

Z